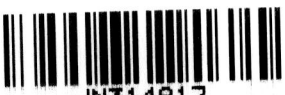

W I Z A R D

LARRY
WILLIAMS

LONG-TERM SECRETS to
SHORT-TERM TRADING 2nd Edition

第2版

ラリー・ウィリアムズの短期売買法

投資で生き残るための普遍の真理

ラリー・R・ウィリアムズ［著］
長尾慎太郎［監修］
山下恵美子［訳］

Pan Rolling

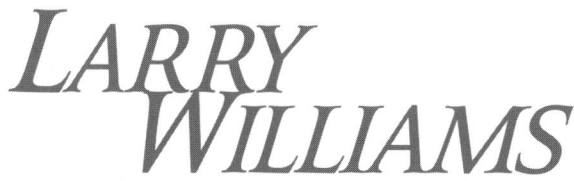

Japanese translation published by arrangement with John Wiley & Sons International Rights, Inc. through The English Agency(Japan)Ltd.

【免責事項】

この本で紹介してある方法や技術、指標が利益を生む、あるいは損失につながることはない、と仮定してはなりません。過去の結果は必ずしも将来の結果を示したものではありません。

この本の実例は、教育的な目的でのみ用いられるものであり、売買の注文を勧めるものではありません。

以下の声明はNFA（NATIONAL FUTURES ASSOCIATION＝米国先物協会）の勧告によるものです。

「仮定に基づいた、あるいは実験によって得られた成績は、固有の限界があります。実際の成績記録とは異なり、模擬的なものは実際の取引を示しているものではありません。また、取引は実際行われたわけではないので、流動性の不足にみられるようなある種の市場要因によって、利益が上下に変動する可能性があります。実験売買プログラムは、一般に、過去の事実に基づく利益を元に設計されがちです。本書の記述によって引き起こされたと考えられるあらゆる不利益に関する抗議は、一切行われるべきではありません」

監修者まえがき

本書は、ラリー・ウィリアムズが著した“Long-Term Secrets to Short-Term Trading”（『ラリー・ウィリアムズの短期売買法――投資で生き残るための普遍の真理』［パンローリング］）の改定第２版である。初版の発行から12年の歳月を経てもなお、1990年当時にラリーが紹介した投資戦略のほとんどがいまだに有効であることには驚きを禁じえない。そして、この第２版では新たな技術や分析法がいくつか紹介されている。これらは以前なら数千ドルのセミナー受講料を払ってラリー自身から直接聞く以外に知る方法はなかったたぐいの技術である。私も10数年前の受講時には守秘義務契約にサインした記憶があるが、どうやら非公開だった知見の一部は本書で解禁にしたようだ。

ところで、数学→物理学→化学→生物学→心理学→社会科学と続く近代科学のパラダイムは、要素還元主義と決定論から成り立っており、上位の階層のシステムは構成要素である下位の階層の持つ性質や原理によって説明可能であると従来は考えられてきた。しかし、近年の研究によれば、必ずしもそれが成り立たない例も多いことが明らかになってきた。各階層には下位層から独立した固有の秩序や法則が存在しているのである。

さて、ここからも分かるように、さまざまな学問体系のアナロジーや援用によってマーケットを完全に解釈しようと試みることは、知的な遊びとしては興味深いものの、永遠に成功することはない。より具体的に言えば、心理学や数学（だけ）を用いて価格変化のダイナミズムを説明することは不可能なのである。

だが一方で、マーケットが創発を伴う自己組織である以上、近代科学の大きな成果のひとつであるダーウィンの自然淘汰という概念はそこでは成立しえない。つまり、マーケットの組織原理はいつまでも進化せず、時間の経過によっても変わらないということになる。ゆえに翻って言えば、この世界では過去を研究することは未来を知ることにつながる。一般にマーケットのような複雑さを持った系は通常は潜在的にしか認識されないが、優れた暗黙知は言葉にできること以上の理解を可能にする。そして人類は長きにわたり、暗黙知の能力に言語や書物といった媒体を付加することで、個人の能力の範囲を超えて知識の世界を拡げてきたという歴史を持っている。

まさにここに、本書のような優れた書籍を読む意義や価値の本質がある。最初に書いたように、ラリーが本書の初版で世に問うた概念がマーケットの本質を見事にとらえていたことを私たちは知っている。そして、今回新たに紹介された概念についても同様であることは、それを10年以上前に聞いていた私が喜んで証言する。第３版が将来出版されるかどうかは未定だが、私はその日を今からとても楽しみにしている。

翻訳にあたっては以下の方々に心から感謝の意を表したい。山下恵美子氏は訳出するにいささか難のある原書を大変な努力を払って翻訳していただいた。そして阿部達郎氏にはいつもながら丁寧な編集・校正を行っていただいた。また、本書が発行される機会を得たのは、謝辞にあるとおり社長である後藤康徳氏をはじめパンローリング社のスタッフ一同とラリー・ウィリアムズの良好な関係に負うところが大きい。

2012年６月

長尾慎太郎

謝辞

本書は単なる研究の成果を報告するものではない。本書は、膨大な調査と研究、私にとっての反省、そしてここに至るまでの私自身の成長記録も含めた私のトレーダーとしてのキャリアの集大成である。

本書の第1版でお世話になった人々にこの場を借りて改めて感謝の意を表したい。当時の私は、トム・デマーク、ラルフ・ビンス、グレン・ラーソン、グレッグ・アレッサンドラ、ハービー・レバイン、カートとジメナ・ハロック、リチャード・ジョセフ、そしてジーン・アイルデールといった人々が私ののちの人生に大きな影響を与えることになろうとは思ってもみなかった。

残念ながら、第1版でお世話になった人々の多くはもうこの世にいない。ドン・サーノ、アル・アレッサンドラ、ビル・ミーハン、ブルース・バブコック、フランク・タウヒャー、トレーディング・ライブラリー（イタリア）のミシェル・マッジ。ここに哀悼の意を捧げる。私の最初のブローカーであるジョー・ミラーと私たちの共通の友人ドン・サウザードは今ごろはあの世で偉大なるトレンドラインの描き手と再会し、今でもOBVチャートの研究に励んでいるに違いない。

時間は私たちに多くのことを教えてくれるだけでなく、自分にとってだれが本当の友人なのかも教えてくれる。これまで多くの人々に助けられて生きてきたが、上院議員選挙戦をともに戦い、トレーディング仲間でもある妻ルイーズ・ステープルトンほど私の支えになってくれた人はいない。

多くの人々の長年にわたる援助、支援、知識の共有がなければ、私はトレーダーとして今のようなキャリアを築くことはできなかっただろうし、こうした本を書くこともできなかっただろう。なかでもドン・サーノには特にお世話になった。『コモディティーマガジン』誌主催の講演会で私に初めて話をさせてくれたのが彼だった。そして、互いに対極関係にあるものの、ともに賢明なアナリストであるビル・ミーハンとトム・デマークは、私が市場を理解するうえでのキーパーソンと言っても過言ではない。２人ともいつでも快く意見交換に応じてくれた。特にデマークとは互いに個人的なことを語れるほど親しくさせていただいた。そして、プログラミングでお世話になったマイク・ストック。彼との意見交換も実に有意義なものだった。また、40年以上にわたるジェイク・バーンスタインの友情に感謝する。私の今のブローカーであるアルベルト・アルバレス、以前のブローカーであるエド・ウォルター（ブローカーの仕事を引退するまで続けた人間は私の知るかぎり彼しかいない）にも感謝する。アル・アレッサンドラとその息子のグレッグは私がトレーディングを始めた当初から私からのしつこい質問にも電話にも嫌な顔ひとつせず応じてくれただけでなく、思い出せないくらい長い年月にわたって毎日気配値を教えてくれた。彼らに感謝する。

そして、私を叱咤激励してくれた同僚アナリストたち。ボブ・プリーチャーは、米国憲法修正第１条で保障された権利に基づいて、CFTC（米先物取引委員会）への登録なしにニュースレターを発行する権利を勝ち取るために、自ら弁護士費用を払い戦った数少ない勇士のひとりだ。マーティン・ツバイクとネッド・デービスはわれわれにリサーチの何たるかを教えてくれた。このビジネスを通じて私は多くの友人に出会った。ジョー・ディナポリ、ウエルズ・ワイルダー、R・E・マックマスター、ブライアン・シャッド、マーク・ベンジャミン、シェルダン・ナイト、スタンとグレートヒェン・マーザルク、ジョン・ヒル、クラブ3000の創立者であるボー・サンマン。あなたたちの友情に感謝する。

エド・ダン、リンダ・ブラッドフォード・ラシュキ、ビクター・ニーダーホッファー、ジョン・ボリンジャーはトレーディングの世界における伝説的人物であり、私が近年尊敬の念を高め注目している人々だ。

現在私が住んでいるバージン諸島のセントクロワではチャーリー・ライトとミロ・プロチャスカに大変お世話になった。私が市場に対する理解を高めることができたのは彼らのおかげだ。あなた方と出会えたことに感謝する。このほかにもここには書ききれないくらい多くの人々のお世話になった。この場を借りて感謝する。さらに、オーストラリアのグレアムとアデル・ブリッグス、日本のパンローリング社の仲間たちの多大な支援と協力に感謝する。日本では特に成田博之氏と長澤正樹氏に多大なお世話になった。そして、チェコスロバキアのルドビーコ・トゥレク、南アフリカのマルコム・ブキャナン、シンガポールのアーロン・シム、浙江大学の客員名誉教授として私を招聘してくれた中国の「ドクターE」こと李志博士にも心より感謝する。世界中の愉快なトレーダーや人々に出会えたことは私の人生における大きな宝である。

忘れてはならないのは、私の手法を採用し、大きな利益を上げた読者のみなさんへの感謝である。読者のみなさんが本書で学んだことが確実に機能することは、マルク・ブルーエル、ミシェル・ポアソン、アンドレ・ウンガー、ブラディー・プレストン、クリス・ジョンソンらの活躍を見ればお分かりいただけるはずだ。私はただ扉を開けただけ。彼らが成功を収めたのは彼ら自身の努力の賜物である。

私が今のようなキャリアを築き上げることができたのも、本書を出版することができたのも、私のニュースレター「コモディティー・タイミング」を購読してくれた世界中の読者のみなさんと、セミナーに参加してくれた人々、私の他書の読者のみなさんのお陰である。良いときも、忘れたくなるほど悲惨なときも、私に寄り添ってくれたみなさんに心より感謝する。

本書の第１版、そして改訂版の第２版の出版を通じて、ジョン・ワイリー・アンド・サンズのパメラ・バン・ギーセンと、私の素晴らしい編集者であるエミリー・ハーマンに大変お世話になった。彼らの尽力がなければ、これらの本が日の目を見ることはなかっただろう。

最後にもう一度、私を支えてくれた一人ひとりに感謝の意を表したい。本当にありがとう。

みなさまのご多幸を心より祈っている。

2011年　米国領バージン諸島のセントクロワにて

ラリー・ウィリアムズ

序章

あなたはもうすでに商品トレーダー

You Are Already a Commodity Trader

本書の第１版が出版されてからの数年で、株式、商品、FXをトレードする人々が急増した。私の歯医者やお気に入りのシェフだけでなく、うちの庭師もいまやトレードに夢中だ。これは一体どういうことなのだろうか。

思うに、これは投機のスリルを味わいたいからだけではなさそうだ。現状からの「脱出」を図ろうとする人々が増えているのだ。他人の下で働くのも、他人の上に立つのも嫌。彼らは、他人とは関係を持たずにひとりで働きたいのだ。そして、それを可能にしてくれる唯一の仕事がトレーディングというわけである。これは多くの人が抱く夢であり、これまで多くのトレーダーたちがこの夢を実現させている。そう、現状から脱出する道は存在するのである。本書の趣旨はまさにここにある。つまり、私の手法とテクニックを使って、だれもが心に抱く夢を現実のものにしてもらいたいということである。

自分では気づいていないかもしれないが、あなたはこれまでずっと商品をトレードしてきている。もちろん、ポークベリーをトレードしたことはないかもしれないが、車や家、骨董品を売ってお金を得たり、あるいは他人の所有物をお金と引き換えに手に入れてきたはずだ。こうした物を売買したことがないとしても、時間をお金と交換したことのない人はほとんどいないはずだ。教師、弁護士、配管工、溝堀りとして働けば、あなたの時間を売ってお金を得ることになる。これも立派なトレードだ。つまり、あなたはすでにトレーダーなのであり、ただそれに気づいていないだけなのである。

われわれが自分の時間を売るとき、時間だけでなく技術も一緒に売ることになる。膝関節外科医よりも脳外科医のほうが時間給が高いのはそのためだ。優れたクオーターバックがタックル専門の選手と外科医を合わせた賃金よりも高い賃金を得るのはそのためだ。なぜなら彼らはその仕事を得るのにより大きなリスクを冒しているからだ。これは技術の優劣の問題ではなく、取得するのがより困難でより大きなリスクをはらんでいるという問題にほかならない。だから、同じように時間と技術を売るにしても、取得するのがより困難でより大きなリスクをはらんだものを売る人々のほうがより多くのお金を手にすることができるのである。

マイケル・ジョーダンのドリブルやシュートに本来的な価値があるわけではないが、シカゴ・ブルズのオーナーはこうした一見無価値のスキルも、彼の人気を利用してスタジアムを満員にしてテレビ放映権を売れば莫大な収益を上げるチャンスがあることを発見した。このように、実際には「価値のない」ものが価値を持つこともあるのである。

私はあるトレーディングセミナーで、これを実証するためにある実験を行ったことがある。何も入っていない14枚の封筒を入れた透明のビニール袋に、5000ドルの小切手を入れた封筒を１枚混ぜ入れて出席者に封筒を１枚ずつ引かせた。5000ドルの小切手の入った封筒を引いた人は、それをもらうことができる。

何も入っていない14枚の封筒には、5000ドルの小切手の入った封筒を入れた瞬間に価値が発生した。１枚以外は何も入っていない封筒だが、5000ドルの小切手を手にする確率は15分の１ある。つまり、それぞれの封筒は、あるいは１枚の封筒を引くことは333.33ドルの価値を持つわけである。参加者が袋から封筒を１枚ずつ引き始めた瞬間に、何も入っていない無価値の封筒にも価値が発生したのである。何も入っていない封筒が５枚引かれた段階で、5000ドルの封筒を引く確率は10分の１に上昇し、各封筒の持つ価値も500ドルに上昇する。残り２枚になったとき、会場の人々は2500ドル払うから封筒を引かせてくれと言い始めた。無価値のものが大きな価値を得た瞬間だ。

これはよりアグレッシブな商品トレーダーになるための教訓その１だ。価値というものは美と同じように、見る人の心によって決まるということである。この文脈をトレーダーに置き換えて言えば、価値を予測するな、ということになる。市場が喜んで払うものが真の価値なのである。市場、つまりトレーダーたちの総合的判断が提示する価値は瞬間的なものかもしれないが、価格こそが支配者なのであり、これが真理なのである。この真理に抗うことが無益であることを、私は随分前に学んだ。

あれは1974年のことだ。生牛の価格が高騰すると判断した私は、最初のポジションを43セントで建てて、仕込みに入った。「私にとって」この価格水準は割安で、安全確実なトレードになると思った。それで価格が40セントに下がったとき、ナンピンした。43セントが割安ならば、40セントはもっと割安と判断したわけである。

38セントに下がると、私は小ざかしい頭でボロ儲けしてやろうと思い、さらにナンピンした。その後、価格は35セント、30セント、28セントと下がり、その都度ナンピンし続けた。しかし、28セントで私の資金は尽きた。気がつくと、30日間でおよそ300万ドルも費やしていた。

それから２カ月後、生牛の価格は60ドル以上に急騰した。しかし私にはなすすべはなかった。安全確実なはずのトレードは結局は高いものについた。その後、何度か成功はした（詳しくはこのあと述べる）ものの、私のこの大失敗は四半世紀たった今でも人々の語り草になっている。

この手痛い体験について私は何年にもわたって考え続けた。そして、

２つの重要なルールを作るに思い至った。

ルールその１　価値は瞬間的なもの。どういった価値でもあり得るわけであり、商品、さらには株式のトレーディングでは何でも起こり得る。

ルールその２（こちらのほうが重要）　市場のトレンドや方向性も重要だが、最も重要なのは自分の資金を管理する方法を知ることである。生牛のトレードでしっかりとした資金管理や資金配分をしていれば、下げ相場を乗り越えて大儲けできていたかもしれない。

市場はこう動くはずだと思っても、市場がいつそんな動きをするのかはだれにも分からない。多くの場合、市場は神と同じで、予想された動きを否定するわけではない。ただ遅らせるだけだ。真剣なトレーダーはこうした時間的遅延から身を守るためにこれを自らのプログラムに組み込む。どういったルールを学ぶよりも、マネーマネジメントを学ぶことほど重要なことはない。商品トレーディングについて聞いたことのある恐ろしい話のすべては事実である。間違ったことをしたがために破滅した善良な人々がどれほどいることか。間違いを犯したのは市場のせいではなく、トレーダー自身が間違った予測をしたからでもない。成功したトレーダーでも間違った予測をして負けトレードを喫したことはある。成功した多くのトレーダーたちも失敗した経験を持つ。

彼らがこてんぱんにやられたのは、賭け金が多すぎたか、負けポジションを長く持ちすぎたかのいずれかだ。失敗から早く学ぶ人ほど、このビジネスで大きな富を手にする道に早く近づくことができる。このビジネスであなたの命を奪うものは、成功ではなく失敗なのである。失敗が人格を形成することはない。あなたの銀行口座を破産させるだけである。

成功するための基本はお分かりいただけたと思う。市場は予知能力で予測できることもあればできないこともあり、価値は長く続くこともあれば続かないこともある。投機とは未来を予測することであり、間違っても簡単だなどと思ってはならない。莫大な金を使って世界に名だたる精鋭たちを訓練すると言われる米国防省さえも、ベルリンの壁の崩壊を予知できなかったではないか。私たちの予測などたかが知れている。

私たちに予知能力のないことは、スポーツ・イラストレイテッドというスポーツ誌によって毎年証明されている。1997年、同誌の予想によれば、そのシーズンの大学アメリカンフットボールの覇者はペンシルベニア州立大で、ミシガン大は18位ということだった。ところが、シーズンが終わってみると、覇者はミシガン大で、ペンシルバニア大はまったく振るわなかった。ワシントン大は３位と予想されていたが、トップ20にも入っていないワシントン州立大に敗れた。その年、ワシントン州立大はパック10で優勝し、ローズボールではミシガン大と善戦した。

歴史は繰り返す。マイク・タイソンはこの良い例だ。脇にそれるが、マイク・タイソンにちなんだ面白い話がある。数年前にさかのぼるが、モンタナのバンカー・オブ・ザ・イヤーは銀行の金を使い込んでいた。彼はその金を返すために、銀行から新たに100万ドルを違法に引き出し、「アイアン・マイク」タイソンに賭けた。しかしマイク・タイソンはバスター・ダグラスに負け、その銀行屋は有り金のすべてをすった。結局、彼の使い込みは銀行の知るところとなり、監獄行きとなった。

新聞の死亡欄を予測できる人がいるだろうか。タイガー・ウッズの活躍を予想できた人がいただろうか。

水晶玉で生計を立てる人は辛酸をなめるハメになるのである。

しかし、気を落とす必要はない。確かに、あなたも私も未来を予言することはできない。特に、値動きは。しかし、学習によって損失は制御できるようになる。これは数学に裏打ちされた事実だ。成功への道を一歩一歩着実に歩んでいくには、損失の制御方法を学ぶ以外にない。

自分は、あるいは自分の開発したインディケーターは市場の未来を予想することができると言う市場の予言者たちを、私は何年にもわたって観察したことがある。しかし、神は私たち人間に未来を明かしたりはしないのだということに気づいた。こんな簡単なことに今さらながら気づいたのである。

未来を知ることができれば、私たちはみんな億万長者になれる。競馬で、ルーレットを回して、あるいはダイスを投げて、大金を手にすることだろう。もちろん、カジノは胴元が損をしない仕組みにはなっているが。それに、未来がどうなるのかが分かれば、つまらない退屈な人生になってしまうだろう。そんな人生を望む人がいるだろうか。発見の喜び、未知への魅力、勝利の感動、限界への挑戦を失った人生に、どれほどの喜びがあるだろうか。

予知能力でだれもが金持ちになれるのであれば、だれが小麦を育て、牛を飼育するだろうか。だれも働く必要がないのなら、電話会社もなくなるし、映画もテレビもなくなってしまうだろう。それに、私たちを雇ってくれる人もいなくなる。

前にも言ったように、全能の神は私たちが未来のすべてを知ることを好まない。ましてや将来の先物価格を予測するなどもってのほかだと思っている。初心者の投機家は、未来を知ること、知りようのない未来を知ることが投機なのだと勘違いしている。勝てる見込みのある戦略を開発し、自分に有利な状況を見つけて勝率を高めることこそがこのゲームの勝者になる秘訣なのだ。新しい参加者、新しいアイデアや概念の出現に常に注意を怠らないことも重要だ。こうしたものが出現すれば、ゲームの流れが変化する可能性が高いからだ。

投機（speculate）はラテン語のspecular（「観察する」という意味）

を語源とする。specularを語源とする言葉はこれ以外にも、眼鏡や光景を意味するspectacleなどがある。私たちは、けっして勝つことのないゲームにまい進するギャンブラーとは違うのだ。ギャンブラーにできるのは、ツキがカジノではなく自分のほうに巡ってきますようにと祈ることだけである。われわれ投機家は物事が将来どうなるのかを観察する。しかし、それには保証がないことを知っているため、適切なテクニックを使ってポジションを守り資産を保全し、最終的なゲームの覇者を目指す。

投機に求められるのは、資産の保全を第一に考えながら市場を観察することなのである。

私が最も重視する市場に対する信念

これまでの研究と経験を基に、私は有力な利益を生むひとつの信念にたどりついた。

現在抱えているポジションは必ず負けトレードになる。しかも大きな負けトレードに。

私は今でもこれを呪文のように心の中で繰り返し唱えている。勝ちトレードの管理は簡単だ。問題は負けトレードの管理である。あなたにとって命取りとなるのは負けトレードなのである。

ポジティブシンキングの人にとって、私の信念は非常に否定的に聞こえるかもしれないが、ポジティブシンキングは必ず勝てるという思い込みにつながり、その結果、過大なポジションを建てたり、長く保有しすぎたりといった事態に陥るだけである。物事は必ずうまくいくと思っていれば、起こることのない順行を期待してポジションを抱えるハメになるのである。

自分は絶対に成功するというポジティブシンキングに浮かれれば、その自信によって負けトレードの管理はおろそかになる。トレーダーにとって思考体系が重要なのはこのためだ。現在抱えているポジションは必ず勝ちトレードになる（実際にはならない）という思考体系の人は、自分の信念に自信を持っているために、負けトレードにしがみつき損失を放置する。成功するトレーダーはこうしたことは絶対にやらない。次の１～２回のトレードで口座は必ず好転する、あるいは少しは儲けが出るはず、といった極端なポジティブシンキングほど危険なものはない。

さて、それでは「現在抱えているポジションは必ず負けトレードになる」という私の信念について考えてみることにしよう。神と契約でもしないかぎり、現在のポジションが勝ちトレードになることはない。市場は完全なものではない、というのが私の考え方だ。これを裏づけるデータはいろいろある。例えば、投資信託のマネジャーの75％はダウ平均を上回るパフォーマンスは上げられないし、短期トレーダーの80％がリスク資産を失っている。私の場合も、勝ちトレードになるものは少ない。おそらくあなたの場合も同じだろう。

これまで必要以上に多くの大きな負けトレードを喫しているが、どのひとつも市場の「せい」で発生したものはない。私をやっつけてやろうと市場が画策したわけでもない。現在のポジションは必ず勝ちトレードになると信じ込み、このゲームのルールを無視した私自身が招いた過ちにほかならない。

人の強さはその信念に裏打ちされている、という言葉には私も同感する。強い信念は、ためらうことなく確信を持って行動する力を与えてくれる。私たちは自分の信念に基づいて行動するのである。信念とは私たちにとって人生というドラマの脚本家と言ってもよいだろう。

現在のポジションはほとんどが負けトレードになるという私と同じ思考体系で市場に臨めば、損切りをして自分を守るようになるはずだ。

沈み行く船と運命をともにするよりも、最初の救命ボートで脱出することで、損失の拡大を防ごうとするはずだ。ひとつのトレードで大きな賭けに出て、それですべての問題を解決しようとは思わなくなるはずだ。小さな損失でも、ポジションが大きければ、口座を破産させるほどの破壊力を持つことを忘れてはならない。

将来は必ずうまくいくというポジティブシンキングは過度のリスクをとる要因となる。最初から不利なゲームでリスクをとりすぎれば、悲惨な結果を招くだけである。

私の投機家としての人生はここから始まった

「怠け者だから働きたくない、でも正直者だから盗みはできない。だからロデオをやるのさ」――フレックルス・ブラウン（ロデオチャンピオン）

ジーンズのポケットから25セントや１ドルなどの硬貨を取り出して、裏や表を賭けたり、ひとりだけ違う側を出した者を外したりといったコイン投げゲームでお金儲けをする方法を友人のポール・ハイランドから教わったのは私が中学１年生のときだった。モンタナ州ビリングスで過ごした幼少時代は、投機家としての私の将来を暗示するものだったかもしれない。私の投機家としてのキャリアは25セント硬貨のコイン投げから始まった。もちろん負けたこともあるが、中学のときに美術の授業やアメリカンフットボール以外に学んだことがあるとすれば、コイン投げというギャンブルで簡単に大金を稼ぐことができるということだった。

投機について必要なことは中学時代にすべて学んだと言ってもよい。そして、私が負けるのはポールとバージル・マーカムが組んでいたからだということに気づいたのは、随分たってからのことだった。ひとりが表が出るようにコインに細工し、もうひとりは裏が出るように細工していた。だから私に勝ち目がないのは当然だ。儲けたお金はあとで２人で山分けしたようだ。市場操作に対する私の初めての教訓だ。

私はこの問題を警察なんかのお世話になることなく、自分なりの方法で解決した。悪を正すはずのお役人たちの姿勢に私は今でも懐疑的だ。少なくとも、助けてほしいときには来てくれないから。

ジャック・マッカファーティはビリングスで一番ケンカの強い子供だった。というよりも、モンタナ州で一番ケンカの強い子供と言ったほうがよいかもしれない。多くのカウボーイ、荒くれ者、炭鉱労働者を抱える宝石の州（モンタナ州の別名）で一番ケンカが強いとなれば、どれほどの強さかは言うまでもないだろう。大きなやつに腕を殴られると痛い。マッカファーティは体は大きくはなかったが、彼に腕を殴られると骨まで痛んだ。彼は信じられないくらい強く、私が目にしたどのケンカでも彼は圧倒的な強さで相手をこてんぱんにやっつけた。彼にかなう者はだれひとりいなかった。ケンカは彼の人生そのものだったと言ってもよいだろう。しかし、彼の人生はロサンゼルスの警官の手によって終わりを告げることになる。高速道路でのカーチェイスの末に射殺されたと言われているが、実は女好きのマッカファーティがその警官の奥さんと不倫していたのが本当の原因だ。

コイン投げをマッカファーティ相手にやろうという者はほとんどいなかった。通常、彼は負けたら自分の硬貨を潔く差し出したが、もし差し出さなかったらどうするか。硬貨の供出を迫り、殴り倒されるのは得策ではない。投機におけるもうひとつの教訓。それは、ビジネスパートナーや取引相手は注意深く選ぶこと、である。

それから数年後、私たちはリチャード・ウルマーが開発した生牛の取引システムで5000ドル口座を４万ドル以上に増やした。私たちが口座を開設したのは、今では広く普及しているストキャスティックスの開発者を自称するジョージ・レーンが経営するブローカーだった。実はストキャスティックスは彼が開発したわけではなく、私は４万ドルを回収し損なった。当局がレーンの会社を閉鎖したのだ。そして、その直前に私の４万ドルは口座から引き出されていたのである。

マッカファーティから学んだもうひとつの教訓は、強者は弱者のことなど気にしない、ということである。コイン投げでイカサマを繰り返すマッカファーティに嫌気がさした私は、負けても彼が硬貨を差し出さなかったとき、彼の腹に力いっぱいパンチを食らわせた。驚いた彼は私をにらみつけて言った。「何のマネだ？　たたきのめされてえのか？」

私は、「どうとでもしやがれ。ルールに従わないおまえにはうんざりだ。おれの骨を１本残らずたたき折れば、さぞ満足だろう。だが、おまえに立ち向かったというおれの満足感には到底かなうまい」とやっとの思いで言った。

そこで彼は折れ、「気に入ったぜ。お前に従うよ」と言って、負けた25セント硬貨を私に手渡すと、その場を立ち去った。その後、私たちは良い友だちになったが、コイン投げゲームをやることはもう二度となかった。

モンタナの人はみな働き者だ。私の父も例外ではなかった。彼は週に40時間以上も働き、週末には悪臭漂うドック・ジンクの硫黄精製所でも働いた。それでもまだ足りないと言わんばかりに、夜遅くまで勉強したり、エレクトロニクスの講座を受講したりしていた。勤勉と会社への忠誠心のおかげで、やがて父は昇進した。

精製所で働く父を持つメリットのひとつは、大学の夏季休暇にそこでアルバイトできることだった。もちろん私も大学生のときには夏にアルバイトさせてもらった。そして、彼らがそこでやっているような仕事はしたくないという気持ちは強まった。長時間労働のうえ、シフト制。ある週には午後３時半から、翌週は午後11時半から、そしてその次の週は再び午後３時半のシフトに戻るか、午前７時半からのスタート。とても正気の沙汰とは思えない。これでは生活のリズムも狂う。高温と悪臭と騒音のなかで、奴隷のように延々と働く精製所の仕事は私に向かないことは確かだった。

このアルバイトで私はひとつの挫折感を味わった。精製所には無数のバルブがあり、それが規則正しく閉じたり開いたりしていた。しかし、私にはどれが何のために動いているのか理解できなかった。父はこれらのすべてを知り尽くしていた。それに対して、自分はいかに無能か。父はメカに強く、修理できない機械はなかった。心臓の手術を受けるとしたら、医者より父のほうがよっぽど信頼できるほどだった。

父は何でも作れたし、修理することもできた（私たちの家は父が作ったし、母のために手の込んだ家具も作った)。修理代を払えないというのもひとつの理由だったとは思う。貧しい人々が金持ちよりも器用で技術を身につけるのがうまいのはこのせいだろう。

無能な私は、仕事の内容も把握し、年上の仲間ともうまくやっていた兄と比較され、嘲笑された。怠け者で、非社交的で、足手まといになる以外に何もできない私は次第に自信を失くしていった。ならば、と私はスポーツで自分に自信をつけようと試みた。しかし、自信は試合の間しか続かなかった。眠れないベッドの上で、もっと良い生活をするためにはどうすればよいのか、大きな家に住む金持ちは一体どうやってそういった生活を手に入れたのかを考え続けた。私は現状に不満だった。そこから何とか抜け出したいと必死だった。

コイン投げゲームも悪くはなかったが、偽の運転免許証作りのほうがはるかに金になった（偽の運転免許証１枚で５ドル、偽の出生証明書は１枚20ドル)。私の芸術的な才能には限界はあったものの、コイン投げゲームよりも実入りはよく、何よりもひとりでやれるというのがよかった。もちろんリスクもあった。人のやらないことをやっているという満足感もあった。父のような単調な暮らしではけっして得られない満足感だ。父は、ひとつの例外を除いて、何事もルールに従って決められたとおりにやる人だった。

その例外とは、シカ狩りだ。シカ狩りのシーズンになると私たちはルールなどかなぐり捨て、１年間家族を養えるだけのシカ、アンテロープ、ヘラジカを求めて野山を駆け巡った。シカの狩猟許可証は同じものを３～４回使った。生き残るためには、ルールなど守っている場合ではないことを私は学んだ。生き残るために人はリスクを冒す。私の父でさえそうだった。私は狩猟のどこが一番好きだったのだろうか。獲物のシカを袋いっぱいに詰めることか、それとも規定量以上の獲物を狩って捕まるリスクを冒すことか。私はこれをいつも考えていた。どちらもスリル満点だ。思えば、私はすでにこのころから投機家モードに入っていたように思う。

真に実力のある投機家はスリルを好む。いや、むしろスリルを求めると言ったほうがよいかもしれない。スリルは投機家にとって一種の知的興奮のようなものなのだ。

小遣い稼ぎのために、放課後、街角で新聞を売ったり、クリスマスカードや菜園の種子を訪問販売したのは、このスリルを求めてのことだったのかもしれない。売れるかどうか分からないからリスクはある。しかし、そこにいるだけで、話をするだけで、物を見せるだけで、そこそこのお金を稼げる可能性もあるわけである。

重労働の人々を嫌というほど見てきた私は、そんな仕事はしたくないと心底思った。冒頭のロデオチャンピオンのように、私は「働くのが嫌いな怠け者」だが、「正直者で盗みができない」ように育てられた。だから、高校卒業後は大学に進学するか、海軍に入隊するのが私にとって正しい道だった。両親もそれを望んでいた。大学に進学することは、より良い生活へのカギであると両親は思っていたようだ。

1962年、私は新聞の株式欄の「最もアクティブ」なリストとはどういう意味なのかと人に聞いた。「そうだね。例えば、ゼネラル・モータースを見てみると、1.5高って書いてあるだろ。だから、昨日この株を買っていれば、今日の儲けは150ドルってことさ」との答えに大きな魅力を感じた。

たった１日で150ドルの儲け！

コイン投げなど比ではない。当時、150ドルと言えば、精製所での１週間分の賃金以上の大金だった。こんなに簡単に、しかも大金を稼げるものがあるなんて。私は今まで何をしていたのか。どうすればこの仕事を始められるのか。私はこの簡単に大金を稼げそうな仕事にたちまちのうちにとりつかれてしまった。

しかし、これが私の人生最大の挑戦になろうとは、このときはまだ知るよしもなかった。1962年のこの日から、私の懸命な努力は始まった。この日以来、市場から遠ざかったのは上院議員に立候補した1978年と1982年の２回だけである。この２回を除けば、私は父も喜ぶくらい毎日一生懸命に「働いて」きた。しかし、それは精製所での仕事とも、学生時代のアルバイトの仕事とも、まったく異なるものだった。

この経験から言えることは、成功する投機家を動機づけるものは３つあるということである。①大金を稼ぎたいという強い願望、②人より秀でたいという願望、③現状への不満。投機家にとって最大の資産は安定しないこと、だと私は思っている。ほとんどの人は人生のなかに安定を求めるが、私は人生に安定を求めることを健全だとは思わない。安定した人生を送る普通の人によって成し遂げられた偉業はない。こんな私でも安定した生活を考えることはあるが、そんな考えは一瞬だけである。おそらく私は安定した生活とは生涯無縁だろう。しかし、私のライフスタイルが何かを物語っているとするならば、投機家の内に秘められた情熱をあおり立てるのはこの不安定さなのだということだろう。

生涯を賭す仕事

世界に対して、昔のガールフレンドや両親や兄に対して、そして私の知らない人たちや思い出せない過去の人たちにでも、トレーディングで私の真価を証明できるのなら、私は金儲けできなくても喜んでトレードをするだろう。自意識過剰と言われればそうかもしれないが、私は自慢したいのではなく、私が逆境を乗り越えることができることを彼らに示したいだけなのである。

私は現状から脱する道をようやく見つけた。それを世界中の人々に教えたい。本書を読んでいる読者のなかにも、現状を打開するための方法を見つけようと必死でもがいている人がいるはずだ。私がそうであったように、あなたも必ず新しい道を切り開くことができる。本書では、私がこの数年で学んだこと、市場はどう変わったのか、成功するトレーダーとしてトレードを続けていくためには何をすればよいのかを示していく。

私がこの数年で学んだことはたくさんあるが、そのなかで最も重要なのは、市場の変化に適応することの重要性だ。したがってこの第２版では、この数年で学んだことをベースとする短期トレーディングのさらなる秘訣を伝授していきたいと思う。もちろん、市場に適応する方法も詳しく説明する。

これらの言葉があなたの心の琴線に触れたのなら、シートベルトを締め直して、人生の新たなる船出に備えてもらいたい。

70歳代ともなればほとんどの人は引退し、ネットサーフィンに明け暮れ、『アメリカンアイドル』を見ながらうとうとしながら過ごす毎日に満足しているのが普通だろう。しかし、私の旅はいまだに続いている。いまいましい市場の魅力からいまだに離れられないでいる。１カ月1000枚以上にも及ぶ取引量でトレードを続けている間は、私はイキイキとしていられるし、思考力も衰えることはない。これについては詳しくは私のホームページ（http://www.ireallytrade.com/）を参照してもらいたい。

市場は私の活力源と言ってよい。私にはほかの人生など想像できないし、今以上に幸せな生き方はない。

父は私に偉大なる人生の教訓を授けてくれた。「息子よ、人生というものは自分がやっただけのことしか返ってこないのだ」。成功する投機トレーダーになるためには、全身全霊をかけて打ち込む以外にない。熱意を持って努力すれば、返ってくるものも大きいはずだ。

第1章

短期のカオスのなかに秩序を見いだす

Making Order Out of Short-Term Chaos

「トレーディングでお金を儲ける方法は主に2つある。小さなポジションで大きな動きをとらえるか、大きなポジションで小さな動きをとらえるかだ」――ビル・ミーハン

私がこれまで書いてきたことがあなたの投機の目的に合致したのならば、今こそ市場の仕組みを学ぶときだ。投機――つまり株や商品先物のトレーディング――はだれにでも向くわけではない。もしかすると、あなたには向かないかもしれない。こんな私でさえ、自分は本当は投機には向いていないのではないかと思えることが時折あった。

この第１章で話す概念は10年前、20年前、あるいは100年前とほとんど変わらない。これは私のトレーディングの基本でもある。市場には明確な構造があり、価格がある地点から別のある地点に動くときの動き方にも明確な規則がある、というのが私の考え方だ。こうした市場の構造さえ分かっていれば、場立ちの取引でも、電子取引でも、恐れることは何もない。価格の動きを説明するときに用いられる用語がある。それが日々の始値、高値、安値、終値である。だれもが市場をうまく「読む」ことができるように、この言葉を読み解くのが私の使命だと思ってきた。真実を求めてシュメール人の記録の判読に挑み続ける考古学者のように、私のこの取り組みへの挑戦はいまだに続いている。

本書の第１版以降に大きく変わったことは、コンピューターの進歩のおかげで、ほとんどの市場が場立ちから電子取引に移行したことである。いまや、世界のどこかの市場が常に開いているという24時間取引ができる電子市場の時代である。オープン・アウトクライ市場での場立ちは完全に姿を消した。

私はどのようにして市場を学んだか

私のトレーダーとしてのキャリアはオレゴン州ポートランドで始まった。メリルリンチのブローカーに一緒に金儲けをしないかと持ちかけられたのだ。私たちはすぐに運に恵まれた。だから、彼の考えは半分は正しかったと言えるだろう。半分と言ったのは、彼は手数料で大儲けしたが、私は損をしたからだ。さらに悪いことに、そのお金は私のものではなかった。そのお金は、私が会ったこともない人のお金だったのだ。今にして思えば、最初に打ちのめされたことがむしろ幸いした。これが人生の転機になった。

この出来事はこのビジネスについて学びたいという私の意欲をより一層強いものにした。そんなに簡単に負けられるのなら、勝つのも簡単なはずだ。そのブローカーは私同様、この世界での経験が浅く、助言や提案をする力などほとんどなかった。市場に対する彼の考え方は、良い株を買って、持つことだった（素晴らしい見識だ！）が、私は短期のスイングをとらえて儲けることのほうが向いていると思ったし、これが私の願望でもあった。こうして私の短期トレーダーとしての勉強が始まった。

私にはトレードを教えてくれる教師はおらず、知り合いのトレーダーもいなかった。それで、あなたがこの本を買ったように、問題解決の手段を必然的に本に求めた。どの本を読んでも、トレーディングはいとも簡単なことのように書かれていた。ジョー・グランビルが書いたテクニカル分析の古典を読んだあと、株の毎日の４本値と、グランビルが勧めるインディケーターの値を記録し始めた。伝説の人物であるグランビルの古典は今でも読むに値するものだ。この本を読むまでは、市場に完全にのみ込まれていただけでなく、ウォール街に打ち勝とうと、毎晩５～６時間、そして週末もそのために費やした。そのおかげで富は手に入れ始めたものの、結婚生活は破綻の危機に瀕していた。

最初の妻であるアリス・フェトリッジは「チャーチストの未亡人」になっていたが、私の習慣はまだ支持してくれていた。やがて私たちはポートランドを離れ、カリフォルニア州モンテレーに移り住んだ。２人とも仕事を持っていたうえ、私は法律の学位の修得にも取り組んでいた。夜間部や通信教育の学生に義務づけられた「ベイビー・バー試験」を受験して合格したものの、そのころには弁護士になることはほとんどあきらめていた。ある弁護士の下で働いてみて、弁護士という仕事に落胆したからだ。弁護士になることは法廷に立って人命を救うことだと思っていたのだが、現実は依頼者に都合の良いように判断したり、借金を踏み倒した人を探したり、ごくつぶしや犯罪者の代理人を務めることでお金を儲けることだと分かったのだ。それはトレーディングとはまったくの別世界だった。

モンテレーでは幸いなことに、私と同じくチャートを付けている２人のブローカーに出会った。ジョー・ミラーとドン・サウザードだ。私たちはすぐに打ち解けて互いの苦労話を話すようになった。そして私は２人からは市場について知っていることを教えてもらった。私たちは３人ともグランビルのオン・バランス・ボリューム（OBV）の熱心な支持者で、３人が監視していた30～50銘柄のOBVチャートを付けることにした。それと同時に私は移動平均線も付け始めた。移動平均線は当時からどの本でも推奨されていた重要なツールで、その人気は今でも変わらない。

私は株式トレーディングである程度の成功を収めたが、１冊の本との出会いが私のキャリアを一気に加速させた。その本とは、ギル・ハラーの『ザ・ハラー・セオリー・オブ・ストック・マーケット・トレンド（The Haller Theory of Stock Market Trends）』（1965年）だ。これは理論と呼ぶにふさわしい本だ。株や投機について、この本からは多くのことを学んだ。のちに著者のハラーと知り合いになったが、彼が与えてくれた援助と励ましには今でも感謝している。ハラーの理論は、すでに大きく上昇した株を買うことであった（1963年に発表）。これは現在「モメンタム」株と呼ばれているもので、投資信託がよく用いる手法だ。ハラーは何と1964年からこの手法を使い、それで生計を立てていたのだから驚きだ。しかし、彼の生活は私が夢見るようなものとは違っていた。彼の机はコンクリートブロックの上に古いドアを置いたものであり、便箋にはだれかが彼に送ってきた手紙の裏を使っていた。ケチというのではなく、ただ１ペニーまで正確に数えて、無駄なお金は使わない倹約家だっただけである。

やがて私は市場がどのように動くかについての理論を構築し始めた。そして、私が出した結論は、市場は短期的には私が「平均」価格と呼ぶ均衡点を中心に上下動しながら、あるとき突然急上昇したり急下落したりする、というものだ。私の目的は、価格が安値から平均価格へいつ上昇し始めるかを知ることだった。そのためには、価格の行きすぎを見つけ、この動きが止まって、平均に向かって上昇したり下落したりするのがいつなのかを読み解くための何かを見つける必要があった。これは非常に簡単なことのように思えたため、市場のこうした動きをつかさどる何らかの優れた理論、あるいは決まりがあるはずだと私は確信していた。価格がＡ地点からＢ地点まで動くとき、基本的で否定しがたい行程があるに違いない、という仮説を立てたのである。

私のこの仮説は最終的には正しかったことが分かった。つまり、市

図1.1　始値、終値、高値、安値で表される一般的なチャート

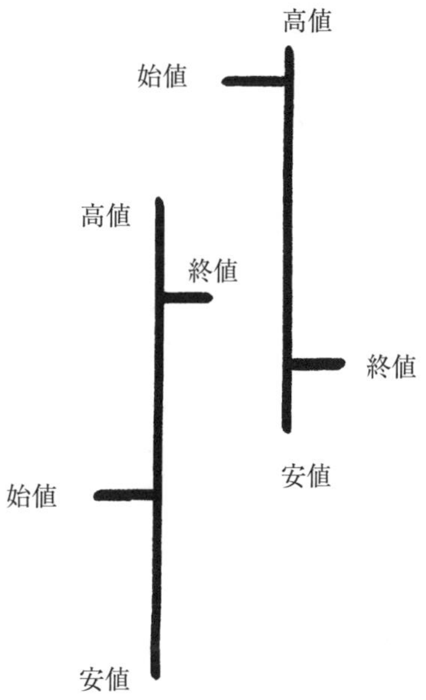

場の動き方には法則があるのである。価格がＡ地点からＢ地点まで動く動き方には規則性があることが判明したまではよいが、厄介なのはその規則性が精密さに欠けるという点だ。しかし、値動きには秩序のようなものが存在するのは確かで、それは外国語と同じように学習することができる。私は人生の大半を市場が話すこの言葉の基本を理解することに費やしてきたが、読者のみなさんが、市場の言葉を解読するための私の魔法の指輪の使い方を学ぶお手伝いができればこれ以上の喜びはない。

市場のチャート化

　すでに市場の勉強を始めている人なら、それはチャートによって表される視覚の世界であることを知っているはずだ。**図1.1**で示したように、チャートは通常、日々の始値を足の左側に引いた横線で表し、終値を右側に引いた横線で表す。足の最上点がその日の高値、最下点が安値だ。

このあと追い追い分かってくると思うが、最も重要な価格が始値だ。この概念は、ジョー・ミラー、ドン・サウザード、カート・フーパー、海軍から来ていた大学院生（私がコンピューターを使って答えを導きだす手伝いをしてくれた最初の人物）らとの研究の結果、たどりついたものだ。OBVはすごいものだと思う一方、私たちはもっと信頼度の高い定式が欲しいと思った。最初のOBVを創案したのがサンフランシスコ出身のウッズとビグノリアの２人であることを知ると、私たちももっと良い方法を見いだせるのではないかと思った。

日々の値動きを表す日足をチャート上に描き始めると、やがて解読上の問題が発生し、大混乱に陥った。このように値動きをチャート化し、それを「解釈」するということは、長年にわたって「チャーチスト」と呼ばれる人々によって行われてきた。チャーチストは1980年代の初めまでは、失業した義兄が同情される程度の関心しか払われていなかった。

彼らはチャートのフォーメーションを集め、パターンを見つけ、それらのパターンにウェッジ、ヘッド・アンド・ショルダーズ、ペナント、フラッグ、トライアングル、Wボトム、Mトップ、１－２－３フォーメーションといった名前を付けた。これらのパターンは需要と供給のせめぎあいを表すものであると考えられた。あるパターンは売りを表し、あるパターンはプロの買い集めを表す、といった具合だ。魅力的な考え方だが、それは間違っていた。同じようなパターンが需要と供給の要素を持たないもののチャートにも現れるのだ。

図1.2は古い銀貨を150回投げた結果をグラフにしたものだが、ポークベリーのチャートによく似ている。**図1.3**を見てみよう。これが日々の最高最低気温を表すグラフなのか、大豆のチャートなのか、分

図1.2　コイン投げの結果（表か裏か）の累積グラフ

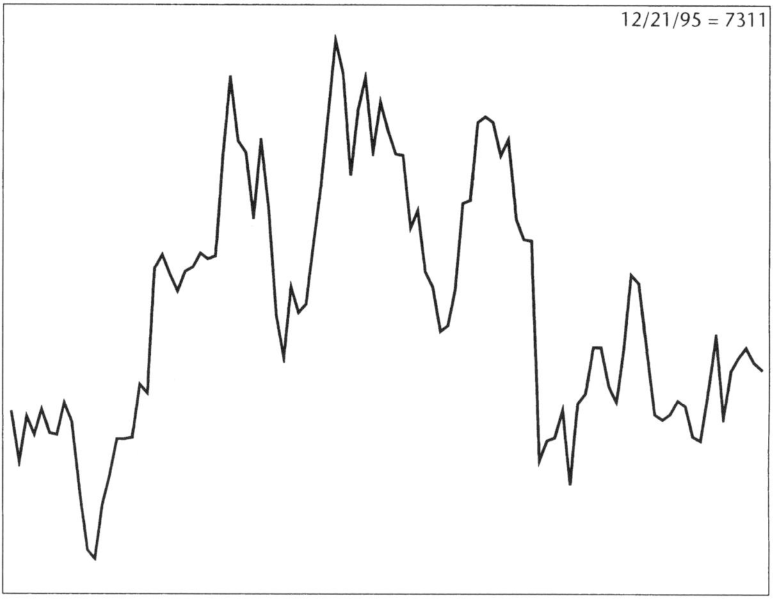

図1.3　株価チャート？　いいえ、これは日々の最高気温、最低気温、最終気温をグラフ化したもの

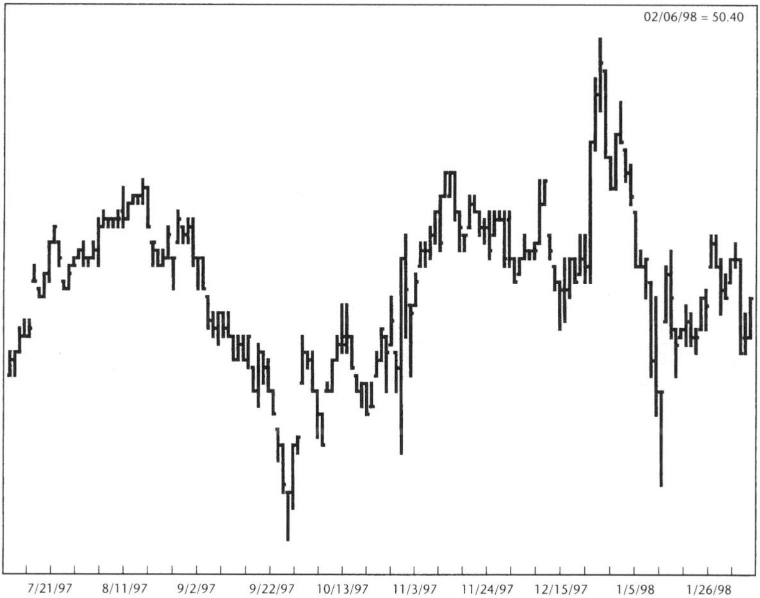

かる人がいるだろうか。これらの事実から分かることは、市場のものでないデータや経済データをグラフ化したものは、株や商品のデータをグラフ化したものに非常によく似ており、まるで買い手と売り手を反映したパターンであるかのように描かれる、ということである。チャートのパターンと機密情報はくれぐれも混同しないように注意したい。

やがてチャーチストはウイジャーボード（占い板）やチャートとの関係を断ち切り、コンピューターを好んで使う「テクニカルアナリスト」になった。コンピューターのおかげでチャーチストはいまや科学者同様に尊敬に値する仕事と認識されるようになり、ちまたには「……のニューサイエンス」や「……への科学的アプローチ」といったタイトルの本があふれた。しかし、この狂気に科学など存在するのだろうか。

私はそうは思わない。

価格とは、ニューヨークの豪華絢爛たる部屋の奥まった場所に隠された神秘的で摩訶不思議なドラムのビートに合わせてダンスするものではない。少数のインサイダーのみが認識し得るリズムで動くものなのだ。価格は至るところで跳ね上がる。だから、私たちのチャートも不規則になる。それは、人間の感情が、価格が近いうちに急上昇、あるいは急落するといったニュースやブローカーの情報に影響されるからである。

市場はランダムではない

一般に商品の価格は、まるで酔っ払った水夫のごとく、自分がどこに行こうとしているのかも、どこにいたのかも分からずにクネクネと動き回る。数学者に言わせれば、過去の値動きと将来のトレンドとの間に「相関性はない」ということになるだろうか。

表1.1　各銘柄――始値より上げて引ける確率

銘柄	終値＞始値となる確率（%）
ポークベリー	51
綿花	53
大豆	51
小麦	52
英ポンド	56
金	52
日経	55
ユーロドル	57
Ｔボンド	52
S&P500	53
平均	53.2

私のトレード仲間のひとりであるビクター・ニーダーホッファーは彼が最も好みとする「スペックリスト」インデックスの信奉者たちに、そして代表作の『ジ・エデュケーション・オブ・ア・スペキュレーター（The Education of a Speculator）』のなかでも、この概念を強調した。チャート上の価格がクネクネと動き回るときの動き方についてはみんなそれぞれに異なる考え方を持っているかもしれないが、過去と未来の動きの間には「何らかの相関性」はあると私は思っている。なぜって？　それは、酔っ払った水夫はいばりちらしながら千鳥足でランダムに歩き回っているように見えるが、その動きには規則性があるからだ。彼はどこかあるところに行こうとしているし、通常は彼がどこにいるかも分かる。そして彼がどこに行こうとしているかを知るには、まずは彼の狂気を分析する必要がある。

価格の動きは高いランダム性を含んではいるが、完全にランダムというわけではない。これを証明できなければ、本書の残りはダーツの投げ方の学習に当てたほうがよいかもしれない。ランダムなゲームでは、専門家の予想よりもダーツで投げて決めたほうが高いパフォーマンスを上げることができるのだから。

それでは証明を始めよう。コインを100回投げたら、50回は表が出て、50回は裏が出るものと仮定する。表が出ても裏が出ても、次にコインを投げたときに表と裏が出る確率はそれぞれ50％で変わらないし、２回続けて表が出ても、次にコインを投げたときに表と裏が出る確率はそれぞれ50％で変わらない。ご存知かもしれないが、コイン、サイコロ、ルーレットは記憶を持たない。これはランダムなゲームなので確率は一定なのである。

これが市場にも当てはまり、上げて引ける確率が常に50％であるとするならば、上げて引けた場合、次に上げて引ける確率は50％で、次に上げて引けても、その次に上げて引ける確率は50％で変わらない。下げて引ける場合も同様で、下げて引けた場合、次に下げて引ける確率は50％になる。２回続けて下げて引けた場合も、次に下げて引ける確率は50％だ。しかし、実際のトレーディングではこうはならない。これは、価格の動きが完全にランダムではない証拠にほかならない。

表1.1はさまざまな市場において価格が上げて引ける確率を示したものだ。何の基準も設けずに、コンピューターには寄り付きで買わせ、引けで手仕舞いさせた。寄り付きよりも上げて引けた確率は50％ではなく、53.2％と若干のひずみがある。価格の動きがランダムならこうはならないはずだ。

「こうはならないはず」というのなら、下げて引けた翌日に寄り付きで買ってみてはどうか。理論的には、**表1.1**の上げて引ける確率はすべて同じく50％になるはずである。理論には強いが、市場の知識にはうとい大学教授や学術研究者たちにとって、問題は実際にはこうならないことである。**表1.2**はそれぞれの銘柄が１日か、２日連続して下げて引けたあと、上げて引けた回数と確率を示したものだ。

これはトレーダーにとっては驚くほどのことではない。私たちは市場は下がれば上がることを知っているからだ。これまで正確な確率は

表1.2　各銘柄――１日か２日連続して下げて引けたあと、上げて引けた回数と確率

銘柄	１日下げて引けたあと次に上げた回数	確率	２日連続して下げて引けたあと次に上げた回数	確率
ポークベリー	3,411	55	1,676	55
綿花	1,414	53	666	55
大豆	3,619	56	1,612	56
小麦	3,643	53	1,797	55
英ポンド	2,672	57	1,254	56
金	2,903	58	1,315	55
日経	920	56	424	60
ユーロドル	1,598	59	708	56
Ｔボンド	961	54	446	52
S&P500	1,829	55	785	53
平均		55.8		55.2

分からなかったが、たとえ分かっていたとしても、私はポジションを建てたり保持したりするのにこうした表を使うことはないだろう。重要なのは、１日下げて引けたあと、そして２日連続して下げて引けたあと、次に上げて引ける確率は53.2％になるはずなのにそうはならなかったという事実である。これは市場がランダムではないことを物語っている。つまり、価格の動きにはパターンがあり、そのパターンから動きを「予測」できるわけである。これでダーツの投げ方を学習する必要はなくなった。

1998年から2011年中旬までのDAX指数を例に取ると、下げて引けるたびに翌日の寄り付きで買って、同日の大引けで手仕舞うと、総トレード数1591で勝率は52％だが、６万558ドルもの損失になる。２日連続して下げて引けたあとの翌日の寄り付きで買って、同日の大引けで手仕舞うと、総トレード数724で勝率は52.2％になる。この場合も損失を出すが、損失額は1568ドルと１日下げて引けた翌日の寄り付きで買うよりもはるかに少ない。

辛抱強く３日連続して下げて引けるまで待って翌日の寄り付きで

買えば、総トレード数334で勝率は55％、２万5295ドルの利益になる。もっと儲けたい？　DAXには上昇する確率が高い曜日がある。したがって、３日連続して下げて引けたあとの火曜日、木曜日、金曜日にだけ買ってみることにしよう。この場合、総トレード数204で勝率は58％、総損益は４万4795ドルという結果になる。

このように、本書の第１版が出版されたときアクティブではなかった別の市場でも数年後にまったく同じことが起こっているのだ。

市場の構造を理解する

チャーチストたちは市場のクネクネとした動きの１つひとつに妙な名前を付けているが、彼らはどうも市場の重要な点を見落としてしまったようだ。それは、最上点がその日の高値を表し、最下点がその日の安値を表す日足で表現される価格というものが明確で、驚くほど機械的な動きをするという事実である。それは新しい言語の読み方を学ぶのに似ている。文字が読めるようになれば、言葉を読むことができ、言葉を読むことができるようになれば、物語を読むことができるようになる。

最初に習得すべき文字は、市場のどういった動きが短期の高値や安値を形成するのかを学習することに匹敵する。この基本を習得したら、市場の構造が分かるようになる。

市場の短期の安値とは次のように定義することができる。ある日の安値がその前日と翌日の安値よりも安ければ、その日の安値が短期の安値になる。なぜこうなるのかというと、市場の動きを観察していると、安値の日には価格は下がり、翌日は安値は更新せずに上昇する。こうして安値の日の安値が短期の安値になる。

短期の高値はこの逆で、ある日の高値がその前日と翌日の高値よりも高ければ、その日の高値が短期の高値になる。つまり、価格は短期

図1.4　英ポンドの日足チャート

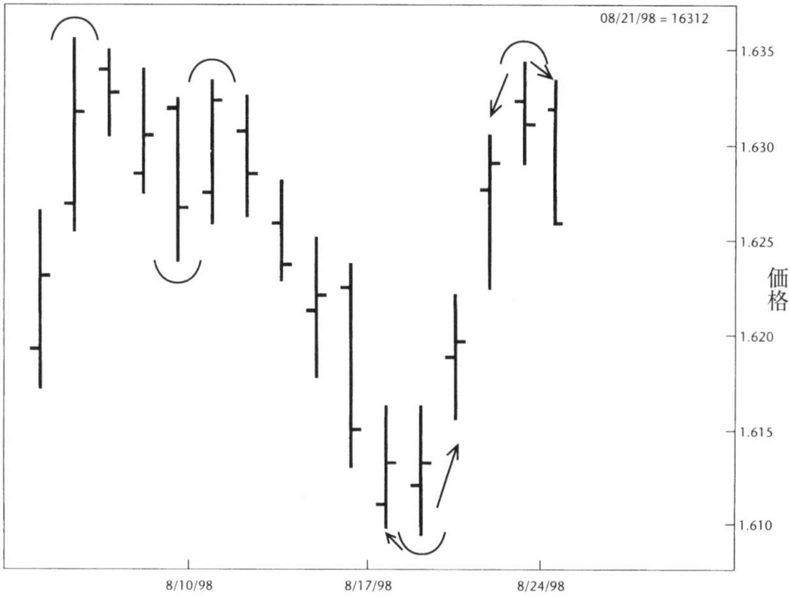

ナビゲーター（ジェネシス・ファイナンシャル・データ・サービス）で作成

の高値を付けた中間日の高値まで上昇したあと、その翌日には下落し始めるため、中間日の高値が短期の高値になるというわけだ。

私は最初こうした短期の高値や安値を、ヘンリー・ウィラー・チェースが1930年代に行った仕事に敬意を表して、「丸で囲んだ」高値・安値と呼んでいた。今のようにコンピューターが発達する以前、私たちは価格をノートに付け、動きの終点を見つけだすために、こうした点を分かりやすいように「丸で囲んで」いたからだ。

図1.4は短期の高値と安値を示したものだ。このパターンをじっくり観察してもらいたい。

この概念が理解できたら、これらの要素をまとめてみよう。価格がどういう順序で動くのかはもうお分かりかもしれない。価格は短期の高値から短期の安値へとスイングする。市場の動きを機械的かつ自動的に測定できるのだから、これほどエキサイティングなことはない。

チャーチストの複雑な話に耳を傾ける必要もなければ、チャーチストやテクニカルアナリストたちの幻想の世界に迷い込むこともない。

私たちの基本的な定義と混同しやすい2つの特殊なタイプの取引日がある。ひとつは、インサイドデー（はらみ足）と呼ばれるものだ。これはその日のすべての値動きが前日の値幅内に収まる日のことを言う。高値が前日より安く、かつ安値が前日より高ければインサイドデーである。9つの主要な銘柄を5万0692日にわたって調べたところ、インサイドデーは3892日あった。つまり全取引日のおよそ7.6％がインサイドデーになるということである。

短期のスイングポイントを見つける場合、インサイドデーとそれによって発生する可能性のある短期の高値や安値は無視する。インサイドデーの発生は、市場が保ち合いに入ったことを意味する。つまり、スイングはそれ以上には伸びず、しかし反転することもなかったということである。インサイドデーの高値や安値は短期のスイングポイントには含めないため、この状況から抜けるまで待つしかない。

特殊なタイプのもうひとつの取引日がアウトサイドデー（つつみ足）である。高値が前日より高く、かつ安値が前日より安いかどうかを見ればよいので、これは見つけやすい。アウトサイドデー（全取引日のおよそ3％）が発生したら、その日の価格の流れを観察する必要がある。つまり、その日の寄り付きから引けまで価格がどう動いたかを見るのである。前と同じ5万0692日にわたって調べたところ、アウトサイドデーは3487日あった。発生頻度はインサイドデーよりも若干低いが、それでもおよそ7％の頻度で発生していることが分かる。

それではこれまでのことを念頭に置いて、**図1.5**を見てみよう。これはインサイドデーとアウトサイドデーを示したものだ。私たちが今見つけようとしているのは、価格がある地点から別のある地点に動くときに発生する短期スイングである。

ここまでの話で、基本的な概念と、価格がスイングしながら動くこ

図1.5　ポークベリーの日足チャート

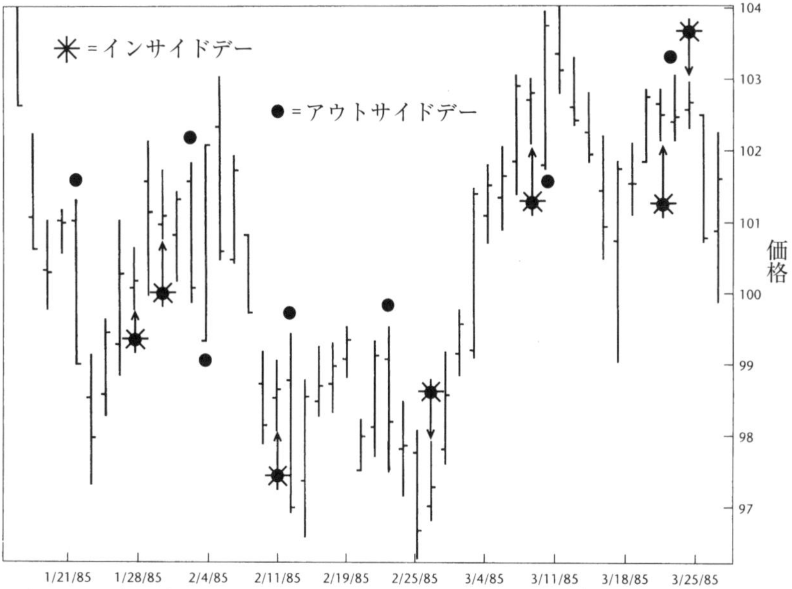

ナビゲーター（ジェネシス・ファイナンシャル・データ・サービス）で作成

図1.6　ポークベリーの日足チャート

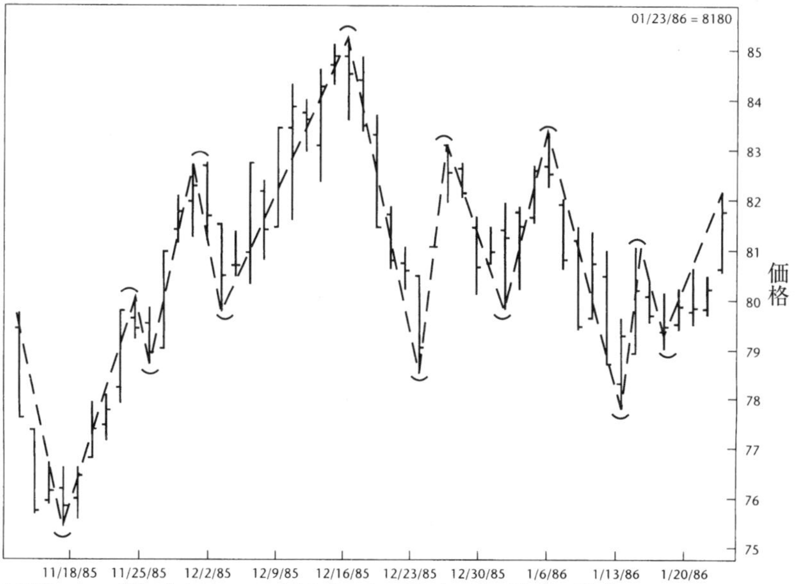

ナビゲーター（ジェネシス・ファイナンシャル・データ・サービス）で作成

とは理解できたはずだ。**図1.6**を見てみよう。これは、スイングポイントに印を付け、それらを直線で結んでスイングパターンを示したものだ。

中期の高値と中期の安値

さて、ここからが面白いところだ。短期の高値が、その前日と翌日の高値がそれより安い日（ただし、インサイドデーは除く）と定義できるとするならば、ちょっと飛躍して中期の高値と安値も定義してみよう。中期の高値は、短期の高値のうち、両側にそれよりも安い短期の高値が存在する地点と定義することができる。ここからさらに飛躍するので、シートベルトのチェックをお忘れなく。中期の高値のうち、両側にそれよりも安い中期の高値が存在する地点――それが長期の高値になる。

たった１つの段落で、何と３つの主要なスイング――短期スイング、中期スイング、長期スイング――を定義してしまった。安値もまったく同じ方法で見つけることができる。まずは短期の安値から。両側の安値が高くなっていれば、そこが短期の安値になる。次に、短期の安値のなかで両側の短期の安値が高くなっている地点を見つける。それが中期の安値になる。長期の安値を見つけるのは簡単だ。中期の安値のなかで両側の中期の安値が高くなっている地点が長期の安値である。

それではこれらを図で見てみることにしよう。**図1.7**を見てみよう。まず、すべての短期スイングに印を付け、次に中期ポイントを見つけ、最後に長期ポイントを見つける。この図を見れば一目瞭然だ。単純なフォーマットのなかにすべてが含まれている。この図を見れば市場の構造が理解でき、カオスのなかに秩序を見いだすことができることも分かるはずだ。

サンプルチャートで理解したことを念頭に置き、スイスフランとコ

図1.7　チャートを使ってカオスのなかに秩序を見いだす

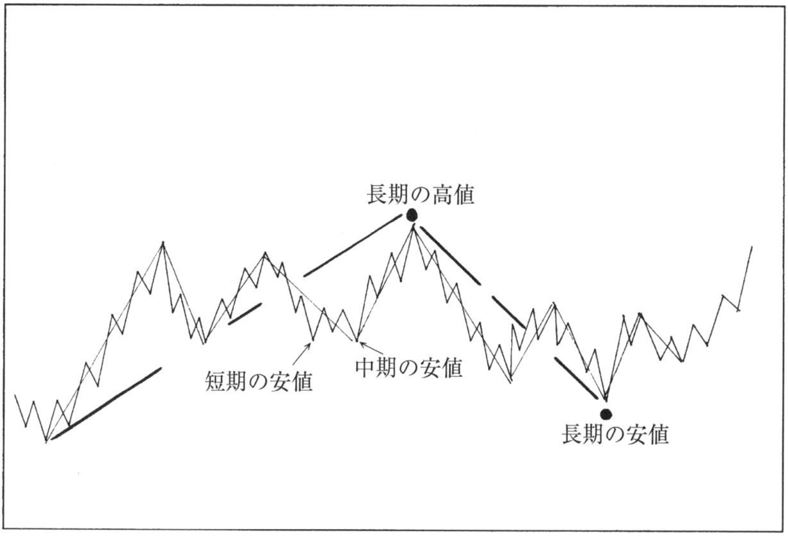

ーヒーの実際のチャート（**図1.8**と**図1.9**）を見てみることにしよう。まず、すべての短期ポイントを直線でつないで短期スイングを特定した。次に、中期ポイントを特定し、続いて長期ポイントも特定した。これは言葉で説明するよりも、チャートを実際に見て理解するのが一番だ。自分でもぜひやってみてもらいたい。

なぜこれが重要なのか

市場の構造の基本を理解したら、こうした市場の反転をいち早く見つけることができるようになる。短期の安値が形成されるのは、前日よりも安値が切り下がり、上げて引けた日であることが分かったはずだ。また、短期の安値が形成されることで、短期の下降スイングが終了したことも知ることができる。同様に、前日よりも高値が切り上が

図1.8　スイスフランの日足チャート

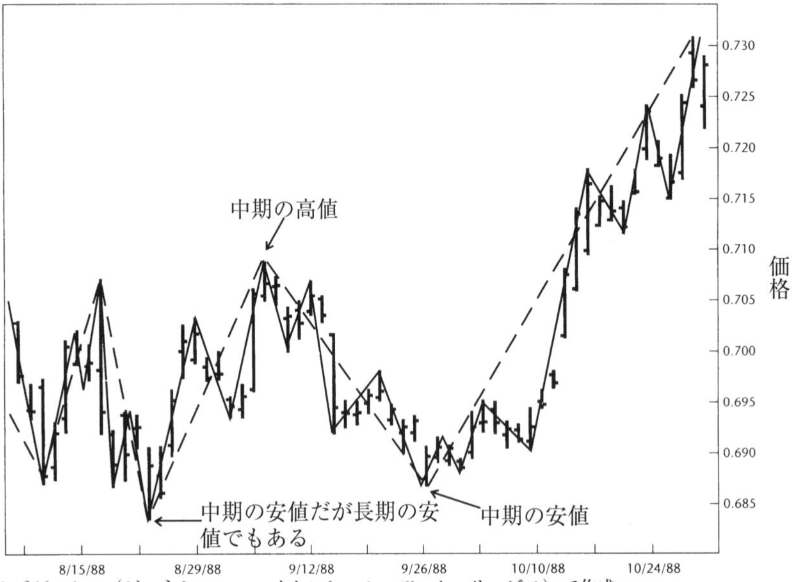

ナビゲーター（ジェネシス・ファイナンシャル・データ・サービス）で作成

図1.9　コーヒーの日足チャート

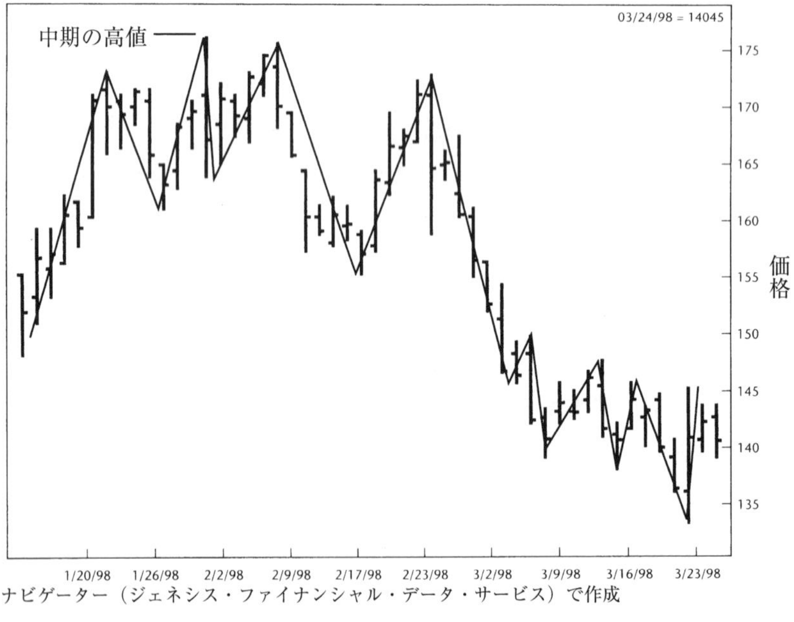

ナビゲーター（ジェネシス・ファイナンシャル・データ・サービス）で作成

図1.10　ポークベリーの日足チャート

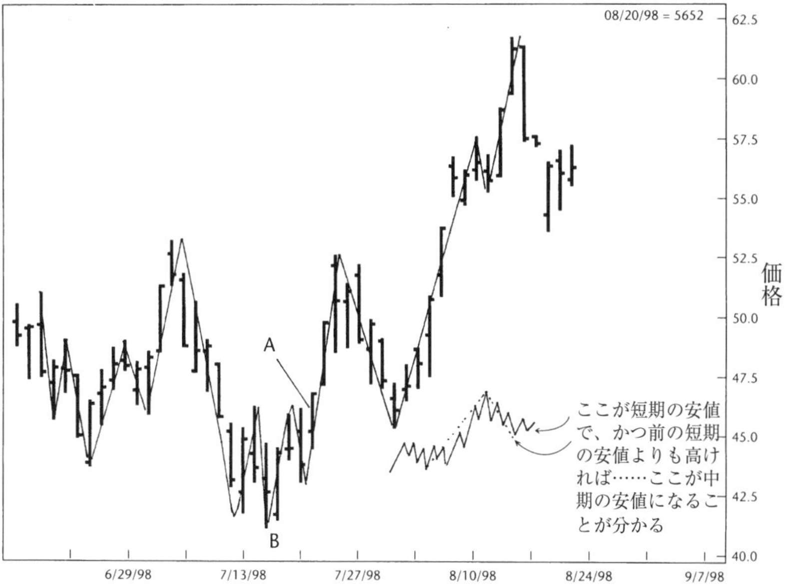

ナビゲーター（ジェネシス・ファイナンシャル・データ・サービス）で作成

り、下げて引けた日は、短期の高値が形成されたことが分かる。しかも、これらのポイントが形成されたことは取引時間中に知ることができる。

短期トレーダーとして私たちは中期の高値や安値がいつ形成されるのかを知ることもできる。どうやって？　それは簡単だ。短期の高値が形成されれば、それによって中期の高値を確認することができる。そして、さらには長期の高値も確認できる。したがって、最適な転換点で市場に参入することができるというわけだ。

図1.10はこれらの要素をすべて組み合わせたものだ。Aで示した日の高値を上回ることで、短期の安値が形成されたが、それはその前に形成された短期の安値Bを上回る。したがって、Bで示した安値が長期の安値になり、長期的な動きにおける上昇の初めで買うことができるということである。

まず短期スイングの上に中期スイングを重ねて描き、パズルのピースを適切な場所に埋めていく。これによって市場の動きの構造を理解する。これが今までやってきたことだ。今やあなたは、いついかなるときも、どんな市場でも、トレンドが上昇しているのか、下降しているのかを（価格構造に基づいて）知ることができ、最適な地点での仕掛けと手仕舞いができるようになったわけである。

私は長年にわたって、これらのポイントを新規売買の基準として用いることで生計を立て、かなり豊かな生活を送ってきた。これらのポイントは、私がこれまでに見つけたなかで唯一有効な支持線水準と抵抗線水準になり得るものである。これらは非常に重要な水準で、価格がこれらの水準をブレイクすれば、それはトレンドやトレンドの変化についての重要な情報になる。だから私はこれらの水準を損切りや仕掛けポイントとして使っている。

市場の構造は変わらない

価格はある地点から別のある地点に動くとき、直線状ではなく蛇行しながら動いていく。それが前節で述べたようなスイングを生むのである。これは有力なメッセージだ。なぜなら、こうしたスイングを見つけることができれば、どういった市場の動きも機械的に数値化したり定義したりすることが可能になるからだ。こうしたスイングからは、①市場のトレンド、②トレンドがいつ変化したか――を知ることができる。市場の構造を知ることの利点は、それによって価格の動きを明確に知ることができることである。

つまりはこうだ。市場はある地点から別のある地点に動くとき、直線ではなくサイクルやスイング、あるいは短距離の場合は全力疾走で動く。実質的にすべてのスイングポイントを見つける方法、そしてこれらのスイングポイントがいつ買いシグナルや売りシグナルになるのかを見極める方法についてはこのあとで説明する。まずはこのことを念頭に置いて、市場スイングを理解することから始めよう。

短期の高値と安値は、たったひとつの簡単なルールを使って、実質的にそのすべてを特定することができる。そのルールとは、

安値が両側の安値よりも安くなっていれば、その日（異なる時間枠を使っている場合はその足）の安値が短期の安値になる。同様に、高値が両側の高値よりも高くなっていれば、その日（あるいはその足）の高値が短期の高値になる。

とても簡単なルールだ。これらのスイングポイントは市場を理解するための情報の宝庫である。次に進む前に、この概念をしっかり理解してもらいたい。**図1.11**はスイングポイントに印を付けた例を示したものだ。この図を見れば、チャート上でスイングポイントをどのように見つければよいのかが分かるはずだ（ここで用いているのはオーストラリア市場で上場されている銘柄のチャートだ。市場の構造というものは国や時間枠が変わっても変わらない）。

市場を理解するには、まず市場の構造を理解することが重要だ。価格はスイングしながら動く。これを理解する。これが重要なのだ。上昇の「動き」は、翌日の価格が前日以上に上がらず、前日の安値を下回ったときに終わる。価格がスイングしながら動くことは、値動きを見れば一目瞭然だ。

これを理解できたら、**図1.12**に示したようにこれらのスイングをつなぎ合わせることで、市場を構成する基本的要素が明らかになる。

どこが短期の高値や安値になるのかを知るためには、短期の高値や安値がどう形成されるのかを理解することが重要だ。

短期の高値の場合、価格が下落してある日の安値を下回った瞬間、その日の高値が短期の高値になる。これは高値が切り下げられただけではなく、その高値の日の安値が下抜かれたことも意味する。これを

図1.11　リオ・ティント――短期スイングポイント

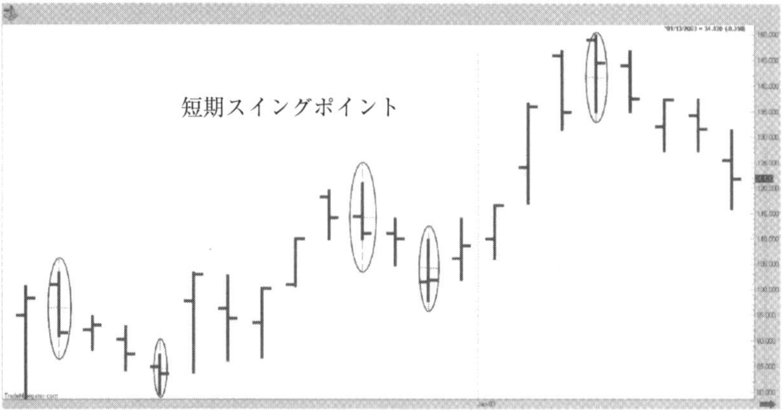
短期スイングポイント

図1.12　ビリトン――短期スイングポイント

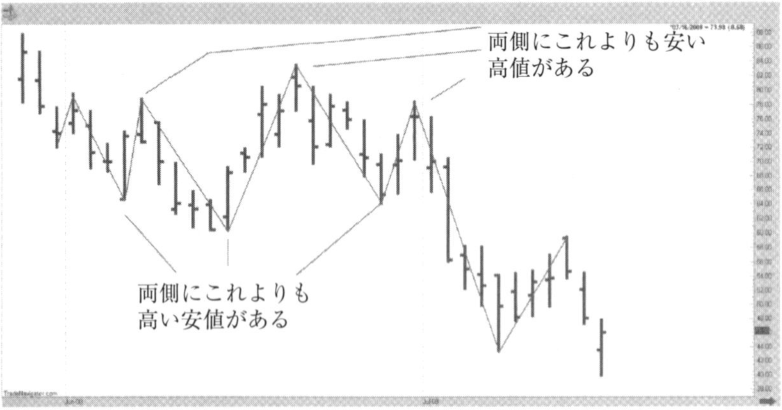
両側にこれよりも安い
高値がある
両側にこれよりも
高い安値がある

示したものが**図1.13**だ。言葉で説明するよりもこの図を見たほうがよく分かる。

一方、短期の安値の場合（**図1.14**）、価格が上昇してある日の高値を上回った瞬間、その日の安値が短期の安値になる。これは安値が切り上げられただけでなく、その安値の日の高値が上抜かれたことも意味する。

図1.13　ビリトン――短期の高値と安値はどう形成されるのか

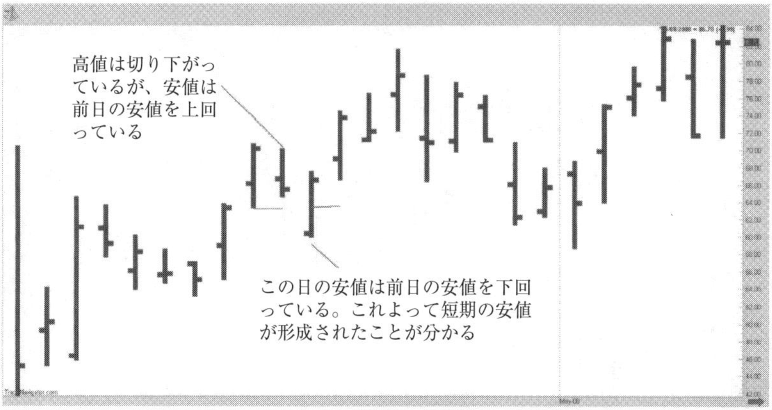
高値は切り下がっ
ているが、安値は
前日の安値を上回
っている
この日の安値は前日の安値を下回
っている。これよって短期の安値
が形成されたことが分かる

図1.14　ビリトン――中央の足の高値を上回っていないので、短期の安値ではない

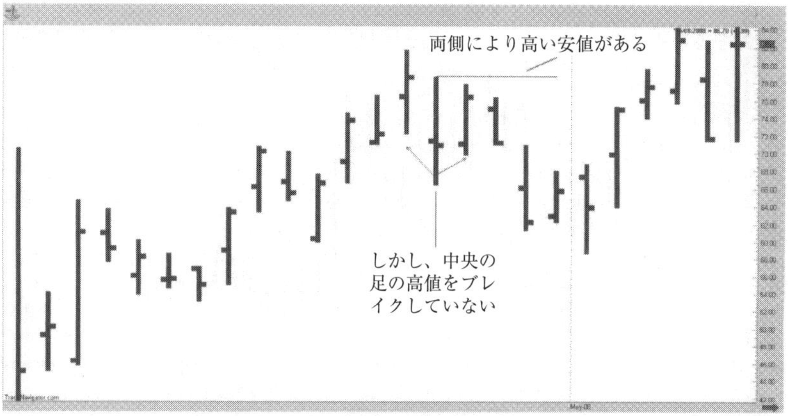
両側により高い安値がある
しかし、中央の
足の高値をブレ
イクしていない

これらのことをまとめると次のようになる――市場が下降トレンドで、ある日の価格が最安値の日の高値を上回れば、それは短期の下降トレンドが終わったことを意味する。一方、市場が上昇トレンドで、ある日の価格が最高値の日の安値を下回れば、それは短期の上昇トレンドが終わったことを意味する。

これをチャートで確認してみよう（**図1.15**）。短期のスイングを見

図1.15　短期の高値と安値を直線でつなぐ

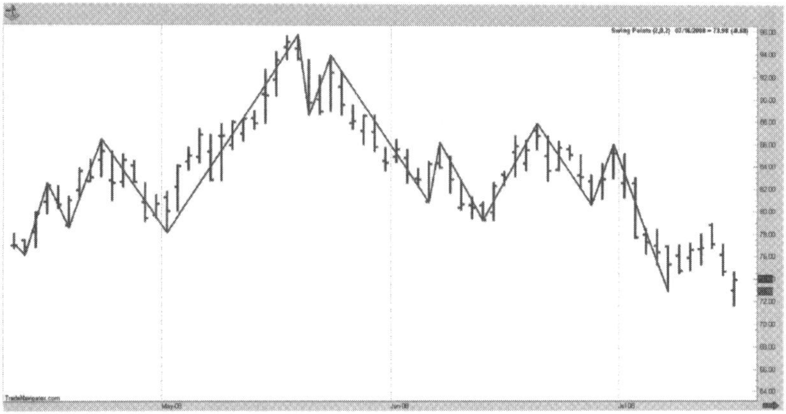

つけることに関しては何の問題もないはずだ。しかし、この図はそれ以上のことを物語っている。短期の高値が、両側の高値がそれよりも低くなっている地点だとするならば、これをさらに発展させて次のことが言える。

●短期の高値のなかで、両側にそれよりも安い短期の高値がある場合、その短期の高値は中期の高値になる。
●同様に、短期の安値のなかで、両側にそれよりも高い短期の安値がある場合、その短期の安値は中期の安値になる。

この簡単な定義を頭に入れて、**図1.16**を見てみよう。これは**図1.15**のチャートに中期のスイングポイントを加えたものだ。私たちは驚くべきツールを手に入れたことになる。計算機もコンピューターも数式も使わずに、市場の短期トレンドや中期トレンドをとらえることができるのだ。市場のこの構造を理解すれば、「どの市場でも真のトレンド」を見極めることが可能になる。2008年６月の時点では、市

図1.16　ビリトンの中期スイングポイント

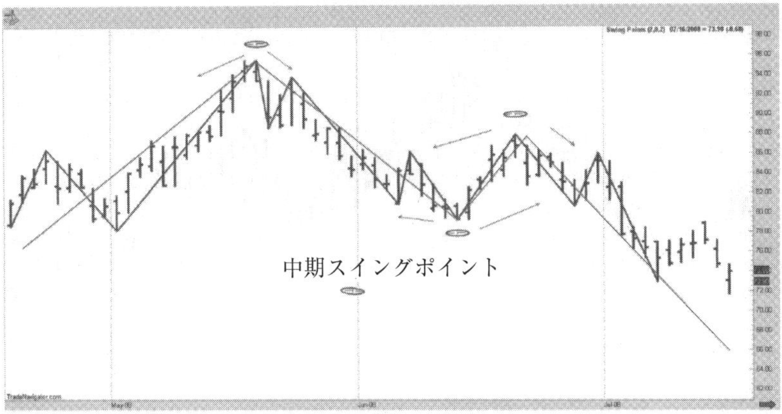

場は横ばい、つまりトレンドがないとトレーダーは言うだろう。しかし、市場の構造を見れば、６月中旬に中期の高値を付けたことがはっきりと見て取れる。この高値はその前の中期の高値より安かった。つまり、市場は下降トレンドにあり、空売りの絶好の機会であることをはっきりと物語っていたのだ。

正確な仕掛けポイントの話に入る前に、この概念をもう少し発展させてみよう。中期の高値を見つけるのに短期の高値を使えるのであれば、長期の高値や安値を見つけるのに中期の高値や安値が使えるのではないかと考えるのは自然な流れだろう。

- 中期の高値のなかで、その両側にそれよりも低い中期の高値がある場合、私たちの定義に基づけば、その中期の高値は長期の高値になる。
- 同様に、中期の安値のなかで、その両側にそれよりも高い中期の安値がある場合、私たちの定義に基づけば、その中期の安値は長期の安値になる。

図1.17　ビリトン――短期、中期、長期のスイング

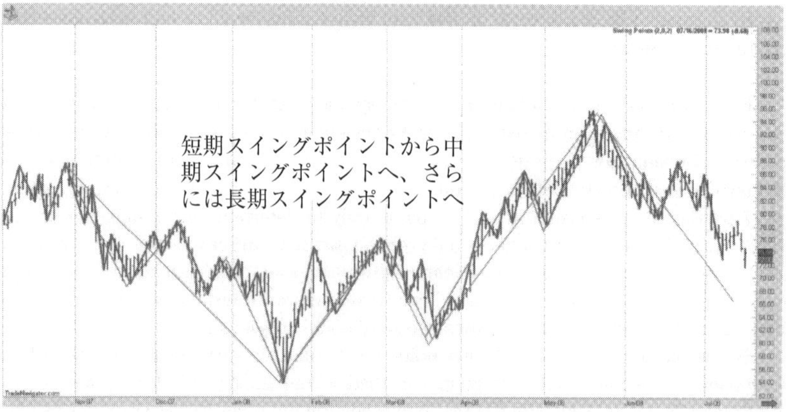

　この概念を示したものが**図1.17**だ。**図1.17**を見ると分かるように、短期スイングを見つけることができれば、中期スイングを特定することができ、さらに長期スイングポイントも特定することもできるのだ。

　個々のポイントはもちろんどれも重要で、いろいろな用途に利用できるが、この概念を真に理解すれば、最も重要なものが何なのかはおのずと分かってくる。最も利益を生むトレード、しかも最も簡単なトレードは、市場の中期トレンドに基づくものである。こうしたトレードはほかのトレードよりも大きな利益機会を提供してくれる。しかし、こうしたトレードは毎日発生するわけではないため、１日に10回トレードしたい人、あるいは１週間に10回トレードしたい人にとってはじれったい。だが、私の経験から言えば、高頻度のトレードでは大金は儲けられない。大金を儲けるためには、サイコロを手当たり次第に振るのではなく、自分に有利な状況になるまで待つことが重要だ。トレードする頻度が高いほど、投機機会は増える。しかし逆に言えば、それは意思決定をする回数が増えることを意味し、したがって間違った意思決定をする確率も高まることになる。

空売りパターン

まずは理想的な空売りパターンから見ていくことにしよう。われわれが探しているのは、その前の中期の高値よりも安い中期の高値だ。このパターンは市場が下降トレンドにあることを意味する。その前の中期の高値よりも安い中期の高値が形成されたとき、市場の構造からすれば、より長期の時間枠で見ると市場は強い下降トレンドにあるはずだ。

一方、最良の買い機会を生むパターンは、その前の中期の安値よりも高い中期の安値が形成されたときであり、これは中期トレンドが上昇トレンドであることを意味する。問題はスイングである。どちらのスイングが支配的なスイングなのかである。これが分かれば、その期間におけるトレンドが分かる。こうした２つのパターンを知るだけでも、最適なトレードが可能になる。なぜなら、中期トレンドの勢いに乗ってトレードすることができるからだ。

次に買いシグナルについて見ていくことにしよう。私の話に対する理解はより一層高まるはずだ。**図1.18**を見てみよう。チャート上にはそれぞれ４本値（始値、高値、安値、終値）からなる足が描かれている（５分足、日足、月足、週足といった時間枠にかかわらず、同じ法則が成り立つことに注意しよう）。

市場の構造を理解できているのであれば、ビリトンは力強い上昇トレンドにあることが分かるはずだ。また、こうなることはすでに分かっていたはずだ。まず、前の短期の安値よりも高い短期の安値が形成されたことによって、中期の安値が形成されたことが確認できる。ここから市場は上昇トレンドに転じる。したがって、中期の安値が絶好の買いポイントだったことになる。正確な仕掛けポイントは、その日の高値になる。なぜなら、その翌日の高値がその日の高値よりも高くなっているからである。このケースの場合、４月１日の66.80ドルが

図1.18　ビリトン――市場の構造は上昇トレンドを示している

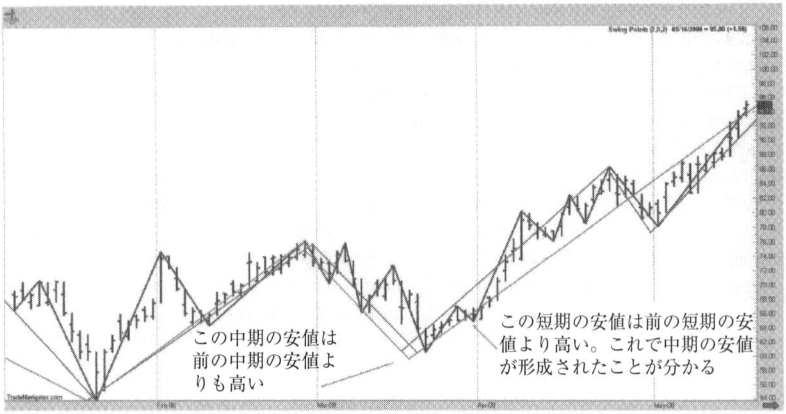
この中期の安値は前の中期の安値よりも高い
この短期の安値は前の短期の安値より高い。これで中期の安値が形成されたことが分かる

仕掛けポイントである。

　こういったシグナルは毎日発生するわけではないことに注意しよう。この特殊なパターンを利用しようと思えば、トレーダーには大変な忍耐力が要求される。しかし、お分かりのように、これは忍耐するに十分に値する。また複数の株や商品を同時にフォローできるのもこのパターンの利点だ。あなたがやらなければならないのは、中期の高値や安値を見つけることだけである。あとはパターンに沿って最良のトレードを行えばよい。

　さて、買ったものは売らなければならない。そこで問題となるのがどう手仕舞うかである。このトレードの売りの目標価格はどこになるのだろうか。また、トレイリングストップはどこに置くべきなのだろうか。

目標とする手仕舞いポイントとトレイリングストップ

　いくら目標を設定しても、市場はいつもその目標値に到達するとは限らない。そこで出番となるのがトレイリングストップだ。

目標価格を決める方法はいくつかある。その代表がフィボナッチ級数である。これは多くの人が役立つと思っているが、私はそうは思わない。フィボナッチ級数については私は徹底的に調査を行ったが、これが目標価格を決めるうえで役立つという結論に至ることはできなかった。私以外の人が行った調査でも、重要なフィボナッチ水準の有用性を裏づける結果は出ていない。しかし、人にはそれぞれの意見がある。要するに、フィボナッチ級数も１人の人間の意見にすぎないということである。

私が発見したものは、市場が中期の高値を更新するとき、その前の中期の高値から一度下落して安値を更新したあと新しい中期の高値に向かって上昇するが、その上昇幅はその前の中期の高値から安値までの下落幅とほぼ同じになる傾向が強いということである。

つまり、中期の高値が形成されたら、その高値から中期の安値までの距離（値幅）を測り、それをその中期の高値に足せば、相場が次にどの水準に向かおうとしているのかが分かる、ということである。その水準がわれわれの目標価格になる。

目標価格を決めるのに私が使っているのはジェネシス社の「ターゲットシューター（Target Shooter）」だ。このインディケーターを使って目標価格を導き出したものが**図1.19**である。

あとやらなければならないのは、価格が前の中期の高値を上回らなかったためにトレードがうまくいかなかった場合に備えてプロテクティブストップを置くことだ。トレーディングはボクシングのようなもので、「一度リングに上がれば常に自分を守る」必要がある。レフリーのいない市場で自分を守るものが損切りとトレイリングストップなのである。

図1.20に示したように、市場の構造はトレイリングストップを決めるのにも使うことができる。このトレードでは、前の短期の安値よ

図1.19　ビリトンの中期の目標価格

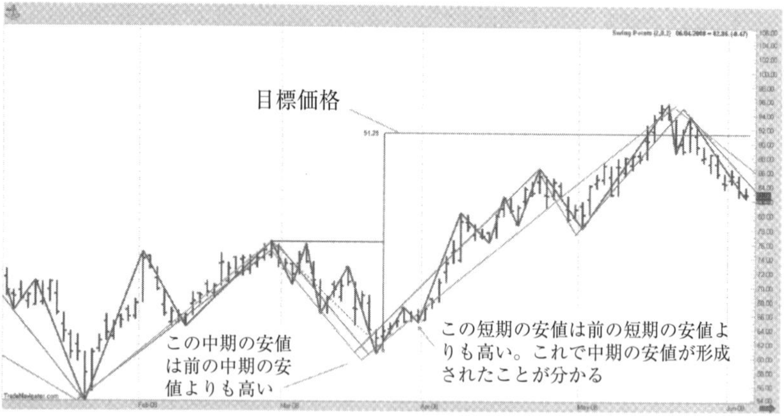
目標価格
この中期の安値
は前の中期の安
値よりも高い
この短期の安値は前の短期の安値よ
りも高い。これで中期の安値が形成
されたことが分かる

図1.20　ビリトン――安値がトレイリングストップを置く位置

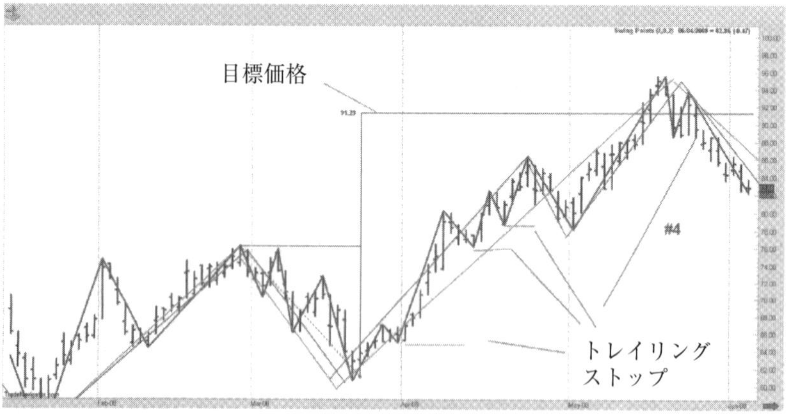
目標価格
#4
トレイリング
ストップ

りも高い短期の安値の位置に損切りを置く。

市場の構造を利用した別の方法は、次の中期の高値を、目標価格に達する前の手仕舞い目標にするというものだ。要するにトレイリングストップである。

トレーディングは不完全な世界だ。したがって、どの水準を使うかを決めるには、芸術と科学を併用する必要があり、ポジションの保有期間は、市場がどれくらい上昇するか、あるいは下落すると自分が思うかによって決まる。市場の動きには4つの可能性がある。

1. 直近の短期の安値を下回る
2. 2番目に直近の短期の安値を下回る（市場が上昇すると思っているのであれば、現在の安値に損切りを置くのはやめる）
3. 中期の高値を形成する
4. 目標価格まで上昇する

今のポジションの保有期間中に短期の安値が次々と切り上がっていけば、新たなトレード機会が生まれる。こうした上昇パターンでは、短期の目標価格も次々と切り上がっていくが、それらが中期の目標価格を超えないかぎり、目標価格として使うことができる。前にも言ったように、市場の構造はあなたが思っているよりもはるかに深遠なのである。

これは株や先物の基本的な買いパターンであり、あなたのトレーディングの雛形として使うことができる。デイトレードやイントラデイトレードといった時間枠は一切関係ない。なぜなら、時間枠が変わっても価格の動きは変わらないからだ。次は売りパターンを見てみることにしよう。

図1.21はリオ・ティントのパターンを示したものだ。ここでは一例としてリオ・ティントのチャートを使っているが、実際にはどの銘柄でも構わないし、大豆、銀、銅、ココアなどでもよい。どの市場も価格の構造は同じだからだ。市場構造の分析で難しいのは、どの短期の高値や安値が中期ポイントになるかを見極めることである。はらみ足やつつみ足が現れるため、ときには分かりにくいこともある。しかし、市場では常に明確なものなど何ひとつない。

しかし、リオ・ティントのパターンは非常に分かりやすい。同じパ

図1.21　リオ・ティント――中期の高値を基にした売りパターン

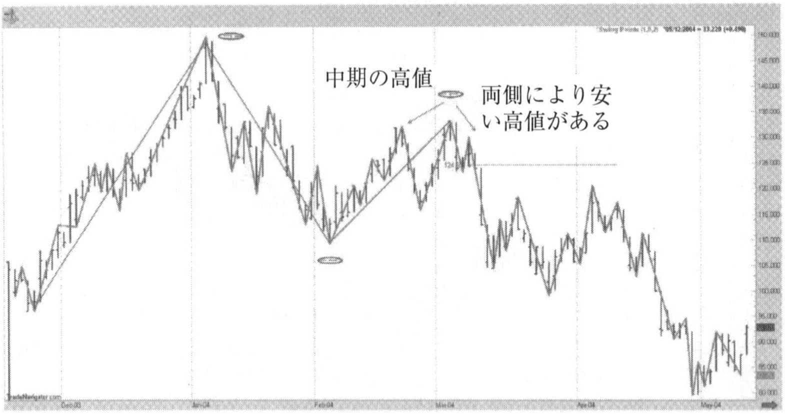

ターンが繰り返し現れているので、中期ポイントを見つけるのにそれほど苦労はしないはずだ。そもそも分かりにくいパターンだったならば、そんなパターンでわざわざトレードする必要などないのである。

図1.21のチャート上には、短期のスイングに加え、中期のスイングも描かれている。前の中期の高値よりも安い中期の高値が2004年３月に形成されているのが分かる。私たちにはこれは事前に分かっていた。市場は下降トレンドにあることが分かっていたため、空売りすればよいことも分かっていた。

中期の高値を見つけたら、次に問題となるのがどこで仕掛ければよいかである。３月９日、価格は前日の安値を下回っている。したがって、３月９日の高値が短期の高値になる。３月９日に付けた短期の高値は、３月３日に付けたその前の短期の高値より安い。したがってその時点で、３月３日の高値は中期の高値になることが確認できた。さらに、３月３日の高値は前の中期の高値よりも安かった。したがって、印を付けた124.55ドルで空売りすれば儲かったはずだ。実に完璧なパターンだった。

仕掛けたら、仕掛けポイントである中期の高値に最初の損切りを置く。つまり、価格が３月３日の高値を上回ったら損切りするということである。これは価格が３月３日の高値を上回ったら、再び上昇に転じたことを意味するからだ。中期トレンドが上昇に転じたのだから、売りから買いにドテンしたほうがよい。なぜなら、これはその前の中期の安値よりも高い中期の安値が形成されたことになるからだ。

売りに対する最初の損切りを市場にもっと近い位置に置きたければ、３月８日の高値の上に置く。なぜなら、価格が３月８日の高値を上回れば、短期の安値が切り上げられたことになり、その切り上げられた短期の安値がおそらくは中期の安値になるからだ。

こうした簡単なスイングから得られる情報からは市場の構造が分かり、市場の構造を見れば市場のトレンドが分かる。とても明快だ。

次に、このトレードに対する目標価格とトレイリングストップについて見ていくことにしよう（**図1.22**）。

目標価格を決めるには、２月の安値から３月３日の高値までの値幅を測定し、それを２月の安値から差し引く。すると目標価格は85.42ドルになる。実際に価格はその水準まで下落したが、空売りポジションを持ち続けなければならないやむを得ない理由がないかぎり、その水準まで下落する前に手仕舞ったほうがよい。

その理由は、その水準まで行けばトレイリングストップで手仕舞わされる可能性が高いからだ。その水準まで下落する前に手仕舞えば、短期スイングの高値からその中期の安値までの間で別の空売り機会が生まれる。**図1.23**はその先の値動きを示したものだ。これを見ると私の言っていることがより一層はっきりするはずだ。

３月の終わりまで私たちのトレードは順風満帆だった。しかし、そこで価格が上昇し始めた。これは中期の安値が形成されたことを示す合図だ（空飛ぶ円盤形の図形で示した位置が中期スイングポイント）。価格が４月４日の高値を上回れば、それは短期の安値が切り上がった

図1.22　リオ・ティント――トレイリングストップと目標価格

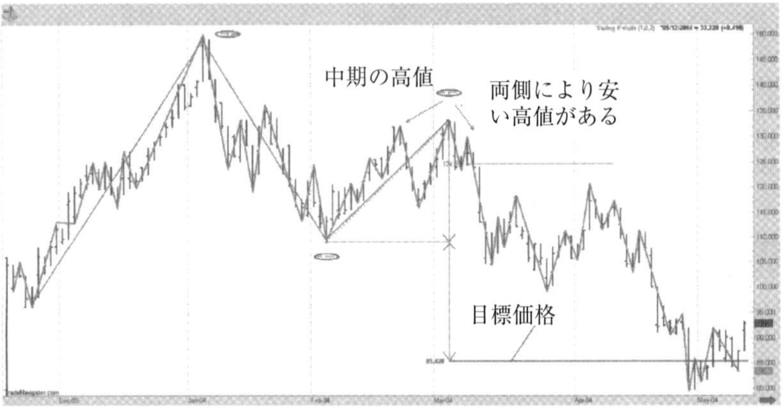

図1.23　リオ・ティント――手仕舞い

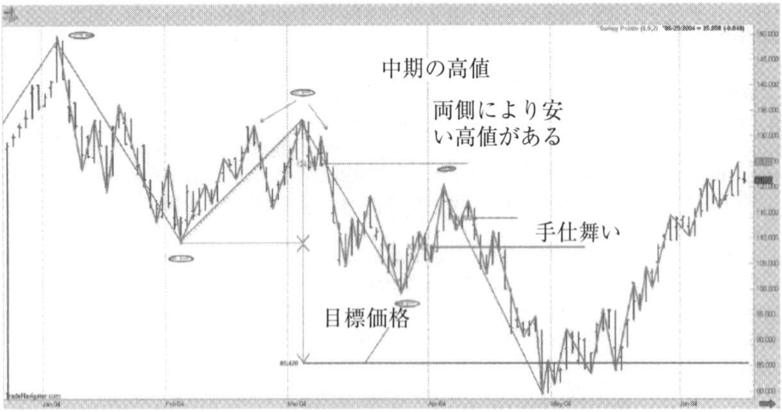

ことを意味するため、翌日、その足の高値で手仕舞いすべきだったことが分かる。おそらくはほかにも方法はあったかもしれないが、手仕舞いポイントはあくまで市場の構造を基に決める。結局、私たちは短期トレーダーなのだ。短期トレーダーの仕事は利益を得ることであり、市場にやりたくないことを無理強いすることが仕事ではない。

　私たちのルールによれば、前よりも安い中期の高値が形成されたため、また別の絶好の売り機会が生まれた。この中期の高値は、最初に空売りポジションを建てたときの中期の高値よりも安い。これによって、市場は大きな下降トレンドにあることが分かる。このトレードもまた儲かるトレードであり、すぐに手仕舞って利益を確定した。トレイリングストップとしては、短期の安値が切り上がった時点や価格が短期の高値を上回った時点を想定していたが、幸いにもこういったことは起こらなかった。価格は私たちの設定した目標価格に向かって動いていったので幸運だったと言えよう。

まとめ

この第１章で学んだことをおさらいしておこう。市場は次の動きに向けて自らをどう構造化していくかをはっきりと示してくれる。市場の動きを時間をかけて辛抱強く観察し続けていれば、市場は手の内をすべて見せてくれる。私が市場の構造と呼んでいるものはリズムと理性を持ち、論理と科学的根拠に基づくものなのである。

市場の構造は日中足、日足、週足、月足などの時間枠にかかわらず、どういった時間枠に対しても適用できる。

第2章

重要なのは価格と時間

It's a Question of Price and Time

まるで四角い円を描くように
輪の中の輪は
複雑な音をたてながら
クルクルと回り続ける
円を描くことは
人の心を惑わすものなり

サイクルを理解するために必要不可欠なこと

チャートは長期にわたる値動きを記録したものであり、横軸は時間を表し、縦軸は価格を表す。テクニカル派の人々は時間の研究に情熱を傾けるサイクルウオッチャーだ。思慮深い彼らは、高値と安値の間が何分か、何時間か、何日か、何カ月か、何年かを数え、価格が将来的に過去と同じような動きをするときを教えてくれる主要なタイムサイクルを探すことに懸命だ。飲み込みの悪いうえに、既成概念をなかなか捨てられない私は、これらのタイムサイクルを解明するのに15年近くもかかった。

市場には確かにサイクルが存在する。実際には３つのサイクルだが、それらはタイムサイクルではない。タイムサイクルの問題は、チャート上で簡単に発見できる現在のサイクル、つまり主要なサイクルが常に存在するかのように思われていることである。厄介なのは、私たちがチャート上で見つけて投資したサイクルは、すぐに別のサイクルが現れて主要なサイクルの座を奪われてしまうことである。

最初の問題はサイクルの優位性だが、仮にそういったサイクルがあったとしても、有権者の票を得ようと意見をコロコロと変える政治家のように、その向きを頻繁に変える。1960年代から1970年代初期にかけて、この主要なサイクルの問題は高度な数学と高性能のコンピューターを組み合わせれば解決できるものと期待されたが、いまだに解決されていない。一体どのサイクルを使って賭けをすべきなのかは、いまだに分からないのである。しかし、これよりももっと重大なのは規模の問題である。

この問題は2011年の時点でも解決していない。私はかなり前からその年の予測を立て、フォーキャストとして発表してきた。**図2.1**はダウ平均の2009年から2011年までの予測だ。これを見ると分かるように、市場が大きな天井や底を付けたときにはかなりの精度で予測できている。難しいのは、その動きがどれくらいの規模になるのかを判断することである。つまり、どれくらい上昇したり、あるいは下落したりするのか、ということである。これを知るには、周期的な高値や安値に達したときの市場状態を調べてみるのが一番だ（これらの予測は私たちのホームページ［http://www.ireallytrade.com/］でときどき発表している。最新データについてはホームページを参照してもらいたい）。私の過去５年分の予測を見てみると、サイクルがトレーダーや投資家にとって極めて重要なことが分かるはずだ。

長期の市場データ、各年のパターン、そしていわゆるマーケットサイクルと呼ばれているものを丹念に調査し、それらをミキサーでブレンドする。こうして得たものがこれらの予測だ。問題はデータがすべて時間ベースのものであるという点だ。そのため、動きの大きさを予

図2.1　ダウ平均のフォーキャスト（週足）

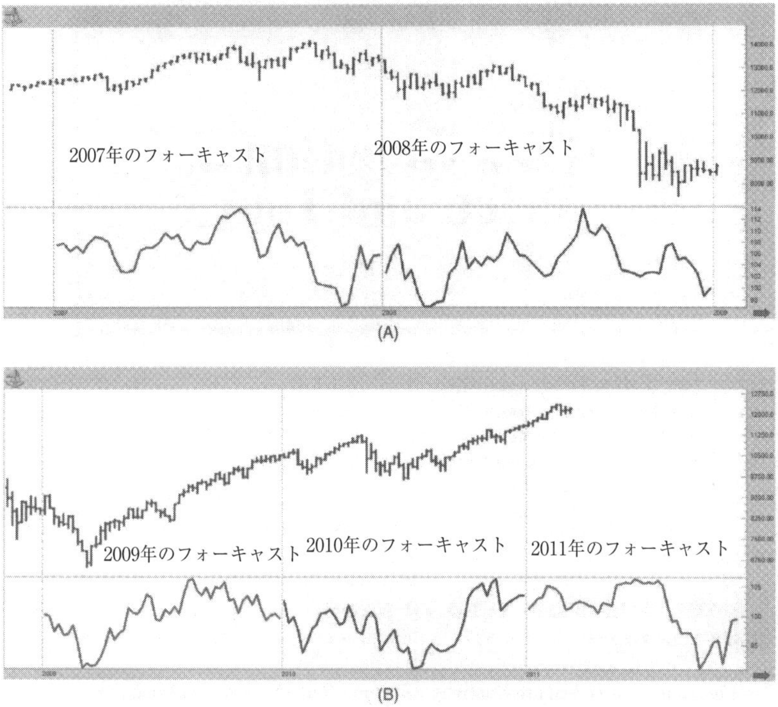

ナビゲーター（ジェネシス・ファイナンシャル・データ・サービス）で作成

測するのは非常に難しい。図を見ると分かるように、市場の一般的なスイングは追跡できても、その動きの大きさを正確にとらえることは依然として難しい。私は今でもこの謎解きに取り組んでいる。

私は市場が電子市場に移行するずっと前から市場の動きを基にこれらの予測を立ててきたが、新時代の市場予測にも十分に対応可能だ。

サイクルを熱心に調べる連中が扱う対象は時間だけである。しかし、日、週、あるいは月を預かってくれる銀行にはいまだかつて会ったこ

図2.2　タイミングシステムの検証（大豆――1975年4月29日～1987年1月1日）

全トレード

総損益	$40,075.00		
総利益	$126,212.50	総損失	$ -86,137.50
総トレード数	153	勝率	35%
勝ちトレード数	54	負けトレード数	99
最大勝ちトレード	$13,000.00	最大負けトレード	$ -2,362.50
勝ちトレードの平均利益	$2,337.27	負けトレードの平均損失	$ -870.08
平均利益÷平均損失	2.68	1トレードの平均損益	$261.93
最大連勝数	2	最大連敗数	8
勝ちトレードの平均日数	35	負けトレードの平均日数	10
終値で見た最大DD	$ -13,625.00	日中での最大DD	$ -13,687.50
プロフィットファクター	1.46	最大保有枚数	1
必要資金	$16,687.50	運用成績	240%

とはない。つまり私が言いたいのは、サイクリストは、例えば過去18年の最安値といった市場の安値は探しだすことができるかもしれないが、価格は必ずしも望みどおりに上昇してくれるわけではないということである。ゲームの報酬を示すのは縦軸だが、期待どおりに価格は縦軸に沿って上昇してはくれないのである。理論的には、主要なサイクルの安値や高値を見つけることができれば、ある程度の大きさの動きが期待できるはずだが、私たちが生き、トレードする現実世界では、そういったことはほとんど起こらず、サイクルは瞬く間に消えてしまうのが普通だ。確かに価格はそこでいったん止まったあと、数日から数週間ヨロヨロと動きはしたが、利益が得られるほど大きな動きではなかった。

これを過去の値動きを検証することで証明してみたいと思う。**図2.2**は大豆のタイミングシステムの検証結果を示したものだ。短期移動平均線が長期移動平均線を上回ったときに買うようにコンピューターに指示した。移動平均線は標準的なテクニカル分析ツールで、変数は時間（移動平均を計算する日数）だけである。したがって、移動平均はサイクルの影響を受けやすい。用いた移動平均線は、過去X日の終値を単純に平均するという単純移動平均線で、唯一の変数は時間である。

最初の検証は1975年４月29日から1987年１月１日までの大豆価格を対象に行った。長さが５日から50日の短期移動平均線と、10日から60日までの長期移動平均線の可能なすべての組み合わせで検証した。ここに示した期間で最も良い結果が得られたのは、５日の短期移動平均線と25日の長期移動平均線の組み合わせだった。この時間ベースのシステムで行ったトレード総数は153、そのうち利益が出たトレードが54、総損益は４万0075ドルであった。すごいぞ！　もしかして金を生むマシーンが見つかったか？

図2.3は同じシステムで期間を1987年１月１日から1998年４月23日に変えて検証した結果を示したものだ。この改訂版で私が最も気に入っている点は、過去の調査結果を参照することでそのときの市場を振り返ると同時に、そのときに機能したことを現在のトレーディングにどう応用できるかを考えることができる点である。また当時のアイデアに新しいアイデアを上乗せすることもできる。この調査は今も継続中なので、私たちが今トレードしている新しい市場についての調査結果も示すことができる。

さて話を元に戻すと、この期間のトレードに関してはあまり良い結果は期待できなかったことが分かる。トレード総数は163で勝率は31％だが、総損益は－9100ドル、つまり損失になっている。しかも、２万8612ドルという大きなドローダウン（DD。最大資産額からの下落幅）も発生している。9100ドルの損失を出すために２万8612ドル使うなんて、とても良い賭けとは言えない。１トレード当たりの平均損益は－55ドルだった。サイクルや時間の影響を受けやすい移動平均線とはいえ、前の期間ではうまくいった。それが期間を変えると、なぜか

図2.3　何が起きたのだろうか？（大豆――1987年1月1日～1998年4月23日）

全トレード

総損益	$ −9,100.00		
総利益	$81,612.50	総損失	$ −90,712.50
総トレード数	163	勝率	31%
勝ちトレード数	52	負けトレード数	111
最大勝ちトレード	$10,062.50	最大負けトレード	$ −2,950.00
勝ちトレードの平均利益	$1,569.47	負けトレードの平均損失	$ −817.23
平均利益÷平均損失	1.92	1トレードの平均損益	$ −55.83
最大連勝数	5	最大連敗数	9
勝ちトレードの平均日数	30	負けトレードの平均日数	11
終値で見た最大DD	$ −28,612.50	日中での最大DD	$ −29,412.50
プロフィットファクター	0.89	最大保有枚数	1
必要資金	$32,412.50	運用成績	−28%

うまくいかない。完全に打ちのめされた気分だ。

私はその過程を振り返り、２番目の期間（1987年１月１日～1998年４月23日）で最もうまくいく移動平均線の組み合わせを調べてみた（**図2.4**）。最良の組み合わせは25日移動平均線と30日移動平均線だった。この組み合わせでは勝率が59％で、総損益が３万4900ドルだった。また、１トレード当たりの損益は234ドルで、ドローダウンは１万3962ドルだった。しかし、これもあまり良い賭けではない。

この最良の組み合わせを最初の期間のアウト・オブ・サンプル・データに適用すると、**図2.5**に示したように総損益は－２万8725ドルだった。ある期間ではうまくいく時間、長さ、サイクルの移動平均線は、それ以前の期間に当てはめても、それ以後の期間に当てはめても、うまくいかないのである。

「問題は時間ではなく、大豆に十分なトレンドがなかったからではないか」と思う人もいるかもしれない。

ケーススタディのなかで最高の結果を示したのは、この移動平均線

図2.4　別の期間での検証（大豆――1987年1月1日～1998年4月23日）

全トレード

総損益	$34,900.00		
総利益	$101,262.50	総損失	$ −66,362.50
総トレード数	149	勝率	59%
勝ちトレード数	89	負けトレード数	60
最大勝ちトレード	$3,812.50	最大負けトレード	$ −7,237.50
勝ちトレードの平均利益	$1,137.78	負けトレードの平均損失	$ −1,106.04
平均利益÷平均損失	1.02	1トレードの平均損益	$234.23
最大連勝数	8	最大連敗数	4
勝ちトレードの平均日数	14	負けトレードの平均日数	25
終値で見た最大DD	$ −13,962.50	日中での最大DD	$ −20,525.00
プロフィットファクター	1.52	最大保有枚数	1
必要資金	$23,525.00	運用成績	148%

図2.5　移動平均線の最良の組み合わせを適用した結果（大豆――1975年4月29日～1987年1月1日）

全トレード

総損益	$ −28,725.00		
総利益	$96,750.00	総損失	−125,475.00
総トレード数	138	勝率	56%
勝ちトレード数	78	負けトレード数	60
最大勝ちトレード	$4,600.00	最大負けトレード	$ −12,750.00
勝ちトレードの平均利益	$1,240.38	負けトレードの平均損失	$ −2,091.25
平均利益÷平均損失	0.59	1トレードの平均損益	$ −208.15
最大連勝数	8	最大連敗数	4
勝ちトレードの平均日数	14	負けトレードの平均日数	30
終値で見た最大DD	$ −43,775.00	日中での最大DD	$ −46,150.00
プロフィットファクター	0.77	最大保有枚数	1
必要資金	$49,150.00	運用成績	−58%

の交差システムを強いトレンド相場にある英ポンドに適用したケースである（**図2.6**。期間は1987年～1998年）。

1975年から1987年の期間では、この交差システムの最高の組み合わせは５日移動平均線と45日移動平均線で、総利益が13万5443ドルという驚くべき成果を上げている。

同じシステムをそれに続く期間（1987年～1997年）で検証した**図2.6**では、総損益は４万5287ドルだが、ドローダウンが２万9100ドルと大きい。これも良い賭けではない。そこで移動平均線の組み合わせを20日と40日にすると、12万1700ドルの利益を出した。しかし、この組み合わせを最初の期間に適用してみると、利益は２万6025ドルに激減し、しかも３万ドルという大きなドローダウンが発生した。どうも問題は大豆でもなければ、英ポンドでもないようだ。問題は時間ベースの検証では説得力のある結果を示すことができないという点である。投機において時間しか考慮しないのは、私が知るかぎり、破産への無料パスを手にしたも同然である。

私はさまざまな期間・データを使ってさまざまな検証対象に対してこの調査を繰り返したが、残念ながらこのサイクルベースのアプローチはアウト・オブ・サンプル・データによる検証で最高に近い結果が得られることは１回もなかった。

私からのアドバイスは、「時間のサイクルのことは忘れろ」である。それはウォール街の幻想にすぎない。

しかし、私がこれまでトレードしてきたどんなチャートでも、時間枠でも、市場でも、国でも、価格の動き方にはあるサイクル（パターンと言ったほうがよいかもしれない）が存在することは明らかだ。これらのパターンを理解すれば、価格が最も行きそうな場所をもっとよく見極めることができるようになるだろう。

長年にわたって市場を観察した結果、サイクルは３つに分類できることが分かった。①小さな値幅（短小線）と大きな値幅（長大線）、

図2.6　次の期間における検証結果（英ポンド――1987年1月1日～1998年1月1日）

全トレード

総損益	$45,287.50		
総利益	$134,175.00	総損失	$ −88,887.50
総トレード数	104	勝率	31%
勝ちトレード数	33	負けトレード数	71
最大勝ちトレード	$17,262.50	最大負けトレード	$ −4,575.00
勝ちトレードの平均利益	$4,065.91	負けトレードの平均損失	$ −1,251.94
平均利益÷平均損失	3.24	1トレードの平均損益	$435.46
最大連勝数	3	最大連敗数	12
勝ちトレードの平均日数	54	負けトレードの平均日数	13
終値で見た最大DD	$ −29,100.00	日中での最大DD	$ −29,450.00
プロフィットファクター	1.50	最大保有枚数	1
必要資金	$32,450.00	運用成績	139%

②値幅内で引ける、③寄り付きと反対側で引ける――の３つだ。

それではチャート分析の最初の授業を始めることにしよう。まずは、変化する値幅についての学習だ。ここで言う値幅とは、株価や商品価格が１日、１週間、１カ月、１年、あるいは１分の間に動く距離のことを意味する。自分が使っている時間枠における価格の変動幅と考えてもらえばよいだろう。これら３つのサイクルに対しては、どの時間枠でも同じ法則が成り立つ。この法則はどんな市場でも、どんな時間枠でも普遍なのである。

価格変化の自然なサイクル

商品の価格の値幅には何でも起こり得る。これはチャーチストの混乱を引き起こす要因でもある。しかし、どの期間の市場を観察しても、値幅の動きには明快で正確なリズムがあることに気づくはずだ。どの市場でも値幅は必ず一連の小さな値幅の集まりから大きな値幅の集まりへと移行していく。これは非常に重要だ。

来る年も来る年も、値幅は同じ動きを繰り返す。小さな値幅が続いたあとは、大きな値幅が続き、そしてまた小さな値幅に戻る。その動きは時を刻む時計のように規則正しく正確だ。これこそが短期トレードで儲けるためのカギである。

見た目に分かりやすいこのサイクルは極めて強力で、私たちにとって非常に重要だ。なぜなら、投機家は価格に動きがなければお金を儲けることはできないからだ。価格変動が大きければ大きいほど、大きな利益が期待できる。もし価格変動がなければ、あるいはあっても小さくトレンドが形成されなければ、投機家は行き詰まる。

市場には市場がたどるべき自然なサイクルが存在する。値幅の小さな動きが続いたら、そのあとには値幅の大きな動きが来る（**図2.7**）。私がこの事実に気づいたのは14年前だが、これは今でも変わらない。

短期トレーダーにとって、数時間、あるいは数日間にわたる価格の大きな動きが重要なのはこのためだ。価格が大きく動かなければ、期待どおりの成果は得られない。この重要性を十分に理解してもらえただろうか。さて、ここからが面白いところだ。知識のない一般大衆を市場に引きつけるものは、価格の大きな動きだ。しかし、彼らは今の大きな動きがそのあともずっと続くと考えてしまうのだ。

そうではないことはあなたには分かっているはずだ。

大きな動きは、たいていは小さな動きにとって代わる。あなたが目指すべきことは、大きな価格変動が起こる前にポジションを建てることである。市場は昔からこの手口で人々をだましてきた。１日か２日大きく動いて活発であることを装い、大衆を引きつける。そして、その直後に横ばいや保ち合いに豹変する。短期トレーダーの大部分は敗者となる。それは、彼らが酔っ払った水夫の歩く方向、つまり価格がチャートブックという不毛地帯のなかをどう動くのかを理解していないため、動きの活発な市場を見つけては次から次へと渡り歩くだけだからである。

図2.7　周期的に繰り返される大きな値幅と小さな値幅（日足）

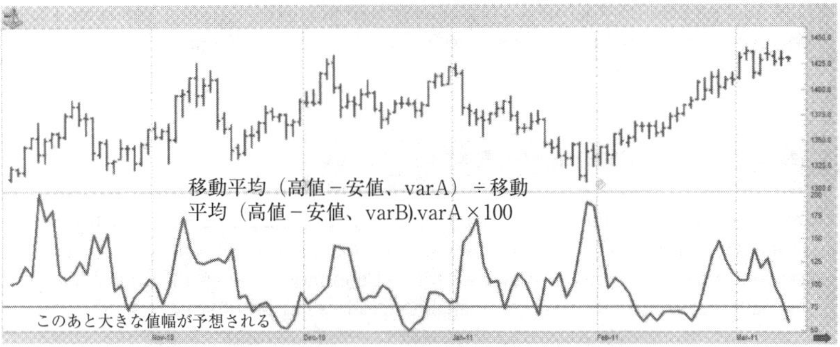
移動平均（高値－安値、varA）÷移動
平均（高値－安値、varB).varA×100
このあと大きな値幅が予想される

(A)

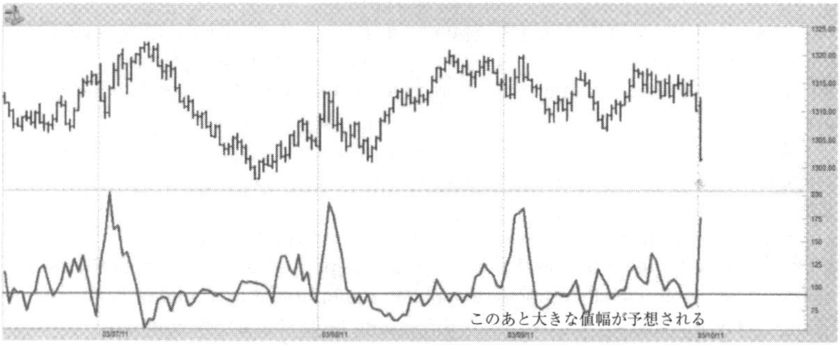
このあと大きな値幅が予想される

(B)

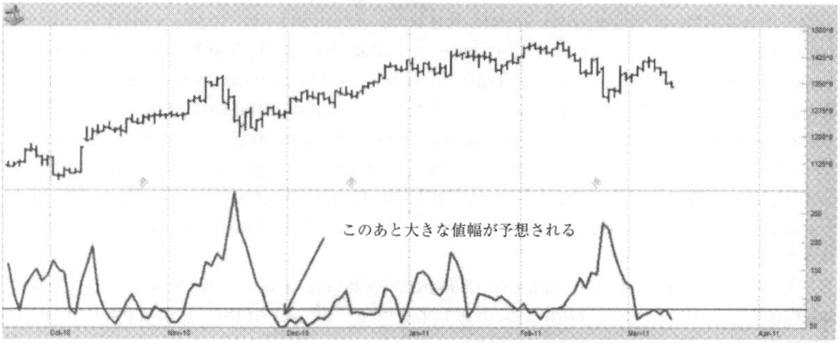
このあと大きな値幅が予想される

(C)

ナビゲーター（ジェネシス・ファイナンシャル・データ・サービス）で作成

一方、知識を持つわれわれ少数派は彼らとは反対のゲームをする。われわれは過去にボラティリティが高く１日の値幅が大きいことで知られているが、最近１日の値幅が縮小した市場を探す。なぜなら、値幅が縮小したあとには、値幅の大きな日がすぐそこまで来ているからだ。

サイドラインに下がって、値幅がだんだん小さくなって値動きがなくなるまでじっくり待つことで、チャートの熱狂に巻き込まれずに済む。自然なサイクルのその部分がほぼ終息したら、いよいよ短期トレーダーの腕の見せ所だ。

同様に、大きな値幅の日が続いたあとは、お金儲けのできない小さな値幅の日が続く。ここはぐずぐずと長居をしている場所ではない。これをチャートを使って説明しよう。**図2.8**は1997年９月から1998年１月までの金の値動きを示したものだ。

ここでひとつお願いがあるのだが、このチャートの値幅の大きな日にすべて印を付けてもらいたい。次に、その印を付けた爆発的に上昇した日や下落した日よりも前の数日の値幅の大きさを測ってもらいたい。値幅の大きな日の何日か前から値幅が縮小していることが分かるはずだ。つまり、値幅の縮小はその直後に値幅の大きな日が起こることを知らせる重大なシグナルなのである。

これは市場に関する偉大な発見だ。でも、値幅はどちらの向きに伸びるのだろうか、と思っている人もいるだろう。これについてはまだ教えていないので、あわてないでもらいたい。今はできるだけ多くのチャートを観察して、あなたの脳に、あなたの投機魂に、否定しがたい市場の短期における第一の真実を刻み込んでもらいたい。

小さな値幅は大きな値幅を引き起こし、大きな値幅は小さな値幅を引き起こすのだ。

では、**図2.9**を見てみよう。これはいつもボラティリティの高いS&P500の1991年10月から1992年１月までのチャートである。チャー

図2.8　金（日足）

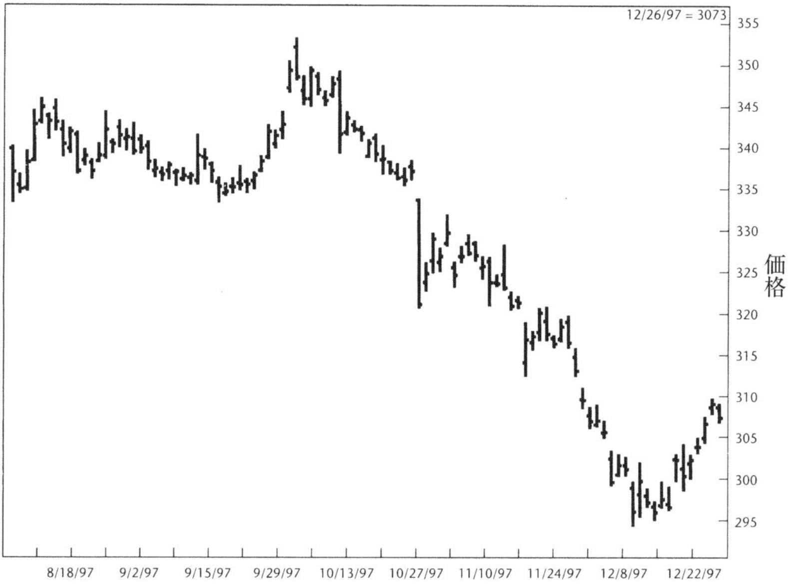

ナビゲーター（ジェネシス・ファイナンシャル・データ・サービス）で作成

ト上の値幅の小さな日をすべて鉛筆で印を付けてみよう。そして、そのあと何が起こっているかを見てみる。値幅の大きな日が１日か２日、あるいは３日続いたあとに値幅は小さくなり、そのあと再び値幅は拡大し、また縮小し……と、値幅は拡大と縮小を交互に繰り返しているのが分かるはずだ。値幅の拡大と縮小は永遠に続くのだ。

投機テクニックの次の調査対象はコーヒーだ（**図2.10**）。これは動きの速い市場で、市場の真実を理解しているトレーダーにとってこれほど機会に富んだ市場はない。前回と同じように、小さな値幅の日に印を付け、そのあと何が起こっているかを見てみよう。小さな値幅の日のあとには大きな値幅の日が続いているのが分かる。大きな値幅の日は私たちにとっては稼ぎ時だが、一般大衆にとっては怒りの日となる。大きな動きを見た彼らは興奮してすぐに動きに飛び乗る。するとやがて値幅は縮小し、カフェイン抜きのコーヒーのような味気ない日

図2.9　S&P500指数（日足）

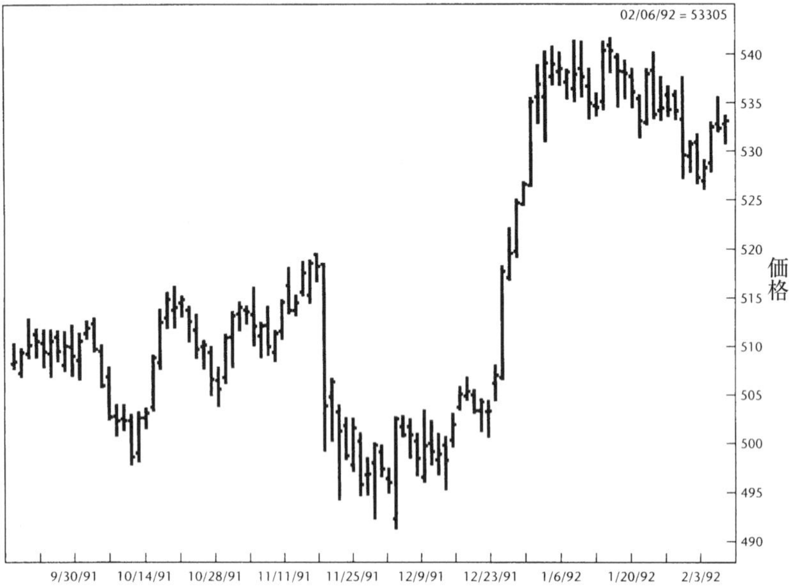

ナビゲーター（ジェネシス・ファイナンシャル・データ・サービス）で作成

図2.10　コーヒー（日足）

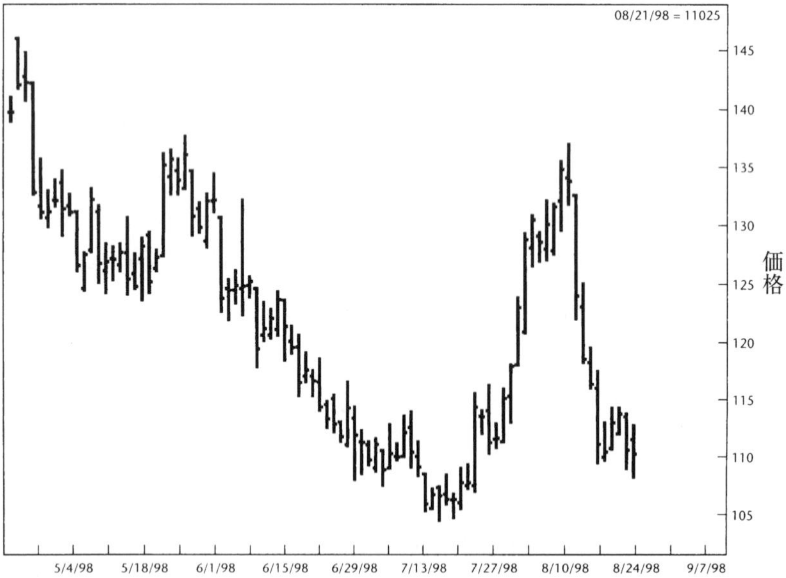

ナビゲーター（ジェネシス・ファイナンシャル・データ・サービス）で作成

図2.11　豪ドル（日足）

ナビゲーター（ジェネシス・ファイナンシャル・データ・サービス）で作成

図2.12　日経平均（日足）

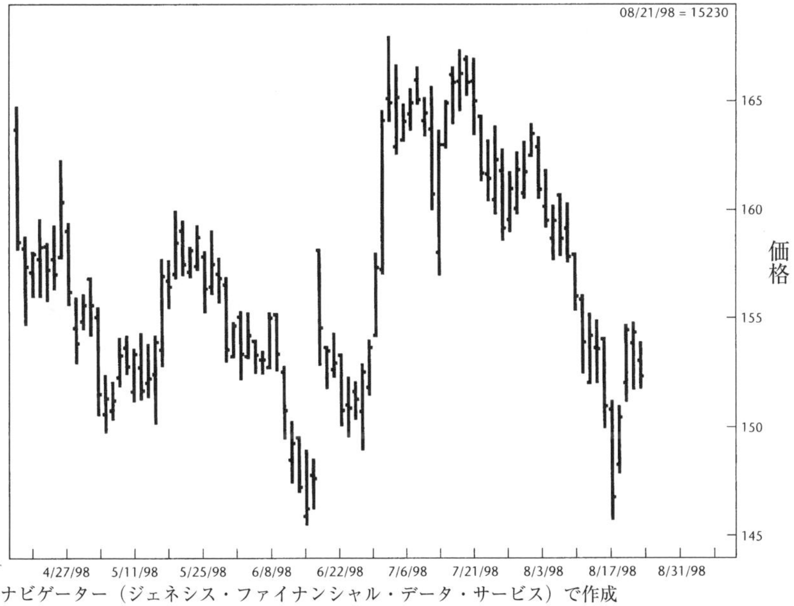

ナビゲーター（ジェネシス・ファイナンシャル・データ・サービス）で作成

となり、期待した機会は消え失せる。大衆のほとんどがほとほとうんざりし、保有しているポジションを一斉に手仕舞う。すると価格は大きく動き、値幅の大きな日が再び始まる。

最後に、**図2.11**と**図2.12**をじっくりと観察してもらいたい。これはアメリカでは売買されていない豪ドルと日経平均だ。

私たちが値動きの主要なサイクル――時間に依存しないサイクル――を発見したことをまだ信じられない人のために、S&P500の３つのチャートを見てみることにしよう（**図2.13**、**図2.14**、**図2.15**）。**図2.13**は、始値、高値、安値、終値からなる５分足の無作為に選んだ２日間のチャートを示したものだ。チャートをひと目見ただけで、長い足の前にはいくつかの短い足があることが分かるはずだ。次に**図2.14**を見てみよう。これは30分足チャートで、市場の１週間分のスイングを一望できる。これもまた説明は不要だ。私たち短期トレーダーが稼げる唯一の場所である長い足の前には一連の短い足がある。最後に**図2.15**を見てみよう。これは１時間足で、ここでもまた同じ現象が見られる。これらの事実の確認に、お茶の葉占い師やデタラメなスポークスマンなど不要だ。これは過去から現在、そして未来永劫ずっと変わることのない真実なのである。小さな値幅の足はそのあとに大きな値幅の足が現れ、そこがお金を生む場所であることを、われわれに教えてくれるのである。

市場には市場がたどるべき自然なサイクルが存在する。小さな値幅の日が続いたら、そのあとには大きな値幅の日が発生する。**図2.16**はこれをよく物語っている。これが市場の真実なのだ。投資家やトレーダーの関心が薄くなれば値幅は縮小し、彼らの関心が高まれば値幅は拡大する。人間の感情と人間の関心度の自然のサイクルが市場の自然のサイクルを生み出す。実に簡単だ。これは過去から未来永劫続く真理なのである。

図2.13　S&P500指数（5分足と10期間移動平均線）

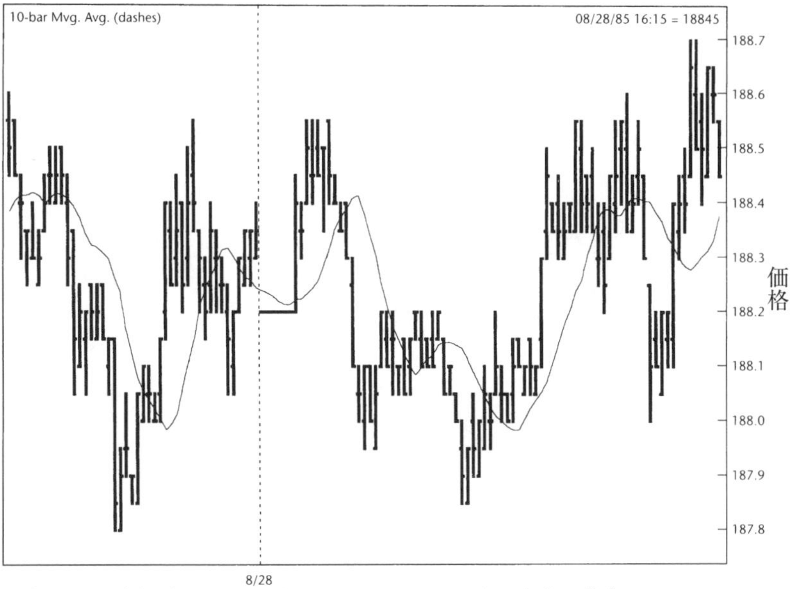

ナビゲーター（ジェネシス・ファイナンシャル・データ・サービス）で作成

図2.14　S&P500指数（30分足）

ナビゲーター（ジェネシス・ファイナンシャル・データ・サービス）で作成

図2.15　S&P500指数（60分足）

ナビゲーター（ジェネシス・ファイナンシャル・データ・サービス）で作成

その日の寄り付きから安値または高値までの動きが重要

大きな値幅の日については、もうひとつ否定しがたい真実がある——「１日の値幅が大きく、上げて引けた日（長大陽線）」は安値近くで寄り付いて高値で引けることが多く、逆に「１日の値幅が大きく、下げて引けた日（長大陰線）」は高値近くで寄り付いて安値近くで引けることが多い。われわれ短期トレーダーはこのように価格が大きく動く日を目ざとく察知し、実際に動く前に行動を起こさなければならない。

つまり、トレーディングをするときには２つのことを考えなければならないということである。ひとつは、値幅が大きく、上げて引けると思った日に仕掛ける場合、寄り付きから下に大きく下げた地点で買おうと思ってはならない。なぜなら、前にも言ったように、値幅が大

図2.16　人間の自然の感情を表すサイクル

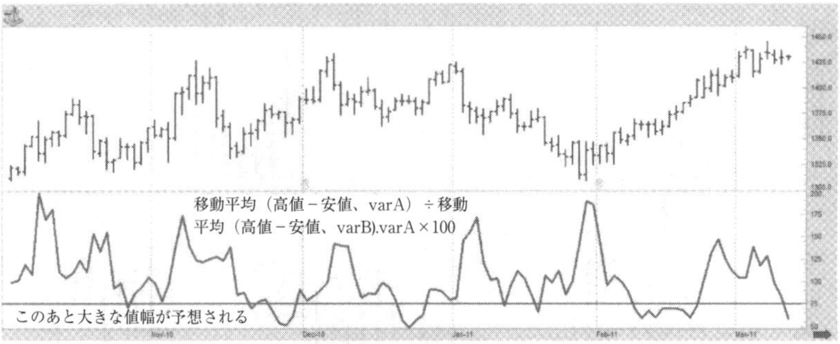
移動平均（高値－安値、varA）÷移動
平均（高値－安値、varB).varA×100
このあと大きな値幅が予想される

(A)

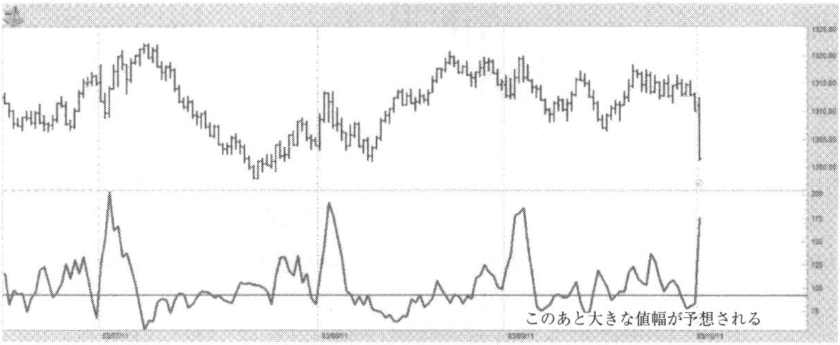
このあと大きな値幅が予想される

(B)

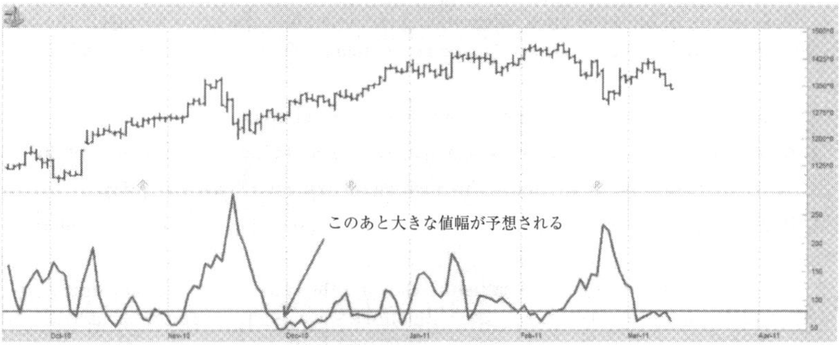
このあと大きな値幅が予想される

(C)

きく、上げて引ける日は、価格は寄り付き価格より大きく下げることはほとんどないからだ。こういった日は、寄り付き価格よりも下には買い機会はほとんどないのである。

予期せぬ事態に遭遇してもあわてるな

予期していない事態が発生したらどうなるのだろうか。値幅が大きいと予想される日に価格が寄り付き価格を大幅に下回ることもないわけではない。こんな場合、上げて引ける可能性はほとんどない。

短期トレーディングで儲けようと思ったら、この見識は極めて重要だ。絶対に無視してはならない。この概念の有効性を証明する研究結果をいくつか示そう。**図2.17**は、1970年から1998年までのＴボンドの寄り付きから安値までの値幅を、１日の値幅で割ったものを横軸に取って、その分布を調べたものだ。

縦軸は寄り付きから引けまでの値幅（終値－始値）を金額ベースで示している。ゼロラインより上の分布が多いほど、上げて引けた日が多いことを意味する。また、グラフの右側に行くほど、ゼロラインの上での分布は少なくなる。

グラフの左側に注目しよう。値幅が大きく上げて引けた日で、始値－安値の値が大きい日はほとんどないことが分かる。データ点が左側から右側（ゼロラインより上が利益になっている）に向けて減少していることによって、この傾向があることは明らかだ。つまり、寄り付きから安値までの値幅が大きければ、寄り付きで買って大引けで売ったときの利益は小さくなるのである。これは市場がランダムではないことの証明にもなる。もし市場がランダムであれば、高値－始値の値の分布は始値－安値の値の分布と同じになるはずである。このデータは一見単純だが、成功する投機家を目指すのであれば、知っておかなければならない基本的で強力な真実を示すものである。**図2.18**には

図2.17　Tボンド――寄り付きから引けまでの値動きの分布

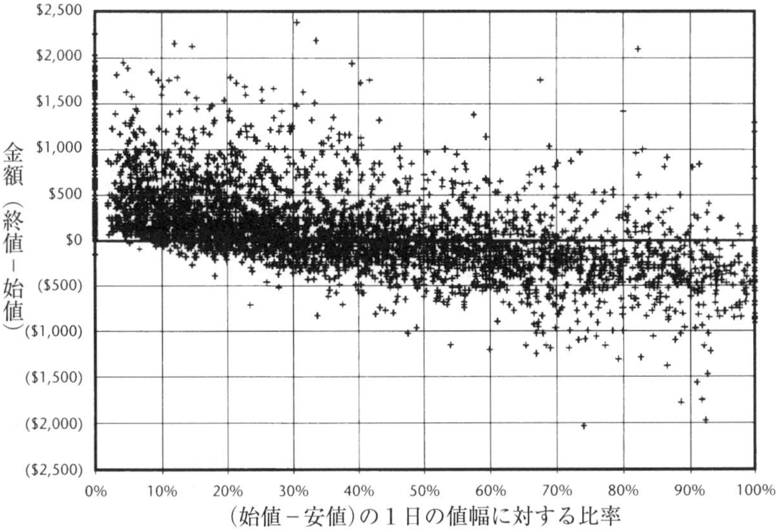

３本の曲線が描かれているが、１番上の曲線は始値－安値の値幅を１日の値幅で割った比率の値に対して、始値より上げて引ける確率を示したものだ。一番上の曲線上に示した×印は、始値から安値までの下落幅が１日の値幅の20％以下だったときに87％の確率で上げて引けることを示している。

真ん中の曲線は、始値から終値までの上昇幅が500ドル以上の場合を示したもので、この曲線上の×印は、始値から安値までの下落幅が１日の値幅の10％だったときには、500ドル以上上げて引ける確率が42％であることを示している。一番下の曲線は、始値から終値までの上昇幅が1000ドル以上の場合を示したものだ。債券市場で１日の値幅が大きな日がこの曲線に相当する。この曲線上の×印は、始値から安値までの下落幅が15％だったときは、１日の値幅が1000ドル以上になる確率が10％であることを示している。始値から安値までの下落幅が１日の値幅の70～80％以上であれば、大きく上げて引ける確率はほぼ

図2.18　Tボンド――（終値－始値）の値動きと（始値－安値）の１日の値幅に対する比率との関係

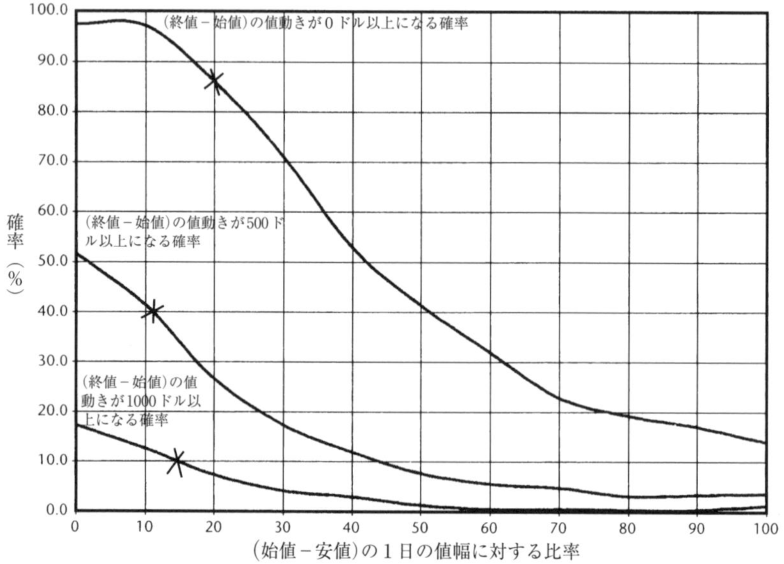

ゼロであることも分かる。

寄り付きからの下落幅が大きいほど、上げて引ける確率が低くなることは、どの曲線に対しても言える。この事実は私の次の法則を証明するものだ。

1．大きく上げて引けると思われる日であっても、寄り付きから大きく下げた位置で買ってはならない。
2．大きく上げて引けると思われる日に買って、そのあと寄り付きから大きく下げたら、手仕舞え。
3．大きく下げて引けると思われる日であっても、寄り付きから大きく上げた位置で売ってはならない。
4．大きく下げて引けると思われる日に売って、そのあと寄り付きから大きく上げたら、手仕舞え。

図2.19　大豆――値幅の大きな日と小さな日

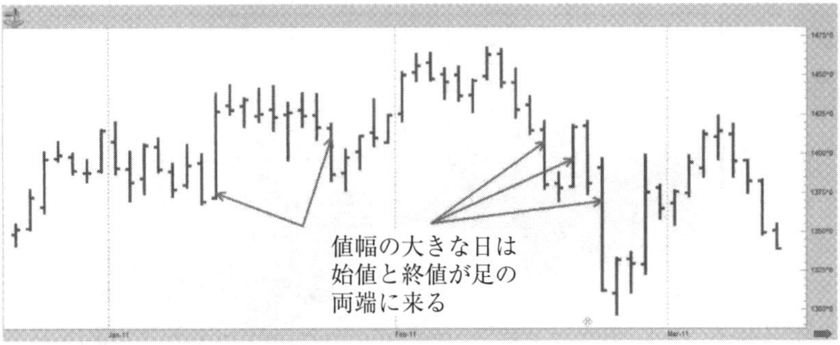
値幅の大きな日は
始値と終値が足の
両端に来る

これらの統計は株価や商品価格の動きを支配する重力の法則なので、反抗するのはやめよう。ここで示したデータはいかなる自由市場にも当てはまる。つまり、これは日々の市場が平均的にどんな動きをするかを示す普遍の真理なのである。もちろん時には値幅の大きな日に寄り付きから大きく上げても、また大きく下げてもうまくいくときはあるだろう。しかし、それは例外であって標準的なことではない。この法則はあくまで市場の平均的な動きを対象にするものだ。私はトレーダーとして、市場にはできるだけ私に有利に動いてもらいたいと思う。勝利のトレードは幸運によってもたらされるのではない。それは市場が自分に有利に動くことによってもたらされるのである。

2011年の大豆のチャートを示した**図2.19**を見てみよう。同じパターンが起こっているのが分かる。チャート上の矢印を付けた日は、1日の値幅が大きい日である。これらの日を見ると、値幅の一方の端で寄り付き、反対側の端で引けている日がほとんどであることが分かるはずだ。大きな値幅の日がいつ発生するのかを正確に予測することはできないが、大きな値幅の日には値幅の一方の端で引けるだろうことは簡単に予測がつく。つまり、短期トレーダーはこういった日はポジションをその日の終わりまで持って利益の最大化に努めなければならないということである。

あなたに有利なトレンド――パワープレーを生む2番目の価格パターン

市場は上昇トレンドにあるのだろうか、それとも下降トレンドにあるのだろうか。価格はここから上がるのだろうか、下がるのだろうか。将来的な値動きを読むカギとなるようなものは、果たして存在するのだろうか。トレーディングの歴史が始まって以来、投機家たちはこの大きな疑問に対する答えを見いだそうとしてきたが、いまだに答えは出ていない。

一般に、小さな値幅が続いたあとは大きな値幅が続く。これはすでにお分かりのはずだ。実は、株価や商品価格の動き方には、国や時間枠にかかわらず普遍的なもうひとつの基本的な設計図というものがある。

それでは、市場のトレンド分析の最初の授業を始めることにしよう。ここで押さえておかなければならない基本原理は、価格が底から天井に向かって動いていくとき、1日の値幅に対する終値の位置は移動していく、というものだ。これは、用いる時間枠が5分足、1時間足、週足かとは関係ない。これはすべての時間枠に当てはまる原理である。

市場が底を付けるとき、1日の、あるいはその期間の終値は、1日の、あるいはその期間の値幅の安値かその近くに位置する。そのあと市場はいきなり上昇し始め、その上昇に伴って、終値の位置は徐々に変化していく。どのように変化していくのかというと、価格が上昇するにつれ、終値の位置は値幅の高い位置に移動していく。**図2.20**はこの終値の値幅内における位置の変遷を分かりやすく描いたものだ。

図2.20　価格の上昇に伴って変化する終値の位置

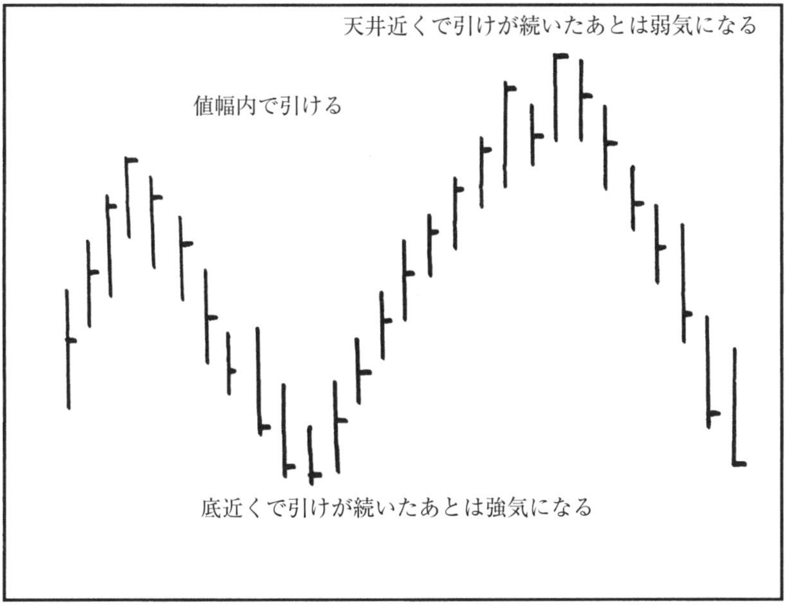
天井近くで引けが続いたあとは弱気になる
値幅内で引ける
底近くで引けが続いたあとは強気になる

市場が底を付けるとき、価格は１日の値幅の安値か、その近くで引ける。一方、市場が天井を付けるとき、価格は１日の値幅の高値か、その近くで引ける。

知識のない人々は、トレンドが反転するのは「情報通の投資家たち」が買うからだと思っているが、これはまったくの誤解だ。私の古くからの友人であるトム・デマークが言うには、「市場が大底を付けるのは買い手が一気に押し寄せるからではなく、もはや売り手がいないからである」。

買い手と売り手のこの関係はほぼ毎日、あるいはほぼすべての足で起こっている。私が1965年に書いた市場の法則は、その日の高値から終値までの価格スイングは売り手を表し、安値から終値までの価格スイングは買い手を表す、というものだ。つまり、安値から終値までの値幅の大きさは買い手が価格に与える影響力を表し、高値から終値までの値幅の大きさは売り手が価格に与える影響力を表すということである。

私がこれを発見したのは、ジョー・ミラーとドン・サウザードがディーン・ウィッター（ブローカー）にいるときに付けていたオン・バランス・ボリューム（OBV）を勉強しているときだった。1960年代初期から1970年代中盤のトレーダーたちは無料のコーヒーを飲みながらおしゃべりすることにうつつを抜かす間抜けな奴らで、ただ座ってティッカーテープ（その日に売買が成立するたびに表示される株価）で株価の流れを見ているだけだった。

当時、ジャックとマーレーという２人の風変わりなじいさんがいた。彼らは毎日やってきては知識を披露し、私たちは彼らの言葉の１つひとつに耳を傾けた。1929年の株価大暴落のとき立会場の記録係だった年上のマーレーは、大暴落の初日に100ポイントも急落したバンク・オブ・アメリカの株価を記録したときのことをとくとくと話して聞かせてくれた。若き日のマーレーがバンク・オブ・アメリカの株価をチョークで書いてはすぐに消して、次々と安い価格に書き換えていく姿が目に浮かぶようだ。バンク・オブ・アメリカの１約定での最大の下落幅は何と23ポイントだったという。

彼の話は老人たちがよく好んで話すいわゆる得意話で、私の耳には今だに耳鳴りのように響いている。ジャックは「落ちるナイフを拾うようなことはしたくないだろ」と１日に少なくとも１回は言ったものだ。そしてこう付け加えた。「落ちるナイフは床に突き刺さって、振れが収まるまで待つ。そのときに初めて拾うのだ。私は50年以上にわたって人々がお金を失うのを見てきた。これはそこから学んだ最大の教訓だ」

短期トレーダーとして、私はジャックの言葉を次のように解釈した。つまり、売られている間は買ってはならない、貨物列車の前に飛び出

図2.21　コーヒー（15分足）

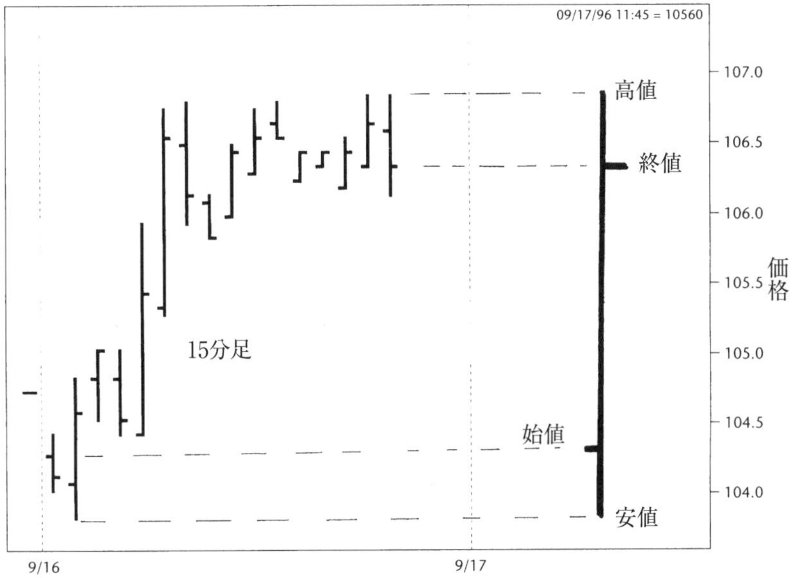

ナビゲーター（ジェネシス・ファイナンシャル・データ・サービス）で作成

してはならない、ということである。私は株価が「大底」を付けて反転するだろうと思い込んで、どれだけの金を失ってきただろう。トレーディングを始めた当初の私のトレード口座は、そんなマジックは使えないのだということを如実に物語っている。

最終的には、天井や底を予測してはならないことを学んだものの、市場では何が起こっているのか、この市場の真実を活用するにはどうすればよいのかを完全に理解したのは何年もあとになってからのことだ。私は自分のトレード口座から、下落しているときに買う愚かさを教えられたが、そのときは理由が分からなかった。もちろん今は分かっている。

図2.21は投機におけるこの教訓を読者のみなさんが理解しやすいように示したものだ。読者のみなさんには私のように苦労してもらいたくないし、時間をムダにしてもらいたくもない。それでは**図2.21**

を見てみよう。これは実際の取引日におけるコーヒー価格の動きを示したものだ。右端の大きなバーチャートはその日の日足を示している。

寄り付いたあと、いったんはその日の安値まで下げるも、再び上昇してその日の高値を付ける。そのあとは大引けに向かって売られる。買い手と売り手との間には日々バトルが繰り広げられていることはすでにお気づきかと思うが、買い手と売り手のどちらが優勢なのかを知るにはどこをどう見ればよいのかも分かったはずだ。もっと重要なのは、「終値と高値」「終値と安値」との関係が変化することが分かったことである。終値が高いほど、その日の高値や高値近くで引ける可能性が高く、逆に終値が安いほど、その日の安値や安値近くで引ける可能性が高い。ここで私の２つの法則を紹介しよう。

1. ほとんどすべての天井は、終値が１日の最高値で引ける日か、もしくはその直後に発生している。
2. ほとんどすべての底は、終値が１日の最安値で引ける日か、もしくはその直後に発生している。

これを理解したら、私のこの理論が正しいことを証明する実例を見てみることにしよう。まずは1982年からのＴボンドのチャートを見てみよう（**図2.22**）。価格の反転に注目してもらいたい。これは非常に分かりやすい。次に、上昇スイングや下降スイングの終点やその近辺で天井や大底を付けていることに注目しよう。お分かりになったかと思うが、高値近くで引ければそこが上昇トレンドの終点になり、安値近くで引ければそこが下降トレンドの終点になることが予測できるのである。

これが日足チャートのみに限定されるものでないことは、このあとの例を見ると分かるはずだ。**図2.23**から**図2.27**のチャートは、順にS&P500の15分足チャート、１時間足チャート、日足チャート、週

図2.22　Tボンド（日足）

ナビゲーター（ジェネシス・ファイナンシャル・データ・サービス）で作成

足チャート、月足チャートをそれぞれ示している。どのチャートでも同じ現象が見られる。終値が高値に近いほど、そして特にそういった日が数日続くほど、天井は近い。

大底についてはこの逆だ。終値が安値に近いほど、上昇に転じる日は近い。これは市場の真実であって、投機の世界の成り立ちでもある。この真実は現在、過去、未来へと時間軸を超えて永遠に続き、変わることはないだろう。

まとめ

この第２章で私が最も伝えたかったことは、私の本だけではなくほかの人が書いた本も学習することの重要性と、チャートを見ることの重要性だ。**図2.28**（2011年の大豆油のチャート）を見ると分かるよ

図2.23　S&P500指数（15分足）

ナビゲーター（ジェネシス・ファイナンシャル・データ・サービス）で作成

図2.24　S&P500指数（60分足）

ナビゲーター（ジェネシス・ファイナンシャル・データ・サービス）で作成

図2.25　S&P500指数（日足）

ナビゲーター（ジェネシス・ファイナンシャル・データ・サービス）で作成

図2.26　S&P500指数（週足）

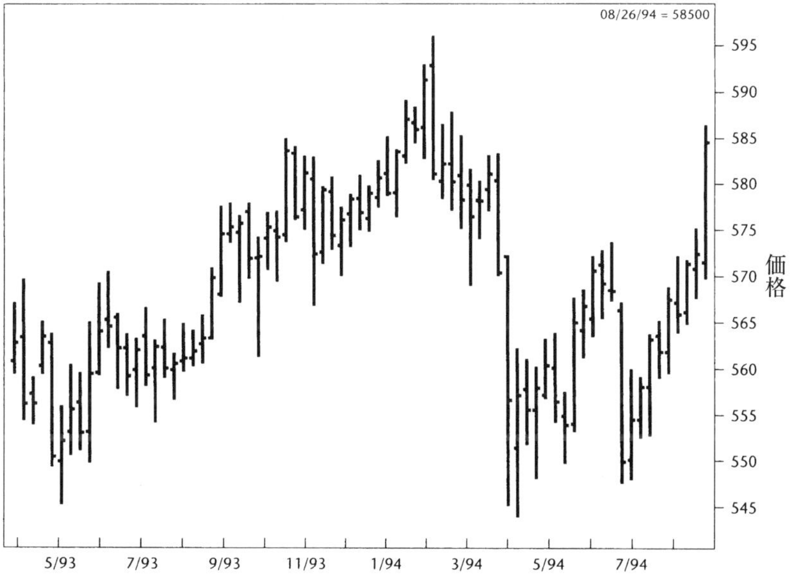

ナビゲーター（ジェネシス・ファイナンシャル・データ・サービス）で作成

図2.27　S&P500指数（月足）

ナビゲーター（ジェネシス・ファイナンシャル・データ・サービス）で作成

図2.28　大豆油と値幅の自然なサイクル

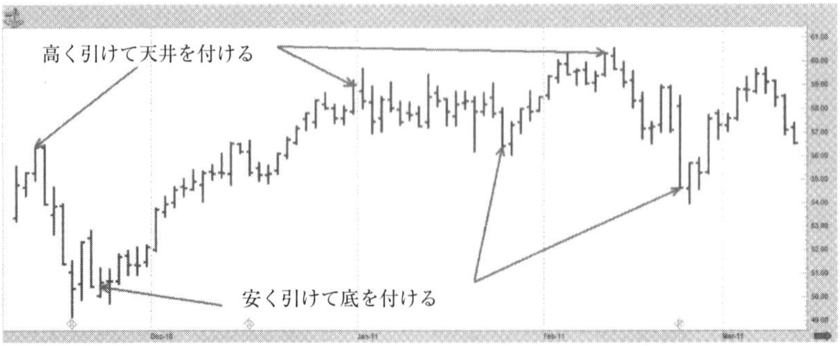

うに、さらに長い時間枠でも同じ現象が見られる。

読者のみなさんにはできるだけ多くの日足チャートを観察してもらって、この関係に関する理解をより一層高めてもらいたい。市場が天井を付けるのは、売り圧力によるものではなく、買い手がいなくなるからである。市場が大底を付けるのは、買い圧力によるものではなく、売り手がいなくなるからである。市場が安値近くで引ければ、それはみんなが売ったことを意味し、そのあとは上昇に転じる可能性が極めて高い。

本書ではこのあともさまざまなテクニックを紹介していくが、この第２章で紹介したテクニックを含めたすべてのテクニックは永遠に変わることのない市場の真実に基づくものなのである。

第3章

短期トレーディングの真実

The Real Secret to Short-Term Trading

短期トレーディングの「真実」――それは、トレードする時間枠が短いほど、儲けもそれだけ少なくなる、ということである。

悲しいけれど、これは事実である。これまでに行った投資を振り返ってみよう。1日で大儲けしたことはあっただろうか。運良くあったとして、ではそれは何回くらいあっただろうか。それほど多くはなかったはずだ。なぜなら、人生の一般法則、つまり人生における成功の法則は、投機の一般法則と同じだからである。利益を増やすには時間がかかるのだ。

これは基本的な数学の問題だ。短期トレーダーに許容される時間は数時間しかない。そのなかで大きな動きをとらえるのはなかなか難しい。短期トレーダーには時間に制約がある。だから、仕掛けや手仕舞いのタイミングが重要になる。間違いは許されない。

では、大きな動きをとらえる十分な時間のない短期トレーダーが大金を稼ぐにはどうすればよいのか。その唯一の方法は、大きなポジションを取ることである。簡単な例を考えてみよう。銀で5枚で1カ月かけて5万ドル稼ぐことは可能だが、1日だけで5万ドル稼ぐことはかなり難しい。1日だけで5万ドル稼ぐには、大きなポジションを取る以外に方法はない。

これらの数字は相対的なものだ。私にとっての大きな勝ちはほかのトレーダーにとっては小さな勝ちでしかないかもしれないし、ほかのトレーダーにとっての大きな勝ちは私にとっては小さな勝ちでしかないかもしれない。しかし、事実は不変だ。つまり、短期トレーダーが比較的大きな利益を手にしようと思ったら、大きなポジションを取るしかないのである。

そして、問題はここにある。大きなポジションを取れば、損失も大きくなる。前述の銀の５枚のポジションでは、相当な大バカ者でもないかぎり、５万ドルの損失を出すことはないだろう。せいぜい5000ドル程度の損失で損切るのが普通だ。短期トレーダーにとってこの５万ドルという損失のリスク・リワード・レシオは壊滅的だ。短期トレーダーの平均利益は平均損失にほぼ等しい。大きく儲けるには大きく賭けなければならない。しかし、１回の損失が破産につながるようなゲームでは、大きく賭ければどこかの時点で必ず大きな損失を出す。

ここであなたが知っておかなければならないことは、すべての利益のカギを握るのはトレンドであるということである。トレンドがなければ、利益も出ない。トレンドは時間の関数だ。したがって、トレードの保有期間が長いほど、大きなトレンドをとらえられるチャンスは増える。こうした意味では、デイトレーダーは非常に不利な立場にあると言えよう。時間は彼らの敵である。彼らはその日のトレードを翌日に持ち越すことはできない。だから、とらえられる動きの大きさには限界がある。一方、ポジショントレーダーにとって時間は味方である。彼らには十分な時間がある。だから大きな動きをとらえて大きく稼ぐことができる。

この法則は時間が続くかぎり消滅することはない。

成功するトレーダーは、市場は１分間ではちょっとしか動かないことを知っている。そして５分間ではもう少し動き、60分ではさらに大きく動き、１日あるいは１週間ではかなり大きく動くことを知っている。負けるトレーダーは非常に短い時間枠のなかでトレードしたがる。それは潜在的利益を限定するようなものだ。

彼らは潜在的利益を限定する一方で、損失は限定しない。これでは短期トレーダーの多くが失敗するのも当然だ。１日の高値や安値を予測することで大金を儲けられるというブローカーやトレーディングシステム販売者の口車に乗った彼らは、自らを勝ち目のない状況に陥れたも同然である。さらに、トレードは１日で完結させオーバーナイトしなければ、ニュースや大きな変化の影響を受けることはなく、したがってリスクを限定できるという一見合理的に思える言葉に踊らされた彼らは、奈落の底に真っ逆さまに落ちるだけである。

これはまったくの間違いだ。理由は２つある。

第一に、あなたのリスクはあなたの管理下にある。このビジネスであなたが制御できる唯一の部分は、損切り、つまりトレードの手仕舞い水準の設定である。もちろん、翌朝になって市場があなたの損切りの位置を超えてギャップを空けて寄り付くこともあるだろう。しかし、こういったことはほとんど起こらない。たとえ起こったとしても、損切りと、負けトレードは手仕舞うという強い意志とによって損失は制限できる。敗者は負けトレードにしがみつき、勝者は負けトレードはきっぱりあきらめる。ここが大きな違いだ。

ポジションを建てると同時に損切り注文を置けば、損切り水準以上の損失を出すことはない。いつどのように建てたポジションであろうと、損切り注文さえ置いておけば、あなたのリスクは限定される。史上最高値で買っても、史上最安値で売ってもリスクは同じである。

オーバーナイトしないということは、あなたの投資の伸び代が制限されるということである。市場はときにはあなたに逆行して寄り付くこともあるかもしれないが、いつも正しい軌道に乗っていれば、市場は私たちに有利に寄り付くことが多いはずだ。

トレードを１日の終わりで終わらせることの最も不利な点は、５分足や10分足チャートのように不自然な時間枠のチャートでは、潜在的利益を大幅に限定することになるという点である。敗者と勝者の違いは覚えているだろうか。そう、敗者は負けトレードにしがみつく。そしてもうひとつの違いは、勝者は勝ちトレードを持ち続けて利を伸ばすが、敗者は勝ちトレードを早く手仕舞いしすぎて利益を取り損なうという点である。敗者は勝ちトレードをつかむと大喜びして、すぐに手仕舞ってしまう（通常は、仕掛けた日に手仕舞う）。敗者は勝ちトレードになると居心地が悪くなるように思えてならない。

勝ちトレードを持ち続けることを学ばないかぎり、大金を手にすることは不可能だ。勝ちトレードは長く持てば持つほど、儲かる可能性は高まる。成功する農業家は作付けしたあと数分ごとに掘り返して生長具合を確かめたりはしない。生長を見守るだけだ。われわれトレーダーは生長のこの自然のプロセスから学ぶべきことは多い。われわれのトレーダーとしての成功も同じである。お金儲けには時間がかかるのだ。

最も重要なのは時間

私が今話したことは、疑う余地のない投資の絶対真理である。何をするにしても、お金を儲けるには時間がかかる。したがって、短期トレーダーは本質的に成功する（お金を儲ける）機会を自分で制限していることになる。

デイトレーダーたちは市場の短期スイングを予測し、価格がどこに向かおうとしているのかをほぼ完璧に言い当てることができるだけでなく、高値や安値を予測し、市場が天井や大底を付けるときを正確に見極めることができると信じているが、これは大きな間違いだ。まことに残念ながら、ある程度の一貫性を持ってこんなことを行うことはできない。これはデイトレーダーの夢想にほかならない。

しかし、希望を捨ててはならない。私は長年にわたる市場分析とトレーディングとから市場の構造についての真実を見つけだした。これこそが「短期」トレードで儲けるための秘訣である。

あなたは次のことはすでに理解できているはずだ――①短期スイングは予測するのが難しい、②損失は限定しなければならない、③短期トレーダーが大きな儲けを期待できるのは、価格が自分に有利な方向に大きく動いたときのみ、④利益を出すのには時間を必要とするため、時間は味方である。

短期トレードで大きく儲けるためには、最も利益の出る短期スイングがどれくらい続くのかを感じ取ることができなければならない。これは単に時間の問題ではなく、価格の問題でもある。天国への道が一直線ではないように、価格がまっすぐに上昇したり下落したりするのは一定の水準までである。問題は、価格と時間のそのバランスは「通常」何で表されるのか、である。「通常」という言葉に注意しよう。多くの場合、価格スイングはあなたの予想よりも長く続き、大概はあなたが市場を出し抜いたと思った瞬間、市場は動きを弱める。

これらのことを念頭に置いたうえで、価格と時間のスイングのバランスをうまくとるための、私が発見した短期トレーディングの秘訣を明かしていきたいと思う。これは２つの要素からなる。

1．儲けを出せるのは１日の値幅の大きな日のみ。
2．１日の値幅の大きな日で上昇した日は高値か、その高値近くで引け、下落した日は安値か、その安値近くで引ける。

夢想家のデイトレーダーたちには日中スイングの仕組みというものを理解してもらいたい。彼らにそれができるかどうかは疑わしいが、仮にできたとしても、それは彼らにとってはストレスのたまる過酷な作業になるだろう。前述の２人の偏屈なじいさんはテープリーディングの知識を持ち、長年にわたって蓄積してきた市場に関する見識を持ってはいるが、その彼らにしてもわれわれ同様、テープリーディングから市場の動きを正確に予測することはできなかった。テープリーディングから気配値モニターへと時代は変わっても、このゲームにおける間違った通念は変わらず、したがって難しさも変わらない。１日に７時間も気配値モニターの前に座って奮闘し、予測し、ほとんどの場合その予測は間違っている。これほどの苦痛があるだろうか。

敏腕トレーダーへの資金提供

短期スイングの予測で儲けられると思っている腕利きのトレーダーに資金を提供してやってはどうかと、私は年に２回の割合で頼まれる。年に２人のトレーダーに35年間資金を提供したとすると、今本書で教えている教訓を私は70回学んだことになる。短期スイングの予測で儲けることができるとは私は思わない。ここで言っておきたいことは、それはシステムやメカニカルなアプローチでは不可能だということである。「才能」を持つトレーダーがこれに成功した例は見てきたが、そういった才能はすぐに彼らを見捨てるし、そういった才能は他人に伝えることはできない。しかし、私の場合は違う。私がやっていることはだれにでもマネできるものである。

私がトレードするのは次の３つのタイプのいずれかの日である――①１日の値幅の小さい日は損失を出しても少なくて済み、小利が得られる可能性もある、②ポジションと反対方向に反転する日、③１日の値幅の大きな日に正しい側にいれば、上昇日であれば高値の近くで、下落日であれば安値近くでその日を終えることができる。１日の値幅の大きな日の高値や安値がどの水準になるのかはだれにも分からないが、こういった日はたいていはその日のどちらかの極値で引けることを私は知っている。だから、価格が揺れ動いている日中に買ったり売

図3.1　銅（週足）

ナビゲーター（ジェネシス・ファイナンシャル・データ・サービス）で作成

ったりするといったバカなテクニカルプレーをする必要などまったくない。

１日の大きな値幅の日について私の言っていることが正しいことを、次のチャートを使って示したいと思う。**図3.1**から**図3.6**はさまざまな市場（銅、綿花、大豆、ポークベリー、金、Ｔボンド）のそれぞれに異なる期間におけるチャートを示したものだ。それぞれのチャートで１日の大きな値幅の日を見つけ、その日の始値と終値に注目してもらいたい。

１日の値幅が大きく、上げて引けた日の大部分は、その日の安値近くで寄り付き、高値近くで引けていることに気づくはずだ。１日の値幅が大きく、下げて引けた日は、その日の高値近くで寄り付き、安値近くで引けていることに気づくはずだ。

これが短期トレーダーにとって意味するものは、勝ちトレードをと

図3.2　綿花（日足）

ナビゲーター（ジェネシス・ファイナンシャル・データ・サービス）で作成

図3.3　大豆（日足と18日移動平均線）

ナビゲーター（ジェネシス・ファイナンシャル・データ・サービス）で作成

図3.4　ポークベリー（日足と18日移動平均線）

ナビゲーター（ジェネシス・ファイナンシャル・データ・サービス）で作成

図3.5　COMEX　金（日足）

ナビゲーター（ジェネシス・ファイナンシャル・データ・サービス）で作成

図3.6　Tボンド（日足）

ナビゲーター（ジェネシス・ファイナンシャル・データ・サービス）で作成

らえて利益を出す最も良い戦略はポジションを大引けまで持ち続ける、ということである。

　これはいくら強調しても強調しすぎることはない。私が使っている最も利益の出る短期トレーディング戦略は、仕掛けてプロテクティブストップを置いたら、目をつぶり、かたずをのみながら、大引けを待つことである。あるいはそれ以降に手仕舞う。幸運にもその日が１日の値幅の大きな日なら、大きな動きをとらえられたことになり、１日の値幅の小さな日に出した損失を補って余りある利益を手にすることができる。仕掛けと手仕舞いを短時間で繰り返せば、大引けまで持つことで得られるほどの利益は得られない。派手なダンスを踊ろうとすれば、笛吹きに法外な報酬を支払わなければならないのである。

私の理論の証明

これを別の方法で証明してみよう。**図3.7**から**図3.9**は簡単な売買システムによるS&P500のトレード結果を示したものだ。このシステムのルールは簡単で、毎週月曜日、その日の始値が先週の金曜日の終値より安ければ、始値で買う。これは短期トレーディングシステムの初歩的なものなので、結果はあまり気にする必要はない。ここでの目的は、大引けまで持ち続けることでより多くの利益を得ることができることを知ることで、それがあなたにとって大きな強みになることを理解してもらうことである。

図3.7は多くの短期トレーダーたちが行うトレードの結果を示したものだ。3000ドルの損切り（大きな値だが、ボラティリティの高いこの市場では致し方ない）と500ドルの利食いを設定して、１日当たりおよそ500ドルの利益を目指したものがこれだ。勝率は59％と高いが、結果的には8150ドルの損失を出している。

次に**図3.8**を見てみよう。利益目標が1000ドルであることを除けば、ルールはすべて**図3.7**と同じだ。今度は同じトレード数（389）で１万3737.50ドルの利益が出ており、１トレード当たりの平均損益は35.31ドル（50ドルの手数料差し引き後。本書で示す結果はすべて50ドルの手数料差し引き後の数字を示している）と少額だがプラスに転じている。終値で見た最大ドローダウン（DD）は8887.50ドルで、勝率は55％だ。

最後の**図3.9**は、大引けまで持ってそこで手仕舞うという私の基本ルールに従った結果を示したもので、大きな利益が出ている。総損益は３万9075ドルで、１トレード当たりの平均損益は100.45ドルと、**図3.8**の利益目標が1000ドルの場合のときの３倍にもなっている。最大ドローダウンも6550ドルと少ない（利益目標が500ドルの場合は１万2837.50ドルと大きなドローダウンが発生していた）。この事実を見れ

図3.7　目標利益500ドルのトレード（S&P500――1982年7月2日～1998年8月24日）

全トレード

総損益	$-8,150.00		
総利益	$84,875.00	総損失	$-93,025.00
総トレード数	389	勝率	59%
勝ちトレード数	232	負けトレード数	157
最大勝ちトレード	$450.00	最大負けトレード	$-3,050.00
勝ちトレードの平均利益	$365.84	負けトレードの平均損失	$-592.52
平均利益÷平均損失	0.61	1トレードの平均損益	$-20.95
最大連勝数	19	最大連敗数	7
勝ちトレードの平均日数	0	負けトレードの平均日数	0
終値で見た最大DD	$-12,837.50	日中での最大DD	$-12,837.50
プロフィットファクター	0.91	最大保有枚数	1
必要資金	$15,837.50	運用成績	-51%

図3.8　目標利益1000ドルのトレード（S&P500――1982年7月2日～1998年8月24日）

全トレード

総損益	$13,737.50		
総利益	$115,537.50	総損失	$-101,800.00
総トレード数	389	勝率	55%
勝ちトレード数	217	負けトレード数	172
最大勝ちトレード	$950.00	最大負けトレード	$-3,050.00
勝ちトレードの平均利益	$532.43	負けトレードの平均損失	$-591.86
平均利益÷平均損失	0.89	1トレードの平均損益	$35.31
最大連勝数	9	最大連敗数	7
勝ちトレードの平均日数	0	負けトレードの平均日数	0
終値で見た最大DD	$-8,887.50	日中での最大DD	$-8,887.50
プロフィットファクター	1.13	最大保有枚数	1
必要資金	$11,887.50	運用成績	115%

図3.9　基本ルールに従ったトレード――1トレード当たりの平均損益は100ドル（S&P500――1982年7月2日～1998年8月24日）

全トレード

総損益	$39,075.00		
総利益	$145,937.50	総損失	$-106,862.50
総トレード数	389	勝率	53%
勝ちトレード数	210	負けトレード数	179
最大勝ちトレード	$6,575.00	最大負けトレード	$-3,050.00
勝ちトレードの平均利益	$694.94	負けトレードの平均損失	$-597.00
平均利益÷平均損失	1.16	1トレードの平均損益	$100.45
最大連勝数	9	最大連敗数	7
勝ちトレードの平均日数	0	負けトレードの平均日数	0
終値で見た最大DD	$-6,550.00	日中での最大DD	$-6,550.00
プロフィットファクター	1.36	最大保有枚数	1
必要資金	$9,550.00	運用成績	409%

ばもう説明の必要はないだろう。何が機能し機能しないのかを1日中議論し続けてもよいが、私にとってそういった議論は不要だ。今見てきたものがすべてを物語っている。市場に出たり入ったりせず、しっかりと腰をすえる。

手仕舞いポイントについては、私は少なくとも大引けまでは持つ。だれかが不可能を可能にするまで、つまり短期スイングのすべてを予測できるようになるまでは、短期トレーダーにとっては、大金を儲けられる1日の値幅の大きな日をとらえるというこの戦略以上の戦略はないだろう。**図3.7**から**図3.9**で示した3つの結果の違いは、ポジションをどれくらい長く持ち続けたか、だけである。保有期間が短いほど、利益機会も少ない。このルールをしっかりと脳裏に焼き付けておこう。

利益を最大化するためには

大引けを超えて持ち続ければ利益はさらに増える。ただし、これは私が以前言ったこと――利益を増やすには時間がかかる――が当てはまる場合に限る。この事象をフルに活用するための特別なルールを、S&P500を例に取って見ていくことにしよう。

図3.10は前述したものと同じシステムだ。つまり、毎週月曜日、その日の始値が先週の金曜日の終値より安ければ始値で買う。ただし、今回はポジションを翌日の大引けまで保持することにする。具体的には、仕掛けた翌日の大引けで手仕舞うが、それよりも前に損切りに引っかかった場合はそこで損切るというものである。この戦略での総損益は6万8312.50ドルで、以前のベストケース（**図3.9**）より3万ドルも利益が増えている。また、1トレード当たりの平均損益も71.62ドル増えている。

最後に**図3.11**を見てみよう。これは、仕掛けた日から6日後の大引けで手仕舞うが、それまでに損切りに引っかかった場合はそこで損切るというものである。この戦略は私の主張の正しさを証明するものであり、小さなスイングをとらえることで簡単に大金を儲けられるという間違った考え方を正すものでもある。このケースでは総損益は7万1600ドルで、以前の最高のケース（**図3.9**）のほぼ倍の利益が出ている。さらに、1トレード当たりの平均損益も251.23ドルと大幅に増加している。前にも言ったように、これらのケースの唯一の違いはポジションの保有期間だけであり、そのほかの条件はすべて同じである。

これを最もよく言い当てているのは伝説の投機王のジェシー・リバモアである。「良いアイデアが相場で大きな利益を上げる秘訣ではない。最も重要なのは、絶好の時が来るまで静かに座って待っていることだ。私が大金を儲けられたのは、ただ静かに座って待っていたからだ」。そして彼は次のように言い加えた。「正しい位置でじっと腰をす

図3.10　タイミングを考慮して利益を増やす（S&P500――1982年7月2日～1998年8月24日）

全トレード

総損益	$68,312.50		
総利益	$224,450.00	総損失	$-156,137.50
総トレード数	397	勝率	55%
勝ちトレード数	222	負けトレード数	175
最大勝ちトレード	$7,025.00	最大負けトレード	$-3,500.00
勝ちトレードの平均利益	$1,011.04	負けトレードの平均損失	$-892.21
平均利益÷平均損失	1.13	1トレードの平均損益	$172.07
最大連勝数	10	最大連敗数	5
勝ちトレードの平均日数	0	負けトレードの平均日数	0
終値で見た最大DD	$-11,000.00	日中での最大DD	$-11,000.00
プロフィットファクター	1.43	最大保有枚数	1
必要資金	$14,000.00	運用成績	487%

図3.11　タイミングがすべての鍵を握る（S&P500――1982年7月2日～1998年8月24日）

全トレード

総損益	$71,600.00		
総利益	$298,400.00	総損失	$-226,800.00
総トレード数	285	勝率	52%
勝ちトレード数	151	負けトレード数	134
最大勝ちトレード	$10,750.00	最大負けトレード	$-4,175.00
勝ちトレードの平均利益	$1,976.16	負けトレードの平均損失	$-1,692.54
平均利益÷平均損失	1.16	1トレードの平均損益	$251.23
最大連勝数	7	最大連敗数	6
勝ちトレードの平均日数	5	負けトレードの平均日数	4
終値で見た最大DD	$-19,725.00	日中での最大DD	$-19,725.00
プロフィットファクター	1.31	最大保有枚数	1
必要資金	$22,725.00	運用成績	315%

えていられる人間はほとんどいない」

私が言いたいのは、トレーディングで大金を稼ぐ唯一の方法は、自分のトレードしている時間枠で大きなスイングをとらえることである、ということである。生きるために呼吸が必要なように、トレーディングに損失は付き物だ。その損失を埋め合わせるためには利を伸ばす必要がある。損失は例外なくだれにでも訪れる。けっして避けることはできない。そこで、必然ともいえる疑問が生じる。では、これらの損失を埋め合わせるには何をすればよいのか。方法は２つしかない。負けトレードの比率を減らすか、平均利益を平均損失よりも大幅に増やすかのいずれかだ。大きな利益を与えてくれるのは時間、時間だけである。アイデアではなく、派手なダンスを踊ることでもなく、すべての天井と底をとらえようとすることでもない。それは愚か者のやることだ。これはこの単純なシステムが示した結果を見れば明らかである。

これまでの学習で、市場はどう動くのか（つまり、３つの最も重要なタイムサイクル）が理解できたはずだ。さらに、一見混沌とした世界のなかに存在する秩序を嗅ぎ取る力、感じ取る力が必要なことも分かったはずだ。しかし最も重要なことは、自分がトレードしている時間枠の終わりまで勝ちトレードを保持することであることも理解できたはずだ。私は通常２日から５日のスイングでトレードする。欲が顔を出して手っ取り早く利食いしようとしたとき、あるいは自分の時間枠を超えて長居したときには、必ず高いコストを支払わされた。

このあとＥミニS&Pの日足チャートを見ていくが、この考え方は今も昔と変わらない威光を放ち続けている。１日の大きな値幅の日（短期トレーダーにとっては稼ぎ時の日）はその日の高値近くか、安値近くで引けるというパターンは今も昔も変わっていない。勝ちトレードをとらえたら、「手仕舞うのではなく、保持せよ」。大きな動きが終わる前に市場から退出したら、どうして大きな動きをとらえることができようか。

図3.12　保持することの重要性を示す金のチャート

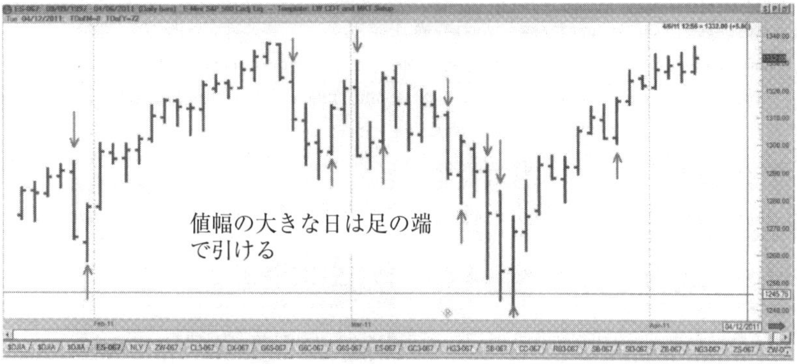

これは株価指数にだけ言えることではない。同じことは金市場（**図3.12**）についても言える。時間はわれわれの味方なのだ。

まとめ

時間は友だち――それがこの第３章のテーマだ。時間はわれわれの味方なのだ。そこで必要になるのが、勝ちトレードにできるだけ長くとどまることができるようなシステムである。

第4章

ボラティリティブレイクアウト——モメンタムブレイクスルー

Volatility Breakouts--The Momentum Breakthrough

必要は発明の母かもしれないし、そうでないかもしれない。しかし、それは間違いなくチャンスをつかむための父である。

この何十年かでトレーディングの世界は大きく様変わりした。最も大きく変わったのは、場立ちから電子取引への移行である。この第4章ではこの劇的な変化について議論したいと思う。市場はいまやトレーダーたちにとっては素晴らしい新世界だ。この新世界はわれわれにとって何を意味するのだろうか。

私が以前書いた本を読むと分かるように、1965年から1990年代の終わりまではトレーダーたちは毎日の始値に注目し、価格がそこからどう動くかに注目した。寄り付きは単なる寄り付きであり、価格が日々の活動を開始する地点にすぎない。

当時の株式市場は毎日午後4時15分にクローズして、翌朝の9時30分にオープンした。したがって、トレーダーたちはおよそ18時間使って、その日の市場情報やニュース、出来事についての情報を収集し、株価をつり上げたりつり下げたりした。この間、売買は行われない。そのため、始値は前日の終値から大きく動き、大きな窓を空けて寄り付くことが多く、そこで売買が開始されるというのが一般的だった。

図4.1は1990年のS&P500のチャートを示したものだ。チャートを

見ると分かるように、終値と翌日の始値とは大幅に異なることが多い。

2011年の今、こういった現象はもはや見られない（ただし、金曜日の大引けから月曜日の寄り付きにかけては大きな窓が空くこともあり、これは実際には日曜日の夜に発生する）。これを示したものが**図4.2**のＥミニS&Pのチャートだ。百聞は一見にしかずの諺にもあるように、このチャートはこの第４章で言いたいことを端的に表している。

なぜこうなのかというと、ＥミニS&P市場は午後４時15分にいったんクローズするが、そのすぐあとで再開するからだ。これほど短時間のうちに再開すれば、注文の不均衡が生じる余地はない。しかし、これには短所もある。市場は午後遅くに再開されるため、「真の売買」が始まる基準点というものはもはや存在しない。

これは**図4.3**を見ると分かりやすい。値幅も出来高も午後３時15分（東部標準時）あたりで少なくなり、そのあと大量の注文が市場になだれ込む（出来高が増える）。

トレーダーにとって厄介なのは、出来高が少ないにもかかわらず価格は依然として動き、それが翌朝に市場が再び活発化するまで続くことだ。これを示したものが**図4.4**である。

ここで注目すべき重要なことは、足（この場合、15分足）の値幅が、「無人地帯」と化す夜間取引の時間帯よりも９時30分から３時15分の時間帯のほうが大きいという点だ。つまり、少ない出来高の時間帯でもその最初のほうは依然として価格は動くが、出来高の増加は流動性の増加をもたらしているということである。これは短期トレーダーが対処しなければならない新たな問題だ。

状況が変化した今、これに関連して第１版で書いたことはもはや当てはまらない。今日、次に述べる概念では、取引時間帯の終値を基準点として使うことができる。

モメンタムはわれわれ短期トレーダーに利益をもたらしてくれる５つの概念の１つだ。これはニュートン力学でいう運動の第一法則（慣

図4.1　S&P500のギャップ

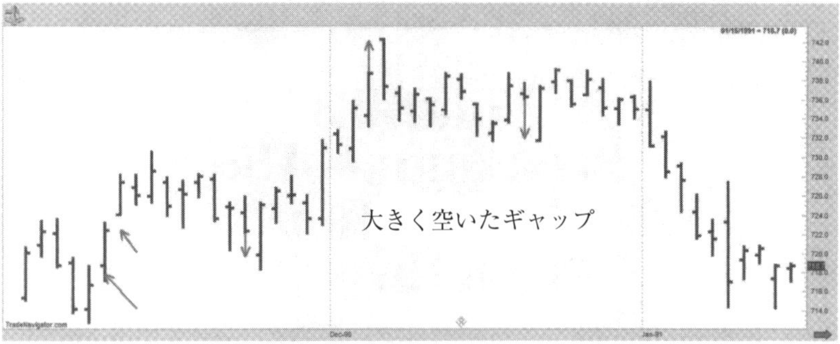
大きく空いたギャップ

図4.2　EミニS&P

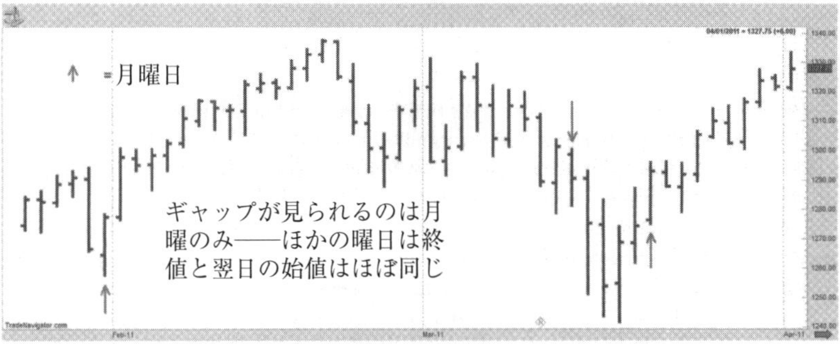
↑ ＝月曜日
ギャップが見られるのは月
曜のみ――ほかの曜日は終
値と翌日の始値はほぼ同じ

図4.3　取引時間帯によって異なる１日の値幅

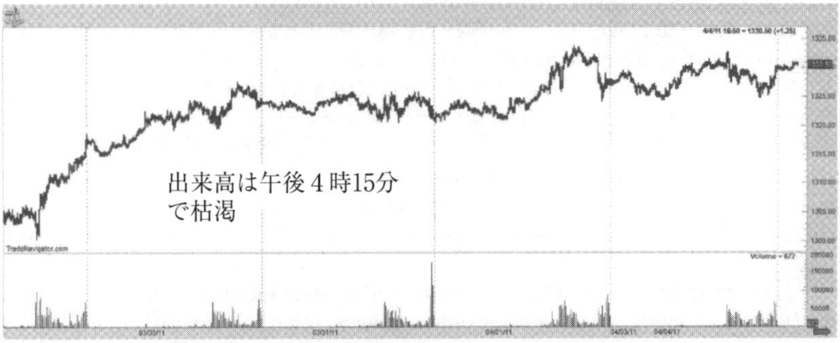
出来高は午後４時15分
で枯渇

図4.4 「無人地帯」と化す夜間取引時間帯

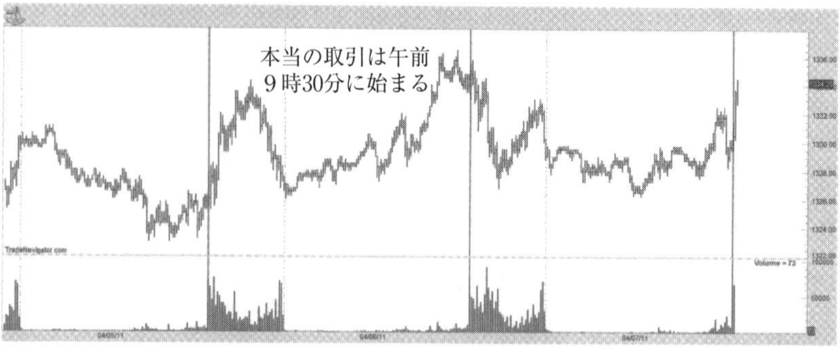

性の法則）に当たる。つまり、外部から力を加えられないかぎり、運動している物体は運動を続ける、ということである。トレーディングをすることの利点のひとつは、イギリスのリミントン卿やレディー・リミントンのような面白い人物にたくさん会えることだ。この２人は私のトレーダー仲間で、アイザック・ニュートンの直系の子孫である。彼らは私にニュートンリング測定器をいじらせてくれ、彼の帽子を被らせてくれた。そのときの写真は今でも大事に取ってある。私と私のブローカーであるアル・アレッサンドラにとって、この経験は一生の宝だ。

　話は元に戻るが、運動の第一法則は株や商品の価格にも当てはまる。つまり、価格はいったん動きだすと、その方向に動き続ける傾向があるということだ。モメンタムを測定する方法はトレーダーの数だけ存在すると言ってもよいだろう。すべてを紹介することは到底できないので、ここでは、私が機能すると思って、今トレードに使っている方法のみを紹介する。モメンタムを測定する方法はほかにもある。創造力豊かな人なら、独自の方法を開発するのもよいだろう。この第４章は数学の得意な人にとっては持てるテクニック、概念、数式をいかんなく発揮できる場所だ。四則演算しかできないわれわれよりもはるかに有利なはずだ。

1980年代の中ごろまで、市場の仕組みを完全に理解できていた人はいないのではないかと私は思っている。われわれはトレンド、買われ過ぎや売られ過ぎ、パターン、季節性、ファンダメンタルズなどについては知っていたが、トレンドを引き起こすものが何なのか、もっと正確に言えば、トレンドがどう始まりどう終わるのかは知らなかった。もちろん今は知っている。読者のみなさんもこの機会を利用して、市場の基本的な真実――価格の構造とその動き――をぜひとも学習してもらいたい。

トレンドは私が「価格の爆発的な動き」と呼んでいるものによって引き起こされる。簡単に言えば、例えば価格が１時間、１日、１週間、あるいは１カ月、勢いよく上昇したり、下落したりすると、反対方向に同程度か、あるいはそれよりも大きな爆発的な動きがあるまで、価格は同じ方向に動き続けるということである。これはボラティリティの拡大として知られ、ダグ・ブリーは1980年初期に私が行った研究を基に、これをボラティリティブレイクアウトと命名した。

まとめると、価格は中心点から上か、下に爆発的にブレイクアウトする。これがトレンドを生み出すというわけだ。そこで２つの問題が発生する――①爆発的なブレイクアウトをどう定義すべきか（どれくらい上昇したり、下落したりすれば爆発的なブレイクアウトと言えるのか）、②価格のこの爆発的な動きはどの地点から測定すればよいのか。

まず最初に考えるべきことは、価格の爆発的な動きを測るのにどういったデータを使えばよいのか、である。

私は価格の爆発的な動きは急激に発生する必要があると考えているので、真の値幅（トゥルーレンジ）を使うのが妥当だと思っている。これは市場の日々のボラティリティの大きさを表すものである。トレンドが変わるのは、このボラティリティの値が最近の平均的な値以上に上昇するときだ。

最近の平均的なボラティリティの大きさを測定する方法はいろいろあり、直近X日の真の値幅の平均（ATR）を使ってもよければ、さまざまな大きさのスイングの平均を使ってもよい。しかし一般には、前日の真の値幅との比較が驚くほどうまく機能することが分かった。例えば、小麦の前日の真の値幅が12セントだったとしよう。もし今日の真の値幅がこの値を何％か上回れば、トレンドが変わった可能性が高い。これは少なくとも賭けをする手段としては使える。これは価格を一定の方向に動かす何らかの力が加えられたことをはっきりと示すものであり、価格もほかの物体と同じように、いったん動き始めればその方向に動き続ける。

つまり、今日の真の値幅が前日の真の値幅を大幅に上回れば、市場のそれまでの向きが変わったことになる。実に簡単だ。

次に問題となるのは、では爆発的な上昇や爆発的な下落の動きはどの地点から測定すればよいのか、である。今日の終値から測定するのがよいというのが大方のトレーダーの意見だ。われわれが価格を比較するときには終値で比較するのが一般的なので、トレーダーたちがこう考えるのも無理はないが、これは間違っている。正解を示す前に、まずこの価格の拡大をどこから測定すればよいのか一緒に考えてみることにしよう。終値、今日の平均価格、買いの場合は今日の高値、売りの場合は今日の安値といろいろ考えられる。

関連性のないいくつかの商品の爆発的な値動きを、測定する地点をいろいろに変えながら測定したなかから最良の結果を見てみることにしよう。**表4.1**は、翌日に、今日の終値よりも今日の真の値幅の一定の比率だけ上昇したときには買い、下落したときには売ると、どういう結果になるかを示したものだ。表は左から順に、銘柄、買うときに加える値幅の比率/売るときに引く値幅の比率、利益（ドル）、勝ちトレード数/総トレード数、勝率、1トレード当たりの平均損益を表す。

表の左から2番目の数字（％）は、買うときには終値に足し、売る

表4.1　終値を基準にした場合

銘柄	加減する値幅の比率（買いは左/売りは右）	利益（ドル）	トレード数（左は勝ちトレード数）	勝率	平均利益（ドル）
生牛	70/50	24,556	117/265	44	92
ポークベリー	70/50	352,044	1,285/2,817	45	124
綿花	50/150	54,485	200/465	43	117
コーヒー	70/50	145,346	88/178	49	816
オレンジジュース	70/50	129,720	906/2,028	44	63
大豆	70/50	164,287	1,277/2,998	47	55
英ポンド	70/50	228,631	981/2,358	41	96
金	190/70	64,740	289/717	40	90
灯油	50/130	66,397	182/418	43	158
債券	110/110	197,781	420/905	46	218
S&P500	100/190	85,350	133/330	40	258

表4.2　高値/安値を基準にした場合

銘柄	加減する値幅の比率	利益（ドル）	トレード数（左は勝ちトレード数）	勝率	平均利益（ドル）
生牛	70	17,012	191/456	41	37
ポークベリー	110	141,288	278/608	45	232
綿花	90	46,945	150/357	42	131
コーヒー	60	120,573	36/86	41	1,402
オレンジジュース	110	60,825	261/582	44	104
大豆	80	99,568	444/1,022	43	97
英ポンド	120	175,506	295/698	42	251
金	130	57,600	198/504	39	114
灯油	60	43,117	168/435	38	99
債券	90	154,968	290/605	47	256
S&P500	100	80,787	225/569	40	141

ときには終値から引く、前日の真の値幅の最良の比率を示している。ここに示したデータは、損切りを設定せずに買い持ち、または売り持ちした場合の結果を示している。例えば生牛を例に取って説明すると、生牛の価格が前日の終値よりも前日の真の値幅の70％上昇したときに

は買い、前日の終値よりも前日の真の値幅の50%下落したときには売るということである。

次に、翌日に、今日の高値よりも今日の真の値幅の一定の比率だけ上昇したときには買い、今日の安値よりも今日の真の値幅の一定の比率だけ下落したときには売ると、どういう結果になるか見てみよう(**表4.2**)。

この場合も利益は出るが、前のケースほどではない(生牛の場合)。両者のケースを比較するには、1トレード当たりの平均損益を見てみるとよい。例えば、ボラティリティ要素を終値に加減したケースでは全市場の1トレード当たりの平均損益は112ドルで、高値や安値に加減したケースでは168ドルである。

次は翌日の始値に今日の値幅の一定の比率だけ加減した価格で売買するケースだ。この結果を示したものが**表4.3**である。

この場合の全市場の1トレード当たりの平均損益は154ドルと前の2つのケースとそれほど変わらないが、勝率は上昇している。前の2つのケースでは勝率が50%以上のものはなかったが、このケースでは5つの銘柄で勝率が50%以上になっている。

これらの結果から私が導き出した結論は、ボラティリティ要素を加減する価格としてベストなのは翌日の始値ということになる。私の場合、このテクニックでは必ず始値を用いるが、本書を書くに当たり、自分の判断が正しいかどうかを確認するために前の2つのケースを検証してみた。その結果、私が直観的に出した結論は正しかったことが確認された。

この概念を使えば価格のさらなる伸びを予測することができるため、利益機会は高まる。しかし、私はこれだけでトレードすることはない。私がこの概念を仕掛けテクニックとして使うのは、時と条件が合ったときだけである。

トレンドを利用した仕掛けテクニックはいろいろある。移動平均

表4.3　翌日の始値を基準にした場合

銘柄	加減する値幅の比率	利益（ドル）	トレード数（左は勝ちトレード数）	勝率	平均利益（ドル）
生牛	140	37,992	124/230	53	163
ポークベリー	70	303,792	1,076/2,236	48	135
綿花	60	71,895	454/988	45	73
コーヒー	130	135,915	38/63	60	2,157
オレンジジュース	50	169,140	1,184/2,754	52	75
大豆	100	228,293	620/1,293	47	176
英ポンド	130	242,062	300/600	50	403
金	130	95,070	290/634	45	149
灯油	140	42,163	87/196	44	215
債券	100	227,468	464/919	50	247
S&P500	50	247,850	768/1,727	44	143

線からトレンドライン、オシレーター、ウイジャーボード（占い板）、複雑怪奇な数学から簡単なチャートと、今までいろいろなものを見てきたが、ボラティリティブレイクアウトほど一貫して利益を出せるメカニカルな仕掛けテクニックはない。自分で実際にトレードに使ってみたり、研究してみたり、見てきたなかで、最も安定的に利益を出せる仕掛けテクニックがボラティリティブレイクアウトである。次はこの基本的な概念を応用する方法を見ていくことにしよう。

真の値幅のブレイクアウト

この第４章の冒頭で述べたように、始値の重要性は確かに変わった。しかし相場を読むうえで、始値は依然として重要なものだと私は考えている。

これまでの学習から分かったことは、ブレイクアウトの値を加えるのは翌日の始値が一番良いということである。そこで問題となるのは、最も良いブレイクアウトの値はどういった値なのかということである。

候補として考えられる値はいくつかあるが、最も簡単なのは、今日の真の値幅を測定し、その一部を翌日の始値に加えるという方法だ。20年ほど前に発見してからというもの、私はこのシンプルな方法で一貫して利益を上げてきた。

次はこれを少し拡張して、実際にトレーディングに使える（許容できる水準の利益を出せる）モデルを作成してみたいと思う。**図4.5**は提示された期間において、Tボンドを前日の真の値幅だけ上げて寄り付いた日には買い、前日の真の値幅だけ下げて寄り付いた日には売るという売買を行った場合の結果を示したものだ。

プロテクティブストップは1500ドルか、仕掛け値から前日の真の値幅の50％を加減した位置に置き、手仕舞いは、仕掛けたあと最初に利益になった寄り付き（ベイルアウト戦略）か、プロテクティブストップに引っかかったところにした。その結果、総損益は７万3468ドル、総トレード数651で勝率は80％。また年間の平均損益は約8600ドルで、必要資金は１万3000ドル、年間リターンは66％だった。これほどシンプルなシステムで、ドローダウン（DD）がわずか１万0031.25ドルというのは驚異的だ。１つ問題を挙げるとするならば、１トレード当たりの平均損益が112.86ドルと若干低すぎる点だ。この数字はもっと高くする必要がある。検証期間は1990年から1998年である。

１トレード当たりの平均損益を上げるにはどうすればよいだろうか。そこで、基本的なTDW（トレーディングデイ・オブ・ザ・ウィーク。特定の曜日にのみ売買する）戦略を使って検証してみることにしよう。**図4.6**から**図4.10**は各曜日のトレード結果を示したものだ。最終的にはこれらの結果から買いと売りに最も適した曜日を割り出し、それらを総合して実用モデルを構築する。

図4.6から**図4.10**までの結果を見ると、買いに最も適した曜日は火曜日と木曜日、売りに最も適した曜日は水曜日と木曜日であることが分かる。**図4.11**は買いと売りをこれらの曜日に限定したときの

図4.5　うまくいくトレーディングモデル（Tボンド――1990年1月1日～1998年8月25日）

全トレード

総損益	$73,468.75		
総利益	$213,156.25	総損失	$-139,687.50
総トレード数	651	勝率	80%
勝ちトレード数	523	負けトレード数	128
最大勝ちトレード	$3,968.75	最大負けトレード	$-1,812.50
勝ちトレードの平均利益	$407.56	負けトレードの平均損失	$-1,091.31
平均利益÷平均損失	0.37	1トレードの平均損益	$112.86
最大連勝数	20	最大連敗数	4
勝ちトレードの平均日数	1	負けトレードの平均日数	2
終値で見た最大DD	$-10,031.25	日中での最大DD	$-10,031.25
プロフィットファクター	1.52	最大保有枚数	1
必要資金	$13,031.25	運用成績	563%

結果を示したものだ。**図4.11**を見ると分かるように、総損益は5万6437ドルでしかないが、半分のトレード数で、1トレード当たりの平均損益は173ドルとかなり上昇している。これより、TDW（曜日限定）戦略はシステムのパフォーマンスを大きく向上させることが分かる。さらに、ドローダウンも前のベストケース（**図4.5**）が1万0031ドルであったのに対し、わずか3500ドルと大幅に減少し、勝率は84％に上昇している。これはかなり大きな改善だ。詳しくは第13章のマネーマネジメントのところで説明する。

S&P500のボラティリティ

この概念はS&P500にも当てはまるだろうか。

このテクニックはボラティリティが50％上昇したときには機能することは確かだが、さらなる改善も可能だ。そのために用いるのが前述

図4.6　月曜日のトレード

買いトレード

Monday

総損益	$9,500.00		
総利益	$22,968.75	総損失	$-13,468.75
総トレード数	77	勝率	87%
勝ちトレード数	67	負けトレード数	10
最大勝ちトレード	$1,437.50	最大負けトレード	$-1,500.00
勝ちトレードの平均利益	$342.82	負けトレードの平均損失	$-1,346.87
平均利益÷平均損失	0.25	1トレードの平均損益	$123.38
最大連勝数	15	最大連敗数	1
勝ちトレードの平均日数	1	負けトレードの平均日数	4
終値で見た最大DD	$-2,843.75	日中での最大DD	$-2,968.75
プロフィットファクター	1.70	最大保有枚数	1
必要資金	$5,968.75	運用成績	159%

売りトレード

総損益	$5,218.75		
総利益	$11,656.25	総損失	$-6,437.50
総トレード数	37	勝率	86%
勝ちトレード数	32	負けトレード数	5
最大勝ちトレード	$1,437.50	最大負けトレード	$-1,500.00
勝ちトレードの平均利益	$364.26	負けトレードの平均損失	$-1,287.50
平均利益÷平均損失	0.28	1トレードの平均損益	$141.05
最大連勝数	15	最大連敗数	2
勝ちトレードの平均日数	1	負けトレードの平均日数	5
終値で見た最大DD	$-3,406.25	日中での最大DD	$-3,406.25
プロフィットファクター	1.81	最大保有枚数	1
必要資金	$6,406.25	運用成績	81%

図4.7　火曜日のトレード

買いトレード

Tuesday

総損益	$21,718.75		
総利益	$38,062.50	総損失	$-16,343.75
総トレード数	108	勝率	89%
勝ちトレード数	97	負けトレード数	11
最大勝ちトレード	$1,687.50	最大負けトレード	$-1,500.00
勝ちトレードの平均利益	$392.40	負けトレードの平均損失	$-1,485.80
平均利益÷平均損失	0.26	1トレードの平均損益	$201.10
最大連勝数	42	最大連敗数	2
勝ちトレードの平均日数	1	負けトレードの平均日数	2

売りトレード

総損益	$-6,375.00		
総利益	$21,625.00	総損失	$-28,000.00
総トレード数	79	勝率	75%
勝ちトレード数	60	負けトレード数	19
最大勝ちトレード	$1,437.50	最大負けトレード	$-1,687.50
勝ちトレードの平均利益	$360.42	負けトレードの平均損失	$-1,473.68
平均利益÷平均損失	0.24	1トレードの平均損益	$-80.70
最大連勝数	14	最大連敗数	3
勝ちトレードの平均日数	1	負けトレードの平均日数	4
終値で見た最大DD	$-11,156.25	日中での最大DD	$-11,593.75
プロフィットファクター	0.77	最大保有枚数	1
必要資金	$14,593.75	運用成績	-43%

図4.8　水曜日のトレード

買いトレード

Wednesday

総損益	$5,218.75		
総利益	$23,343.75	総損失	$ -18,125.00
総トレード数	77	勝率	84%
勝ちトレード数	65	負けトレード数	12
最大勝ちトレード	$1,406.25	最大負けトレード	$ -1,625.00
勝ちトレードの平均利益	$359.13	負けトレードの平均損失	$ -1,510.42
平均利益÷平均損失	0.23	１トレードの平均損益	$67.78
最大連勝数	17	最大連敗数	2
勝ちトレードの平均日数	1	負けトレードの平均日数	2

売りトレード

総損益	$12,250.00		
総利益	$27,500.00	総損失	$ -15,250.00
総トレード数	68	勝率	85%
勝ちトレード数	58	負けトレード数	10
最大勝ちトレード	$1,562.50	最大負けトレード	$ -1,718.75
勝ちトレードの平均利益	$474.14	負けトレードの平均損失	$ -1,525.00
平均利益÷平均損失	0.31	１トレードの平均損益	$180.15
最大連勝数	14	最大連敗数	2
勝ちトレードの平均日数	1	負けトレードの平均日数	2
終値で見た最大DD	$ -3,000.00	日中での最大DD	$ -3,000.00
プロフィットファクター	1.80	最大保有枚数	1
必要資金	$6,000.00	運用成績	204%

図4.9　木曜日のトレード

買いトレード

Thursday

総損益	$15,875.00		
総利益	$32,562.50	総損失	$ -16,687.50
総トレード数	88	勝率	87%
勝ちトレード数	77	負けトレード数	11
最大勝ちトレード	$1,687.50	最大負けトレード	$ -1,687.50
勝ちトレードの平均利益	$422.89	負けトレードの平均損失	$ -1,517.05
平均利益÷平均損失	0.27	１トレードの平均損益	$180.40
最大連勝数	17	最大連敗数	1
勝ちトレードの平均日数	1	負けトレードの平均日数	1

売りトレード

総損益	$15,937.50		
総利益	$33,937.50	総損失	$ -18,000.00
総トレード数	81	勝率	85%
勝ちトレード数	69	負けトレード数	12
最大勝ちトレード	$2,406.25	最大負けトレード	$ -1,500.00
勝ちトレードの平均利益	$491.85	負けトレードの平均損失	$ -1,500.00
平均利益÷平均損失	0.32	１トレードの平均損益	$196.76
最大連勝数	13	最大連敗数	1
勝ちトレードの平均日数	1	負けトレードの平均日数	3
終値で見た最大DD	$ -3,343.75	日中での最大DD	$ -3,937.50
プロフィットファクター	1.88	最大保有枚数	1
必要資金	$6,937.50	運用成績	229%

図4.10　金曜日のトレード

買いトレード

Friday

総損益	$7,250.00		
総利益	$39,218.75	総損失	$-31,968.75
総トレード数	117	勝率	82%
勝ちトレード数	96	負けトレード数	21
最大勝ちトレード	$1,656.25	最大負けトレード	$-2,000.00
勝ちトレードの平均利益	$408.53	負けトレードの平均損失	$-1,522.32
平均利益÷平均損失	0.26	1トレードの平均損益	$61.97
最大連勝数	17	最大連敗数	2
勝ちトレードの平均日数	2	負けトレードの平均日数	2

売りトレード

総損益	$12,468.75		
総利益	$35,906.25	総損失	$-23,437.50
総トレード数	95	勝率	82%
勝ちトレード数	78	負けトレード数	17
最大勝ちトレード	$3,968.75	最大負けトレード	$-1,531.25
勝ちトレードの平均利益	$460.34	負けトレードの平均損失	$-1,378.68
平均利益÷平均損失	0.33	1トレードの平均損益	$131.25
最大連勝数	12	最大連敗数	3
勝ちトレードの平均日数	1	負けトレードの平均日数	3
終値で見た最大DD	$-4,093.75	日中での最大DD	$-4,093.75
プロフィットファクター	1.53	最大保有枚数	1
必要資金	$7,093.75	運用成績	175%

のTDWだ。次に示すデータはS&P500のボラティリティブレイクアウト戦略の曜日ごとのパフォーマンスを示したものだ。手仕舞い方法はTボンドと同じだ。これらの結果を見ると分かるように、パフォーマンスは曜日によって異なる。**図4.12**から**図4.16**は曜日ごとの買いトレードの結果を示し、**図4.17**から**図4.21**は曜日ごとの売りトレードの結果を示している。

図4.22は買いや売りに最も適した曜日にのみトレードした場合の結果を示したものだ。買いに最も適した曜日は月曜日と火曜日と水曜日で、売りに最も適した曜日は木曜日で、金曜日はあとひと押しといったところだが実用モデルには含めた。買いや売りに最も適した曜日にのみ売買することを想定した実用モデルはなかなかのものだ。**図4.22**を見ると分かるように、このモデルの総損益は22万7822.50ドル、総トレード数1333で、勝率は74％、ドローダウンは１万3737.50ドルと非常に小さい。欲を言えば、１トレード当たりの平均損益が170.91

図4.11　曜日を限定することでパフォーマンスに大きな違いが出る（Tボンド――1990年1月1日～1998年8月25日）

全トレード

総損益	$56,437.50		
総利益	$122,375.00	総損失	$-65,937.50
総トレード数	326	勝率	84%
勝ちトレード数	277	負けトレード数	49
最大勝ちトレード	$2,406.25	最大負けトレード	$-1,718.75
勝ちトレードの平均利益	$441.79	負けトレードの平均損失	$-1,345.66
平均利益÷平均損失	0.32	1トレードの平均損益	$173.12
最大連勝数	23	最大連敗数	2
勝ちトレードの平均日数	1	負けトレードの平均日数	2
終値で見た最大DD	$-3,500.00	日中での最大DD	$-3,500.00
プロフィットファクター	1.85	最大保有枚数	1
必要資金	$6,500.00	運用成績	868%

買いトレード

総損益	$30,406.25		
総利益	$64,406.25	総損失	$-34,000.00
総トレード数	186	勝率	86%
勝ちトレード数	161	負けトレード数	25
最大勝ちトレード	$1,687.50	最大負けトレード	$-1,687.50
勝ちトレードの平均利益	$400.04	負けトレードの平均損失	$-1,360.00
平均利益÷平均損失	0.29	1トレードの平均損益	$163.47
最大連勝数	16	最大連敗数	1
勝ちトレードの平均日数	1	負けトレードの平均日数	1

売りトレード

総損益	$26,031.25		
総利益	$57,968.75	総損失	$-31,937.50
総トレード数	140	勝率	82%
勝ちトレード数	116	負けトレード数	24
最大勝ちトレード	$2,406.25	最大負けトレード	$-1,718.75
勝ちトレードの平均利益	$499.73	負けトレードの平均損失	$-1,330.73
平均利益÷平均損失	0.37	1トレードの平均損益	$185.94
最大連勝数	15	最大連敗数	3
勝ちトレードの平均日数	1	負けトレードの平均日数	3
終値で見た最大DD	$-3,812.50	日中での最大DD	$-3,812.50
プロフィットファクター	1.81	最大保有枚数	1
必要資金	$6,812.50	運用成績	382%

図4.12　月曜日の買いトレード（S&P500――1982年7月2日～1998年8月25日）

買いトレード

総損益	$75,712.50		
総利益	$167,200.00	総損失	$-91,487.50
総トレード数	347	勝率	85%
勝ちトレード数	298	負けトレード数	49
最大勝ちトレード	$4,975.00	最大負けトレード	$-4,400.00
勝ちトレードの平均利益	$561.07	負けトレードの平均損失	$-1,867.09
平均利益÷平均損失	0.30	1トレードの平均損益	$218.19
最大連勝数	26	最大連敗数	3
勝ちトレードの平均日数	1	負けトレードの平均日数	3
終値で見た最大DD	$-9,150.00	日中での最大DD	$-9,750.00
プロフィットファクター	1.82	最大保有枚数	1
必要資金	$12,750.00	運用成績	593%

図4.13　火曜日の買いトレード（S&P500――1982年7月2日～1998年8月25日）

買いトレード

総損益	$63,075.00		
総利益	$150,725.00	総損失	$-87,650.00
総トレード数	294	勝率	83%
勝ちトレード数	246	負けトレード数	48
最大勝ちトレード	$8,512.50	最大負けトレード	$-3,962.50
勝ちトレードの平均利益	$612.70	負けトレードの平均損失	$-1,826.04
平均利益÷平均損失	0.33	1トレードの平均損益	$214.54
最大連勝数	24	最大連敗数	2
勝ちトレードの平均日数	1	負けトレードの平均日数	3
終値で見た最大DD	$-10,800.00	日中での最大DD	$-10,800.00
プロフィットファクター	1.71	最大保有枚数	1
必要資金	$13,800.00	運用成績	457%

図4.14　水曜日の買いトレード（S&P500――1982年7月2日～1998年8月25日）

買いトレード

総損益	$73,297.50		
総利益	$163,372.50	総損失	$-90,075.00
総トレード数	326	勝率	85%
勝ちトレード数	278	負けトレード数	48
最大勝ちトレード	$4,462.50	最大負けトレード	$-3,912.50
勝ちトレードの平均利益	$587.67	負けトレードの平均損失	$-1,876.56
平均利益÷平均損失	0.31	1トレードの平均損益	$224.84
最大連勝数	28	最大連敗数	3
勝ちトレードの平均日数	1	負けトレードの平均日数	3
終値で見た最大DD	$-6,762.50	日中での最大DD	$-7,187.50
プロフィットファクター	1.81	最大保有枚数	1
必要資金	$10,187.50	運用成績	719%

図4.15　木曜日の買いトレード（S&P500――1982年7月2日～1998年8月25日）

買いトレード

総損益	$56,400.00		
総利益	$152,175.00	総損失	$-95,775.00
総トレード数	307	勝率	84%
勝ちトレード数	260	負けトレード数	47
最大勝ちトレード	$6,687.50	最大負けトレード	$-5,575.00
勝ちトレードの平均利益	$585.29	負けトレードの平均損失	$-2,037.77
平均利益÷平均損失	0.28	1トレードの平均損益	$183.71
最大連勝数	30	最大連敗数	2
勝ちトレードの平均日数	2	負けトレードの平均日数	3
終値で見た最大DD	$-9,700.00	日中での最大DD	$-12,537.50
プロフィットファクター	1.58	最大保有枚数	1
必要資金	$15,537.50	運用成績	362%

図4.16　金曜日の買いトレード（S&P500――1982年7月2日～1998年8月25日）

買いトレード

総損益	$60,162.50		
総利益	$148,387.50	総損失	$-88,225.00
総トレード数	297	勝率	86%
勝ちトレード数	256	負けトレード数	41
最大勝ちトレード	$4,387.50	最大負けトレード	$-8,800.00
勝ちトレードの平均利益	$579.64	負けトレードの平均損失	$-2,151.83
平均利益÷平均損失	0.26	1トレードの平均損益	$202.57
最大連勝数	21	最大連敗数	2
勝ちトレードの平均日数	1	負けトレードの平均日数	3
終値で見た最大DD	$-13,125.00	日中での最大DD	$-13,125.00
プロフィットファクター	1.68	最大保有枚数	1
必要資金	$16,125.00	運用成績	373%

ドルより大きければもっとよかったと思う。

思慮深くて鋭いトレーダーなら次のように思うはずだ――「もっと強気の日にはボラティリティの値を50%より下げて寄り付き価格により近い位置で買い、50%ではあまり効果のない日にはボラティリティの値をもっと上げて寄り付き価格からもっと離れた位置で買うというのはどうだろう？　また、手仕舞いについても、強気の日や弱気の日にはポジションをもっと長く持ったほうが効果的なのではないだろうか」。

こういったことは考え出したらきりがないが、パフォーマンスを向上させるためにはしっかり考察すべきことである。この考察が効果的であったことは**図4.23**を見ると一目瞭然だ。これはこれまでのルールにこの考察結果を加えた結果を示したものだ。元のルールからの変更点は次のとおりだ。買いの場合は、寄り付きから前日の真の値幅の40%上昇した位置を仕掛け位置にし、売りの場合は、寄り付きか

図4.17　月曜日の売りトレード

売りトレード

Monday

総損益	$-4,812.50		
総利益	$135,525.00	総損失	$-140,337.50
総トレード数	277	勝率	73%
勝ちトレード数	203	負けトレード数	74
最大勝ちトレード	$16,712.50	最大負けトレード	$-5,875.00
勝ちトレードの平均利益	$667.61	負けトレードの平均損失	$-1,896.45
平均利益÷平均損失	0.35	1トレードの平均損益	$-17.37
最大連勝数	27	最大連敗数	5
勝ちトレードの平均日数	2	負けトレードの平均日数	4
終値で見た最大DD	$-26,225.00	日中での最大DD	$-26,900.00
プロフィットファクター	0.96	最大保有枚数	1
必要資金	$29,900.00	運用成績	-16%

図4.18　火曜日の売りトレード

売りトレード

Tuesday

総損益	$-21,400.00		
総利益	$142,825.00	総損失	$-164,225.00
総トレード数	329	勝率	75%
勝ちトレード数	248	負けトレード数	81
最大勝ちトレード	$9,987.50	最大負けトレード	$-14,125.00
勝ちトレードの平均利益	$575.91	負けトレードの平均損失	$-2,027.47
平均利益÷平均損失	0.28	1トレードの平均損益	$-65.05
最大連勝数	15	最大連敗数	4
勝ちトレードの平均日数	2	負けトレードの平均日数	3
終値で見た最大DD	$-37,275.00	日中での最大DD	$-37,975.00
プロフィットファクター	0.86	最大保有枚数	1
必要資金	$40,975.00	運用成績	-52%

図4.19　水曜日の売りトレード

売りトレード

Wednesday

総損益	$-15,987.50		
総利益	$141,512.50	総損失	$-157,500.00
総トレード数	312	勝率	74%
勝ちトレード数	232	負けトレード数	80
最大勝ちトレード	$4,837.50	最大負けトレード	$-4,975.00
勝ちトレードの平均利益	$609.97	負けトレードの平均損失	$-1,968.75
平均利益÷平均損失	0.30	1トレードの平均損益	$-51.24
最大連勝数	22	最大連敗数	3
勝ちトレードの平均日数	2	負けトレードの平均日数	3
終値で見た最大DD	$-24,737.50	日中での最大DD	$-25,475.00
プロフィットファクター	0.89	最大保有枚数	1
必要資金	$28,475.00	運用成績	-56%

図4.20　木曜日の売りトレード

売りトレード

Thursday

総損益	$36,250.00		
総利益	$183,775.00	総損失	$-147,525.00
総トレード数	318	勝率	75%
勝ちトレード数	241	負けトレード数	77
最大勝ちトレード	$8,737.50	最大負けトレード	$-4,212.50
勝ちトレードの平均利益	$762.55	負けトレードの平均損失	$-1,915.91
平均利益÷平均損失	0.39	1トレードの平均損益	$113.99
最大連勝数	19	最大連敗数	5
勝ちトレードの平均日数	1	負けトレードの平均日数	3
終値で見た最大DD	$-12,950.00	日中での最大DD	$-13,187.50
プロフィットファクター	1.24	最大保有枚数	1
必要資金	$16,187.50	運用成績	223%

図4.21　金曜日の売りトレード

売りトレード

Friday

総損益	$26,350.00		
総利益	$182,400.00	総損失	$-156,050.00
総トレード数	347	勝率	76%
勝ちトレード数	267	負けトレード数	80
最大勝ちトレード	$9,262.50	最大負けトレード	$-4,250.00
勝ちトレードの平均利益	$683.15	負けトレードの平均損失	$-1,950.62
平均利益÷平均損失	0.35	1トレードの平均損益	$75.94
最大連勝数	42	最大連敗数	4
勝ちトレードの平均日数	1	負けトレードの平均日数	2
終値で見た最大DD	$-32,812.50	日中での最大DD	$-32,812.50
プロフィットファクター	1.16	最大保有枚数	1
必要資金	$35,812.50	運用成績	73%

図4.22　効果的な曜日にのみトレードを行った場合（S&P500――1982年7月2日～1998年8月25日）

全トレード

総損益	$227,822.50		
総利益	$642,447.50	総損失	$-414,625.00
総トレード数	1,333	勝率	74%
勝ちトレード数	993	負けトレード数	340
最大勝ちトレード	$8,737.50	最大負けトレード	$-4,400.00
勝ちトレードの平均利益	$646.98	負けトレードの平均損失	$-1,219.49
平均利益÷平均損失	0.53	1トレードの平均損益	$170.91
最大連勝数	24	最大連敗数	4
勝ちトレードの平均日数	1	負けトレードの平均日数	1
終値で見た最大DD	$-13,737.50	日中での最大DD	$-13,737.50
プロフィットファクター	1.54	最大保有枚数	1
必要資金	$16,737.50	運用成績	1,361%

図4.23　研究は大成功！（S&P500――1982年7月2日～1998年8月25日）

全トレード

総損益	$213,560.00		
総利益	$473,110.00	総損失	$-259,550.00
総トレード数	850	勝率	83%
勝ちトレード数	709	負けトレード数	141
最大勝ちトレード	$10,250.00	最大負けトレード	$-6,850.00
勝ちトレードの平均利益	$667.29	負けトレードの平均損失	$-1,840.78
平均利益÷平均損失	0.36	1トレードの平均損益	$251.25
最大連勝数	40	最大連敗数	3
勝ちトレードの平均日数	1	負けトレードの平均日数	2
終値で見た最大DD	$-9,712.50	日中での最大DD	$-10,087.50
プロフィットファクター	1.82	最大保有枚数	1
必要資金	$13,087.50	運用成績	1,631%

ら前日の真の値幅の200％下落した位置を仕掛け位置にする。これは非常に効果的だった。ルール変更前よりも総損益は約１万4000ドル減ったが、勝率は83％と大幅に上昇し、１トレード当たりの平均損益も251.25ドルと大幅に上昇、しかもトレード数は36％も減少した。

この検証から10年たった今、私はこれらの概念を2000年以降のデータを使って再度検証してみた。ボラティリティ要素を加える基準点として最適なのは一体どこなのか。私が検証に使った基準点は以下の５つだ――①今日の終値、②翌日の始値、③今日の安値、④今日の高値、⑤今日の中間点（高値と安値を平均した価格）。

検証は２つのケースに分けて行った。１つは下げた日について、もう１つは上げた日についてである。下げた日とは、今日の終値が今日の始値よりも安く（陰線）、今日の終値が前日の終値よりも安い日のことを言う。一方、上げた日はこの逆で、今日の終値が今日の始値よりも高く（陽線）、今日の終値が前日の終値よりも高い日のことを言う。それでは、各基準点について、ボラティリティ要素として過去3日の真の値幅の平均（ATR）の最適な比率を使った場合についての結果を見ていくことにしよう。最適な比率については、さまざまな値を試し、そのなかから最高の結果が得られたものを選んだ。したがって、これらの数値は過去には最高のものであったかもしれないが、将来的にも最高のものであるとは限らない。つまり、これらの数値を最適なものであることを知って使っていれば得られたであろう最高の結果を示しているにすぎないということである。

まずは**図4.24**を見てもらいたい。

これが2007年までは機能しなかったのは明らかで、2007年になってようやく機能し始めている。次に**図4.25**を見てみよう。もっと安定感を得たいところだが、残念ながらあまり安定したシステムとは言えない。総損益は**図4.24**の7万ドルを上回ることはなく、これ以降のどのシステムでもこれ以上の結果は得られなかった。

システムというものは概してこんなものである。ある一定期間は非常にうまく機能するが、そのあとは破綻する。このシステムもそうだ。2008年から先を見てもらえば分かるだろう。もしあなたが長期トレーダーなら、**図4.26**を見てもそれほど気にはならないだろう。そういった人にとってはこのシステムはうまくいくかもしれないが、資産曲線があまりにも不安定なので、このシステムは短期トレーダーには向かないだろう。

この資産曲線は私の興味をそそった。弱気相場に入る2008年まではうまくいったが、2009年に再び強気相場に戻ると急に利益が出なくなった。**図4.27**を見てみよう。ここでは何が起こっているのだろうか。これが分からなければ、どの方法が良いのかはおそらくは分からない。

図4.24から**図4.27**を見比べると、**図4.27**が一番良いように思える。最初の数年間は2008年の弱気市場を除いては**図4.26**と同様に機能し、資産曲線は右肩上がりで上昇している。総損益が7万ドル近く

図4.24　前日比で下げて、かつ陰線の日に始値＋過去３日のATRの60%で買う（総損益は７万ドル）

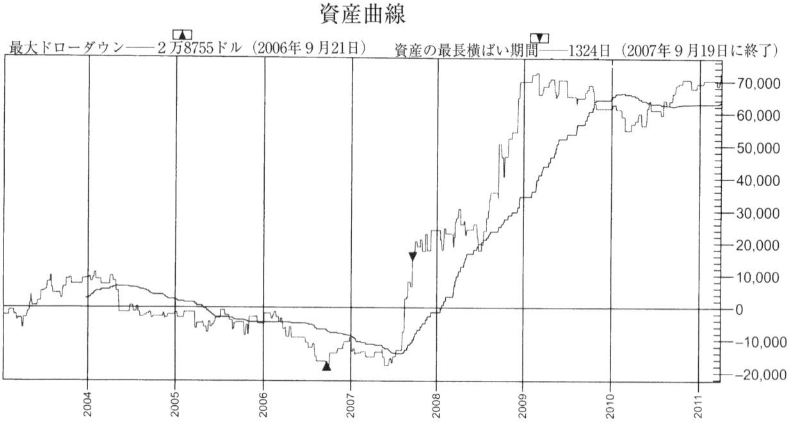

図4.25　終値＋過去３日のATRの60%で買う（総損益は３万ドル）

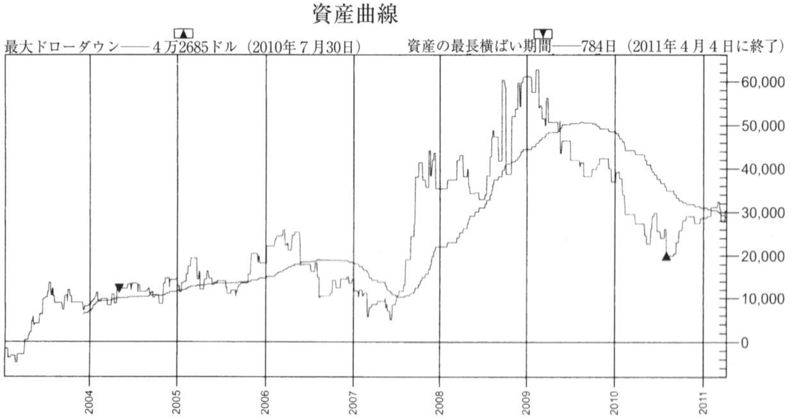

まで上昇しているのもよい。これらの図のなかで私の関心を引いたのは**図4.24**と**図4.27**である。

ここではっきり言えることは、ボラティリティ要素を加える基準点としてどこを選ぶかで結果が大きく違ってくるということと、最適な

図4.26　高値＋過去３日のATRの30％で買う（総損益は１万5000ドル）

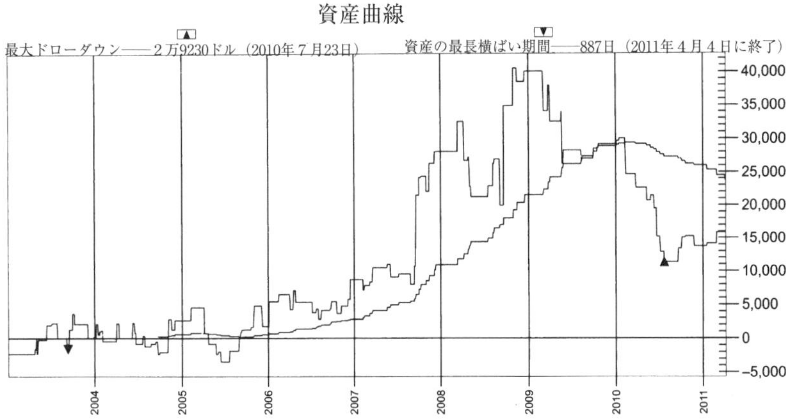

図4.27　安値＋過去３日のATRの20％で買う（総損益は６万ドル）

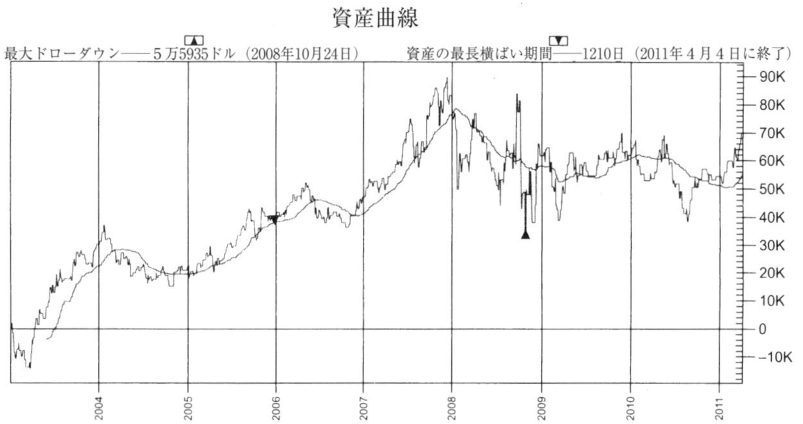

結果を生むボラティリティ要素の値は各基準点によって異なるということである。どのケースを見てみても完璧なものはない。この結論は、①基準点として翌日の始値を用い、ボラティリティ要素の値として過去３日のATRの60％を用いたケース、②基準点として安値を用

図4.28　安値を基準にした場合

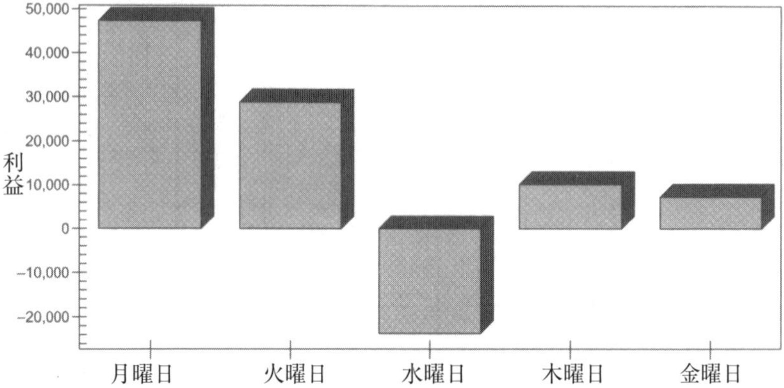

い、ボラティリティ要素の値として過去３日のATRの20％を用いたケース――に基づくものだ。これら２つのケースは最も収益性が高いが、必ずしも実用的とは言えず、実用的な戦略を構築するための出発点にすぎない。

そこでまずは、基準点として安値を使い、売買を特定の曜日に限定すればもっと良い結果が出せるかどうかを調べてみた。**図4.28**は、安値から20％上昇した位置で買った場合の曜日ごとの結果を示したものである。

最も利益が出たのが月曜日と火曜日、次が木曜日と金曜日だ。およそ13年前に本書の第１版を書いたときと同じバイアスが見られる。つまり、市場には時代を問わず常に同じバイアスが存在するということである。これを踏まえたうえで、水曜日を除いてトレードすればどうなるかを見てみよう。その場合の資産曲線を描いたものが**図4.29**だ。

かなり改善されているが、弱気相場の2008年を見てもらいたい。この１年間だけでそれまでの利益はすべて吹っ飛んでいる。これは深刻な問題だ。では、どうすればよいのだろうか。何か妙案はないだろう

図4.29　水曜日を外してトレードした場合

資産曲線（買いトレードのみ）

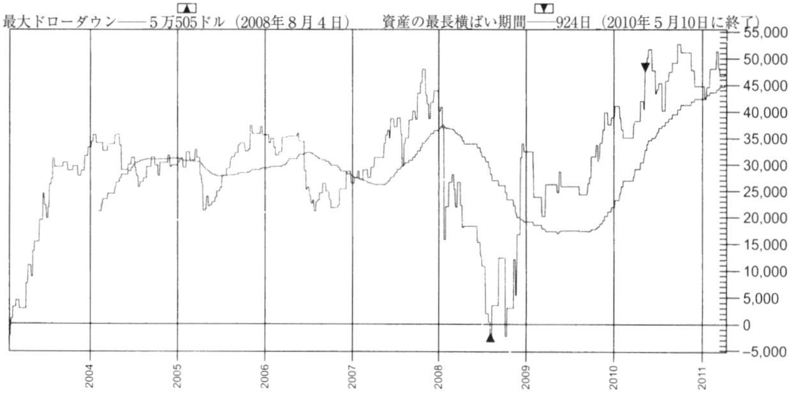

図4.30　上昇トレンドのときに水曜日を外してトレードした場合

資産曲線

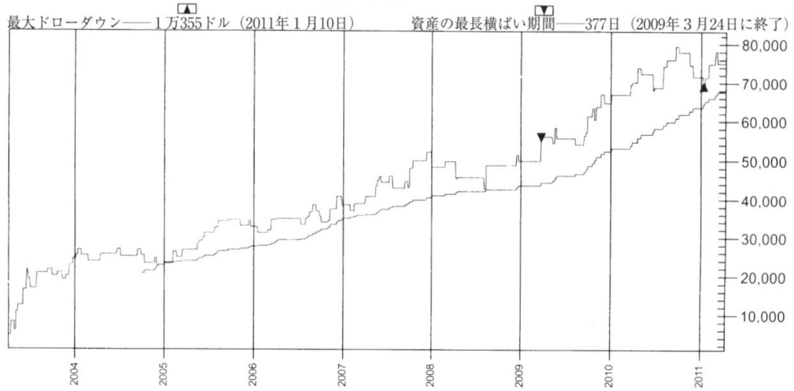

か。市場が上昇トレンドにあるときだけトレードするというのはどうだろう。良い考えだが、上昇トレンドであることをどう見極めればよいのだろうか。私が好んで用いる方法のひとつは、終値の20日移動平均線が前日よりも今日のほうが高いときを上昇トレンドとする、とい

うものだ。上昇トレンドのときのみに水曜日を除いてトレードした場合の結果を示したものが**図4.30**である。

ボラティリティブレイクアウト戦略を市場が上昇トレンドにあるときのみ使った結果（**図4.30**）を見ると、その成果は絶大であることが分かる。トレンドはわれわれのフレンド（友だち）であり、それを有効に使えばパフォーマンスの大幅な改善が可能なのである。

これまで見てきたのは下げて引けた日のケースだが、上げて引けた日はどうなのだろうか。次にこれを見てみることにしよう。この結果を示したものが**図4.31**から**図4.35**である。

図4.32を見ると分かるように、2006年、2008年、2009年にはかなりの利益を生み出してはいるが、平均すると損をしている。おそらく弱気相場を除けばもっと良い結果が出せるかもしれないが、資産曲線はかなり不安定だ。

図4.33の資産曲線も非常に不安定だが、高値を更新している。これは一貫して利益を出している証拠であり、このアプローチがうまくいきそうな予感を感じさせる。

次に**図4.34**を見てみよう。2008年から2009年の弱気相場を除いてパフォーマンスは非常に良い。全体的に安定感があり、資産曲線も高値を更新しているため、改善の余地はありそうだ。このアプローチはトレード条件によっては良い成果が期待できることがこのチャートから見て取れる。

図4.34は翌日の始値を基準点に使ったものだが、利益が出ているのが分かる。2008年から2009年の損失がなければもっと良い結果が得られただろう。

次に**図4.35**のチャートを見てみよう。2006年までのパフォーマンスが不安定なのが玉にキズだが、上げて引けた日のケースでは、ボラティリティブレイクアウト戦略を使ったすべてのケースのなかで最も良いパフォーマンスを上げていることは明らかだ。2008年の弱気市場

図4.31　前日比で上げて、かつ陽線の日に安値＋過去３日のATRの90％で買う

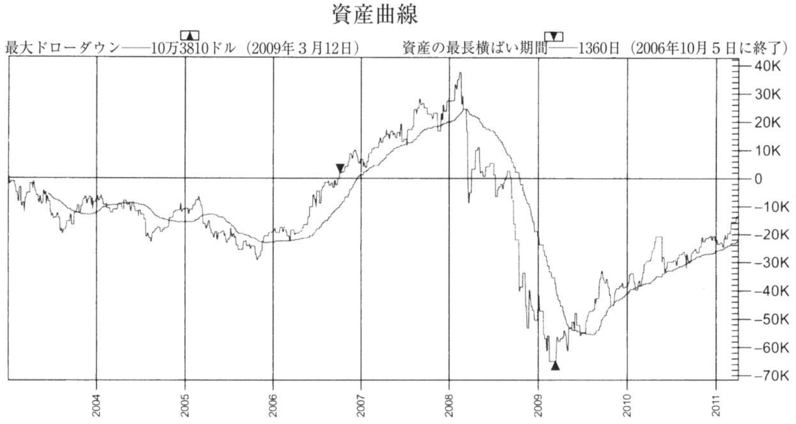

図4.32　高値＋過去３日のATRの40％で買う

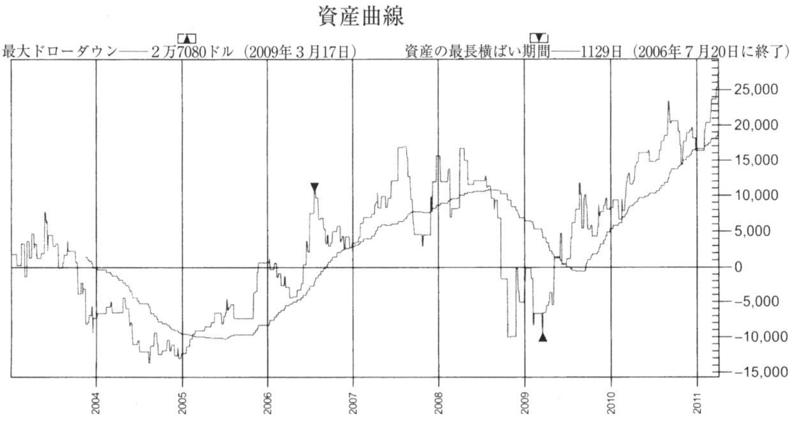

でもパフォーマンスは悪くないし、それ以降はかなり安定したパフォーマンスを示している。2006年まで安定的に利益を出していないのは、その期間のデータに問題があったとしか思えない。

さて、トレーダーとしてはどうすべきか。市場が上昇トレンドにあ

図4.33　中間値＋過去３日のATRの90％で買う

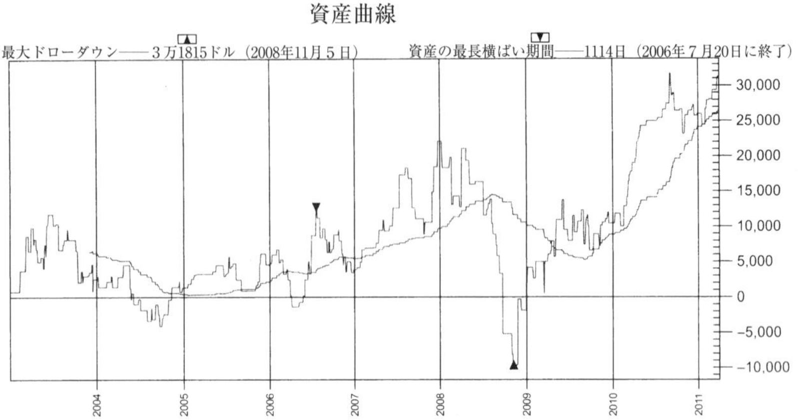

図4.34　翌日の始値＋過去３日のATRの20％で買う

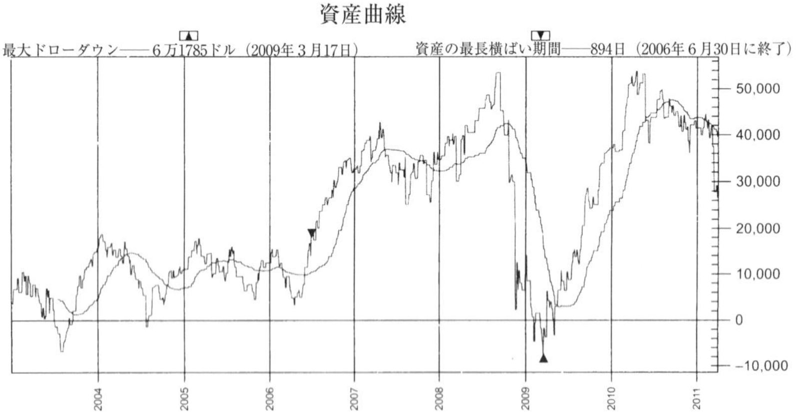

るときのみに買うのが良いことはすでに分かっている。この場合、トレーダーには２つの選択肢がある。すべてのケースをトレンドと関連づけて検証してもよければ、最も良いと思えるケースのみをトレンドと関連づけて検証して、トレンド要素を加えることが有効かどうかを

図4.35　終値＋過去3日のATRの40％で買う

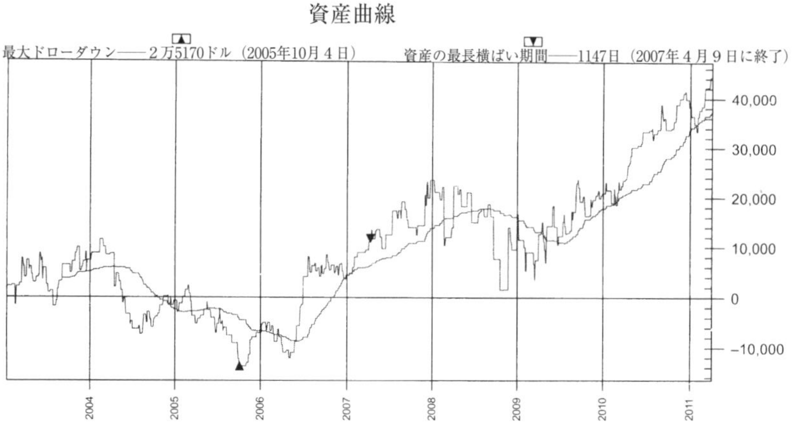

図4.36　火曜日と金曜日はうまくいかない

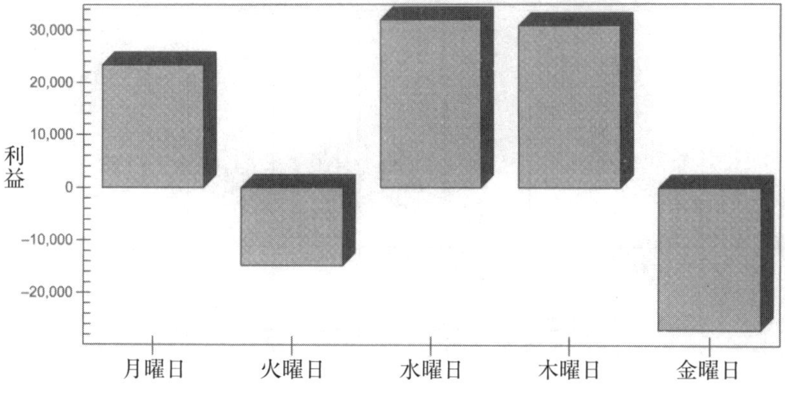

調べてみるのもよい。これらのケースのなかでパフォーマンスが最も安定しているのは、終値から過去3日のATRの40％上昇したときに買うケースであることははっきりしている。したがって、このケースのみをトレンドと関連づけて検証してみることにしよう。

当然ながら、まず最初にやるべきことは、このボラティリティブレイクアウト戦略がうまくいく曜日とそうでない曜日があるかどうかを調べることである。**図4.36**を見ると分かるように、火曜日と金曜日は損失を出している。そこで、これらの曜日に出るシグナルのなかにも利益を出すものがあることを期待してこれらの曜日も含めてトレードするか、これらの曜日は外してトレードするかのいずれかを選択する必要があるが、私は後者を選んだ。

火曜日と金曜日を外してトレードすると、資産曲線はいきなり向上する。安定しているだけでなく、利益も増えている。4万ドルだった利益が9万ドル以上に急上昇するのには驚きだ。トレードがうまくいく曜日とうまくいかない曜日を知るだけで、とてつもなく大きな利益を稼ぎだすことができるのだ。ところで、トレンドのほうはどうだろう。トレンド要素を加味すればパフォーマンスはさらに向上するのだろうか。

これから結果を詳しく見ていこう。火曜日と金曜日を外してトレードした以外は条件は同じである。**図4.37**を見ると分かるように、2008年に資産曲線は急上昇している。2008年は弱気相場であったにもかかわらず、それを物ともしない快進撃だ。つまり、このボラティリティブレイクアウト戦略は、特定の曜日を除いてトレードすれば、弱気相場であっても機能するということである。

図4.38はトレンド要素を加味したケースだ。下げて引けた日を判定するのには前と同じ20日移動平均線を使った。ルールはこれまでと同じである。つまり、火曜日と金曜日を外してトレードし、終値に加えるボラティリティブレイクアウトの値には同じ比率を使った。図を見ると分かるように、トレンド要素を加味しない場合ほど利益は出ていない。トレンド要素を加味しない場合（**図4.37**）、9万ドル近い利益を上げたが、トレンド要素を加味した場合（**図4.38**）の利益はおよそ3万ドルだ。これは、トレンド要素を加味したがために、利益

図4.37　火曜日と金曜日を外してトレードした場合

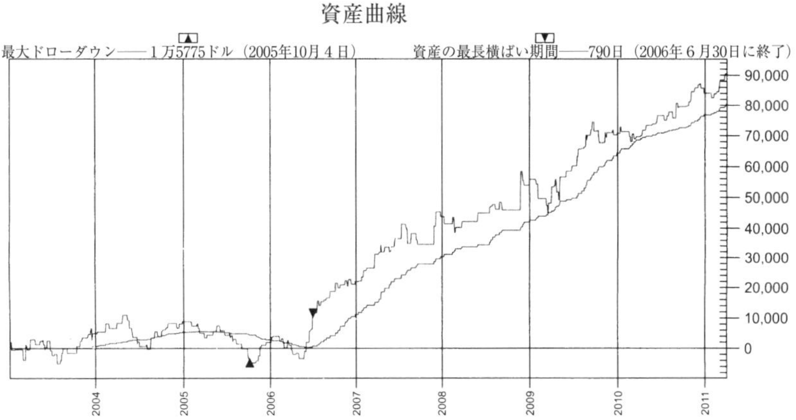

図4.38　曜日を限定してトレードすることは重要

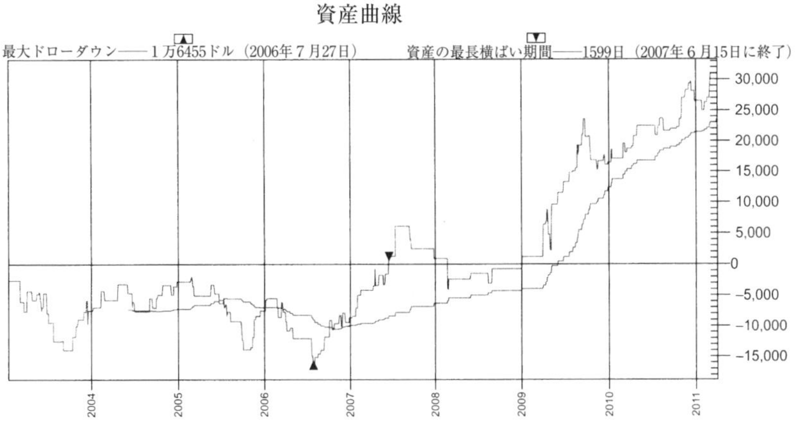

の出るトレードの多くがシグナルから漏れたためだ。したがって、上げて引けるパターンのときにはトレンドはあまり気にする必要はなく、下げて引けるパターンのときはトレンドに注意する必要があるということである。なぜなら、下げて引けるパターンのあとには市場が上昇

する傾向があるからである。

図4.38を見ると分かるように、上げて引けようが、下げて引けようが、われわれが気にすべきことはトレードする曜日だけである。

これでトレーディング戦略を構築する最初のステップは理解できたことと思う。まず、良いアイデアを着想（ここで使ったのはボラティリティの拡大、つまり真の値幅のブレイクアウト）し、少しばかり常識を織り交ぜながら検証を重ねて市場のメカニズムを学ぶ。これでようやくトレーディング戦略を構築するためのスタートラインに立ったことになる。

市場スイングを使ってボラティリティの拡大を見つけるには買い手と売り手を分けて考えよ

潜在的なボラティリティの拡大を測定する３つ目の方法は、過去数日間の価格スイングを見るというものだ。この概念を考案したのはマイク・シャレックで、彼はこの概念を発展させて「タロン（Talon）」というシステムを構築した。この概念の基本的な考え方は、価格がある地点から別のある地点に動くときの価格スイングを過去数年間にわたって観測するというものだ。実際に見てみると、こういった観測点は非常に多いことに気づく。

そこで私は３日前の高値から今日の安値まで価格がどれくらい動いたか測定してみることにした。これがステップ１だ。ステップ２では、１日前の高値から３日前の安値までのスイングの距離を測定した。最後に、これらの値のなかの最大値を基本的なボラティリティ測定量として、買いの場合は翌日の始値に足し、売りの場合は翌日の始値から引く。

このシステムはうまくいった。1982年から1998年までのS&P500のデータによる検証結果（**図4.39**）を見ると分かるように、利益が出た。

図4.39　市場スイングを使ってトレード（S&P500――1982年7月2日～1998年8月25日）

全トレード

総損益	$122,837.50		
総利益	$264,937.50	総損失	$-142,100.00
総トレード数	538	勝率	84%
勝ちトレード数	454	負けトレード数	84
最大勝ちトレード	$10,675.00	最大負けトレード	$-8,150.00
勝ちトレードの平均利益	$583.56	負けトレードの平均損失	$-1,691.67
平均利益÷平均損失	0.34	1トレードの平均損益	$228.32
最大連勝数	83	最大連敗数	5
勝ちトレードの平均日数	1	負けトレードの平均日数	2
終値で見た最大DD	$-13,025.00	日中での最大DD	$-13,112.50
プロフィットファクター	1.86	最大保有枚数	1
必要資金	$16,112.50	運用成績	762%

このシステムのルールは以下のとおりだ――始値からスイング値の80％上昇したら買い、始値からスイング値の120％下落したら売る。手仕舞いには、1750ドルのマネーストップか、ベイルアウト戦略（利益になった寄り付きで手仕舞いすること）を使った。その結果、1982年から1998年までの期間で総損益として12万2837.50ドルを上げ、１トレード当たりの平均損益は228.32ドルだった。

結果

検証が終わるたびに必ず思うことは、もっとうまくいく方法はないものだろうか、である。TDWをフィルターに使うという最後にやった方法ではパフォーマンスは大幅に改善された。ここではもっと基本的なことを考えてみることにしよう。債券価格が株価に与える影響についてである。

図4.40　Tボンド価格が株価に及ぼす影響（S&P500――1982年7月2日～1998年8月25日）

全トレード

総損益	$82,987.50		
総利益	$148,350.00	総損失	$-65,362.50
総トレード数	295	勝率	87%
勝ちトレード数	258	負けトレード数	37
最大勝ちトレード	$10,675.00	最大負けトレード	$-2,075.00
勝ちトレードの平均利益	$575.00	負けトレードの平均損失	$-1,766.55
平均利益÷平均損失	0.32	1トレードの平均損益	$281.31
最大連勝数	59	最大連敗数	3
勝ちトレードの平均日数	1	負けトレードの平均日数	3
終値で見た最大DD	$-5,250.00	日中での最大DD	$-5,250.00
プロフィットファクター	2.26	最大保有枚数	1
必要資金	$8,250.00	運用成績	1,005%

この考察ではこの概念をフィルターとして使う（**図4.40**）。ルールは簡単で、債券の今日の終値が5日前の終値よりも高いときは買いシグナルのみを受け入れ、35日前よりも安いときは売りシグナルのみを受け入れる。これは、債券価格が上がれば株価は下がり、逆に債券価格が下がれば株価は上がるという既存の事実に基づくものだ。

結果は驚くべきものである。1トレード当たりの平均損益は228.32ドルから281.31ドルに上昇し、ドローダウンは1万3025ドルからわずか5250ドルに大幅に減少した。しかし、最も注目すべき点は、「フィルターなし」のトレードでは最大負けトレードが8150ドルであったのに対し、債券フィルターを使ったトレードでは最大負けトレードが2075ドルに大幅に小さくなっている点である。

もう一歩進めて考えてみよう

債券市場のトレンドによって株式市場の上昇や下落を確認しながら、トレードに最も適した曜日（つまり、TDWをフィルターに使う）にのみシグナルを受け入れたらどうなるのだろうか、と思ったあなたは、この第４章で学んだことを十分に理解している証拠である。

これは結果を見れば説明不要だ。これらの要素をすべて取り込めば、短期トレードの成功確率は上昇することが分かる。注目してもらいたいのは、トレード数が大幅に減少したことだ。これはわれわれのリスクエクスポージャーが減少したことを意味する。その一方で、１トレード当たりの平均損益は上昇している。利益は７万6400ドルに減少したものの、１トレード当たりの平均損益は444ドルと大幅に上昇し、ドローダウンはほぼ同じ5912ドル、そして勝率は90％に上昇した。

私たちが何を行ったかというと、３つの条件を満たさないトレードを除去しただけである。フィルターを使った短期スイングのトレーディングで、ほかの短期トレーダーよりはるか先を行くことができるはずだ。さらに、フィルターを使うことで市場にあなたの要求を突きつけることになるため、市場よりも優位に立つことができる。あなたは毎日トレードするわけではない。したがって、必然的にトレード数は減る。トレード頻度の多いアクティブなトレーダーはたいていは敗者になる。勝者になるのは投機すべきところを厳選している者だ。なぜなら、これによって形勢を自分に有利に傾けることができるからだ。賢い投機とはすなわちこういうことなのである。

まとめ

買い手と売り手のどちらが市場に影響を及ぼし、それが市場のボラティリティにどう影響するのかを見極めるための分析方法はいろいろあることを理解してもらえたのであれば、この第４章はその目的を立派に果たしたことになる。

加えて、仕掛けポイントを決めるのに市場のボラティリティを利用することができることを理解してもらえたなら幸いだ。

第5章

短期トレーディングの理論

The Theory of Short-Term Trading

短期的には理論に従えばうまくいくかもしれないが、長期戦になれば現実を無視するわけにはいかない。

この第５章は第１版と何も変わっていないが、飛ばすわけにはいかない。この章で述べる真実は、あなたにとって、経済的にも心理的にも常に人よりも優位に立つうえで重要なことばかりだ。市場は絶えず変化している。しかし、正しくトレーディングするためのルールは変わらない。これをしっかり理解する必要がある。

私はこれまで何千人というトレーダーを育ててきた。そのほとんどが成功し、なかには華々しく活躍している人もいる。彼らの共通点は、この章の教訓に従っているという点だ。この教訓に従わず道を踏み外せば、ぼんやりしていれば、たちどころに敗者となる。

価格がある地点から別のある地点に動くときにどんな動き方をするのか、そしてこうしたスイングを最も効果的に利用するにはどうすればよいのかは、これまでの学習で理解できたはずだ。そこでこの章では、私たちが今やっていることの理論的背景を見ていくことにしよう。理論を理解することは、実践面でも大いに役立つはずだ。

市場が爆発的な動きをするのには何らかの理由がある、というのがわれわれの基本的な考え方だ。市場はこうした爆発的な動きによってトレンドモードに入る。これらのトレンドが１日から５日間続いてくれれば、われわれとしては願ったりかなったりだ。われわれの目標は、この爆発的な動きが始まったらできるだけ早い段階でその動きに乗ることである。

そこであなたは次のような疑問を持つはずだ。「こうした爆発的な動きは何が原因で起こるのか。爆発的な動きはどういったときに最も起こりやすいのか。爆発的な動きがいつ、どこで起こるのかを突き止める方法はあるのか」である。

一言で言えば、これは私がトレーディングを始めて以来ずっと取り組んできた問題である。問題というものは、そもそもそれを認識できなければ、解決する方法を見つけることなどできない。幸いにもあなたは今この問題を認識することができた。だから、あとはその解決法を探すだけである。とはいえ、私とてこの壮大な謎を完全に究明できたわけではない。夢から目を覚まし、自分がそれほど賢明ではないことを、そしてさらなる学習が必要なことを思い知るには、実際に損をしてみる以外にはないだろう。もちろん私だって今でも損をするし、巨額の損失を出すこともあるため、さらなる学習の必要性を感じている。学ぶことに終わりはないのである。

こうした爆発的な動きを誘発する最大の要因は、おそらくはニュースだろう。しかし、ニュースでトレードするのは難しい。なぜなら、第一に、ニュースは天気と同じくらい変わりやすいし、前触れもなくいきなり変わる。ニュース、すなわち世界中の出来事や市場の変化はランダムだ。したがって、市場は不測の出来事が起こるたびに揺れ動く。数学者は市場のこうした動きを酔っ払いの水夫に例えることが多いが、価格が行きつ戻りつする最大の要因と考えられるのがニュースである。第二に、われわれ一般のトレーダーはそうしたニュースを入手する者の食物連鎖の末端にいる。つまり、われわれはニュースを入手する最後のグループであり、ニュースを入手したときには時すでに遅しなのである。第三に、将来的に何がニュースになるのかを知る手掛かりがわれわれにはない。第四に、私の長年のトレーディング経験から言うと、ニュースに精通した人々は通常はニュースが発表される前にすでにポジションを建てている。ただし、どういったニュースも常に特定の１グループのみが巧みに利用できるということではなく、こうしたグループはニュースの種類によって異なる。例えば、銀行はＴボンド市場に関しては詳しい情報を取得できるが、生牛先物に関する詳しい情報は取得できない。これとは逆に、畜産業者は生牛先物に関する詳しい情報は取得しやすいが、債券に関する情報は取得しにくい。この例からも分かるように、すべての情報源を制御できる万能な人はいないのである。映画『陰謀のセオリー』でメル・ギブソン扮する主人公のジェリー・フレッチャーはそんな人物だったが、これは市場には当てはまらない。メル・ギブソンのことが嫌いな人は、マット・デイモンやトム・クルーズ主演の陰謀物の映画を思い浮かべてもらってももちろん構わない。

本書の第１版を執筆中、ハワード・ブルムの『モーセの秘宝を追え！』（角川文庫）が雑誌や新聞で批評されていた。これは私のシナイ山への冒険を描いたものだ。書評のひとつでは、私の住所だけでなく、職業も年齢も所有している車も、その本に関する解説も、すべて間違っていた。つまり、私が言いたいのは、私にじきじきにインタビューにやってきた記者が私について書いていることが間違いだらけなのに、オレンジジュースやオート麦や原油についてどこかに書かれていることをなぜあなたが信用できるかということである。

一流紙として名高いウォール・ストリート・ジャーナル紙も例外ではない。1998年初期、同紙はFOMC（連邦公開市場委員会）が近々利上げを予定していることは、彼らのFRB（連邦準備制度理事会）内の情報筋によれば確かであると発表した。しかし、それから６週間後、私たちは、FRBの委員会の備忘録の発表によって真実を知ることとなった。彼らは11対１で利上げはしないことを決定したのである。ウォール・ストリート・ジャーナル紙の記者が自分が保有している株を推奨するという不祥事は少なくとも過去に２回はあった。テレビ局も同じような事件に手を染めた。CNBCきっての「内部情報通」であるダン・ドーフマンは、視聴者を欺いたという疑惑でブラウン管から姿を消した。数年前には、ラルフ・ネーダーの母親も、息子が消費者の苦情訴訟を起こす直前にGMとあるタイヤ会社を空売りし、SEC（証券取引委員会）に告発された。

ニュースが当てにできないのなら、われわれは何を見ればよいのだろうか。

「値動きを見よ！　チャートを見よ！」とテクニカルトレーダーや短期スイングトレーダーは声高に唱える。値動きを見ることの良い点は、見るべきもの、分析すべきものがチャート上にたくさんあることである。値動きから得られる情報で最も一般的なものは次の３つである――①価格パターン、②値動きに基づく指標、③価格のトレンドやモメンタム。値動きから得られる情報は実はまだある。これはあまり一般的ではないが、市場間の関係も値動きから得られる重要な情報のひとつであり、これは私の重要なツールになっている。以前出てきたS&P500のシステムを思い出してもらいたい。トレードを仕掛ける条件として債券市場が上昇トレンドにあることを加えることによって、どれほどパフォーマンスが向上しただろうか。これは市場間の関係の一例で、詳しくはこのあと説明する。

最後の５つ目のデータは、常に正しい側にいる一般のトレーダーに対して常に間違った側に立つ一般のトレーダーの動きを追うことで得られる情報だ。短期トレーディングでは、知識を持たない大衆のトレーダーたちは敗者になる。これは過去から未来永劫変わることはない。聞いたところによれば、大衆トレーダーは、株式トレーダーであれ商品トレーダーであれ、その80％が全資産を失う。したがって、彼らの反対に賭けることで、短期的な価格の爆発的な動きを察知し、利益を得られるはずである。一般大衆の動向を探る方法はいろいろあるが、よく使われるのがセンチメント指標である。この指標は非常に効果的だと思うので、私は独自のセンチメント指標を開発した。これはジェネシス・ファイナンシャル・データから入手可能だ。私のこの指標が初めて一般に公開されたのは、リック・ベンシニョールが2000年に書いた**『魔術師たちのトレーディングモデル』**（パンローリング）のなかでである。

センチメント指標とは、投資アドバイザー、投資情報のホームページなどが強気なのか弱気なのかを週ごとに測定したものだ。私がこれまでに使ってきたセットアップツールのなかで、これほど強力なものはない。人の言葉は額面どおりに信じてはならない。自分の目で確認してほしい。**図5.1**、**図5.2**、**図5.3**を見てみよう。**図5.1**と**図5.2**は週足チャートと私が開発したLWセンチメント指数を示したものだ。これは非常に分かりやすい。指数の値が低いとき、投資アドバイザーは非常に弱気だ。彼らは大概は間違っているので、指数の値が低いときには市場は上昇すると見る。逆に、指数の値が高いときには彼らは強気なので、その逆を突いて私は市場は下落すると見る。

情報通の投資家（正しい側にいることが多い）の代表がコマーシャルズ（当業者や実需筋。大手生産業者と大口ユーザー）と呼ばれる人々で、その動向はCFTC（米商品先物取引協会）が毎週発表するCOT（大口投機家の建玉明細）でチェックすることができる。私は1970年からこのテーマについて本を執筆してきたが、その第一弾が**『ラリー・ウィリアムズの「インサイダー情報」で儲ける方法』**（パンローリング）である。短期トレーダーにとって厄介なのは、COTレポートの影響が１日や２日だけにとどまらず、長期にわたることだ。つまり、COTレポートは長期的な予測能力を持つということである。

短期的な価格の爆発的な動きを見つけだすための５大要素はこれま

図5.1　センチメント指標のチャート

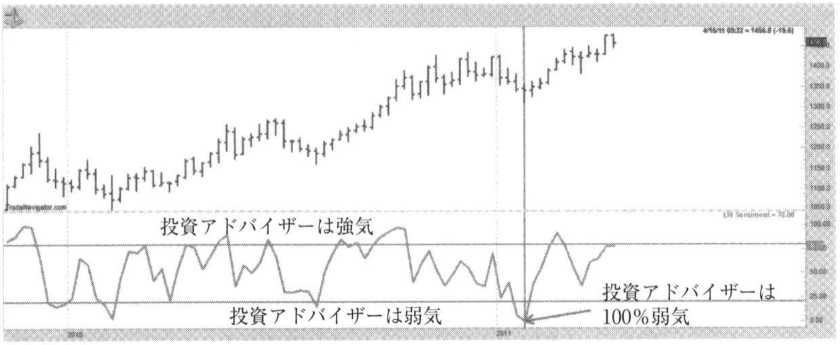

図5.2　センチメント指標のチャート

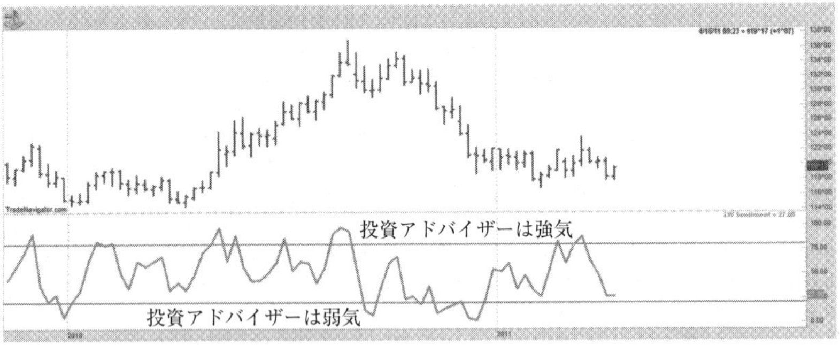

図5.3　センチメント指標のチャート

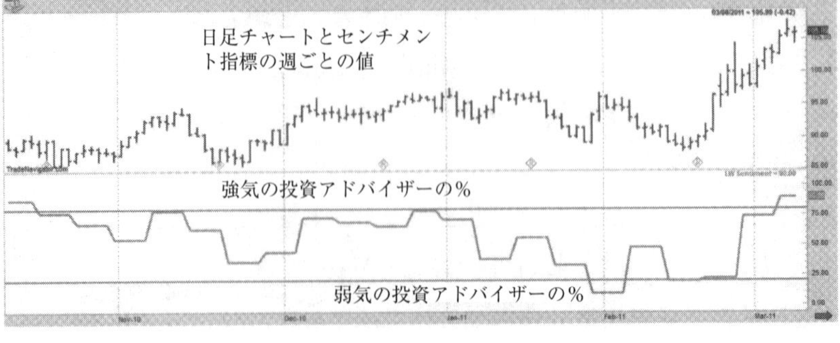

でに述べてきたとおりである。以前学習した市場構造に、これらの「ツール」（イベント）を加味すれば、上昇や下落の動きに素早く乗ることができるのである。これらのツールはすべて数値化することができるため、論理的に考えれば、これらの観察結果やツールは数学モデルに変換できるはずである。数学は常に完璧だ（例えば、２＋２は常に４になる）、だからトレーディングにも完璧な答えがあるはずであり、数学がその答えを提供してくれるはずだ、とわれわれトレーダーは飛躍して考えてしまう。

しかし、これはまったくの思い違いだ。トレーディングには百パーセント完璧な数学的アプローチなどない。観察を基にしたツールやテクニックはあり、それはたいていはうまくいくが、われわれが損をするのは、導き出した結論が間違いだったか、十分なデータを使わなかったために正しい結論を導き出すことができなかったかのいずれかである。だから、数学もシステムも答えを提供してはくれない。市場の真実は、十分な観察、正しい考え方、そして手元にあるデータから導き出した正しい結論からしか得られないのである。

そこで、まずはっきりと言っておきたいのは、グルやシステムや絶対的と言われるアプローチに意味もなく従えば、投機はうまくいくといった間違った考え方に陥らないでもらいたいということである。市場に関して確実なことがあるとするならば、物事は変化するということだけである。例えば、1960年代の初期にはマネーサプライの数値の上昇は強気相場を表し、株価は上昇すると考えられていた。ところがどういうわけだか、1970年代の終わりから1980年代の初めにかけては、最大の企業であるFRBが発表するマネーサプライの数値の上昇は株価を押し下げた。そして1990年代にはマネーサプライは市場では信頼のおける数値として顧みられることはなくなった。かつては神聖であったものが無意味になったのである。

私が最もよくトレードする市場のひとつは債券市場だが、同市場は

1988年以降取引のされ方がまったく変わった。その年の10月までは日中取引だけだったが、夜間取引が始まり、最終的には24時間市場になったからである。それによってトレーディングパターンが変わったのである。研究者にとってさらに紛らわしいのは、「昔は」FRBが毎週木曜日に発表するレポートが金曜日のＴボンド価格に大きな影響を与えていたことだ。この影響はあまりにも大きく、人気を博したある小説ではこれをウォール街の欺瞞として中心的テーマとして扱ったほどだ。本書の第１版を執筆中の1998年、木曜日のレポートはすでになく、したがって金曜日のＴボンド市場は昔とは異なる様相を見せ、取引のされ方も違ってきていた。

本書の読者であるあなたにお願いしたいことは、私の基本的なツールを学ぶだけでなく、市場で今何が起こっているのかに常に注意し、最新の動向をつかむようにしてもらいたいということである。偉大なトレーダーは、市場の変化に常に注意し、変化があればすぐに反応できるだけの賢明さを持っている。読者のみなさんにはそういったトレーダーになってもらいたい。自らを「ブラックボックス」のなかに閉じ込め、１つのトレーディング手法に縛られるようなトレーダーにはなってほしくない。

1960年から1983年にかけて活躍した偉大なトレーダーのひとりが、元プロ野球選手のフランキー・ジョーである。非常に機転の利く人物で、トレーディングに対する自分のアプローチを深く理解していた。彼は大した人物で、頭が切れ、一緒に話していて楽しい男だった。付き合って３年ほどしたとき、彼は自分のテクニックを私に明かした。それは、市場が急騰したときに売り、下落で買い戻すことだった。何ということはない。ただこれだけのことだ。それ以上でも以下でもない。これはその時代に最高にマッチしたテクニックで、彼はこれで一財産を築いた。

その後、ロナルド・レーガンの減税と予算削減政策によって、空前絶後の強気相場がやってきた。これは十分に予測できたが、それでも絶対に確実とは言えない。強気相場になることは予測できたとしても、これまでの18年間とは違って、途中で調整や下落がないことまでは予測できなかった。もちろん、フランキー・ジョーも例外ではなかった。彼は急騰で売り続けたが、その後の下落で買い戻すことができなかった。なぜなら市場は上昇し続けるばかりで調整や下落が一度もなかったからだ。増え続ける損失と失敗（偉大なトレーダーは勝つことに一種の強迫観念のようなものを持っているが、彼も例外ではなかった）に挫折感を感じ、彼は失意のうちに自らの命を絶った。

このビジネスではうまくいくことがあっても、それはほとんどの場合、長くは続かない。私がバレリーナを尊敬するのは、彼らがいつまでもつま先で立っていられるからである。

情報化時代の落とし穴

どんな時代でも基本的な原理は変わらない。だからこそ、基本的な原理と呼ばれるのである。「人にしてもらいたいと思うことを、人にも（同じように）しなさい」という言葉は2000年前の良き助言だが、今から2000年後にも良き助言であり続けるだろう。私が本書で述べる原理は時を越えて通用するものだ。私は40年近くこの原理に従ってトレードし、何百万ドルも稼いだ。これはウソ偽りのない事実だ。

しかし、私が今日昏睡状態に陥り、10年後に目覚めたとしたら、これらの基本的な原理に対して同じルールは使わないかもしれない。基本的な原理そのものは永久に不変だが、その実用性や細部は変化する。今この文を書きながら、この言葉がいかに先見性に富んだものであったかにわれながら驚いている。第１版から13年後の今、当時トレードしていた市場では何があっても絶対にトレードしない。市場は人生と同じように絶えず変化するものなのである。

今や世界を牛耳るものはテクノロジーであり、われわれを取り巻くあらゆるものがテクノロジーによって加速されている。学習速度も伝達速度も向上し、値動きも素早く発見できるようになった。事実、売買速度もスピードアップしたため、すぐに金持ちになれる。だが、破産するのも速い。だれもが信じられないほどのスピードでウソをつき、だまし、盗みをはたらく。そして病気になるのも速ければ、治癒するのも速い。

トレーダーはかつてないほど多くの情報を手に入れることができるようになり、その処理能力も向上した。これはひとえにコンピューターと、ビル・クルスとラルフ・クルスが開発した初めての実用的ソフトウエアであるシステムライター（のちにトレードステーションに進化）のおかげだ。オメガリサーチ社が開発したこうした製品のおかげで、私やあなたのようなごく普通のトレーダーでも市場に関するさまざまなアイデアを自ら検証することができるようになった。われわれが「市場の真実」を見つけるためにさまざまな検証を行うことができるようになって10年以上たつが、これはビル・クルスの先見の明のおかげである。

だが、この情報化時代における技術革命は投機の世界にはブレイクスルーをもたらしてはくれなかった。勝者の数も敗者の数も今までと同じままだ。最新のコンピューターを手に入れたにもかかわらず、失敗する者は後を絶たない。勝者と敗者の違いは情勢の変化という１つの単純な事象によるところが大きい。勝者は努力し、絶えず変化に注意し、変化があればただちに反応する。しかし、敗者は努力もせずにすべてを欲しがる。完璧なシステムという宣伝文句に踊らされ、陳腐なグルの言葉やインディケーターを意味もなく信じるのである。彼らは人の言葉や市場の声に耳を傾けない。頑固でトレードにも柔軟性がない。

これらに加えて、彼らは成功するビジネスの原則――準備を怠らないこと、悪い取引は避け、良い取引だけを行うことでお金とビジネスを管理すること――に従わない。私はどうかって？　もちろん私は教えのとおり原則に従い、変化に柔軟に適応する。柔軟であれば、どんな変化にも対応できるのである。

E・H・ハリマンの金儲けのルール

今なお持続するハリマン家の家督は1900年代初期に、フロアの使い走りからスタートし、大銀行家・ブローカーにまで上り詰めた「偉大なるハリマン」によって築かれたものだ。1905年、彼はユニオンパシフィック鉄道のトレードだけで1500万ドル稼いだ。この投機王が注目したのは、当時の人気銘柄である鉄道株だけだった。

1912年、インタビューで株式市場における売買技術と秘訣について聞かれた彼は次のように答えた。「株で儲ける秘訣を知りたければ、損失を消せ。これが答えだ。４分の３ポイント以上逆行したらすぐに損切りをし、順行の場合は利を伸ばす。利が乗ってきたら、価格に動く余地を与えるために損切り価格を引き上げよ」

ブローカーで働いているときに顧客のトレード口座を研究することで彼は重要なルールを学んだ。彼が発見したのは、一般大衆が行う何千というトレードにおいて、５ポイントと10ポイントの損失の数が５ポイントと10ポイントの利益の数を大幅に上回っているということだった。「何と50対１の割合で、損失が利益を上回っていたのだ」と彼は言った。自分の店やオフィスに関してはしっかりとした管理と会計を行っている実業家たちが、トレーディングになるといきなり管理能力を失うことに、私はいつも驚いている。投機の世界で彼ほどの大家はおらず、彼が1912年にわれわれに提供してくれた投機のルールほど耐久性のあるものはない。

損失の管理は今なお、勝者と敗者を分かつ大きな要因のひとつだ。

ロシアンルーレットに置き換えて考えてみよう。引き金を引いたときに運悪くその穴に銃弾が入っていれば、あなたは一発で死ぬ。トレーディングもまったく同じだ。銀行口座を破産させるのに、逆行するトレードは１つあれば事足りる。そう、たった１回の逆行トレードが命取りになるのである。

まとめ

トレーディングの真実は100年前も今も変わらない。この第５章で述べたように、基本的な原理は不変だ。これは過去も未来も変わることはない。まずはこの現実を知ることから始めよう。

第6章

真理の探究

Getting Closer to the Truth

まず重要なのは市場がランダムではないことを証明すること。これが市場の爆発的な動きを解く第一の「カギ」になる。

ゲームで負けた者は、このゲームは不正に操作されたものだとか、だれも勝てるはずがないゲームだ、だから勝てなくても仕方ない、と言って嘆く。だが、市場では長年にわたり多くの人がゲームに打ち勝ってきた。学者のポール・クートナーもその名著『ザ・ランダム・キャラクター・オブ・ストック・マーケット・プライス（The Random Character of Stock Market Prices）』のなかで、株価は予測することができないと言って嘆いている。過去の値動きは明日、あるいは来週起こることとは何の関係もない、と言うのである。彼や明らかにトレーディングをしていない著者の多くが言うように、これはある意味で事実だ。なぜなら市場は効率的だからである。知られるべきことのすべては知られており、その情報は現在価格にはすでに織り込み済みだ。したがって、今日の価格変動は市場にもたらされる新しい情報（ニュース）によってのみ引き起こされるのである。

スティーブ・コーエンはこれをどう取るだろうか。マーケットの帝王ともいえる伝説的なヘッドファンドマネジャーの彼は、成功報酬の50％を差し引いても年間リターンとして25年にわたり30％を維持してきた。読者のみなさんにもコーエンのようになってもらいたいという願いを込めて、この第6章では私の感じたことを書いておきたい。前述の著者たちの主張は間違っていると思った私は理論の修正の必要性を感じ、市場をさらに深く探求してみた。その結果、市場に対する私の洞察力はさらに深まった。

株価は予測することができないと言って嘆く著者たちの主張はこうだ。ある日のリターンは翌日のリターンとは関係ないのである。なぜなら価格は確率変数の影響を受けるからだ。価格の動きがランダムであり、したがって予測することができないという概念はこう考えれば説明がつく。このランダムウォーク理論を信じることは、市場が効率的である――つまり、知られるべきことのすべては知られている――ことを認めることを意味する。あなたにとってこの概念は到底受け入れがたいものだろう。あなたが貴重なお金を払ってこの本を買ったのは、ほかのトレーダーや投資家たちが知らないことを知りたいと思ったからにほかならないはずだから。

あなたの考えは正しい。クートナーたちが過去の値動きと将来の値動きの依存関係を一次元的な手法でしか検証していなかったのは明らかである。おそらく彼らは将来の価格変動を何らかの移動平均に基づいて検証したのだろう。つまり、正しい方向を見極めようとしているにもかかわらず、間違ったツールを使ったことになる。

値動きにまったく依存関係がないというのなら、長期的には市場は50％の確率で上げて引け、50％の確率で下げて引けることになる。これはコイン投げと同じだ。コインは記憶を持たない。つまり、コインを投げるたびごとに表が出るか裏が出るかはそれまでの結果に左右されることはない。火曜日にコインを投げても、表と裏が出る確率はそれぞれ50％で、何曜日に投げても確率は変わらない。

市場はコイン投げとは違う――ランダムウォーク理論家のクートナー対コーエン（この勝負はコーエンの勝ち）

もしクートナーのランダムウォーク理論が正しくて、市場の動きがランダムというのならば、日々の値動きを検証してランダム性を立証することは簡単なはずだ。まず簡単な疑問から始めよう。「もし市場の動きがランダムならば、毎日の高値から終値を引いた値は曜日によらずほぼ同じになり、日々のトレーディングレンジの違いなど存在しないのではないか」

次の疑問は、「もし価格の動きがランダムならば、日々の値動きの絶対値は曜日にかかわらず、ほぼ同じになるのではないか」。

そして最後の疑問は、「もし価格がランダムなら、上昇傾向や下降傾向が極端に強い曜日はないのではないか」。市場が記憶を持たないのなら、あなたがいつコイン投げをしようと、つまりいつトレードしようと、問題ではないはずである。しかし、実際はというと、これは大いに疑問なのである。

私は理論家たちの話に耳を傾ける代わりに、市場の声に耳を傾けてみた。前述の疑問以外にもランダムウォーク理論に関するいろいろな疑問を念頭に置きつつ、ある日の価格と翌日の価格との間に依存関係はあるのか、ある日の価格パターンと翌日の価格パターンの間に依存関係はあるのか、ある日の値動きと翌日の価格に常に影響を与える過去の特定の値動きとの間に依存関係はあるのかどうかを調べてみた。答えは明確だった。市場はクートナーの主張を反映するものではなかった。これは**表6.1**と**表6.2**を見ると明白である。私が調べたのは、最大で最も効率的な２つの市場――S&P500とＴボンド――である。

市場はコイン投げと同じであるとする過激な概念を提唱して人気を博していたクートナーの主張をくつがえすために、1998年に私は調査

表6.1　S&P500（1982年～1998年）

	高値－安値	終値－始値
月曜日	4.22	.631
火曜日	4.30	.130
水曜日	4.29	.221
木曜日	4.19	–.044
金曜日	4.45	–.1164

表6.2　Tボンド（1988年～1998年）

	高値－安値	終値－始値
月曜日	.708	–.001
火曜日	.781	.064
水曜日	.767	.010
木曜日	.823	–.017
金曜日	1.05	.022

を行った。その調査に基づく私の見解についてはすでに読んでくれたことと思う。そのときに私が書いたことと私の調査結果から、私が1998年以降にも同じ検証を繰り返し行ったことに気づくはずだ。私があれやこれやとしゃべるよりも、事実のほうが説得力がある。私の結論は一貫して変わらない――市場がランダム性に満ちあふれたものならば、市場には秩序とバイアスがあるはずであり、それを見つけだせばトレーディングに利用できる。

時の試練を経た真実を見ていくことにしよう。

私が検証したのは、①値幅の大きさは曜日によって違うのか、②始値から終値までの値幅は曜日によって違うのか、③日々の値動きの絶対値は曜日によって違うのか――の３点である。クートナーのランダムウォーク理論が正しいとするならば、これらの質問に対する答えはすべて同じで、曜日による違いはない、となるはずである。

それでは私の調査結果を見てみよう。S&P500はこの調査期間において、火曜日と金曜日の１日の値幅がほかの曜日より大きく、Ｔボンドは、木曜日と金曜日の１日の値幅がほかの曜日よりも大きかった。これですべての曜日は平等と言えるだろうか。

読者の考えるとおり、すべての曜日は平等ではない。**表6.1**と**表6.2**の右側の欄は始値から終値までの値動き（終値－始値）を示したものだが、S&P500の場合、絶対値で見ると、月曜日の値動きが最も大きく、500銘柄の平均は0.631である。また値動きが最も小さいのは木曜日で、500銘柄の平均は0.044である。

Ｔボンドの場合、絶対値で見ると、始値から終値の値幅が最も大きいのは火曜日の0.064で、最も小さいのは月曜日の0.001である。

右側の欄の数字を今度はそのままの数値で見てみると、S&P500は木曜日と金曜日が負数で、Ｔボンドは月曜日と木曜日が負数になっていることが分かる。クートナーはこんなことはあり得ない、と言うだろう。なぜなら、効率的市場では、上昇する傾向や下落する傾向が強い曜日などあるはずがないからだ。しかし、市場が教えてくれることはクートナーの主張とは異なる――買いや売りに向いている曜日が存在するのである。

はっきり言えることは、クートナーたちが曜日バイアスを検証しなかったことは明らかということである。私はコンピューターに毎日の寄り付きで買い、大引けで売るように指示し、これを全穀物市場で検証してみた。本書を読んだ人を、不幸にも本書を棚に戻した人よりも有利な立場に立たせてくれるのは、トレーディングシステムそのものではなく、データなのである。

どの穀物市場でも、ほかの週に比べて水曜日に上昇傾向が極めて強いという顕著なパターンが見られる。

このパターンは私の予想以上に持続した。**表6.3**を見ると分かるように、この検証期間以降の期間においても、大豆は水曜日に急騰している。

小麦についても同じことが言える。**表6.4**を見てみよう。大豆と同じく小麦も水曜日に上昇する傾向がある。短期トレーダーにとって水曜日は今でも上昇相場になる傾向が高い曜日として期待できるというわけである。

このデータから大豆のトレーディング戦略を作るのは極めて簡単だ。上昇トレンドにある（つまり、今日の終値＞30日前の終値）ときは水曜日に買い、これまでの検証と同じように、手仕舞いとしては1600ドルのマネーストップと、ベイルアウト戦略（利益が出た最初の寄り付きで手仕舞う）を採用する。このシステムの結果を示したものが**図6.1**である。

一体、ランダムウォーク理論はどうなってしまったのか。ランダムウォーク理論は明らかに水曜日の穀物で行き詰まってしまったようだ。これはこのゲームのアドバンテージ（優位性）になり得る事実だ。カジノでは偶然性の高いゲームのほとんどで通常カジノ側に1.5％から４％のハウスアドバンテージがある。確かに小さな数字だが、ちりも積もれば山となるという諺にもあるように、この小さなハウスアドバンテージがホテルやビュッフェの経営を支えているのだ。

穀物、特に大豆は短期トレーダーにとってある程度の機会を提供してくれる（本書の第１版は21世紀の初めに書かれた）が、より大きな値動きが期待できる短期市場はS&P500、Ｔボンド、英ポンド、および金だ。特に最初の２つはわれわれ短期トレーダーにとっては打ってつけの市場だ。

表6.5はこれらの市場では曜日によって値動きが異なることを示したものだ。値動きはランダムであると思い込んでいる伝統主義者は、ここでもまた、違いがあったとしても大した違いではないと主張する

表6.3　大豆のTDWの検証

曜日	トレード数	利益（ドル）	1トレード当たりの平均損益
月曜日	522	24,238	46
火曜日	506	39,138	77
水曜日	558	65,075	117
木曜日	551	7,925	14
金曜日	512	30,875	60

表6.4　小麦のTDWの検証

曜日	トレード数	利益（ドル）	1トレード当たりの平均損益
月曜日	473	16,225	34
火曜日	449	19,375	43
水曜日	465	41,800	90
木曜日	465	20,675	44
金曜日	447	23,875	52

図6.1　大豆戦略の結果

だろう。だが事実は違う。売買する曜日（TDW）によって将来の値動きにバイアスが生じ、われわれはそのバイアスを利用して儲けることができるのである。

短期トレーディングのアドバンテージのなかで私が好きなもののひとつが、特定の曜日にのみトレードするTDW戦略だ。私が注目するのは、終値から終値までの値動きではなく、その日の寄り付きから大引けまでの価格変動である。理由はもうお分かりのはずだ。短期トレーダーにとって１日は寄り付きに始まり、大引けで終わる（少なくともデイトレーダーにとっては）からである。

表6.6はS&P500、Ｔボンド、英ポンド、金の寄り付きから大引けまでの値動きと、寄り付きで買って大引けで売った結果を曜日ごとに調べたものだ。ここまで証拠を突きつけられれば、ランダムウォーク理論の信奉者は息の根を止められたも同然であり、彼らに反論の余地はない。英ポンドを例にとって見てみると、英ポンドは水曜日には寄り付きから大引けにかけて上昇する確率は55％で、１トレード当たりの平均「損益」は18ドルである。ここで言う「利益」とは手数料とスリッページを差し引く前の数字で、手数料とスリッページを差し引けば実際には利益はほとんどない。しかし、このパターンを見れば市場にバイアスがあることは明らかであり、われわれはこのバイアスを利益に結びつけることができるわけである。

続けて表を見てみよう。金は火曜日は寄り付きから大引けにかけて上昇する確率は52％で、１トレード当たりの平均損益は－３ドルだ。火曜日のＴボンドもほぼ同じ状態で、上昇確率は47％で、１トレード当たりの平均損益は－35ドルである。この曜日によるバイアスが最も顕著なのはS&P500だ（**図6.2**）。私がこのバイアスを初めに発見したのがこの市場で、私は1984年以降この市場をずっとトレードしてきた。**表6.6**で金曜日のS&P500を見てみると分かるように、このビッグな市場は金曜日には寄り付きから大引けにかけて上昇する確率は57％で、

表6.5　曜日ごとの値動き

	金		英ポンド		Tボンド		S&P500	
月曜日	50%	+$ 7	53%	+$13	54%	+$59	52%	+$ 91
火曜日	48	−2	54	15	49	−18	52	+59
水曜日	49	−3	49	0	54	+16	52	−27
木曜日	51	0	49	−21	53	+30	50	−10
金曜日	49	−13	54	0	50	−35	57	+134

表6.6　寄り付きから大引けまでの曜日ごとの値動き

	金		英ポンド		Tボンド		S&P500	
月曜日	53%	+$8	54%	+$10	55%	+$53	50%	+$45
火曜日	52	−3	58	−12	47	−35	55	+56
水曜日	53	+4	55	+18	52	+4	51	−27
木曜日	52	+1	55	+11	50	+8	50	−37
金曜日	53	−9	56	+13	51	−14	57	+109

１トレード当たりの平均損益は実に109ドルである。債券トレーダーは月曜日のＴボンドに注目してもらいたい。月曜日のＴボンドは寄り付きから大引けにかけて上昇する確率は55％で、１トレード当たりの平均損益は53ドルである。

1998年までの期間で行った検証では、金を買うのに最適な曜日は金曜日だった。穀物市場を以前と同じ損切りと手仕舞い手法を使って検証したところ、金曜日に上昇する傾向が極めて高いことが分かった（**図6.3**）。

この点に注目すれば、週末の金のトレーディング戦略はうまく構築できるはずである。

終値から終値について興味のある人は、自分で調べてみてもらいたい。

表6.7は寄り付きで買って３日後に手仕舞った場合の結果を示した

図6.2　バイアスを利用したトレード（S&P500――1982年7月2日～1998年8月25日）

全トレード

総損益	$76,400.00		
総利益	$104,787.50	総損失	$-28,387.50
総トレード数	172	勝率	90%
勝ちトレード数	156	負けトレード数	16
最大勝ちトレード	$10,675.00	最大負けトレード	$-2,075.00
勝ちトレードの平均利益	$671.71	負けトレードの平均損失	$-1,774.22
平均利益÷平均損失	0.37	1トレードの平均損益	$444.19
最大連勝数	34	最大連敗数	2
勝ちトレードの平均日数	1	負けトレードの平均日数	4
終値で見た最大DD	$-5,912.50	日中での最大DD	$-5,912.50
プロフィットファクター	3.69	最大保有枚数	1
必要資金	$8,912.50	運用成績	857%

図6.3　金曜日の上昇傾向

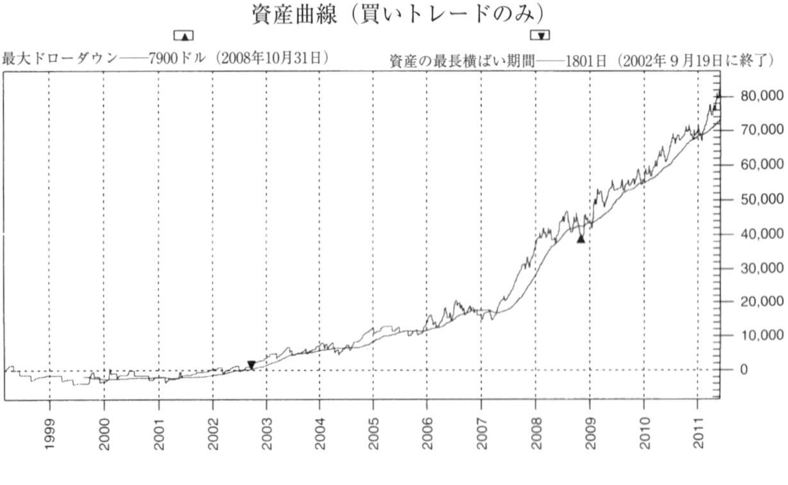

ものだ。まだランダムウォーク理論を信じている人は、ここでもまた、曜日による違いはないと言うだろう。なぜなら市場は効率的なのだから、と。しかし、寄り付きから大引けまでの値動きに基づくトレーディングでは明らかに曜日によってパフォーマンスは違っている。こう

した大きなバイアスを目の当たりにすれば、市場は完全にはランダムではないという事実を知ることは、トレードをするうえで有利になることが分かるはずだ。私が調べた市場でランダムなものは金だけであり、そのほかの市場ではランダムウォーク理論を裏づける結果は得られなかった。なかでも特にＴボンドとS&P500は曜日による違いがくっきりと現れた。

つまり、TDWは大きな違いを生み、このバイアスはトレードに大いに利用できるということである。このバイアスを利用して利益を搾り出す方法はいろいろある。おそらくあなたの脳裏には独自の手法が浮かんでいるに違いない。短期トレーディングではどの市場でトレードしようと、このバイアスを理解し、それをトレードに取り入れることが成功のカギを握ることは明らかである。

本書を書いたあとの期間においては、金にもこの原則が当てはまった。損切りは置かず３日後に手仕舞うという手法で検証してみたところ、11万9650ドルの利益が出た。**図6.4**は金の資産曲線を示したものだ。

以前、寄り付きが重要であると言ったのを思い出してもらいたい。もし寄り付きから一定の方向に上昇し始めれば、価格はその方向に動き続ける可能性が極めて高いからだ。これを使った手法を１つ紹介しよう。これはTDWと簡単なルールを組み合わせたものだ。簡単なルールとは、値動きにこうしたバイアスのある曜日の寄り付き価格から前日の１日の値幅のＸ％上昇したら買う、というものだ。値動きにバイアスのある曜日に的を絞り、その日の寄り付き価格からの急上昇で買う、というわけだ。手仕舞い方法は簡単で、その日の大引けまでポジションを保持し、そこで損益を確定する（もっと良い手仕舞い方法があるが、これについてはこのあと説明する）。

S&P500で月曜日に寄り付きから金曜日の値幅の50％上昇したら買うというアプローチを使ったところ、トレードしたのは週１回だけであったにもかかわらず、驚異的な結果を示した（**図6.5**）。総損益

表6.7　３日間保持した場合の最良のTDW

銘柄	曜日	寄り付きから大引けまでの上昇率（%）	平均損益（ドル）
金	火曜日	50	$0
英ポンド	金曜日	54	36
Tボンド	火曜日	52	86
S&P500	月曜日	57	212

図6.4　金のTDW

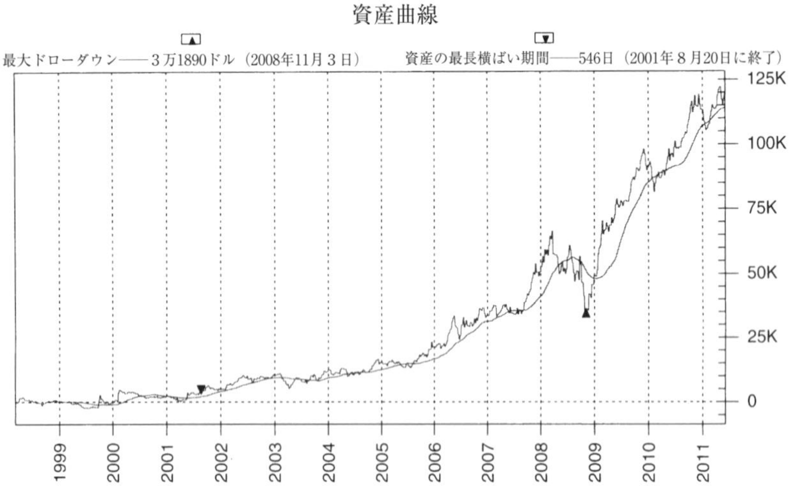

が９万5150ドル、総トレード数758のうち勝ちトレードは435、勝率は57％、１トレード当たりの平均損益は125ドルだった。これに対して、Tボンドを買うのに絶好の曜日は火曜日で、火曜日の寄り付きから月曜日の値幅の70％上昇したところで買った結果、総損益は２万8812.50ドル、勝率は53％、１トレード当たりの平均損益は86ドルだった（**図6.6**）。１トレード当たりの平均損益はやや少なめだが、こ

図6.5　月曜日に買ったときの結果（S&P500――1982年7月2日～1998年8月26日）

全トレード

総損益	$95,150.00		
総利益	$286,037.50	総損失	$−190,887.50
総トレード数	758	勝率	57%
勝ちトレード数	435	負けトレード数	323
最大勝ちトレード	$6,950.00	最大負けトレード	$−3,000.00
勝ちトレードの平均利益	$657.56	負けトレードの平均損失	$−590.98
平均利益÷平均損失	1.11	1トレードの平均損益	$125.53
最大連勝数	11	最大連敗数	7
勝ちトレードの平均日数	0	負けトレードの平均日数	0
終値で見た最大DD	$−16,337.50	日中での最大DD	$−16,337.50
プロフィットファクター	1.49	最大保有枚数	1
必要資金	$19,337.50	運用成績	492%

図6.6　もっと良い手仕舞いテクニックを使ったときの結果（Tボンド――1977年12月2日～1998年8月26日）

全トレード

総損益	$28,812.50		
総利益	$66,781.25	総損失	$−37,968.75
総トレード数	334	勝率	53%
勝ちトレード数	180	負けトレード数	154
最大勝ちトレード	$1,625.00	最大負けトレード	$−1,750.00
勝ちトレードの平均利益	$371.01	負けトレードの平均損失	$−246.55
平均利益÷平均損失	1.50	1トレードの平均損益	$86.26
最大連勝数	10	最大連敗数	6
勝ちトレードの平均日数	0	負けトレードの平均日数	0
終値で見た最大DD	$−3,718.75	日中での最大DD	$−3,718.75
プロフィットファクター	1.75	最大保有枚数	1
必要資金	$6,718.75	運用成績	428%

の数字は手仕舞い手法を改善すれば劇的に上昇するはずだ。これらのデータは、単純なフィルターであるTDWが学者たちが不可能と言うこと――つまり、市場を打ち負かすこと――を可能にしてくれることを示している。

これまでの話をまとめると、株は月曜日に、Tボンドは火曜日に、大部分の穀物は水曜日に上昇する傾向がある。この結論を導くのに使ったデータは、穀物は1968年から30年分のデータ、Tボンドは1977年から21年分のデータ、S&P500は取引が始まった1982年から17年分のデータである。つまり、信頼のおける結論を導き出すために十分な回数だけサイコロを投げ（トレードを行い）、市場にバイアスがあることを結論づけるために十分な量のデータを観察したということである。われわれが出した結論は、価格は単に酔っ払った水夫がウォール・ストリート・ジャーナル紙を端から端まで千鳥足（ランダムウォーク）で動かされているわけではない、ということである。

これでわれわれはほかのトレーダーよりも優位に立つ（このゲームにおいてアドバンテージを持つ）ことができ、トレードするときにどういう点に注目すればよいかも分かるようになった。あなたを勝者たらしめるものは、何回トレードするかではない。毎日トレードするのは愚か者のやることだ。私のような古い投機家は知っている。トレーダーを成功に導くのは、どれくらいトレードしないか、つまりどれくらいトレードを厳選できるか、なのである。

鋭いトレーダーならおそらくは次にこう聞いてくるだろう――トレードする曜日によってパフォーマンスに差がある（TDWバイアス）のなら、月中のどの日にトレードするかによってもパフォーマンスに差があるのではないか。

まったくそのとおりである。これからそれを証明していこう。このあと示す結果は、月中の提示した日の寄り付きで買うか売って、仕掛けから３日後の大引けかあらかじめ決めておいた損切り（S&P500の場合は2500ドル、Tボンドの場合は1500ドル）で手仕舞った場合の結果を示したものだ。

仕掛け日はカレンダーの日付ではなく、月中の取引日（TDM。トレーディングデイ・オブ・ザ・マンス）を示していることに注意しよう。通常、取引日は1カ月に22日あるが、祝日や週末などのために常に22日間あるわけではない。私たちのルールは、示したTDMの寄り付きで買うか売る、というものだ。したがって、トレードを仕掛けるためには、今月はこれまで取引日が何日あったかを数えなければならないことになる。

TDMという概念は季節的影響に似ている。市場の動きについて書いたり調べたりする著者や研究者のほとんどは、カレンダーの日付で考えるが、そのやり方には本質的に問題がある。例えば、コンピューターが買うのに最適な日は15日だと言ってきたとする。しかし、今年はその月の15日は土曜日で、その前日は祝日だったとすると、われわれはいつ買えば良いのか、ということになる。水曜日、火曜日、あるいは次の週の月曜日か？　TDMを使えばこうした問題が発生することはなく、市場が開いている日に仕掛けることができる。

私はTDWで示された日に――あるいはTDWで示されたすべての日に、と言ったほうがよいかもしれないが――必ずしもトレードするわけではない。私はTDMをセットアップとして使う。つまり、私にとってTDMは、いつどんなアクションを取るべきかを決めるための先行指標というわけである。また、TDMに従ってトレードするときもあれば、しないときもある。そのTDMでトレードを実際に行うかどうかは、その日になってから決める。ほかに何か起こっていることがないかどうかを確かめたいからだ。これは現実を生きる思慮深い人のゲームであって、仮想現実的な体験ではないのだから。私の調査結果によれば、どの市場にも、上昇確率や下落確率がわれわれにとって有利な方向に傾くTDM期間が存在することが分かった。あなたが本書で取り上げる市場以外の市場でトレードしているのであれば、データは自分でコンピューターを使って計算するか、プログラマーに頼んで計算してもらう必要がある。

1年を通してみると、種をまく時期と収穫の時期とが各週、そして各月のなかにもあるのは事実だ。確かに、ほかの時期に比べると良い時期はある。しかし、そういった時期にやみくもにトレードをするのは経験のないトレーダーのやることだ。私の戦略は、TDWやTDMといったバイアスを見つけ、私に有利になるようにカードを積み上げてくれるほかのバイアスと組み合わせるというものだ。例えば、あなたと私がお金を賭けてカードゲームをするとしよう。私は印を付けて特定の順序で並べたカード、つまり不正なカードを持っていくので、どうぞ安心してもらいたい。私がどうプレーしたいかはカードを見ればひと目で分かる。つまり私はできるだけ私に有利な条件の下でプレーしたいのだ。状況が自分にとって極めて不利に傾いているときに、なぜトレードする必要があるのか。自分にとって有利なトレードは毎年たくさん発生する。私はそれを待つだけだ。

これだけ言えば十分だろう。では、**表6.8**と**表6.9**を見てみよう。これはS&P500とTボンドの最良のTDMをそれぞれ示したものだ。

結果は驚くべきものだ。簡単なルールに従うだけで、Tボンドは1カ月わずか6日のトレードで合計21万1910ドルの利益、S&P500は1カ月わずか7日のトレードで合計38万7323ドルの利益だ。S&P500は仕掛け時には損切りは設定せず、仕掛けたあとで2000ドルのマネーストップを置いた。一方のTボンドは仕掛けると同時に1500ドルのマネーストップを置いた。

必ずしもこれらの取引日に従う必要はないが、こうした要となる日の前後は十分に注意する必要がある。市場が強い上昇トレンドに最もなりやすいときがいつなのかを知ることは、このゲームにおいて優位性を手に入れたも同然である。

表6.8　S&P500の最良のTDM（1982年～1998年）

TDM	利益（ドル）	勝ちトレード数/総トレード数	勝率（%）	1トレード当たりの平均損益（ドル）	最大ドローダウン（ドル）
6	48,787	97/166	58	293	13,025
7	54,212	168/212	60	322	6,100
8	51,312	102/175	68	293	10,675
19	64,162	84/145	57	442	8,187
20	55,600	60/110	54	505	11,825
21	70,875	48/75	64	945	7,750
22	42,375	40/61	65	694	10,075

表6.9　Tボンドの最良のTDM（1977年～1998年）

TDM	利益（ドル）	勝ちトレード数/総トレード数	勝率（%）	1トレード当たりの平均損益（ドル）	最大ドローダウン（ドル）
8	38,375	128/230	55	166	7,125
18	46,562	132/231	57	201	12,656
19	43,593	116/195	59	223	12,343
20	30,131	84/148	56	292	7,093
21	31,562	59/106	55	297	7,406
22	21,687	49/76	64	285	7,250

金の取引日（TDM）ごとのトレード調査

この調査をさらに発展させたものが**図6.7**から**図6.12**である。**図6.7**は金を毎取引日の寄り付きで買って、その日の大引けで手仕舞った場合の１カ月間の結果を示したものだ。また、**図6.8**は毎取引日の寄り付きで買って、最初に利益が出た寄り付き、またはこれまでと同じマネーストップで手仕舞った場合の結果を示したものだ。

寄り付きで買って、同日の大引けで手仕舞った場合、最も利益が出たのはTDM11（第11取引日）からTDM16（第16取引日）の期間である。金市場は月の中旬に最も上昇しやすいスイートスポットがあるよ

図6.7　TDMの寄り付きで買い、同日の大引けで手仕舞ったときの結果（1998年～2011年）

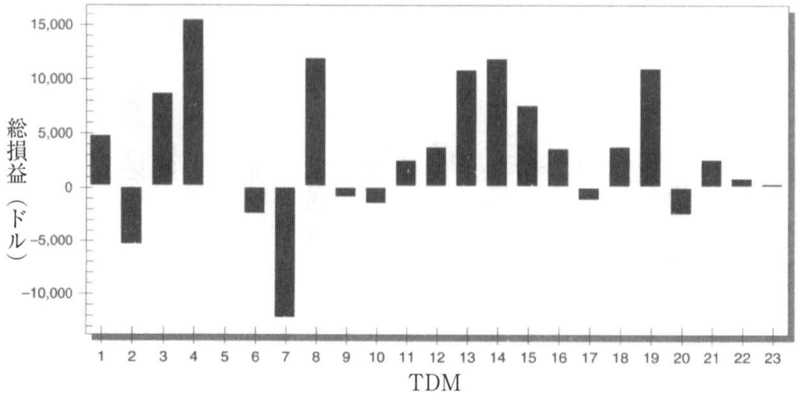

図6.8　TDMの寄り付きで買い、初めて利益が出た寄り付きまたは損切りで手仕舞ったときの結果（1998年～2011年）

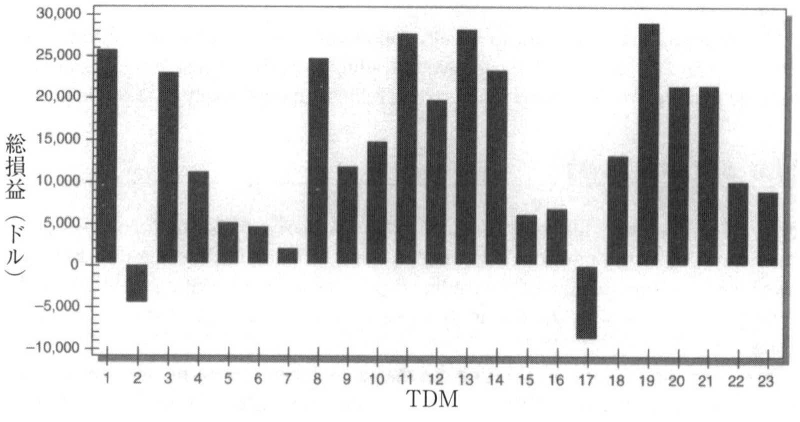

うだ。TDM 3とTDM 4も買いに打ってつけの日だ。買いに最も適さない日はTDM 7である。つまり、TDM 7は売りシグナルを探したほうがよいということである。

金市場でいつポジションを建てるべきかについて、**図6.8**からは役立つ情報はほとんど得られない。なぜなら金市場は1998年以降ずっと強い上昇トレンドが続き、ほぼ毎日利益が出ているからだ。本当に、ほとんどの日で儲かっている。これは市場が強い上昇トレンドにあったからにほかならない。しかし、もっと細かく見ていくと、**図6.7**と同じような傾向が見られることが分かる。つまり、やはり月の中旬がスイートスポットになっているということである。またTDM 3では大きな利益が出ており、TDM 6、TDM 7、TDM17は買いにはあまり適さないことが分かる。

Tボンドの取引日（TDM）ごとのトレード調査

Tボンドの取引日ごとのトレードも調べてみたが、金と同じように一定の傾向があることが分かった。

寄り付きで買って、同日の大引けで売るという戦略は、金だけでなくTボンドでもうまくいく。これを示したものが**図6.9**である。Tボンドは昔から月末に価格が上昇することで知られているが、TDM20が買いの利益機会として突出している。

寄り付きで買って、最初に利益の出た寄り付きで売る戦略はどうだろう。1998年以降、月の中旬あたりで価格が急騰するというパターンが続いているため、買いに偏ったトレーダーはこれを利用すべきだろう（**図6.10**）。

図6.11からはS&P500が月末に上昇する傾向のあることが見て取れる。図を見ると分かるように、3日連続して利益が出ているのは月末だけである。仕掛けと手仕舞いを同じ日に行うという厳しい条件を設けていることを考えると、このバイアスは極めて重要だ。

次にポジションを数日間保持する場合を考えてみよう（**図6.12**）。TDM 5からTDM 7までと、TDM12からTDM13まではこの戦略はあまり効果的ではないことが分かる。また、月末の好調は翌月の初めま

図6.9　TボンドとTDM（1998年～2011年）

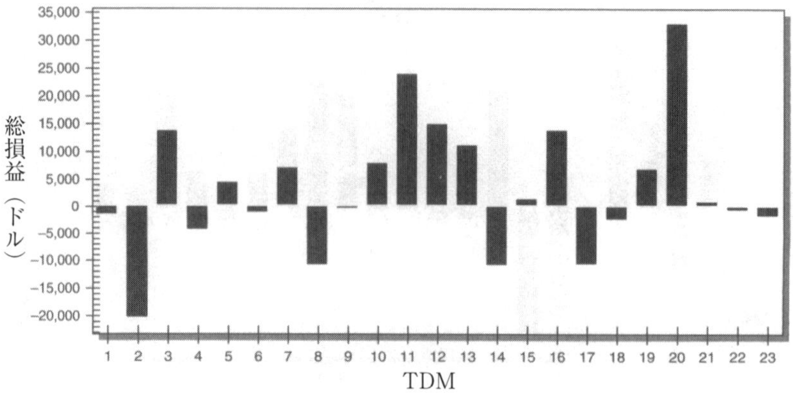

図6.10　Tボンドは月の中旬に上昇する傾向がある

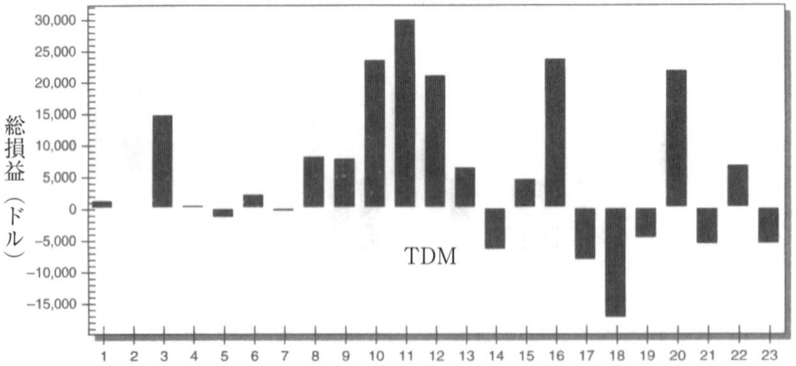

で続く。これは月初めの４日間で連続して利益が出ていることから分かる（**図6.12**）。

読者のみなさんには、各月のトレード結果をぜひ自分で調べてみてもらいたい。これまでの学習で分かったように、すべての日は同じで

図6.11　S&P500は月末に上昇する傾向がある

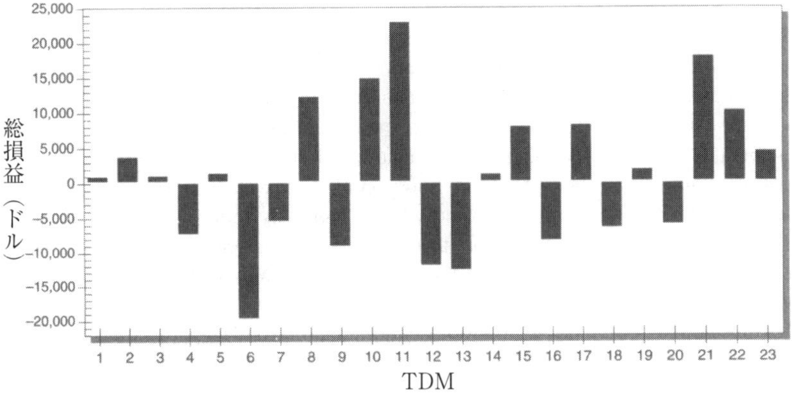

図6.12　月末の上昇傾向は月初まで続く（1998年～2011年）

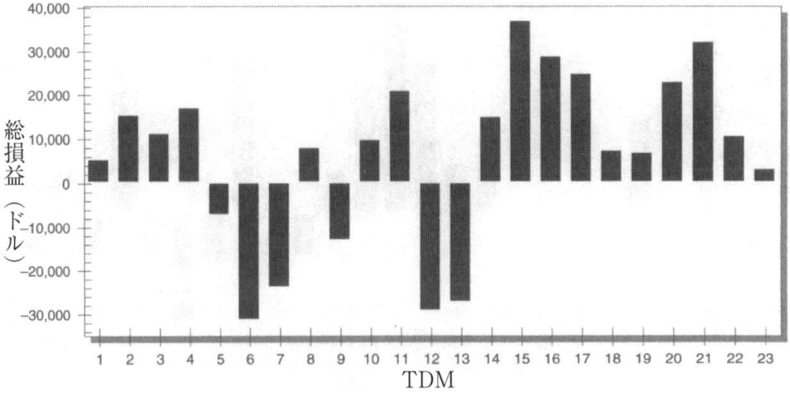

はなく、すべての月も同じではない。ほかの月よりも上昇傾向の強い月があるのである。したがって、TDM（トレードに向く取引日）を各月ごとに検証するのは最適な結果を得るために不可欠と言えるのではないだろうか。

各月のロードマップ（TDMロードマップ）

値動きは月ごとにどういった特徴を持つのだろうか。**図6.13**は日足チャートを示したものである。これは過去における値動きの一般的な傾向を示したものにほかならないため、今年、あるいは今月も同じようなパターンを示すとは必ずしも言えないが、価格は大体はこのパターンをたどる。具体的に見ていこう。**図6.13**は1998年のＴボンドの日足チャートだ。チャートの下にあるラインは、季節性を示すトレンド指標である。価格は必ずしもこの指標どおりに動くわけではないが、これとほぼ同じようなパターンをたどることが多い。この指標は1998年のデータを基に作成したものを2011年に拡大適用したものだ。図を見ると分かるように、価格は１月に天井を付けたあと、５月に底を付け、６月になると上昇して、７月に下落している。これは毎年のパターンどおりである。

これは単なる偶然だろうか。その可能性もあるので、別のケースを見てみよう。**図6.14**はS&P500の日足チャートを示したものだ。これもＴボンドと同じように、1998年のデータを基に作成したものを2011年に拡大適用したものだ。完璧に一致するわけではないが、類似性は極めて高く、過去に発生した「有利なカードが積まれた」トレード期間が将来の同じ時期にも発生している。

これの最も良い例は、1998年７月に始まる下落だ。この傾向は2011年にも見られる。この指標は1998年６月に私のニュースレターの定期購読者をS&P500市場から撤退させるのに使ったツールのひとつだ。

過去から将来を完璧に予測し得るとは私は思わない。過去は将来的に起こる可能性のあることを示す指標にほかならない。つまり、過去は将来の一般的なガイドラインにすぎないのである。とはいえ、過去が示すバイアスは将来の動きを予測するうえで有効だと思っている。では、われわれは今日、今月、今年、具体的に何をすればよいのだろ

図6.13　Tボンド（日足チャート）

2011年の季節性は
1998年のパターンに
似ていることに注目

ナビゲーター（ジェネシス・ファイナンシャル・データ・サービス）で作成

図6.14　S&P500指数（日足チャート）

2011年の季節性は
1998年のパターンに
似ていることに注目

ナビゲーター（ジェネシス・ファイナンシャル・データ・サービス）で作成

うか。それを考えてみよう。

この第６章の締めくくりとして、1998年に私が実際に行ったトレーディングの一例を見てみることにしよう。私はTボンドの売買にはあるシステムを使っているが、それを使って**図6.15**に示す期間でTボンドを300枚強売った。売った位置は売りには適していなかったようで、売ったあとに相場は逆行し、25万ドルもの含み損になった。損切り位置に近づくと不安は高まり、私の内なる声は122 22/32で損切りして敗北を認めよと言ってきた。

もしこのロードマップ、つまりパターンを知らなければ、損切りをしていただろう。しかし、Tボンドの下落パターンは通常TDM12から始まることを知っていたため、損切りを122 28/32に引き上げ、それと同時に、TDMの通常のパターンに備えて2月19日に再び売った。幸運にも、市場は「やるべきことが分かって」おり、TDM19から2月24日まで下げ続け、そこで私のシステムは買いシグナルを出してきた。最初のポジションでは損失を出したが、もし市場のこのバイアスを知らなければ、損失はもっと大きくなっただろう。

正直なところ、市場はもっと上昇する可能性もあった。間違える可能性は常にある。私が必ず損切りを置くのはそのためだ。ただ、このケースのように手元の情報に基づいて若干位置を変えることはある。これは思考を必要とするビジネスだ。これは過去から未来永劫変わることはない。私がトレーディングを成功に導くための要素を教えるのが好きなのはこのためだ。これまで使ってきてかなり成功率の高かった強力な要素のひとつが、この第6章で述べたTDM（月の何日目に買いバイアスや売りバイアスがあるかどうか）とTDW（何曜日に買いバイアスや売りバイアスがあるかどうか）である。この概念を最初に考案したのがだれなのかははっきりしない。おそらくは、商品ビジネスの最高の研究者のひとりでナイスガイのシェルダン・ナイトか、私だろう。しかし、このテクニックを最も信用しているのは私だと思っている。

私のトレーディング仲間にはTDWの概念を否定し、曜日による違いはないと主張する者もいる。でも、私はそうは思わない。事実、私が明日やることを決めるときに最初に使うのがこの概念だ。曜日によるバイアスがあることはこの章のデータが明確に示している。トレー

図6.15　Tボンド（日足チャート）

ナビゲーター（ジェネシス・ファイナンシャル・データ・サービス）で作成

ダーとして私がやるべきことはこのバイアスを最大限に利用することである。

まとめ

各月の取引日にはパターンが存在し、それをトレーディングに有効に利用することができる。すべての取引日は同じではなく、商品の当業者や生産者は各月ごとに独自の時間枠を持つ。つまり、彼らが買ったり売ったりする可能性が最も高い日が各月のなかに存在するということであり、われわれトレーダーはそれを有効に活用することでパフォーマンスの大幅な向上が期待できるのである。

第7章

勝つためのパターン

Patterns to Profit

訳の分からない市場の動きにも秩序はある。それを証明するのがこの章のテーマだ。

チャーチストたちはチャート上に現れる特定のパターンやフォーメーションによって市場の動きを予測することができると信じてきた。この連中が主として見てきたものは、市場の動きの長期的なパターンである。こういった現象を真剣に研究したい人には、まずはロバート・エドワーズとジョン・マギーの共著**『マーケットのテクニカル百科 入門編・実践編』**（パンローリング）の一読をお勧めする。

1930年代、リチャード・ワイコフ、オーエン・テイラー、H・M・ガートレー、ジョージ・シーマン（私のお気に入り）は長期パターンの研究に莫大な時間をかけ、システマティックなアプローチの構築を目指した。1950年代になり、これらの古老たちが依然として30日から60日の価格パターンにのみ固執していたのに対し、10日から15日の価格パターンに注目し、テクニカル分析を大きく前進させたのがリチャード・ダニガンだ。

前にも述べたように、グラフ化できるものであれば、価格パターンと同じようなものはどんなものにも見いだすことができる。コイン投げをしてその結果をグラフにしてみると、ポークベリーやとうもろこしと同じパターンを見いだすことができるはずだ。この事実を知ったアナリストのなかには価格構造の分析をやめた者もいる。そして、一般的にこれらのパターンから未来を予測することはほとんどできない。これは当たり前のことである。なぜなら、チャートフォーメーションには未来に対する予測能力はないからである。あるいは、調べた期間が適正ではないからだ。W・L・リンデンはフォーブス誌のなかで次のように述べている――一流のエコノミストによる経済予測は1970年代以降、ほぼすべての主要な転換点を外してきた。それにはタウンゼント・グリーンスパン（前FRB［連邦準備制度理事会］議長のアラン・グリーンスパンが設立した経済コンサルティング会社）による予測も含まれていたことを考えると背筋が凍る思いがする。

リンデンの記事のなかに見られる唯一の希望の光は、これらの予測は短期的には正しかった、という言葉だった。５分後の人生を予測することは５年後の人生を予測することよりもはるかにやさしいことを考えれば、納得がいくはずだ。時間がたつにつれ、より多くの変数や変化が現れる。時間がたてばかつては正当と思われていたことは変わる。かくして、未来という闇に包まれた未知のブラックホールに対する予測はつまずくわけである。

私が（長きにわたり）パターンでお金儲けしてきた理由はこれで説明がつくと思う。私が使ってきたパターンは、１日から５日という極めて短期の市場の変動パターンである。いかなるものにもグランドデザインというものがあるように、主要な市場の高値や安値にも支配的なパターンがあるかもしれない。もしそうだとすれば、私にはまだそういったパターンが見えてこないだけかもしれない。しかし、はっきり言えることは、市場には短期的なパターンはたくさん存在し、それがあなたに大きな――時には巨大と言ってもよいくらいの――優位性をもたらしてくれるということである。

ベストパターンに共通する要素

まず最初に、パターンというものが機能することを、あるいは少なくとも私たちのテーブルに優位性（私たちが乳をしぼることのできる乳牛）をもたらしてくれることを証明する必要がある。それから、私がなぜこれらのパターンが機能すると思うのか、訳の分からない価格の動きのなかにある秩序とは何なのか、そしてこれらのパターンがわれわれを勝利に導いてくれる根拠を示していきたいと思う。

まずは幅広く売買されているS&P500市場を使って基本的なパターンを見ていくことにしよう。この市場は上げて引ける確率と下げて引ける確率がそれぞれ50％である。TDW（トレーディングデイ・オブ・ザ・ウィーク）を考えなければ、明日がどうなるかはコイン投げと同じことになる。

しかし、パターンは変わる可能性がある。しかも劇的に。

まず基本的なパラメーターを決める必要がある。S&P500を毎日買って、3250ドルのところに損切りを置き、翌日の大引けで手仕舞ったらどうなるだろうか。1982年７月から1998年２月までの期間で検証したところ、総トレード数2064で勝率は52％、１トレード当たりの平均損益は134ドルだった。1998年以降の期間では、総トレード数1739で勝率は52％、総損益は15万1000ドル、１トレード当たりの平均損益は87ドルだった。

表7.1は1984年から1998年まで（第１版で使った期間）の結果を示したものだ。表を見ると分かるように、買うのに適した曜日は月曜日と水曜日で、特に良かったのは月曜日である。

このパターンは将来的にも有効だろうか。

次に、今日下げて引けたときのみ翌日に買うとどうなるかを見てみよう。この場合、総トレード数1334で勝率は同じく52％だったが、１トレード当たりの平均損益は212ドルと大幅に上昇した。1998年以降の期間では、総トレード数1218で勝率は55％、１トレード当たりの平均損益は79ドルだった。

最後に、３日続けて下げて引けたときのみ翌日に買う場合、勝率は58％（トレード数248）に上昇し、１トレード当たりの平均損益も353ドルと大幅に向上した。もしかするとこのトレードパターンに何か秘密があるのだろうか。1998年以降の場合も、総トレード数579で勝率は54％、１トレード当たりの平均損益が179ドルという良い数字が得られた。

では、次に述べる条件が整ったときに翌日に何が起こるかを調べてみることにしよう。条件――①今日の終値が30日前の終値よりも高い（上昇トレンド）、②今日の終値が９日前の終値を下回る（押し目）。これらの条件が整ったら、翌日の寄り付きで買って、その日の大引けで売る。市場が本当にランダムならば、全トレードのうち52％は勝ちトレードになるはずだ（50％でないのは、これらの調査期間では全体的に上昇トレンドにあったから。最初の調査で上げて引けた日が52％あったことがその何よりの証拠）。

しかし、結果は予想を大きく上回るものだった。この単純なトレードパターンでは、総トレード数354で勝率は57％、１トレード当たりの平均損益は421ドルだった。勝率は52％から57％へと跳ね上がり、１トレード当たりの平均損益はおよそ４倍である。帽子を吹っ飛ばされないようにしっかりつかんでおこう。このあとさらに驚異的な事実が登場する。

表7.1は1984年から1998年までの期間においてこのパターンでトレードしたときの曜日ごとの結果を示したものだ。総損益は８万4600ドル、総トレード数321で勝率は63％である。

この第２版のために1998年から2011年まで同じパターンで検証してみた。その結果を示したものが**表7.2**である。

まさに驚くべき結果である。前と同じように利益が出ているのは月

表7.1　週ごとの統計量のまとめ（1984年～1998年）

曜日	トレード数	勝率（%）	平均利益	平均損失	平均利益÷平均損失	1トレード当たりの平均損益	最大損失額	総損益
月曜日	385	60.00%	$723	−$650	1.11	$174	−$3,450	$66,813
火曜日	413	47.70%	$684	−$680	1.01	−$29	−$4,300	−$12,063
水曜日	413	52.30%	$696	−$682	1.02	$39	−$10,000	$16,088
木曜日	404	50.99%	$615	−$767	0.80	−$62	−$4,675	−$25,000
金曜日	408	49.02%	$696	−$761	0.91	−$47	−$3,650	−$19,213

表7.2　週ごとの統計量のまとめ（1998年5月～2011年5月）

曜日	トレード数	勝率（%）	平均利益	平均損失	平均利益÷平均損失	1トレード当たりの平均損益	最大損失額	総損益
月曜日	360	50.00%	$2,801	−$2,229	1.26	$286	−$9,575	$102,925
火曜日	382	47.12%	$2,610	−$2,372	1.10	−$24	−$4,250	−$9,325
水曜日	420	49.05%	$2,629	−$2,385	1.10	$74	−$5,750	$31,150
木曜日	372	47.31%	$2,557	−$2,368	1.08	−$38	−$6,625	−$14,100
金曜日	400	47.75%	$2,733	−$2,436	1.12	$32	−$8,925	$12,750

曜日と水曜日、特に良かったのは月曜日である。ポール・クートナーにこの結果を突きつけたら、彼は何と言うだろうか。

私がこれまでに発見したベストパターンには共通の要素がある。それは、市場の極端な感情を示すパターンは、反対方向の価格スイングが発生することを予告する信頼のおけるシグナルになる、ということである。

言い換えるならば、チャート上で一般大衆の目にネガティブと映るものは、短期的な値動きにとってはポジティブなものであることが多いということであり、逆にポジティブと映るものはネガティブであることが多いということである。この代表例が、下げて引けるアウトサイドデイ（包み足）である。アウトサイドデイとは、「今日の高値が前日の高値よりも高い」かつ「今日の安値が前日の安値よりも安い」を満たす日のことを言う。まるで空が落ちてくるようで、とても良い日とは思えない。実際、私がこれまでに読んできた本には、これは優れた売りシグナルになると書かれてあった。こうした激しいスイングは、引けた方向（このケースの場合は下落）に市場が動くサインだと言うのである。

だれが書いたものかは覚えていないが、その著者が価格チャートをよく見ているとはとても思えない。**図7.1**の米ドル指数を見ると分かるように、これは非常に強力な上昇パターン（市場構造）なのである。

憶測では確かなことは言えないので、コンピューターによる簡単な検証を行ってみると、私が好むこの短期パターンの威力をはっきりと示す結果が出た。パターンの有効性を証明するのに、実際に何が起こっているのかを確認するのに、それほど大げさなことをする必要はなく、簡単な検証で事足りる。このアウトサイドデイのパターンが発生したと仮定すると、明日のパターンをより一層決定づけるイベント、つまり最終的なフィルターが存在する。それは、明日がどの方向で寄り付くか、である。これをS&P500に適用した結果を示したものが**図7.2**である。翌日の始値がアウトサイドデイの終値よりも安いときに翌日の寄り付きで買った場合、総トレード数109で勝率は85％で、総損益は５万2062ドル、１トレード当たりの平均損益は477ドルという結果が出ている。

おそらくあなたは、このあとの期間でも同様の結果が得られたのだろうかと思っているに違いない。もちろんである。例のランダムウォークの連中も尻尾を巻いて逃げ出したくなるほどの結果が出ている。総トレード数76で勝率は53％、総損益が３万9500ドル、１トレード当たりの平均損益は500ドルである。

木曜日は売り圧力が発生しやすくそれが金曜日まで続く傾向がある。したがって木曜日を除いてトレードしてみた（**図7.3**）。その結果、総損益は５万0037ドルと若干下がるが、１トレード当たりの平均損益は555ドルと上昇し、勝率も86％とやや上昇、ドローダウン（DD）は

図7.1　米ドル指数（日足）

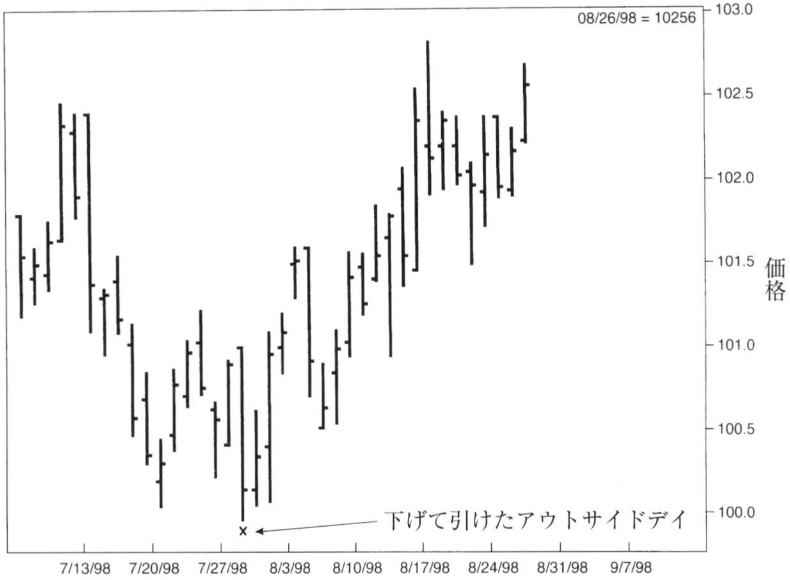

ナビゲーター（ジェネシス・ファイナンシャル・データ・サービス）で作成

図7.2　強気パターン（S&P500――1982年7月2日〜1998年8月27日）

全トレード

総損益	$52,062.50		
総利益	$84,062.50	総損失	$ −32,000.00
総トレード数	109	勝率	85%
勝ちトレード数	93	負けトレード数	16
最大勝ちトレード	$4,887.50	最大負けトレード	$ −2,000.00
勝ちトレードの平均利益	$903.90	負けトレードの平均損失	$ −2,000.00
平均利益÷平均損失	0.45	1トレードの平均損益	$477.64
最大連勝数	44	最大連敗数	4
勝ちトレードの平均日数	2	負けトレードの平均日数	1
終値で見た最大DD	$ −8,000.00	日中での最大DD	$ −8,000.00
プロフィットファクター	2.62	最大保有枚数	1
必要資金	$11,000.00	運用成績	473%

図7.3　最初に利益が出た寄り付きで手仕舞うというルールで手仕舞ったときの結果（S&P500――1982年7月2日～1998年8月27日）

全トレード			
総損益	$50,037.50		
総利益	$74,187.50	総損失	$ −24,150.00
総トレード数	90	勝率	86%
勝ちトレード数	78	負けトレード数	12
最大勝ちトレード	$4,887.50	最大負けトレード	$ −2,150.00
勝ちトレードの平均利益	$951.12	負けトレードの平均損失	$ −2,012.50
平均利益÷平均損失	0.47	1トレードの平均損益	$555.97
最大連勝数	39	最大連敗数	3
勝ちトレードの平均日数	2	負けトレードの平均日数	1
終値で見た最大DD	$ −6,000.00	日中での最大DD	$ −6,000.00
プロフィットファクター	3.07	最大保有枚数	1
必要資金	$9,000.00	運用成績	555%

8000ドルから6000ドルに減少した。手仕舞いとしては、2000ドルのマネーストップか、ベイルアウト戦略（最初に利益が出た寄り付き）で手仕舞った。

このパターンはTボンド市場にも適用することができる。非常に強力なパターンなので、実際には単独ですべての市場に適用できる。しかし、カードが自分に有利に切られることを好む私としては、ザ・ベスト・オブ・ザ・ベストなトレードだけを行いたいのでもうひとつ確認事項を追加する。**図7.4**は、下げて引けたアウトサイドデイの翌日の始値がアウトサイドデイの終値を下回ったときのみ、その始値で買った場合の結果を示したものだ。手仕舞いには、1500ドルのマネーストップか、ベイルアウト戦略を用いた。こうした機械的なアプローチが機能することをほとんどのトレーダーは知らない。1990年以降の期間では、総トレード数57で勝率が82%、1トレード当たりの平均損益が212ドルという結果が出ている。

このパターンをさらに改善することはできないだろうか。もちろん

図7.4　下げて引けたアウトサイドデイのすべてでトレードしたときの結果（Tボンド――1990年6月10日～1998年8月27日）

全トレード

総損益	$12,115.00		
総利益	$27,665.00	総損失	$ -15,550.00
総トレード数	57	勝率	82%
勝ちトレード数	47	負けトレード数	10
最大勝ちトレード	$2,101.25	最大負けトレード	$ -1,555.00
勝ちトレードの平均利益	$588.62	負けトレードの平均損失	$ -1,555.00
平均利益÷平均損失	0.37	1トレードの平均損益	$212.54
最大連勝数	11	最大連敗数	3
勝ちトレードの平均日数	2	負けトレードの平均日数	1
終値で見た最大DD	$ -5,416.25	日中での最大DD	$-5,510.00
プロフィットファクター	1.77	最大保有枚数	1
必要資金	$8,510.00	運用成績	142%

可能だ。あなたはどうすればよいと思うだろうか。今のあなたには分かるはずだ。おそらくあなたは、曜日によってパフォーマンスが違うのではないかと思っているはずだ。まさにそのとおりである。前のS&P500のように、木曜日を除いてトレードした場合、総トレード数41で勝率は90%、総損益は1万7245ドル、1トレード当たりの平均損益は420ドルという結果になった（**図7.5**）。これ以上の結果があるだろうか。

問題は、下げて引けるアウトサイドデイのパターンはわれわれが望むほど多くは発生しないという点だ。だから、このアウトサイドデイのパターンを見つけたら、ためらうことなく買え！

それでは、強気に見える別のパターンをS&P500で見てみることにしよう。上げて引ける日が2日連続で発生し、3日目の終値が前日の高値を上回るというのがそのパターンだ。つまり、3日連続で上昇するということである（**図7.6**）。一見強気に見えるこのパターンは、一般大衆の買いを誘う。

図7.5　木曜日以外の曜日にトレードしたときの結果（Tボンド――1990年6月10日〜1998年8月27日）

全トレード

総損益	$17,245.00		
総利益	$23,465.00	総損失	$ −6,220.00
総トレード数	41	勝率	90%
勝ちトレード数	37	負けトレード数	4
最大勝ちトレード	$2,101.25	最大負けトレード	$ −1,555.00
勝ちトレードの平均利益	$634.19	負けトレードの平均損失	$ −1,555.00
平均利益÷平均損失	0.40	1トレードの平均損益	$420.61
最大連勝数	11	最大連敗数	1
勝ちトレードの平均日数	2	負けトレードの平均日数	1
終値で見た最大DD	$ −1,555.00	日中での最大DD	$ −1,555.00
プロフィットファクター	3.77	最大保有枚数	1
必要資金	$4,555.00	運用成績	378%

例えば、1986年から1998年までのS&P500でこのパターンをチェックしてみると、火曜日に25回発生し、水曜日に売るセットアップが整っていた。25回のうち、19回は勝ちトレードになり、総損益として2万1487ドルを稼ぎだした。Tボンド市場では1989年〜1998年8月の検証期間において、同じパターンが木曜日に28回発生し、金曜日に売るセットアップが整い、1万3303ドルの総損益が出た。89%という勝率はランダムウォーク理論を提唱する教授たちに対する挑戦状と言ってもよいだろう。ただし、Tボンドでは1500ドルのマネーストップを置き、S&P500では2000ドルのマネーストップを置いた。

いずれの市場でも、手仕舞いには単純なベイルアウト戦略（詳しくはのちほど）を用いた。私がトレードで利用するこうした短期パターンはいくつかある。現在のパターンが何をほのめかしているのかを知るために私は毎日研究を続けている。私が長年にわたって使い続けている株式パターンはいくつかあるが、新たなパターン探しに常に余念がない。

図7.6　前日の高値を上回って引ける

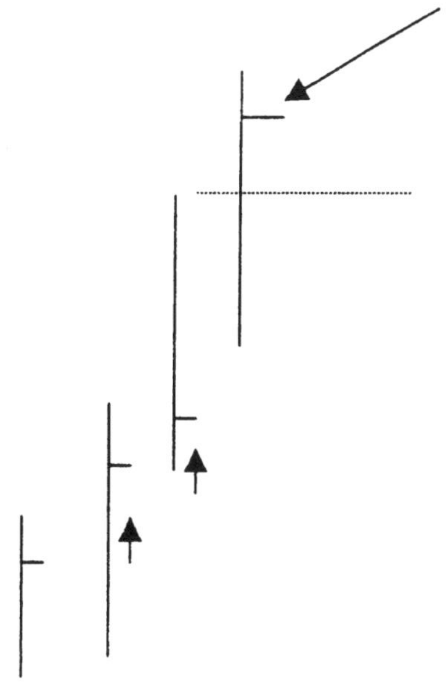

1998年以降のＥミニS&P市場でもこれらのパターンを検証したが、同じような結果が得られた。電子市場の時代になっても、アウトサイドデイが上昇トレンドのサインになることに変わりはない。

疑問点を考えてみよう

パターンは機能する。それは確かだ。私は長年にわたってさまざまなパターンを記録し、分類してきた。読者のみなさんもぜひこれをやってもらいたい。手始めにここで紹介するパターンから始めるとよいだろう。その前に、なぜこれらのパターンが機能するのかを考えてみることにしよう。これらのパターンは何を意味するのか。それぞれのパターンはどんな市場でも機能するのか。トレードする曜日は関係あるのか。これらは私の株式市場に対する疑問だが、私が本当に探しているのは、一般大衆を間違ったときに買いや売りに誘い込むが、私にとっては正しい売買シグナルになる、目で見て分かりやすい明確なパターンである。チャートに反映された感情を理解することこそが、「チャートを読む」ためのカギなのである。

つい先ごろ行った私のセミナーの出席者のなかに「トレーダー・リック」という人物がいた。私がちょうどこの節を書いているときに、彼はメールで次のように言ってきた。メールを読んで、何を見ればよいのかを考えると同時に、自分に当てはまることがあれば反省してもらいたい。

> 感情的なトレーダーになってはならないことを証明する話に興味はありますか？　それをひとつ紹介したいと思います。あなたにとってきっと興味深いものだと思います。
>
> 先週末、月曜日になったら真っ先に、銅５月限の77.80の位置に買いの逆指値注文を置こうと思いました。銅市場が開いてすぐにブローカー（不幸なことに、いつものブローカーは８時ごろにならないと出社しません）に電話して、「今朝の銅はいくらで寄り付いたの」と聞いてみました。すると彼は、「銅は見ていないから分かりません。すぐに調べないと……」（やれやれ）。
>
> 「分かった。では直近の価格は？」と聞くと、77.90から下げて77.00だったと言われました。価格レンジは私が注文しようと思っていた逆指値価格をいったん上回っていたので、押しを待つほうがよいと思いました。
>
> あとで電話をかけ直すと、価格は77.30でした。でも何もしませんでした。なぜとお聞きになりたいでしょう。実は私にもよく分からないのです。ただ、「市場を見て」何をすべきかはっきりしたら動こうと思ったのです。今にして思えば、上がれば押しを待ったでしょうし、下がれば怖くて買えなかったでしょう。何という矛盾でしょうか。上げても下げても怖い。そして市場では

まさにそれが起こったわけです。私は一体何を「見たかった」のでしょうか。神のお告げでしょうか。

その日遅くに再び電話をかけ直すと、銅は80.30に上昇していました。「参ったな……まぁいいや、成り行きで買って」。今や銅は勢いよく上昇していました。ここで買うことは、あなたが週末に教えてくれたことのすべてに逆らうことになることは分かっていました。でも、自分でも分からない魔力のような力によって「買わされた」のです。なぜもっと早くに仕掛けなかったのかと自分に腹を立てた私が買ったのはその日の高値でした。

そして翌日、銅は下落し始めました。幸いなことに再び上昇しましたが、結局は500ドルの損失を出しました。何といまいましい！　この失敗から得た教訓は、「トレードするときには事前に計画を立て、その計画から逸脱するな。間違ったときに感情に押し流されて崖から突き落とされるようなことはするな」です。

リックのこのメールを読んで釣りを思い出した。エサを投げ入れると、釣りざおが小刻みに揺れる。まだ来ない。また揺れる。でもまだ来ない。すると釣ざおがピクピク引いてくる……バーン。やっと来た！

市場も同じである。市場は釣りざおを小刻みに揺らして、われわれを引っかけてくる。この小刻みな揺れはわれわれをだますための細工にすぎない。釣り針、釣り糸、重り――どうか引っかからないでほしい。

市場が釣りと異なるのは、キャッチ・アンド・リリース（魚を捕まえて逃がしてやる）ではないという点だ。エサに食いつけばおしまいだ。「ダマシの餌付け」にはくれぐれもご用心を！

次に強欲があなたの肩をたたいてきたら、感情があなたにエサに食いつけと誘惑してきたら――食いついてはならない。

スマッシュデイ・パターン

強欲にとりつかれた一般大衆はいつも負ける側の住人だ。これは彼らにとっては不都合なことだが、彼らをエサに食いつかせるものが何なのか、何が彼らの意思決定を間違わせたのかが分かれば、われわれにとってこれほど都合のよいことはない。こうした「事象」のひとつが、私が「スマッシュデイ・リバーサル」と呼んでいるパターンである。これは市場が上か下に大きくブレイクする日のことを言い、この激しい動きは一般大衆を市場へと向かわせる。

スマッシュデイには２つのタイプがある。１つ目は非常に分かりやすい。前日の安値より下げて引けた日を「スマッシュデイの買いのセットアップ」と呼ぶ。チャートに対する優れた観察眼を持つジョー・ストーエルの言葉を借りれば、「むきだしの終値」ということになる。こうした日の終値は過去３日から８日の安値を下回る場合もある。チャーチストや一般大衆やプロのテクニカルアナリストにとっても、これは下方へのブレイクアウトのように見えるため、極端な売りへと導かれる。

彼らが正しい場合もあるが、もし市場がその直後に反転すれば、彼らは完全に間違えたことになる（**図7.7**）。

スマッシュデイの売りのセットアップはこの逆である（**図7.7**）。前日の高値より上げて引けた日を「スマッシュデイの売りのセットアップ」と呼び、通常は上方に「ブレイクアウト」してトレーディングレンジを上回って引ける。これは釣りざおがピクッと動くようなもので、一般大衆はよく見ないうちに飛びつく。どういった動きが買いと売りのセットアップになるのか、**図7.7**で確認しておこう。

前にも言ったように、これは時には本当にブレイクアウトになる場合もある。しかし、スマッシュデイの翌日の価格がスマッシュデイと逆方向に動き、前日の下げて引けたスマッシュデイの高値を上回れば、

図7.7　スマッシュデイの売りと買いのセットアップ

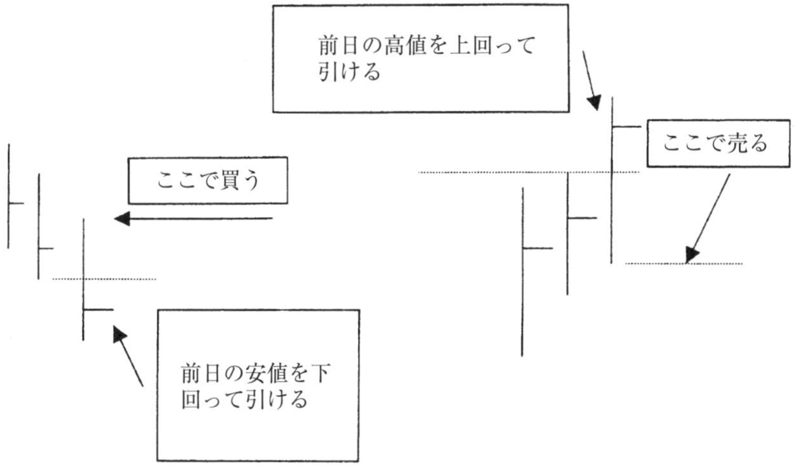

それは信頼のおける買いシグナルになる。同様に、前日の上げて引けたスマッシュデイ（その前の日の高値を上回って引ける）は信頼のおける売りシグナルになる。

つまり、スマッシュデイの翌日は反転する可能性が高いということであり、下げて引けた日に売ったり、上げて引けた日に買ったりした一般大衆は苦痛を味わうことになる。彼らがブレイクアウトと思ったものは実は本物のブレイクアウトではなかったのである。彼らはエサに食いつき、そのあと価格は反転。そこでわれわれはチャンス到来とばかりに仕掛けに打って出る。これがこのパターンの原理と機能する理由である。「市場で起こるべきはずのことが起こらない」ときには、新しい情報に基づいてトレードせよという警告であると私は信じている。

このパターンが機能することを示す例を示したものが**図7.8**と**図7.9**である。もうひとつのタイプのスマッシュデイ・リバーサルについての説明を終えたら、このパターンの使い方について説明する。

図7.8　機能するスマッシュデイ・パターン（S&P500――1982年7月2日～1998年8月27日）

全トレード

総損益	$21,487.50		
総利益	$33,487.50	総損失	$ −12,000.00
総トレード数	25	勝率	76%
勝ちトレード数	19	負けトレード数	6
最大勝ちトレード	$4,850.00	最大負けトレード	$ −2,000.00
勝ちトレードの平均利益	$1,762.50	負けトレードの平均損失	$ −2,000.00
平均利益÷平均損失	0.88	1トレードの平均損益	$859.50
最大連勝数	6	最大連敗数	2
勝ちトレードの平均日数	2	負けトレードの平均日数	6
終値で見た最大DD	$ −4,000.00	日中での最大DD	$ −4,775.00
プロフィットファクター	2.79	最大保有枚数	1
必要資金	$7,775.00	運用成績	276%

図7.9　スマッシュデイ・パターンの別の例（Tボンド――1989年1月26日～1998年8月27日）

全トレード

総損益	$13,303.75		
総利益	$18,000.00	総損失	$ −4,696.25
総トレード数	28	勝率	89%
勝ちトレード数	25	負けトレード数	3
最大勝ちトレード	$2,413.75	最大負けトレード	$ −1,586.25
勝ちトレードの平均利益	$720.00	負けトレードの平均損失	$ −1,565.42
平均利益÷平均損失	0.45	1トレードの平均損益	$475.13
最大連勝数	9	最大連敗数	1
勝ちトレードの平均日数	3	負けトレードの平均日数	6
終値で見た最大DD	$ −1,586.25	日中での最大DD	$ −2,648.75
プロフィットファクター	3.83	最大保有枚数	1
必要資金	$5,648.75	運用成績	235%

図7.10　隠れたスマッシュデイの買いパターン

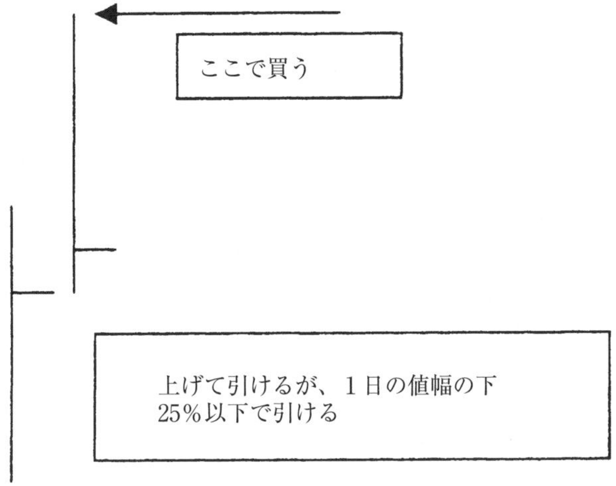

２番目のスマッシュデイ・リバーサル（**図7.10**）は見つけるのが少し難しいが、ある日の値動きが継続せず、その翌日に反転するという原理は同じである。まず買いのセットアップは、終値が前日の終値を上回るのが条件だ。ただし、前のスマッシュデイとは違い、終値はむきだしにはならない。そしてここが肝心なのだが、終値はその日の値幅の下25％以内で引けなければならない。終値がその日の始値を下回っていれば最良のパターンになる。終値が前日の終値よりも高いので、私はこれを「隠れたスマッシュデイ」と呼んでいる。

隠れたスマッシュデイでは、前日の終値をはるかに上回って寄り付き、前日よりも上げて引けるが、その日の高値からはかなり安く引ける。あるいは、前日の終値を少し上回って寄り付いたあと上昇するが、高値を付けたあと下落する。つまり、前日の終値よりは上げて引けるが、その日の高値よりはかなり安く引けるということになる。どちらのパターンでも、買った者は粉々に打ち砕かれ（スマッシュされ）、チャーチストたちがとどめを刺しにやってくる。

しかし、翌日に再び価格が上昇し、スマッシュデイの高値を上回れ

図7.11　隠れたスマッシュデイの売りパターン

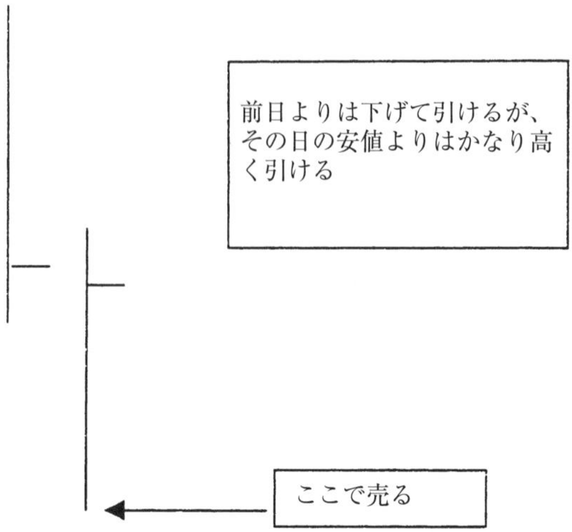
前日よりは下げて引けるが、
その日の安値よりはかなり高
く引ける
ここで売る

ば、チャーチストたちもやられてしまう。下落に失敗すると、その翌日は反転することが多い。価格のこの一連の動きは強気を示唆するものであるため、これまで学習してきたTDW、TDM、市場間の関係や、買われ過ぎ・売られ過ぎ、トレンドなどで上昇することが確認できたら、ためらわずに買う。

隠れたスマッシュデイの売りはこの逆だ。前日の終値を下回って引け、その終値がその日の値幅の上25％以上にあり、その日の始値よりも高い場合、これを隠れたスマッシュデイの売りのセットアップと呼ぶ。そして、その翌日に価格が隠れたスマッシュデイの安値を下回ったところで売る。これは上昇が継続しなかったことを意味する。このパターンを**図7.11**で確認しておこう。

スマッシュデイ・パターンの利用方法

これらのパターンの使い方には２通りある。まずは強い上昇トレンドや下降トレンドのなかにおけるこのパターンを見てみよう。あなたはこれから仕掛けようとしているか、すでにポジションを持ち、増し玉を考えているとする。例えば強い上昇トレンドで下げて引けるスマッシュデイ（隠れたスマッシュデイかどうかは関係ない）が発生すれば、翌日に買いのセットアップが整う。それと同時に、トレンドがそのまま続くことの明確な証拠になるため、増し玉のチャンス、つまり栄光へのダッシュとなる。

一方、下降トレンドでは、隠れたスマッシュデイは再び下落の波に乗るタイミングを示してくれる。「上げて引けて、むきだしの終値の日」か、「下げて引けて、終値がその日の値幅の上25％以上にある日」を探せばよい。もし翌日に価格がその日の安値を下回れば、それは売りの絶好のチャンスだ。このテクニックの重要性は、これらの例からよく理解できたことと思う。

スマッシュデイのセットアップは、レンジ相場が続く市場を探すのにも使える。スマッシュデイを見つけたら、その日の高値か安値がブレイクされた時点でしかるべき行動を取る。スマッシュデイのあとすぐに反転したら、私はそれを保ち合い相場のブレイクアウトと見る。これは、相場が多くの損切り注文が置かれた位置まで動き、ブレイクアウトを待ち望んでいた「ブレイクアウトベイビー」たちを「選んだ」ことを意味する。ブレイクアウトは一般大衆を引きつける磁石のようなものだ。彼らはそこで行動を取る。ところが翌日には反転し、彼らは一網打尽にやられてしまうのだ。手仕舞いのヒントを与えられた「幸運」に気づくこともなく、彼らはそのまま持ち続ける。そして数日後、損切りをさせられる。そのお陰で市場はその向きへの勢いを強め、われわれはそこに繰り出す、というわけだ。スマッシュデイ様々だ。

「百聞は一見に如かず」（本書の文脈では、１つのチャートはすべてを語る）と言った孔子はチャーチストであったに違いない。トレーディングレンジのなかでのスマッシュデイ・パターンの例を示しておくので、学習に役立ててもらいたい（**図7.12～図7.17**）。

図7.12　銀（日足）

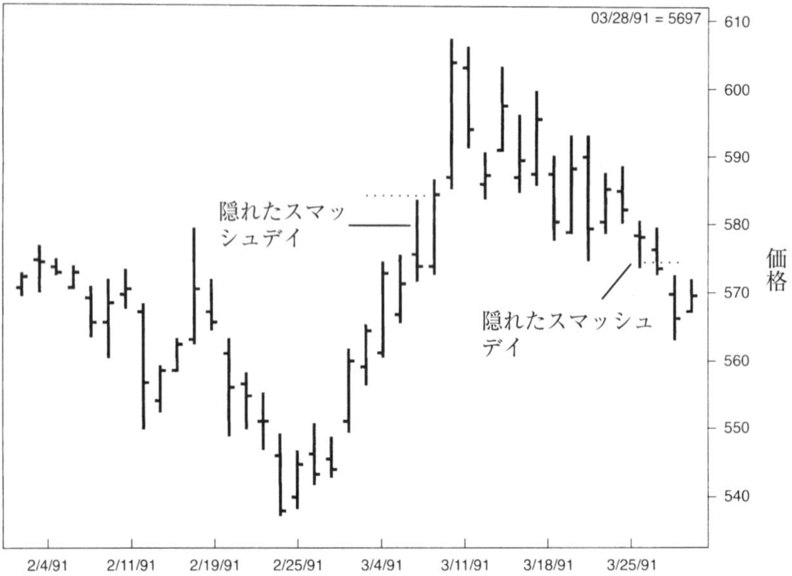

ナビゲーター（ジェネシス・ファイナンシャル・データ・サービス）で作成

私は仕掛けパターンとしてこれらのパターンを好んで使ってきた。1960年代、まだ初心者だったころにトレーディングでこのパターンを使って成功したし、2011年の今でもその機能は色あせることはない。私にとっては宝のようなツールだ。だからこれからも使っていくつもりだ。あなたにとっても強い味方になってくれるはずである。

スペシャリストのワナ

スマッシュデイを利用した別のパターンを見てみよう。この概念を創案したのは、1930年代に株のトレーディング講座の教科書（**『板情報トレード』『スイング売買の心得』『相場勝者の考え方』**［いずれもパンローリング］）を書いたリチャード・ワイコフである。私は彼の仕事にかなりの親近感を持っている。1966年と1967年、私はカリフォルニア州カーメルの図書館のちょうど真向かいで働いていた。カーメ

図7.13　Tボンド（日足）

ナビゲーター（ジェネシス・ファイナンシャル・データ・サービス）で作成

図7.14　Tボンド（日足）

ナビゲーター（ジェネシス・ファイナンシャル・データ・サービス）で作成

図7.15　大豆ミール（日足）

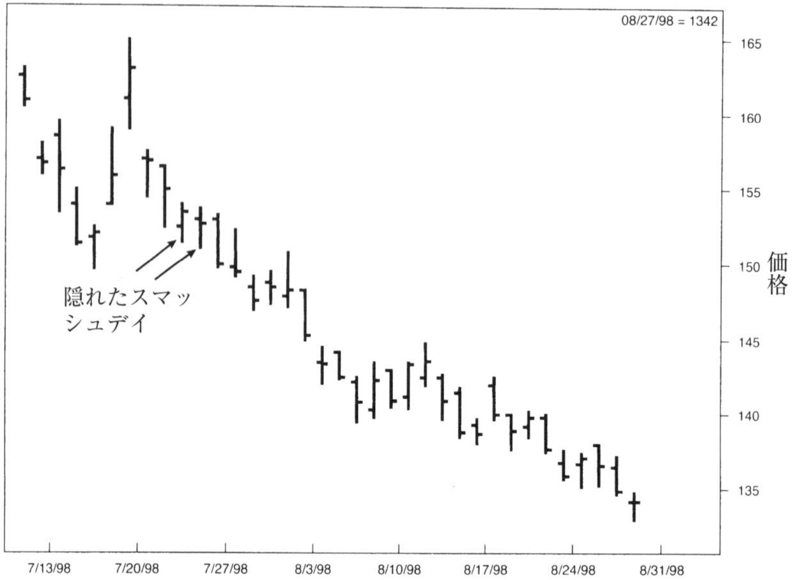

ナビゲーター（ジェネシス・ファイナンシャル・データ・サービス）で作成

図7.16　銀（日足）

ナビゲーター（ジェネシス・ファイナンシャル・データ・サービス）で作成

図7.17　小麦（日足）

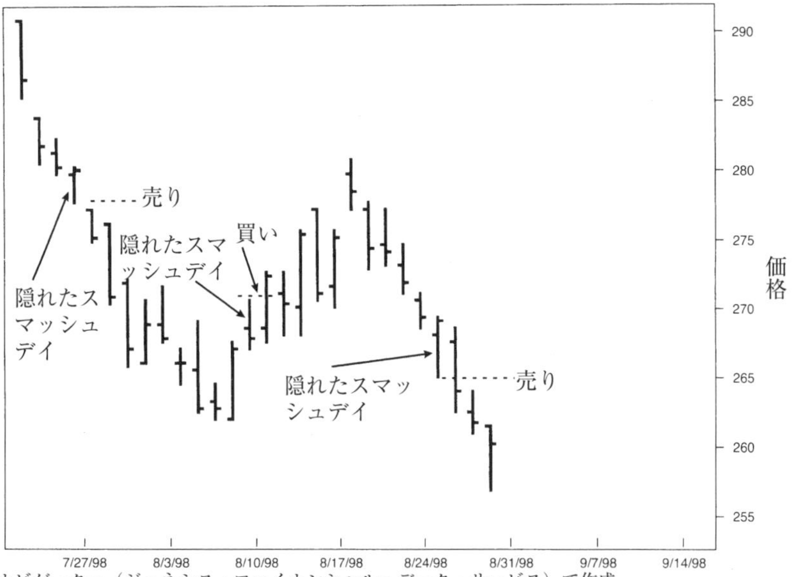

ナビゲーター（ジェネシス・ファイナンシャル・データ・サービス）で作成

ルに住んでいたワイコフはいろいろな本を書き、のちにそれをその図書館に寄贈した。何の巡り合わせかは分からないが、ある日の昼休みに図書館に行き、彼の寄贈した本を偶然見つけたのだ。その翌年はランチを取りながら彼の本を読むのが日課になった。

市場は「操作されている」。相場操縦を行う人々によってではなく、おそらくは集団の意識、「彼ら」のゆがんだ意識によって。これがワイコフの考え方だ。この集団が市場を動かし、一般大衆を間違ったときに市場に引き寄せるというのである。上場されている各銘柄の売り注文と買い注文を実際に突き合わせる仕事をしているNYSE（ニューヨーク証券取引所）のフロアのスペシャリストと呼ばれる集団は、「フロントランニング」（顧客である投資家からの注文を受けた仲介業者［証券会社］が、顧客の注文の前に自分の注文を先に出す違法行為）を行ったり、株価を操作して一般大衆をワナにはめるとして非難されてきた。本節のタイトル「スペシャリストのワナ」はここから来ている。しかし私は、価格を操作しているのは彼らではなく、値動きのダイナミズム、つまり値動きの気宇壮大さだと思っている。私にはスペシャリストに知り合いがいる。そのひとりがビル・エーブラハムズで、彼との付き合いはかれこれ15年になる。彼らが株価を操作していないことをエーブラハムズは私が納得できるように証明してくれた。

売りの「ワナ」が発生するのは、上昇トレンドにあった市場が５日から10日間保ち合いやボックス相場に入ったあと、トレーディングレンジを超えたむきだしの終値を伴って上方にブレイクアウトしたときだ。ここで注目しなければならないのはブレイクアウトした日の安値である。この安値が下にブレイクされ、価格が１日から３日にわたってその下方で維持されれば、上方へのブレイクアウトはダマシであり、一般大衆はインチキ商品をつかまされた可能性が高い。彼らが感情的な買いのワナにはまる一方で、売り抜けた者たちは天井で株や商品を一般大衆に売りつけたことになる。

スペシャリストの買いのワナはこれの逆である。下降トレンドにあった市場が５日から10日間保ち合いやボックス相場に入ったあと、トレーディングレンジの期間中のすべての安値を下回るむきだしの終値を伴って下方にブレイクすれば、それがスペシャリストの買いのワナである。理論的に考えれば、価格はさらに押し下げられるように思える。通常はそうである。しかし、価格がブレイクした日の高値の上に上昇してくれば、反転する可能性が高い。保ち合い市場の下に置かれた売りの逆指値注文はすべて約定する。一般大衆は自分たちがブレイクダウンを引き起こしたにもかかわらず、今や怖くてトレンドの反転では買えない。

図7.18から**図7.25**は「スペシャリストのワナ」の実例を示したものだ。学習に役立ててもらいたい。最後のチャート（**図7.25**）はエクソンのチャートである。

図7.18　金（日足）

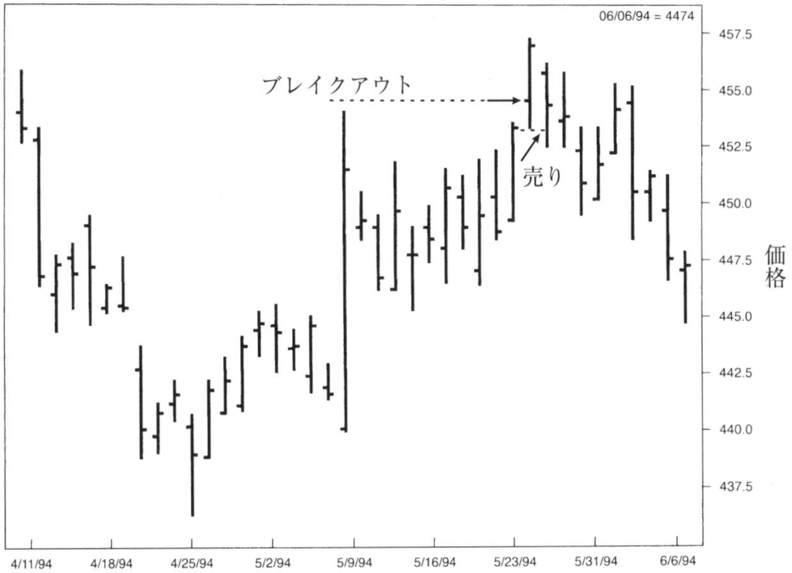

ナビゲーター（ジェネシス・ファイナンシャル・データ・サービス）で作成

図7.19　金（日足）

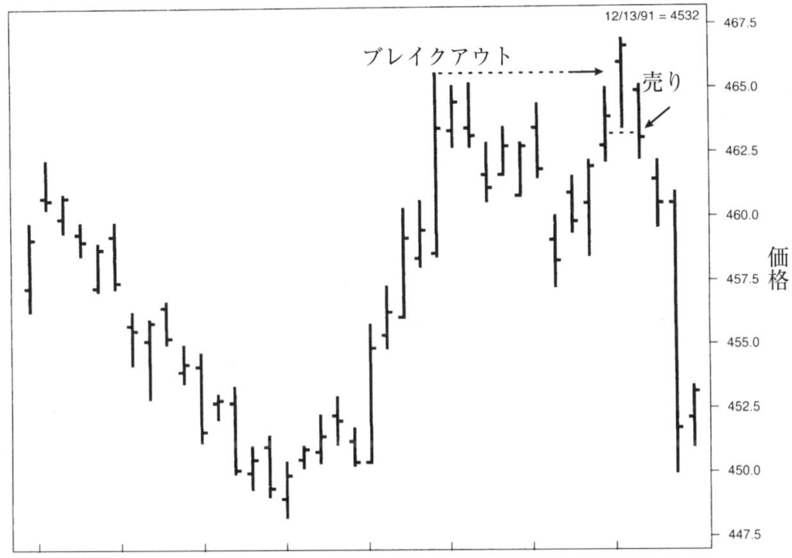

ナビゲーター（ジェネシス・ファイナンシャル・データ・サービス）で作成

図7.20　飼育牛（日足）

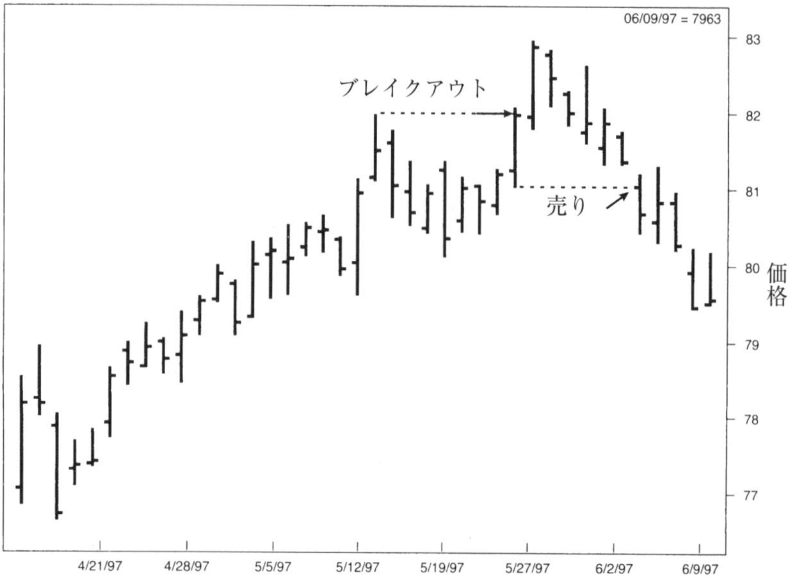

ナビゲーター（ジェネシス・ファイナンシャル・データ・サービス）で作成

図7.21　綿花（日足）

ナビゲーター（ジェネシス・ファイナンシャル・データ・サービス）で作成

図7.22　綿花（日足）

ナビゲーター（ジェネシス・ファイナンシャル・データ・サービス）で作成

図7.23　原油（日足）

ナビゲーター（ジェネシス・ファイナンシャル・データ・サービス）で作成

図7.24　ココア（日足）

ナビゲーター（ジェネシス・ファイナンシャル・データ・サービス）で作成

図7.25　エクソン（日足）

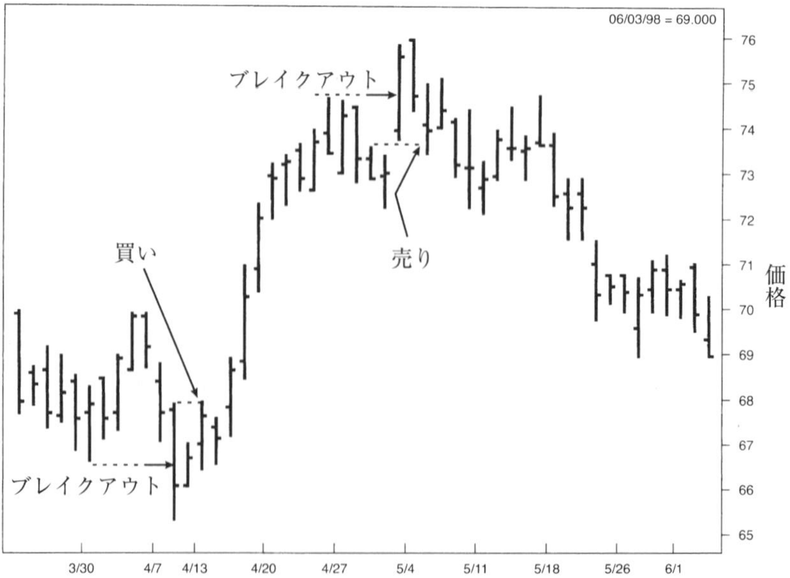

ナビゲーター（ジェネシス・ファイナンシャル・データ・サービス）で作成

重要事項――これは短期の時間枠でも機能する

私はこのスマッシュデイとスペシャリストのワナのパターンを長年にわたって5分足、30分足、1時間足でも使ってきたが、かなりの成果を上げている。超短期のトレーダーはぜひともこのテクニックを自分の日中トレードのツールボックスに加えることをお勧めする。これらのパターンは短期トレーダーにとって優れた仕掛けポイントを提示してくれるものだ。ただし、注意点が1つある。それは、そのトレードを行う裏づけ、つまりあなたにその行動を促す何らかの理由がなければならないということである。そうでなければ、あなたはただ価格を予測するために価格を使っているにすぎないことになる。最高のトレードを達成するには、価格構造だけに頼るのではなく、そのほかの条件も設ける必要がある。

ウップス！　これは間違いなんかじゃない

これから紹介するパターンに何らかの間違いがあるとするならば、それはこのパターンをみなさんにお教えしてしまうことだろう。これは私がこれまで研究し、トレードに使ってきた短期パターンのなかで最も信頼の置けるパターンだ。多くの著者やシステム開発者がこのパターンを採用している。一部の人はこのパターンの考案者が私であることを認めてくれているが（例えば、非常に有能なリンダ・ブラッドフォード・ラシュキ、批評家のなかの批評家であるブルース・バブコック、ジェイク・バーンスタインなど）、多くの人は私の功績と認めてくれないばかりか、考案者は自分だと主張する者さえいる。私が生徒たちにこのパターンを最初に教えたのは1978年のことである。

このパターンは、人々が過度に感情的になり、それに伴って価格が過剰反応し、急激に反転するという事実をベースにしたものだ。価格の過剰反応は前日の大引けから翌朝の寄り付きとの間に大きなギャップを空けるという形となって現れる。具体的には、前日の安値を下回って寄り付くと、それが買いシグナルになる。こうしたあまり起こらない事象は、市場の反転を示唆するものだ。極端に売られると人々はパニックに陥り、市場が開くと一斉に売る。そのため寄り付き価格は前日の安値を下回る。前日の値幅内で寄り付くことが多いことを考えると、これはあまり起こり得ない事象と言ってよい。

しかし、これがこのパターンのセットアップなのである。前日の安値を下回って寄り付くと、人々は一斉に仕掛ける。すると価格は前日の安値付近まで上昇する。相場が力を奮い起こして上昇すると、売り圧力は弱まり、市場は急上昇する。

もうお分かりだろうが、売りシグナルはこれの逆だ。前日の高値を上回って寄り付くと、それが売りシグナルになる。前日の高値を上回って寄り付くと人々は感情的になり、寄り付きで大量の買いが発生し大きなギャップを空ける。価格は前日の高値を大きく上回る。価格が前日の高値付近まで下落してくれば、いよいよわれわれの仕掛け時だ。ギャップが保たれないということは、短期的には強い下げサインだということをわれわれに知らせてくれているのだ。

本節のタイトルにある「ウップス（しまった）！」は、一般大衆がニュースやチャートなどを見て寄り付きで持っているポジションを損切りしたり、新たに空売りしたりする値動きから来ている。一瞬、一般大衆は正しい方向を向いているかに見えるが、価格が前日の安値まで上昇すると、ブローカーは、価格は逆行していると電話で伝えてくる。そのときに彼らはおおむね次のようなことを言う。「ウップス！

もしかしてまた、間違いましたかね。価格はかなり強く上昇してきています。このまま売りポジションを持ち続けますか？」

2011年に加筆した部分――ここで第１版の続きを述べておこう。ウップスは忘れられないパターンだ。このパターンを使って100万ドル以上は稼いだと思うが、残念ながらこのパターンは今ではもう機能しない。理由は簡単だ。場立ちがいなくなってしまったからである。場立ち取引が行われていたころは、市場は大引けから翌日の寄り付きまで16時間から18時間閉じ、その間に注文がたまり、人々の感情は高まった。売りか買いかはともかく、この間に注文が急増し、翌日はギャップで寄り付いた。しかし、電子取引に変わった今は市場が閉じている時間は極めて短く（数分、長くても数時間）、われわれにとって好都合だった抑圧された注文の「噴出」効果は消えた。こうした事情を考えれば、次に述べる結果はかなり良いと言える。

一般大衆が負けトレードを手仕舞おうと決心するころには、価格は前日の安値を上回り、彼らの新たな買いや買い戻しが市場に勢いを与え、価格は急上昇する。ここでわれわれは仕掛ける。**図7.26**と**図7.27**はウップスシグナルの様子を示したものだ。

では、われわれはこのパターンを短期トレーディングにどう利用すればよいのだろうか。まず下落する可能性が最も高い水曜日と木曜日以外の曜日にS&P500の買いシグナルを受け入れる（**図7.28**）。私があれこれ言うよりも、結果を見てもらうのが一番良いだろう。勝率は82％で、総損益は４万2687.50ドル、１トレード当たりの平均損益は435.59ドルだ。トレードの平均保有期間が1.5日（今日買って、明日の寄り付きで手仕舞う）であることを考えればかなり良い数字だ。損切りは2000ドルに設定した。これをさらに改善するには損切りと手仕舞いを工夫する必要があるが、これについては詳しくは第11章で説明する。

一方、Ｔボンドの場合はどうだろう。Ｔボンド市場では水曜日以外の曜日に買い、仕掛け値から1800ドルの位置に損切りを置く。手仕舞いにはベイルアウト戦略を用いる。これについてはこのあと説明する。**図7.29**に示したように、結果はランダムウォーク論者を打ち負かし、象牙の塔からたたき出すほど驚異的なものだ。勝率は86％、総損益は

図7.26　ウップスの買いシグナル

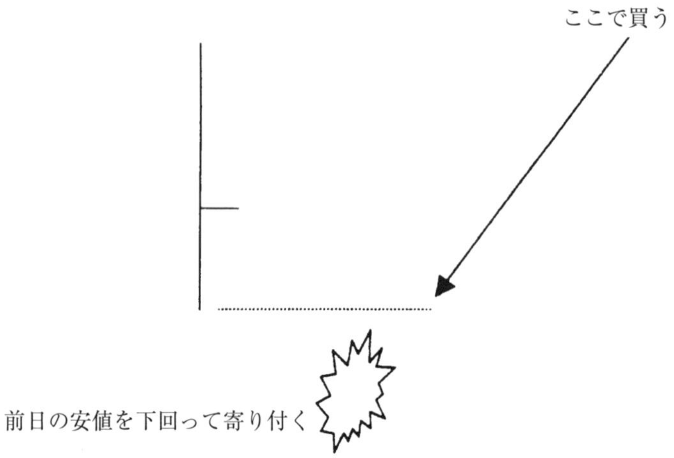

図7.27　ウップスの売りシグナル

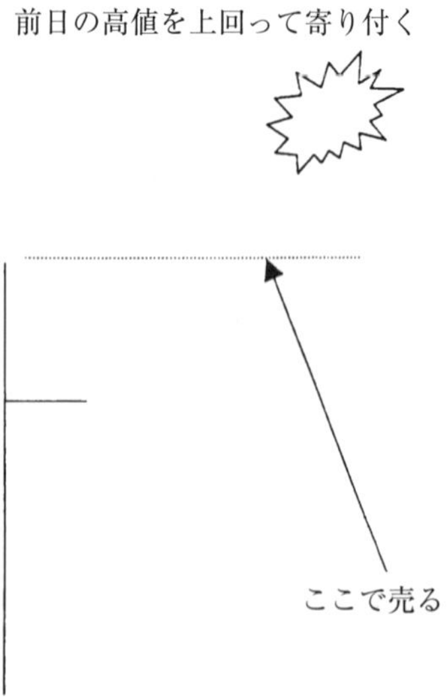

２万7875ドル、１トレード当たりの平均損益は手数料の50ドルを差し引いたあとでも201ドルとなかなかのものだ。

売りの場合は、上にギャップを空けて寄り付き、そのあと下げるというウップスパターンが発生したら水曜日に売る。1990年以降の結果を見てみると、総トレード数55で勝ちトレードは31、総損益は9875ドルだ。ただし、今回は2000ドルではなく1000ドルの位置に損切りを置き、手仕舞いには４日ベイルアウト戦略を使った。S&P500の場合は、売るのに最も適した曜日は木曜日で、勝率は78％、総損益は１万4200ドルだった。このテクニックの威力はお分かりいただけただろうか。詳しくは**図7.30**と**図7.31**を参照してもらいたい。

このテクニックはただ機械的に使うよりも、思考を加味したほうがより効果的だ。その例を見てみよう。**図7.32**は、９日移動平均線が木曜日よりも金曜日のほうが下落していれば、翌週に木曜日以外でウップスの買いシグナルが点灯したときにＴボンドを仕掛けた場合の結果を示したものだ。手仕舞いには３日以上たった寄り付きで利益が出た日の大引けで手仕舞うというテクニックを使った。その結果、勝率は81％、総損益は２万4625ドルだった。１トレード当たりの平均損益は373.11ドルとかなり高い。売りの場合は、９日移動平均線が月曜日よりも火曜日のほうが上昇していれば（これは買われ過ぎであることを示している）、水曜日にウップスの売りシグナルが点灯すれば仕掛ける。結果は、勝率が79％、総損益が１万3406.25ドル、１トレード当たりの平均損益は394.30ドルだった。短期トレードとしては悪くない。損切りと手仕舞いのルールは買いの場合と同じである（**図7.33**）

ウップスによるS&P500のトレード

この概念はS&P500でも機能する。この場合、９日移動平均線によって売られ過ぎが示されていれば、最良の買い日は火曜日、水曜日、

図7.28　機能するウップスパターン（S&P500――1987年9月15日～1998年8月28日）

全トレード

総損益	$42,687.50		
総利益	$76,687.50	総損失	$ −34,000.00
総トレード数	98	勝率	82%
勝ちトレード数	81	負けトレード数	17
最大勝ちトレード	$3,950.00	最大負けトレード	$ −2,000.00
勝ちトレードの平均利益	$946.76	負けトレードの平均損失	$ −2,000.00
平均利益÷平均損失	0.47	1トレードの平均損益	$435.59
最大連勝数	23	最大連敗数	3
勝ちトレードの平均日数	1	負けトレードの平均日数	1
終値で見た最大DD	$ −6,000.00	日中での最大DD	$ −6,000.00
プロフィットファクター	2.25	最大保有枚数	1
必要資金	$9,000.00	運用成績	474%

図7.29　ウップスによるTボンドのトレード結果（Tボンド――1990年1月1日～1998年8月28日）

全トレード

総損益	$27,875.00		
総利益	$60,812.50	総損失	$ −32,937.50
総トレード数	138	勝率	86%
勝ちトレード数	120	負けトレード数	18
最大勝ちトレード	$2,031.25	最大負けトレード	$ −2,125.00
勝ちトレードの平均利益	$506.77	負けトレードの平均損失	$ −1,829.86
平均利益÷平均損失	0.27	1トレードの平均損益	$201.99
最大連勝数	24	最大連敗数	3
勝ちトレードの平均日数	2	負けトレードの平均日数	3
終値で見た最大DD	$ −5,812.50	日中での最大DD	$ −5,812.50
プロフィットファクター	1.84	最大保有枚数	1
必要資金	$8,812.50	運用成績	316%

図7.30　ウップステクニックの結果（Tボンド――1990年1月1日～1998年8月28日）

全トレード

総損益	$9,875.00		
総利益	$34,031.25	総損失	$ –24,156.25
総トレード数	55	勝率	56%
勝ちトレード数	31	負けトレード数	24
最大勝ちトレード	$2,687.50	最大負けトレード	$ –1,093.75
勝ちトレードの平均利益	$1,097.78	負けトレードの平均損失	$ –1,006.51
平均利益÷平均損失	1.09	1トレードの平均損益	$179.55
最大連勝数	5	最大連敗数	3
勝ちトレードの平均日数	4	負けトレードの平均日数	3
終値で見た最大DD	$ –4,437.50	日中での最大DD	$ –4,437.50
プロフィットファクター	1.40	最大保有枚数	1
必要資金	$7,437.50	運用成績	132%

図7.31　ウップステクニックの改善された結果（S&P500――1987年9月15日～1998年8月28日）

全トレード

総損益	$14,200.00		
総利益	$40,200.00	総損失	$ –26,000.00
総トレード数	60	勝率	78%
勝ちトレード数	47	負けトレード数	13
最大勝ちトレード	$4,612.50	最大負けトレード	$ –2,000.00
勝ちトレードの平均利益	$855.32	負けトレードの平均損失	$ –2,000.00
平均利益÷平均損失	0.42	1トレードの平均損益	$236.67
最大連勝数	14	最大連敗数	2
勝ちトレードの平均日数	2	負けトレードの平均日数	2
終値で見た最大DD	$ –6,725.00	日中での最大DD	$ –7,012.50
プロフィットファクター	1.54	最大保有枚数	1
必要資金	$10,012.50	運用成績	141%

図7.32　ウップスで木曜日以外の曜日に買ったときの結果（Tボンド――1990年1月1日～1998年8月28日）

全トレード

総損益	$24,625.00		
総利益	$46,750.00	総損失	$ −22,125.00
総トレード数	66	勝率	81%
勝ちトレード数	54	負けトレード数	12
最大勝ちトレード	$2,625.00	最大負けトレード	$ −2,125.00
勝ちトレードの平均利益	$865.74	負けトレードの平均損失	$ −1,843.75
平均利益÷平均損失	0.46	1トレードの平均損益	$373.11
最大連勝数	20	最大連敗数	2
勝ちトレードの平均日数	3	負けトレードの平均日数	6
終値で見た最大DD	$ −5,500.00	日中での最大DD	$ −5,500.00
プロフィットファクター	2.11	最大保有枚数	1
必要資金	$8,500.00	運用成績	289%

図7.33　ウップスで水曜日に売ったときの結果（Tボンド――1990年1月1日～1998年8月28日）

全トレード

総損益	$13,406.25		
総利益	$25,281.25	総損失	$ −11,875.00
総トレード数	34	勝率	79%
勝ちトレード数	27	負けトレード数	7
最大勝ちトレード	$2,375.00	最大負けトレード	$ −1,812.50
勝ちトレードの平均利益	$936.34	負けトレードの平均損失	$ −1,696.43
平均利益÷平均損失	0.55	1トレードの平均損益	$394.30
最大連勝数	8	最大連敗数	1
勝ちトレードの平均日数	4	負けトレードの平均日数	6
終値で見た最大DD	$ −2,781.25	日中での最大DD	$ −3,312.50
プロフィットファクター	2.12	最大保有枚数	1
必要資金	$6,312.50	運用成績	212%

金曜日である。これらの曜日で買った場合の結果は、勝率が81％、総損益が２万2362.50ドル、１トレード当たりの平均損益が456.38ドル。同じ日に仕掛けて手仕舞ったことを考えればかなり良い数字だ（**図7.34**）。トレードのセットアップに９日移動平均線を使うという考え方は、私の教え子で熱心なシステム開発者であるジョー・クルトシンガーの研究に基づくものだ。

９日移動平均線による買われ過ぎ基準に基づくこの市場における最良の売り日は水曜日で、総トレード数39で、勝率は89％、総損益は１万8962.50ドルだった（**図7.35**）。また、１トレード当たりの平均損益は486.22ドルと、このアプローチの有効性を確信するのに十分な数字をたたき出した。

S&P500におけるウップスによる仕掛けのテクニックの別の使い方を見てみよう。研究者たちの長年にわたる研究によれば、株価は月初めに上昇する傾向のあることが分かっている。このセットアップは完璧なウップストレードを生みだす。ウップスのパターンが月末に発生したとしよう。その月のTDM17以降のTDMでは、このパターンとそれぞれの月特有の影響とが同時に現れる日がある。これが良いトレードにつながる。

月末の上昇はそのまま月初めまで続くことが分かっているので、Tボンド市場でTDM１からTDM５までのすべてで、ウップスになれば仕掛けたとするとどうなるかを検証してみた。これもまた大きな成果を上げた。このコンビネーションセットアップは最も強力な短期トレードのひとつで、市場を観察していると毎月現れることに気づくはずだ。

限定した機会でのみウップスのシグナルを受け入れることは、カーブフィッティングになるのではないかと言う人もいるかもしれない。もちろんその可能性はないわけではないが、追加説明しておこう。私が初めてこの「機会」に気づいたのは1966年のことで、ちょうどアー

図7.34　下降トレンドにあるときにウップスで火曜日、水曜日、金曜日に買ったときの結果（S&P500――1987年9月15日～1998年8月28日）

全トレード

総損益	$22,362.50		
総利益	$40,600.00	総損失	$ −18,237.50
総トレード数	49	勝率	81%
勝ちトレード数	40	負けトレード数	9
最大勝ちトレード	$3,875.00	最大負けトレード	$ −2,237.50
勝ちトレードの平均利益	$1,015.00	負けトレードの平均損失	$ −2,026.39
平均利益÷平均損失	0.50	1トレードの平均損益	$456.38
最大連勝数	28	最大連敗数	2
勝ちトレードの平均日数	1	負けトレードの平均日数	0
終値で見た最大DD	$ −4,925.00	日中での最大DD	$ −4,925.00
プロフィットファクター	2.22	最大保有枚数	1
必要資金	$7,925.00	運用成績	282%

図7.35　ウップスで毎月TDM17以降に買ったときの結果（S&P500――1987年9月15日～1998年8月28日）

全トレード

総損益	$18,962.50		
総利益	$26,962.50	総損失	$ −8,000.00
総トレード数	39	勝率	89%
勝ちトレード数	35	負けトレード数	4
最大勝ちトレード	$3,175.00	最大負けトレード	$ −2,000.00
勝ちトレードの平均利益	$770.36	負けトレードの平均損失	$ −2,000.00
平均利益÷平均損失	0.38	1トレードの平均損益	$486.22
最大連勝数	26	最大連敗数	2
勝ちトレードの平均日数	1	負けトレードの平均日数	2
終値で見た最大DD	$ −4,000.00	日中での最大DD	$ −4,000.00
プロフィットファクター	3.37	最大保有枚数	1
必要資金	$7,000.00	運用成績	270%

ト・メリルの古典『ザ・ビヘイビア・オブ・プライス・オン・ウォール・ストリート（The Behavior of Prices on Wall Street）』を読んでいる最中だった。各月のこの時期の上昇傾向に初めて気づいたのは、自分のおじいさんを思わせる魅力的なこのメリルだったのだ。彼は同書のなかでこれについて徹底的に論じていた。

すでに知られている市場のバイアスに、ウップスの仕掛け戦略と、適切な損切りと手仕舞いを加えたものがこのウップステクニックだ。Ｔボンド市場にこのパターンが存在すること、この傾向があることを私が生徒たちに初めて教えたのは1988年のことだが、私の知るかぎり、それまでこれに気づいた人はいなかった。これは豊富なアウトオブサンプルデータでも検証されているが、必ずこうなることを約束するものではないことに注意してもらいたい。メリルとそのほかの研究者、なかでもとりわけノーム・フォスバックとグレン・パーカーらは、株価が月末に急上昇する傾向は、投資信託の決算と成績を良く見せるための粉飾買い（ウィンドウドレッシング）によるものではないかと言っている。しかし、私の考え方は違う。私はこの時期にＴボンド価格が上昇することに気づいた。したがってこれは投資信託のせいではなく、Ｔボンドが上昇したためだというのが私の考えだ。株価はＴボンドの動きに追随するのである。いつも留意すべきことは、Ｔボンド（金利）はコビを売る犬であり、コビを売る先が株なのだということである。

市場が上昇する（強気バイアスがかかる）と思ったときには、ウップス買いの絶好のチャンスであり、逆に下落する（弱気バイアスがかかる）と思ったときには、ウップス売りの絶好のチャンスである。このパターンは驚くほどうまくいく。それは背景にある理由を考えると分かるはずだ。私が発見したなかでこれほどうまくいくパターンはない。取り扱いに注意しながら、賢く使えば、素晴らしい結果をもたらしてくれるはずだ。

まとめ

人々はなぜチャートを見るのか。この第7章を読んでその理由が分かったはずだ。そう、チャートは役立つからである。しかし、多くのトレーダーは、市場の反転や、買いシグナルや売りシグナルを発生させるパターンの存在に気づいていない。その存在を知った今のあなたは、ほかのトレーダーより優位な立場にいることになる。

第8章

買い手と売り手を分離せよ

Separating the Buyers from the Sellers

それぞれの売り手に対して買い手が存在するのなら、価格はなぜ上昇したり下落したりするのだろうか。

買い手と売り手はどちらが先かは、ニワトリと卵の問題に似ている。これは究極の禅の公案で、投機家が悟りを開くためには必ず答えなければならない問いだと私は思っている。買い手に対して株や先物を売ってくれる売り手がいなければならないとするならば、価格はそれほど大きく変動することはないように思える。彼らは互いにバランスを保っているはずではないのか。

完全な世界ではそうなるのだろうが、われわれの住む世界は不完全な世界であり、われわれがプレーするのはさらに不完全な偶然のゲームだ。毎日の新聞の株式欄やブローカーから伝えられる気配値を見ると、現実は理想世界とは違うことが分かる。価格は動くのだ。しかも激しく。価格はなぜ動くのか。それは売買される株や先物の量ではない。買われる量と売られる量は同じはずである。価格が動くのは、買い手と売り手のどちらかがまばたきをするからである。

分かりやすく言えば、どちらかの側がポジションを保有したいと思い、買えば価格は上がり、売れば価格は下がる。値動きはこの不均衡によって発生する。ただし、この不均衡は買いたい量と売りたい量とが一致しないことを意味するのではなく、買い手と売り手の緊急性が一致しないことを意味する。つまり、緊急性を求める側が価格を押し上げたり、引き下げたりするのである。

前にも述べたように、始値を見ることで、任意の日に買い注文と売り注文のどちらが多かったのかを知ることができる。本章では1987年に私が100万ドル稼ぎ出したトレーディングシステムとその中身について見ていく。

まずは次のことを念頭に置いてもらいたい――毎日の商品先物の取引は夜間のうちに出された買い注文と売り注文に基づいてオープンアウトクライ方式で価格が寄り付いて始まる。

1998年３月27日、ポークベリー５月限は46.20ドルで寄り付いたあと45.95ドルまで下げ、そのあと高値の48.60ドルまで上昇した。買い手と売り手のパワーバランスによって、価格は寄り付きから上に2.40ポイント、下に0.25ポイント動いた。つまり、2.40ポイントの上昇スイングと0.25ポイントの下落スイングという２つの価格スイングが発生したわけである。その日は前日の終値46.40ドルを上回る48.32ドルで引けた。

図8.1は1990年３月の大豆のチャートを示したもので、実際の市場におけるスイングの働きが分かるように、大きなスイングには矢印で印を付けている。買いスイングと売りスイングが毎日発生しているのが分かる。寄り付きから上げて引けたか下げて引けたかによって、バトルの勝者が買い手なのか売り手なのかが分かる。前述のポークベリーの場合は、寄り付いたあと売りの波が訪れ、価格は0.25ポイント下落したが、最後は上げて引けた。上げて引けた日の翌日、価格が始値を0.25ポイント以上下回れば、市場により多くの売り玉が出てきたことを意味する。

これをさらに発展させて考えてみよう。過去数日間の始値から安値までのスイングをすべて足してその日数で割ると、発生したスイング

図8.1　大豆（日足）

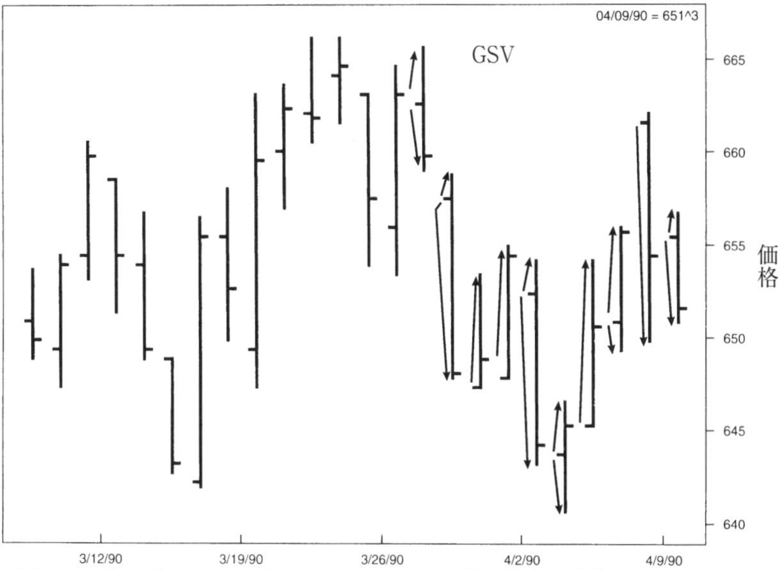

ナビゲーター（ジェネシス・ファイナンシャル・データ・サービス）で作成

の平均が分かり、今日の始値から平均を上回るスイングがあれば、それは売りシグナルであることが分かる。

でも、ちょっと待ってもらいたい。本当はもう少し複雑だ。このスイングの値は寄り付きよりも下げて引けるということを考慮せずに、価格がどれくらい下がるかを測定したものなので、売り手の真の姿を把握するためには、寄り付きよりも上げて引けた日のスイングのみを足す必要がある。

同様に、寄り付きよりも下げて引けた日の始値から高値までのスイングを足せば、買いの波の発生によって最終的に寄り付きよりも上げて引けるということを考慮せずに、価格がどれくらい上がるかを知ることができる。

GSV

電子取引に移行してからはGSV（最大スイング値）を使うことは大幅に減った。前にも述べたように、今では前日の大引けと翌朝の寄り付きでギャップを空けることがなくなった。1990年代の終わりごろまで寄り付きから高値までの価格スイングを使って測っていたボラティリティという尺度はもはや使えない。

そして、状況はさらに悪化している。当時、私はこのフィルターの値を翌朝の始値に足していたのだが、今では翌朝の始値は今日の終値と基本的に同じである（ただし、週末は除く）ため、基準点も変わった。かつて機能していたものが、今では機能しないのである。

でもこの問題を解決する方法はあるのでは、とあなたは思っているに違いない。そこで、GSVの概念を復活させるために私がやったことをお話ししよう。私は何らかの値を足す基準点として、前日の高値、前日の安値、前日の終値を使ってみてはどうだろうかと考えた。それでいろいろなボラティリティの値をこれらの基準点に対して試してみた。始値－終値の値幅の過去X日のATR（真の値幅の平均）も試してみた。とにかく、さまざまなボラティリティ要素を使ってさまざまな基準点を試した。

徹底的に研究してみたものの、現実的なトレーディングシステムの構築に着手することすらできなかった。私を魅了するものでただひとつ変わらないのは、TDW（トレーディングデイ・オブ・ザ・ウィーク）データがまだ有効であるという点である。Tボンド市場は金曜日に上昇する傾向があり、株式市場は火曜日に上昇する傾向があり……これらの事実は依然として変わらない。さらに、TDM（トレーディングデイ・オブ・ザ・マンス）の概念も依然として有効だ。

しかし、電子市場に移行した今、トレーダーたちがどの地点で市場の上昇を見込んで乗り込んでくるのかを正確に知ることは難しい。できればこんなことは言いたくはないが、これがトレーディングの世界の真実なのだから仕方がない。

市場は絶えず変化している。市場は私たちのやることに合わせてはくれない。やりたいようにやるだけだ。だから、私たちのほうが市場の変化に合わせて変わる必要がある。かつて機能してきたことが機能しなくなったときに、いつまでも同じことを続け、間違った方向に向かっていくのは賢明ではない。

第１版で書いたことは興味深いことばかりだが、市場が変わった今、いつまでもそこにとどまっているわけにはいかない。短期トレーダーのためにも、市場スイングの新たな使い方、ボラティリティに対する新たな対応方法に目を向けるべきときではないかと思う。

GSVを使って儲けを出す方法はいろいろある。この概念のことを知れば知るほど、下落日には上昇スイングを探し、上昇日には下落スイングを探すことが理にかなったことであることが分かってくるはずだ。これらのスイングを「失敗スイング」と呼ぶことにしよう。つまり、市場は大きく動いたが、その動きがそのまま継続することはなく、最終的には反転するスイングということである。

具体的にはGSVを使ってどんなことができるのだろうか。例を見てみよう。例えば過去数日間の失敗スイングの平均を算出し、それを翌日の始値に加減して仕掛け値を決める、というのもGSVのひとつの使い方だ。あるいは、過去Ｘ日間の失敗スイングの平均を計算し、次にその値の１標準偏差や２標準偏差を計算し、その値を翌日の始値に加減して仕掛け値を決める、といった使い方もよいだろう。

GSVを使って簡単に儲けを出す方法から見てみることにしよう。ここではＴボンド市場を例に取ることにする。ある１つのテクニカル指標だけに依存したトレードはしたくないので、まず最初にトレードセットアップを設定する。ここでは売られ過ぎをセットアップの一部として用いる。つまり、価格はこれまで下落してきたから、将来的には上昇が見込まれるということである。これと私が重視する前述のTDWを組み合わせてトレードのセットアップとする。

この場合、今日の終値が５日前の終値よりも安いことが前半のセットアップの成立条件になる。これは陰から陽への反転を意味する。また、売買は３つの曜日（火曜日、水曜日、金曜日）に限定する。これが後半のセットアップだ。

前半のセットアップが現れたら、過去４日間の始値と高値の差（高値－始値）を計算し､それを足したものを４で割って「買いスイング」を算出する。市場が確実に反転したことを確認してから仕掛けたいので、過去４日間の平均スイングの180％を上回って寄り付いたら買う。

売りシグナルは買いシグナルと鏡像関係にある。つまり、過去４日間の始値と安値の差（始値－安値）を計算し、それを足したものを４で割って「売りスイング」を算出する。売りのセットアップが発生したら、得られた値の180％を下回って寄り付いたら売る。

売りのセットアップの成立条件は、６日前の終値よりも安く引けること、そしてパフォーマンス向上を計るために、金価格が20日前の価格よりも安いこと、である。

買いの場合も売りの場合も損切りは仕掛け値から1600ドル離れた位置に置く。手仕舞い戦略としては、仕掛けてから２日目以降の最初に利益が出た寄り付きで利食いする（ベイルアウト戦略）。1990年から1998年までのこの戦略の結果を示したものが**図8.2**である。図を見ると分かるように、かなり良い結果が出ている。これはこのセットアップとGSVの概念の組み合わせの威力を示すものだ。市販されている大手のTボンド用システムでも、これにかなうものはないのではないかと思う。

図8.2　GSVによるTボンドのトレード結果（Tボンド――1990年1月1日～1998年8月28日）

全トレード

総損益	$52,812.50		
総利益	$105,000.00	総損失	$-52,187.50
総トレード数	161	勝率	75%
勝ちトレード数	122	負けトレード数	39
最大勝ちトレード	$3,437.50	最大負けトレード	$-1,718.75
勝ちトレードの平均利益	$860.66	負けトレードの平均損失	$-1,338.14
平均利益÷平均損失	0.64	1トレードの平均損益	$328.03
最大連勝数	13	最大連敗数	2
勝ちトレードの平均日数	4	負けトレードの平均日数	3
終値で見た最大DD	$-6,343.75	日中での最大DD	$-6,781.25
プロフィットファクター	2.01	最大保有枚数	1
必要資金	$9,781.25	運用成績	539%

買いトレード

総損益	$48,187.50		
総利益	$88,281.25	総損失	$-40,093.75
総トレード数	122	勝率	77%
勝ちトレード数	94	負けトレード数	28
最大勝ちトレード	$3,437.50	最大負けトレード	$-1,687.50
勝ちトレードの平均利益	$939.16	負けトレードの平均損失	$-1,431.92
平均利益÷平均損失	0.65	1トレードの平均損益	$394.98
最大連勝数	13	最大連敗数	2
勝ちトレードの平均日数	4	負けトレードの平均日数	4

売りトレード

総損益	$4,625.00		
総利益	$16,718.75	総損失	$-12,093.75
総トレード数	39	勝率	71%
勝ちトレード数	28	負けトレード数	11
最大勝ちトレード	$1,593.75	最大負けトレード	$-1,718.75
勝ちトレードの平均利益	$597.10	負けトレードの平均損失	$-1,099.43
平均利益÷平均損失	0.54	1トレードの平均損益	$118.59
最大連勝数	6	最大連敗数	2
勝ちトレードの平均日数	2	負けトレードの平均日数	2
終値で見た最大DD	$-2,500.00	日中での最大DD	$-2,500.00
プロフィットファクター	1.38	最大保有枚数	1
必要資金	$5,500.00	運用成績	84%

GSVによる株価指数のトレード

GSVの基本公式はS&P500にも適用できる。過去4日間の平均の買いスイング（高値－安値）の値を計算し、その値の180％を上回って寄り付いたところで買う。売りの場合は、過去4日間の平均の売りスイング（始値－安値）の値を計算し、その値の180％を下回って寄り付いたところで売る。もうお分かりかと思うが、これに、買いの場合は終値が15日前の終値を上回り、売りの場合は終値が15日前の終値を下回るという条件を加えれば、結果の大幅な向上が期待できる。違いを生むのはファンダメンタルズなのである。旧態依然のチャーチストや言葉巧みなテクニカルアナリストの話に耳を貸す必要などない。これにTDWフィルターを加味し、買いは月曜日、火曜日、水曜日、売りは月曜日以外の曜日に行う。セットアップのもうひとつの要素として、買いの場合は終値が6日前の終値よりも安いこと、売りの場合は終値が6日前の終値よりも高いことが条件になる。これは市場が行きすぎ状態であることを意味する。

この効果は、勝率67％、総損益10万5675ドルという結果を見れば一目瞭然だ。ただし、損切りは売り・買いにかかわらず仕掛け値から2500ドルの位置に置き、ベイルアウト戦略で手仕舞った（結果の詳細は**図8.3**）。この期間が強い上げ相場であったことを考えると、売りサイドもかなり健闘したと言ってよいだろう。1トレード当たりの平均損益が427ドルと破格の大きさであるのを見ればこの戦略の効果はより一層はっきりする。

見た目以上に素晴らしい結果

実はこれらの結果は見た目以上に優れたものだ。実際のトレーディングでは仕掛けた日にプロテクティブストップを置くことができるが、

図8.3　GSV（GSV値は0.80）によるS&P500のトレード結果（S&P500――1987年9月15日～1998年8月28日）

全トレード

総損益	$105,675.00		
総利益	$277,250.00	総損失	$−171,575.00
総トレード数	247	勝率	67%
勝ちトレード数	167	負けトレード数	80
最大勝ちトレード	$10,962.50	最大負けトレード	$−3,587.50
勝ちトレードの平均利益	$1,660.18	負けトレードの平均損失	$−2,144.69
平均利益÷平均損失	0.77	1トレードの平均損益	$427.83
最大連勝数	10	最大連敗数	5
勝ちトレードの平均日数	4	負けトレードの平均日数	4
終値で見た最大DD	$−12,500.00	日中での最大DD	$−13,462.50
プロフィットファクター	1.61	最大保有枚数	1
必要資金	$16,462.50	運用成績	641%

買いトレード

総損益	$51,575.00		
総利益	$148,437.50	総損失	$−96,862.50
総トレード数	123	勝率	65%
勝ちトレード数	81	負けトレード数	42
最大勝ちトレード	$10,962.50	最大負けトレード	$−3,587.50
勝ちトレードの平均利益	$1,832.56	負けトレードの平均損失	$−2,306.25
平均利益÷平均損失	0.79	1トレードの平均損益	$419.31
最大連勝数	8	最大連敗数	4
勝ちトレードの平均日数	4	負けトレードの平均日数	3

売りトレード

総損益	$54,100.00		
総利益	$128,812.50	総損失	$−74,712.50
総トレード数	124	勝率	69%
勝ちトレード数	86	負けトレード数	38
最大勝ちトレード	$9,125.00	最大負けトレード	$−3,100.00
勝ちトレードの平均利益	$1,497.82	負けトレードの平均損失	$−1,966.12
平均利益÷平均損失	0.76	1トレードの平均損益	$436.29
最大連勝数	9	最大連敗数	6
勝ちトレードの平均日数	4	負けトレードの平均日数	6
終値で見た最大DD	$−16,575.00	日中での最大DD	$−16,662.50
プロフィットファクター	1.72	最大保有枚数	1
必要資金	$19,662.50	運用成績	275%

私のソフトではそれができない。実際のトレーディングではコンピューターが示してくるよりも現在の市場価格により近い位置に損切りを置くことができるわけである。私は実際のトレーディングでは通常、買いや売りが執行されたら寄り付きの位置かそれよりも少し上や下の位置に損切りを置く。

例えば、買いの場合、価格が寄り付きからスイング値の一定の比率（仕掛ける条件となる比率）だけ上昇したあと損切りの位置まで下落すれば、価格はいったんは勢いよく上昇したものの、その動きは長続きしなかったことになる。このような場合、損切りを置いていなければ、その日の安値の下に損切りを置かなければならなくなり、大きな損失を被ることになる。シミュレーションではこうした損切りを使っていないため、損失は実際よりも大きくなるはずだ。こういったことを考慮すれば、これらのシミュレーション結果は見た目以上に良いということになる。

GSV概念の別の利用方法

どうすればよいのか分からなくて困っているときに、この概念に助けられたことがある。例えば、今何らかのポジションを保有していて、手仕舞いの機会を探しているとしよう。あるいは、ポジションを建てるために仕掛ける位置を探しているが、どこで仕掛ければよいのかはっきり分からないという想定でもよい。このような場合、今の買いや売りの動きが反転したかどうかをGSVを使って調べることにしている。やり方は簡単だ。買いと売りのスイング値を算出し、平均からその値だけ離れた位置に損切りを置いたり、そこで仕掛けたりするのだ。

デイトレーダーの場合は少し違ってくる。デイトレーダーたち（私はデイトレーダーではないが）は買われ過ぎ領域で売り、売られ過ぎ領域で買いたいと思っている。このような場合、GSV（この場合は

表8.1　S&P500の日々の値動き

	始値	高値	安値	終値	GSV
3/11	1,078.00	1,082.40	1,077.20	1,080.80	0.80
3/12	1,080.00	1,085.20	1,075.50	1,084.00	4.50
3/13	1,087.00	1,088.60	1,078.40	1,080.90	8.60
3/16	1,085.00	1,092.40	1,084.60	1,091.70	.40
GSVの４日平均＝14.30÷4＝3.57　3.57×180％＝6.45					
3/17　寄り付きの1092.20から6.45下げた1085.75で買う					
3/17	1,092.20	1,094.50	1,086.00	1,094.20	

過去数日間の上方向への失敗スイングの最大値）を使えば寄り付きからどれくらい上げたところで売ることができるかを知ることができる。そして仕掛けたら、その値を少し上回ったところに損切りを置けばよい。買いの場合は、寄り付きから過去数日間の下方向への失敗スイングの最大値だけ下げたところで仕掛け、その下に損切りを置く。

実例を見てみよう。**表8.1**は1998年３月のS&P500の値動きと、売りのスイング値（始値－安値。表のGSVの値）を示したものだ。３月16日に、同日を含む過去４日間のGSVの平均値（14.30÷４＝3.57）を求め、それを1.8倍（180％）すると6.45ポイントになる。３月17日に寄り付きから6.45ポイント下げたところが買いポイントで、1085.75ポイントで執行された（**表8.1**）。

損切りは寄り付き価格の1092.20ポイントから、過去４日間のGSVの平均値である3.57ポイントの2.25倍（225％）である８ポイント（3.57×2.25）下に置く。したがって、損切りの位置は1084.20ポイント（1092.20－８＝1084.20）になる。

GSVの概念を使えば、支持線と抵抗線がどの辺りに来るかおおよその見当を付けることもできる。私のこれまでの経験によれば、トレンドに逆行する動きは180％、損切りは225％が最もうまくいくようだ。

この概念によるトレーディングでうまくいったもうひとつの例は、

図8.4　下げて引けた日のあとの月曜日にGSVで買ったときのトレード結果（S&P500――1987年9月15日～1998年8月28日）

全トレード			
総損益	$57,087.50		
総利益	$117,587.50	総損失	$−60,500.00
総トレード数	161	勝率	86%
勝ちトレード数	139	負けトレード数	22
最大勝ちトレード	$7,625.00	最大負けトレード	$−2,750.00
勝ちトレードの平均利益	$845.95	負けトレードの平均損失	$−2,750.00
平均利益÷平均損失	0.30	1トレードの平均損益	$354.58
最大連勝数	26	最大連敗数	2
勝ちトレードの平均日数	1	負けトレードの平均日数	2
終値で見た最大DD	$−5,500.00	日中での最大DD	$−5,500.00
プロフィットファクター	1.94	最大保有枚数	1
必要資金	$8,500.00	運用成績	671%

S&P500で金曜日に下げて引けるのを待つというものだ。こうした事象が発生したら、月曜日に「月曜日の寄り付き価格＋（金曜日の高値－金曜日の寄り付き時のスイング値）」で買う。さらに確実にするために、金曜日のＴボンドの終値が15日前の終値よりも高いことを条件にする。**図8.4**は、この戦略にベイルアウトの手仕舞い戦略と2500ドルの損切りを置いた場合の結果を示したものだ。具体的には、スイング値が極端に大きくないかぎり、寄り付き価格＋スイング値で手仕舞う。価格が買った日の前日の安値を下回ったら敗北を認める。

この戦略では気配値マシンもソフトウエアもブローカーへの電話回線も不要だ。セットアップ（Ｔボンドの終値が15日前の終値よりも高い、金曜日に下げて引ける）が現れたら、月曜日に、「月曜日の始値＋金曜日からの買いのスイング値」で買うだけである。特別なスキルもいらない。必要なのは、トレーディング機会を待つ忍耐力と、機会が到来したらすぐに仕掛ける勇気だけである。

どの市場でもGSVの概念を使って同じようなトレーディング戦略

を構築することができる。重要なのは、まず最初に買いと売りのセットアップをきちんと決めておくことだ。私がセットアップとしてよく用いるのは、特定の曜日、相関性の高いデータ、季節性、市場パターン、買われ過ぎ・売られ過ぎである。

成功のためのアドバイス

私はこれまで長年にわたって、計算に用いる理想的な日数を割り出すために、いろいろな期間を試してきた。最初は平均を計算するのに10日が一番良いのではないかと考えた。スイング値の観察期間が長いほど、より安定した結果が得られると思ったからだ。しかし、実際にはそうではなかった。トレーディングやシステム開発で最高の結果が得られたのは、ほとんどの場合、過去1日から過去4日間の平均の値を使ったときだったのである。

本章で紹介した戦略の基本は、寄り付きから上か、または下へのボラティリティブレイクアウトである。われわれが求めるブレイクアウトの量はその時点までの動きを含んだ量である。したがって重要なのは、下げて引けた日のあとで発生する買いシグナルと、上げて引けた日のあとで発生する売りシグナルのみを受け入れるということである。

最後に、これは「流れに身を任せる」テクニックであることを忘れてはならない。ビッグトレードがいつやって来るのかは分からないし、勝ちトレードがいつお膳立てされた状態で運ばれてくるのかも分からない。トレードを選ぶことができないのはそのためだ。現れたら受け入れるだけである。トレードを選ぼうとすれば、必ず外れくじを引くことになる。当たりを引くことはない。何もいじわるでこんなことを言っているわけではない。この悪魔をやっつける唯一の方法は、現れたトレードのすべてを受け入れることなのである。

私が思うに、GSVはボラティリティブレイクアウトに対する最も確実で論理的なアプローチである。失敗したスイングを測るGSVはまだまだ未知の可能性を秘めていると思う。ほかのだれかが――それはあなたかもしれない――この概念をさらに発展させてくれることを願っている。ボラティリティブレイクアウトに対するもっと良いアプローチはおそらくは前に述べた標準偏差を使ったものだろう。つまり、GSVを前日の値幅と関連づけて用いるということである。これについてはまだはっきりとしたことは言えない。今の段階で私がはっきり言えることは、この概念が私のツールボックスのなかの最も強力な、そしておそらくは最も耐久性のあるテクニックのひとつであるということである。私が初めてこの概念を考案したのは1977年のことだが、それ以降ずっと強力なツールとして私を支えてきてくれた。高度な数学を使えばパフォーマンスはもっと向上するかもしれないが、数学を使わなくても済むのがこの概念の利点のひとつでもある。

まとめ

本章では、ボラティリティ（つまり、スイング）を測定すれば、われわれはそれを値動きの尺度として、行動を起こすときの判断材料として利用することができるということを示した。市場がある地点から別のある地点に移動するとき、スイングを形成する。平均的なスイングを超えた動きが発生すれば、それは平均を超えた何かが発生したことを意味するのである。

第9章

気配値スクリーンによる短期トレーディング

Short-Term Trading from a Quote Screen

市場を理解するには過去を振り返る必要があるが、トレーディングは先を見ながら行うことが重要だ。

これまでの章では、私がいつもどのようにトレーディングしているかを紹介してきた。私は通常日足チャートを使って、２日から４日の短期の動きを誘発するパターンや関係を見つけだす。これは私のスタイルであって、あなたのスタイルは私とは違うかもしれない。

人々がデイトレードを好むのは、オーバーナイトリスクがないからである。彼らが最も恐れることは、今日の大引けから明日の寄り付きまでの間に自分のポジションに対して不利な出来事が起こることである。ニュースや世界情勢などの変化によって、制御不能な値動きが起こることを彼らは恐れるのである。しかし、その日のうちにポジションを手仕舞えば、勝とうが負けようがトントンになろうが、すべてはその日のうちに終わり、あとは何も起こらない。眠れなくなるような大きな損失を被って家に帰ることはない。確かにそうである。彼らの考えは正しい。しかし、虎穴に入らずんば虎子を得ずという諺にもあるように、何の危険も冒さなければ、何も得ることはできない。何かを得るためには、何かを犠牲にしなければならないのである。デイトレードであなたが犠牲にしなければならないものは、前にも言ったように、持続する大きな動きをとらえる機会である。

「短期トレーディング」という言葉を聞くと、1日中気配値スクリーンに釘付けになることを想像する人が多い。両耳で別々の電話に対応しながら、「シカゴは買いだ、ニューヨークは売りだ！」と叫ぶ血気盛んなトレーダーたちを思い浮かべる人もいるだろう。彼らのトレーディングは実にあわただしい。こうしたトレーディングをしたいのなら、自分がそれに必要な資質を備えているかどうかをまず確認することが大事だ。こうしたトレーディングにはどういった資質が必要なのか、そして、商品先物トレーディングでの聖杯を追い求めてきた私が最後にたどりついた答えが何であったのかについて、これから話していきたいと思う。

気配値スクリーンを見ながら売買するトレーダーに必要な資質とは、集中力、賢明な選択ができる能力、そのときどきの状況に敏速に反応できる能力の3つである。

優柔不断な人、あるいは意思決定をしたにもかかわらず行動を起こせないで固まってしまうような人はこの仕事には向かない。このゲームの勝者になるには、即断力と迅速な行動力が必要なのである。このゲームにはのらりくらりと考え直す時間などない。瞬時に判断できなければ、ものの数カ月もしないうちに徹底的に打ちのめされるのがオチである。これは言うなれば銃の早撃ちゲームのようなものだ。早く撃たなければ、撃ち殺されてしまう。単純な話だ。この種の短期トレーディングは、瞬時に相場をつかみ、状況によっては数秒前に下した決断をひっくり返すといった瞬発力が求められる仕事だ。私欲のない正直者は長期的には勝って本当の富を得るというのは幸いである。なぜなら、彼らはデイトレーダーとして富を手に入れることはできないからだ。

毎日毎日、スクリーン上を流れる価格の動きを追うには、取引時間帯の間中、一瞬たりとも気を抜かずに集中する能力が求められる。これは夢想家には向かない仕事だ。集中力を維持できなければ、たちまちノックアウトされる。集中力が途切れれば、ここぞというときに上の空になり、やるべきことも忘れてしまう。たとえ60秒でも命取りになる。トレーディングは60秒という短時間が生死を分かつような世界なのだ。集中力を保つのはたやすいことではない。特に、奥さん（あるいは旦那さん）が家の庭や配管修理のことで電話をしてきたり、親しい友人がおしゃべりしようと電話してきたときは集中力がとぎれる。悪いけど今話せないんだと言って電話を切ってしまうことが、あなたにはできるだろうか。奥さんや旦那さんからの電話は受けないようにすることが、あなたにはできるだろうか。もしできるのなら、あなたはこの仕事の適任者だ。できないのなら、デイトレードのことは考え直したほうがよい。

電話で注意散漫になった瞬間、市場は大きく動き、不意打ちを食わされることになる。確実にこうなることを私は断言できる。そのときになって、そんなこと言わなかったじゃないかなどと言わないでもらいたい。このゲームの目的を考えてみてほしい。さらにこのゲームでは、将来に対する視点を瞬時に変えることができなければならない。この仕事は柔軟性のない人には向かない。

どういうわけだか、人々がデイトレードを好むのはリスクを限定してくれるものだと思っているからのようだ。「その日のうちに手仕舞うのだから、オーバーナイトリスクなんてあるはずないだろ」というのが彼らの言い分だ。

エリザベス・ブラウニングの詩の一節を書き換えると次のようになる――「デイトレードで損をする方法は一体いくつあることだろう。数えてみたいものだ」。デイトレードは一見すると簡単に副収入が得られるように思えるかもしれないが、実際はまったく違う。デイトレーダーは投資の数学的確率を無視する。

これはどういう意味なのだろうか。トレーディングや投資から利益を得るには、基本的にはトレンドが形成されていなければならない。トレンドがなければ、利益を出すことはできない。「じゃあ、トレンドを発生させるものは何なのか」とあなたは思うはずだ。私の答えは次のとおりだ。「トレンドは時間の関数である。つまり、トレーディングしている時間が長いほど、トレンドに出くわす機会は多い」

これは短期トレーダーのアキレス腱だ……時間はわれわれの味方ではない。短期トレーダーは分刻みで仕掛けて、手仕舞う。ポジションを1日中保持することもできるが、わずか数時間しか持たないのが普通だ。つまり、機会を自ら制限するということだ。自分に時間的な制約を設けることでトレンドに遭遇する機会を狭めているのだから、大きなトレンド（大きな利益）をとらえることは事実上不可能だ。市場でお金を儲ける最も確実な方法は、小さなポジションを取って、大きな動きをとらえることである。

デイトレーダーの場合はこれとは逆だ。彼らが大金を稼ぐ唯一の方法は、大きなポジションを取って、小さな動きをとらえることである。この逆転現象によって彼らは自らを不利な状況に追い込むことになる。なぜなら、大きなポジションを持てば……いつかは必ず……大きな損失を被るからだ。

デイトレードは簡単ではないし、即座に富を得られる保証された方法でもないため、数値的に言えば、利益よりも損失のほうが大きくなる傾向がある。大きな負けトレードを喫したときがまさにそんなときだ。たった1回の大きな損失がそれまでの利益を吹き飛ばしてしまうこともある。それまで80％の確率で利益を出してきても、1回大きな損失を出せば、それまで稼いできた小金など海の藻くずと消え去る。

その点、私の父は非常に賢い人だったと思う。石油精製所（父は機器関連の現場監督だった）を引退したあと、短期トレーディングで幾ばくかのお金でも稼げればと思い立ち、ブローカーへと足を運んだ。テレビで株価情報を見ながら簡単にトレードできると思ったのだ。しかし、１カ月ほどすると、それがいかに難しいかということに彼は気づいた。そのときに彼が言った言葉がこれだ。「ラリー、トレーディングはおまえを育てるよりも難しかったよ」

私の話を聞いてデイトレーダーになるのはやめようと思った人がいるかもしれないが、そんな警告は聞いていないと言われるよりはマシだ。デイトレードの夢は悪夢と化すことがほとんどだ。早まることなく、じっくり考えてほしい。

第１版から13年たった今も、私からのメッセージは変わらない――デイトレードは悪夢と化すことがほとんどだ……でも、どうしてもやってみたいというのなら、実証された方法を教えよう。

気配値スクリーンを見ながらトレーディングする人たちはどうやって儲けているのだろうか

短期トレーダーの目標はたった１つしかない――市場の現在のトレンドをとらえること、だ。これが短期トレーダーの目標だ。あなたがやるべきことはこれだけである。

なんだ、簡単じゃないか、と思うかもしれないが、実はこれは簡単どころではない。理由は２つある。第一に、トレンドを見つけることはそれ自体が芸術であり、科学であるということだ。しかも、抽象芸術だ。ピカソとセザンヌとシャガールをごちゃまぜにしたようなものなのである。第二に、トレンドの変化をうまく見つけられたとしても、それに過剰反応してすべてをダメにする。特に買ったものが含み損になっているか、わずかな含み益になっているときに、突然売りシグナルが出るとパニックに陥る。

デイトレードと自分の長期的な展望を混同してはならない。長期的な展望は将来的に起こることに関することである。デイトレーダーは将来のことなど気にしないし、している暇もない。彼らの関心事は今の短期トレンドをとらえることだけである。したがって、短期トレーダーとしてのあなたの使命は市場の動きに付いていくことである。市場が上昇していれば買い、下落していれば売る。短期の天井や底を言い当てようとすれば、手持ち資金はたちまち底を突く。確実に。常にトレンドに寄り添うことが重要だ。短期トレーダーにとって唯一のフレンド（友だち）はトレンドなのである。

強欲は恐怖よりも強い感情だ。「持ち続けて祈る」人が多いのはこのためだ。しかし、これは現在の新しいトレンドを無視することにほかならない。ハンドルを切り直さなければならなかったところで、きっと元のトレンドに戻るはずだと祈りながら買いポジションにしがみつく。間抜けなやつは祈り、勝者は素早く方向転換する。

われわれは非常に難しい２つのことをやろうとしている――トレンドの変化を見つけることと、自分自身の裏をかいて、自分の「脳」に打ち勝つこと。これを認識することが重要だ。これは大きな挑戦だ。トレンドの変化を見つけるために私が最初に考えついた方法は、第１章で述べた短期の高値と安値を「丸で囲む」という考え方がベースになっている。短期の高値と安値を丸で囲むことで、短期スイングポイントを見つけることができる。価格が短期の高値を上回れば、それは上昇トレンドから下降トレンドに変わるサインであり、逆に価格が直近の短期の安値を下回れば、それは下降トレンドから上昇トレンドに変わるサインである。**図9.1**はトレンドの変化を昔からよく使われてきた方法で描いたものだ。実際このとおりになるので、しっかり頭にたたきこんでもらいたい。

トレンドの変化を示唆するスイングポイント

このテクニックについてはいくつか注意点がある。下降トレンドにあるときに、価格が短期の高値の１つを上抜けば、それは上昇トレン

図9.1　トレンドの変化を示す典型的なパターン

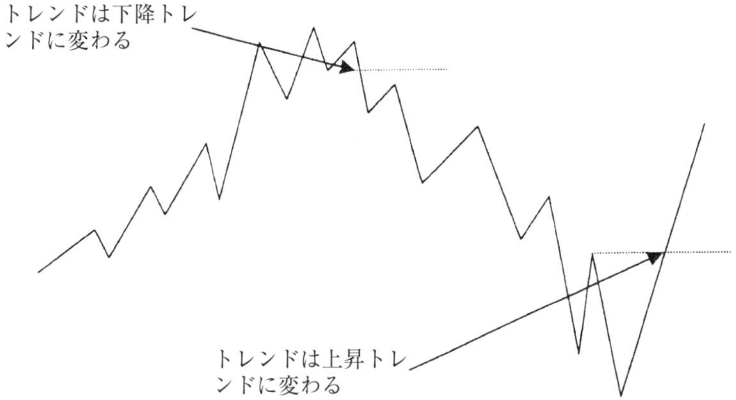
トレンドは下降トレンドに変わる
トレンドは上昇トレンドに変わる

ドへの反転を示すサインとなるが、より確実なサインとなる上抜きパターンがいくつかある。

短期の高値や短期の安値がブレイクされるときのされ方は２通りしかない。上昇トレンドから下降トレンドに変わるときは、高値を切り下げたあと、前の高値と切り下げた高値の間の安値を下回って下落する（**図9.2**のＡの右側）。あるいは、安値を付けたあと上昇して新高値を付けてから下落して、前の高値と切り上げられた高値の間の安値を下回って下落する（**図9.2**のＢの右側の図）。この２つのケースのうち、トレンドの変化をより確実に示すサインとなるものはＢの右側の図である。

同様に、下降トレンドから上昇トレンドに変わるときのパターンも２つある。安値を切り上げたあと、前の安値と切り上げた安値の間の高値を上回って上昇する（**図9.2**のＢの左側の図）。あるいは、高値を付けたあと下落して新安値を付けてから上昇して、前の安値と切り下げられた安値の間の高値を上回って上昇する（**図9.2**のＡの左側の図）。この２つのケースのうち、トレンドの反転をより確実に示すサインとなるのはＡの左側の図である。

図9.2　短期の高値や安値のブレイクアウト

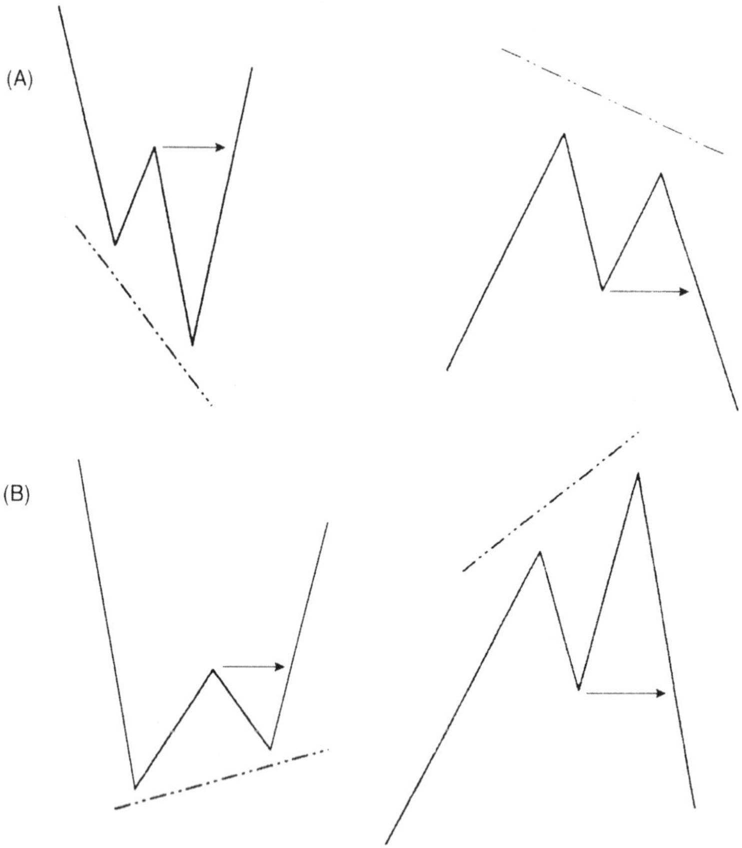

これらを念頭に置いて、**図9.3**を見てみよう。これは1989年のＴボンド９月限の15分足チャートを示したものだ。大きなトレンドの反転はこのテクニックで確実にとらえられている。

図9.4は1998年のＴボンドの15分足チャートを示したものだ。ここでもまた、短期の高値や安値のブレイクを見ることで、10日間にわたってトレンドの動きに乗ってトレードできることが分かるはずだ。

このテクニックの使い方は２つある。ひとつは、トレンドの転換点を見つけたら、そこで売買するというものだ。これはこのテクニック

図9.3　Tボンド（15分足）

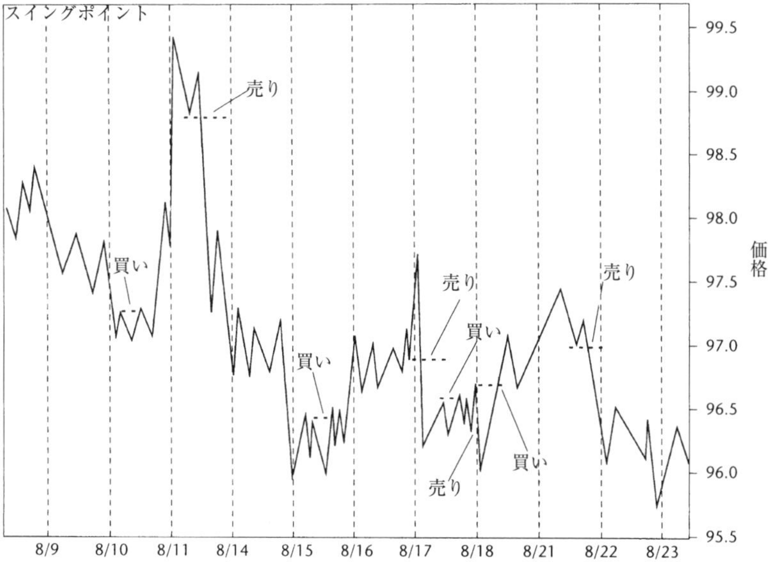

ナビゲーター（ジェネシス・ファイナンシャル・データ・サービス）で作成

図9.4　Tボンド（15分足）

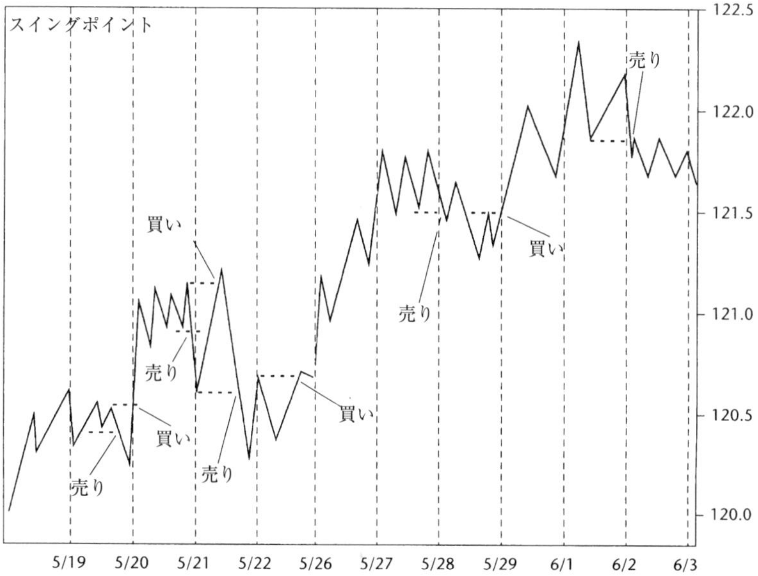

ナビゲーター（ジェネシス・ファイナンシャル・データ・サービス）で作成

図9.5　Tボンド（15分足）

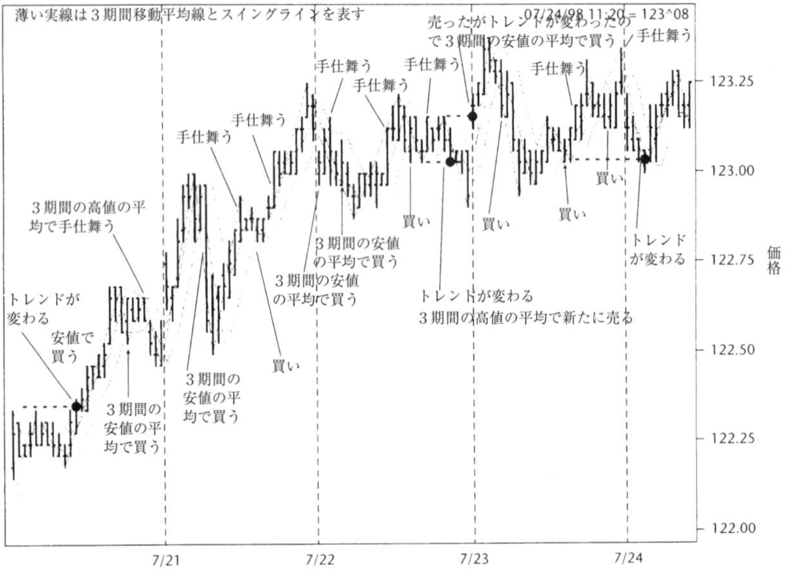

ナビゲーター（ジェネシス・ファイナンシャル・データ・サービス）で作成

の基本的で簡単な使い方だ。もっと高度な使い方は、TDWやTDMといった二次的データで確認できた場合にのみ売買シグナルを受け入れるというものだ。つまり、チャート上のジグザグの動きに加えて、別のフィルターを使ってトレードを絞り込むことでより確実なトレードを目指すというわけである。

このトレンド反転のサインは、上昇トレンドでの押し目買いや、下降トレンドでの戻り売りにも利用できる。例えば、今のトレンドが上昇トレンドで一時的に下落したものの再び上昇に反転したのであれば、短期テクニックによる買いシグナルを受け入れる。

３期間の高値や安値を使ったシステム

トレーディング人生でこれまで30連勝以上を記録したことがあるが、この記録の達成に寄与してくれたのがこれから紹介する短期トレーディング戦略である。では、さっそくこの戦略を説明することにしよう。まず３期間の高値と安値で、それぞれの平均を求める（各足はあなたが使っているチャートの時間枠。シグナルを多く出したいのであれば５分足、それほど短い時間枠でトレーディングしたことがない人は15分足を使うとよいだろう）。この計算を私は「昔は」手動でやっていたが、今はどの気配値スクリーンでも自動でやってくれる。もちろん今でも手動でやりたい人はやっても構わない。

この戦略は簡単で、前述のスイングポイントを使ってトレンドを見分けるテクニックでトレンドが上昇トレンドにあることを確認したら、３期間の安値の平均価格で買い、３期間の高値の平均価格で利食いする。

売りはこの逆だ。つまり、３期間の高値の平均価格で売り、３期間の安値の平均価格で利食いする。ただし、売りシグナルを実行する理由がないのに売るのは愚かな行為だ。というのは、スイングポイントの反転システムは、トレンドが下降トレンドであることを示しているときのみ、高値の平均価格で売って、安値の平均価格で買い戻すのが有効ということである。

これまでのことをまとめておこう。**図9.5**はチャートに３期間の移動平均線とスイングラインを加えたものだ。トレンドの転換点には印を付けた。安値で買うのか、高値で売るのかは、これらの転換点によって決まってくる。３期間の高値や安値で仕掛ける位置にも印を付けた。これを実際のトレードでどう使えばよいのか一例を見てみよう。トレンドが下降トレンドから上昇トレンドに転じたので、３期間の安値の平均価格で買い、３期間の高値の平均価格で利食いし、そのあと価格が３期間の安値の移動平均線まで押すのを待つ。もし３期間の安値の移動平均線のトレンドが下降トレンドに反転したことを示していれば、この買いトレードは見送る。売りの場合はこの逆だ。トレンドが上昇から下降に転じるのを待ち、３期間の高値の平均価格で売

図9.6　Tボンド（15分足）

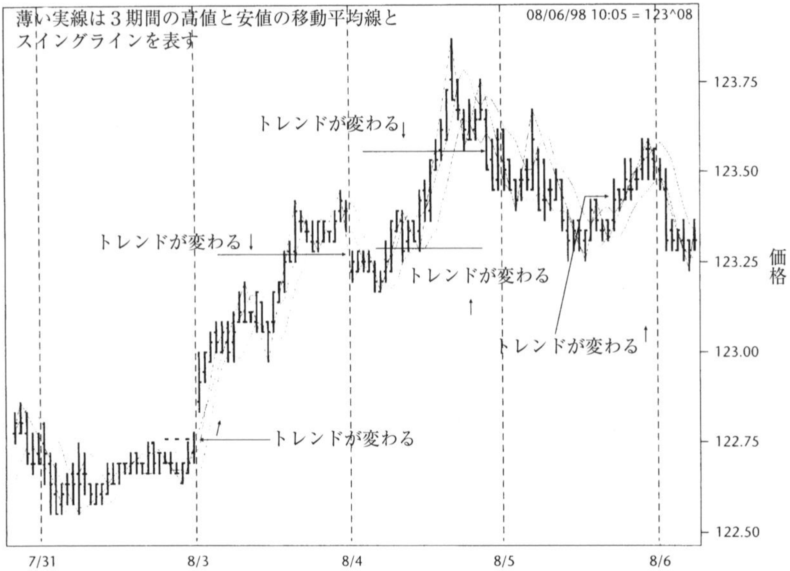

ナビゲーター（ジェネシス・ファイナンシャル・データ・サービス）で作成

り、３期間の安値の平均価格で利食いする。

図9.6はすべてのトレンド反転に印を付けたものだ。このチャートを見ながら買いや売りの仕掛け・手仕舞いを考え、つもり売買をしてみるとよい。この短期手法の実際の使い方がよく分かってくるはずだ。これは15分足チャートだが、５分足チャートから60分足チャートまで、考え方はまったく同じだ。

短期トレーダーのための新しいインディケーター――ウィルスプレッド

市場はテクニカルな連中のテクニカルな取引によって動くのではなく、しかるべき理由があって動く。人生も同じだ。何かが起こるのは、それを発生させる何らかの原因（アクション）があって、それに対する結果として何かが起こるのだ。チャートが市場を動かすのではなく、市場がチャートを動かすのである。この流れに沿えば、短期スイングもまた何らかの外的な要因によって発生するのではないかと私は思っている。例えば、価格が急上昇するとする。そのとき、急上昇しているその現象だけを見てはならない。それには何らかの原因があるはずである。その原因を突き止めれば、平均的な短期トレーダーやデイトレーダーたちよりも何光年も先んじることができるのだ。

その原因を追求するのに役立つ指標のなかで私が好きなもののひとつがウィルスプレッド指数だ。ウィルスプレッド指数とは、われわれが主として売買している主要な市場とその市場に影響を及ぼす二次的市場との間の価格の流れを測定したものだ。債券市場は株式市場に影響を及ぼし、金市場は債券市場に影響を及ぼすことは周知のとおりだ。こうした市場間の関係の仕組みを知る手助けをしてくれるのがウィルスプレッド指数である。この指数の計算方法を説明しよう。まずわれわれが売買している主要な市場の価格を二次的市場の価格で割り、得られた値に100を掛ける。この値はこれら２市場間のスプレッドを表すものだ。したがって、この指数を使えば市場間の相互作用の比較が可能になる。

ほかの時間枠でも同じだが、特に15分足チャートを使って短期トレーディングを行う場合、このスプレッドの５期間指数移動平均を取り、それをこのスプレッドの20期間指数移動平均から差し引く。得られた値を見れば、一方の市場が他方の市場よりもヒートアップしているときが分かるので、市場間の相互作用をより深く理解することができる。もちろんこれは完全なシステムではない。私がこれまで見てきたデイトレードに対するシステムで唯一完全なものは、商品関連の雑誌や新聞に掲載された無数の広告宣伝だ。しかし、これらの90％は中身のない誇大広告で、実体のあるものもわずか10％にすぎない。本当にそんな素晴らしいシステムがあるのであれば、他人になんて売らないで自分で使うはずだ。そうすればシステムを売るよりも100倍以上のお金儲けができるだろう。ついでに言えば、システムを売る仕事よりも、トレーディングのほうが税制面では有利だ。一貫して儲けを出す完全にメカニカルなデイトレーディングシステムに私はいまだお目にかかったことはない。デイトレードは一種の芸術であり、優れた概念がなければ成功することは不可能だ。

実例を見てみよう

図9.7は1998年のＴボンド６月限の30分足チャートを示したものだ。チャートの下に示しているのが、金とＴボンドのスプレッドを基にしたウィルスプレッドである。この指数がマイナス領域（ゼロラインの下）からプラス領域（ゼロラインの上）に移行したときに、市場は急上昇する。それを素早く察知して買うというのがわれわれの戦略だ。売りはこの逆である。つまり、指数がプラス領域からマイナス領域に移行したとき市場は下落するはずなので、それを察知して売る。

私はこの指数をメカニカルなシステムとして使うわけではない。自分が売買している市場の真のトレンドと常に歩調を合わせるためのツールとして使う。このケースの場合、われわれが見ているのはＴボンドと金との関係だ。指数がマイナス領域からプラス領域に転じたとき、私は確認のために次の事象が発生するのを待ってから仕掛ける。

●指数がマイナス領域からプラス領域に移行したときの足の高値をその直後の足が上回る
●トレンドがまだ有効（最終確認）

図9.7　Tボンド（30分足）

ナビゲーター（ジェネシス・ファイナンシャル・データ・サービス）で作成

私の安心水準――トレードを確実にするためには確認が必要

上記の事象が発生して最終確認が取れないかぎり、安心して仕掛けることはできない。もちろんほかのもので確認することもできる。例えば、トレンドラインが上昇だったり、オシレーター系指標がポジティブだったりする場合などがそうだ。こんな場合はもちろん仕掛けても構わないが、ウィルスプレッドがプラス領域からマイナス領域に転じるときに天井を付けて下がったり安値が下抜かれたりすれば、市場の上昇の可能性を確実に確認できるものなどない。

これを1998年5月8日の30分足チャート（**図9.7**）を例に取って見てみることにしよう。最初の足は大きく下落し、ウィルスプレッドはプラスからマイナスに転じたが、次の足が最初の足の安値を下回らなかったため、仕掛けは見送る。13時50分の足では、指数がマイナス領域にあり、前の足の安値を下回ったので、売るとしたらここで売るのが良い。仕掛け値は120 7/32。

ウィルスプレッドはその日も翌５月11日もずっとマイナスで推移し、５月12日の９時50分の足でようやくプラスに転じた。ここで価格がこのまま上昇し続けるのかどうかをチェックする必要がある。10時20分の足が119 14/32でこのまま上昇し続けることが確信できたので、ここで買えば25ティック（１枚当たり750ドル）の利益が期待できる。

119 14/32で買いポジションを建てたあと、次は指数がマイナスに転じるのを待って空売り機会を狙う。５月14日の12時50分の足で指数はゼロラインを下回る。ここで確認シグナルが現れるのを待つが、次の足では確認できない。価格がその足の安値を下回るのを辛抱強く待つことにする。14時20分の足が120 4/32まで下落したので、「トレイリングストップ」で手仕舞ってドテン売りにする。純利益は20ティック（１枚当たり600ドルちょっと）。

次は買い戻しの機会を狙うために、ウィルスプレッドの動きに目を凝らす。すると５月18日の８時50分の足でウィルスプレッドはプラスに転じ、価格はそのまま上昇。買いの絶好のチャンスと見て、その日に120 14/32で買う。結局、買い戻しの機会を失い売りで損失を出したため、最終的には10ティック（１枚当たり312.50ドル）の純損失となった。

上記トレードの改善案

この損失は防ぐことはできなかったのだろうか。もちろんできただろう。でも、それは今だからこそ言えることであり、その時点ではだれにも分からない。ルールに従って負けたのだから、それは仕方のないことだ。カジノだっていつもハウス側が勝つわけではない。こう思ってあきらめるしかない。

この日はこのあと５ティック（１枚当たりおよそ150ドル）の利益を得て、損失を少し減らすことができた。次のトレードを仕掛けていれば１枚当たり500ドルの利益が出ただろう（重要なのは１つひとつの戦いではない。全体的にどう戦うかという戦術的思考が重要であることを忘れないでほしい）。

目先の利くトレーダーなら、この売りポジションは前の足の高値を上回った２番目の足で手仕舞っていただろう。なぜなら、ウィルスプレッドが急激にゼロラインに近づきつつあったからだ。損失はできるだけ少なくするのが理想だ。120 5/32でボラティリティブレイクアウトが発生したのでそこで手仕舞っていれば、わずか１ティック（１枚当たり32.50ドル）＋手数料の純損失に抑えることができたはずだ。あなたはここで手仕舞わないかもしれないが、私だったらそうした。ウィルスプレッドの強さとトレーディングレンジのブレイクアウトを考えれば、それが妥当だったと思う。前にも言ったように、これは思考する人のビジネスだ。どうすればよいのか迷ったのであれば、５月18日の５分足チャートや15分足チャートを見てもよかったはずではないか。いずれのチャートでも、ウィルスプレッドがプラスに転じようとしていることが明確に示されていたはずである。つまり、その売りポジションは踏む以外になかったということである。これだけの証拠があれば、取るべき行動に悩む必要などまったくないはずだ。

図9.8はウィルスプレッドが13年たったあとでも有効であることを示したものだ。このチャートは偶然にも私が本章を見直していた2011年のものだが、選んだチャートがたまたま2011年のものだったというだけで、意図的に選んだわけではない。チャートを見ると分かるように、ウィルスプレッドがゼロラインから上に抜けると、そのあとで必ずトレンドが変わる。これはどういう状態かというと、Ｔボンドが金よりも強くなっている状態だ。これはＴボンド市場が上昇することを

図9.8　機能するウィルスプレッド

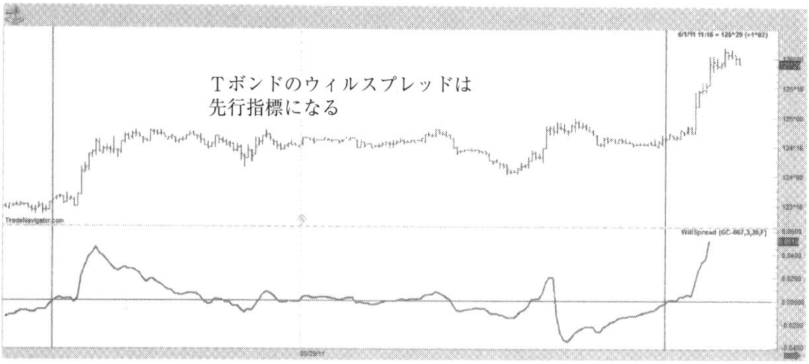

示す前予告になる。これは日足チャートにも使えるし、ここに示したような30分足チャートにも使える。

図9.9はウィルスプレッドと前述した３日チャネル（３期間の高値と安値の移動平均線）の併用を示したものである。ウィルスプレッドがプラスのとき、Ｔボンドは上昇することが予想できるため、安値の３日移動平均線の安値で買い、高値の３日移動平均線で利食いする。

つまり、時の試練に耐えた２つのトレーディングテクニックを組み合わせることで、市場のトレンドに沿うこととトレンドに逆らうことをトレーディングに利用しようというわけである。短期トレーダーにとってこの概念は極めて重要だ。まず長期的なトレンドを見極め、上昇トレンドにあるときはそれが継続すると仮定して、押しで買う。売りの場合はこの逆になる。つまり、トレンドが下降トレンドにあるときは、そのトレンドが継続すると仮定して、戻りで売る。

1980年代中ごろにウィルスプレッドとＴボンドとの関係を研究し始めたとき、Ｔボンドの日足チャートの長期トレンドを見極めるために測定したのが14日または19日のウィルスプレッドである。Ｔボンドの現在のチャートを見れば、この指標が今でも有効であることが分かる

図9.9　ウィルスプレッドと3日チャネルの併用

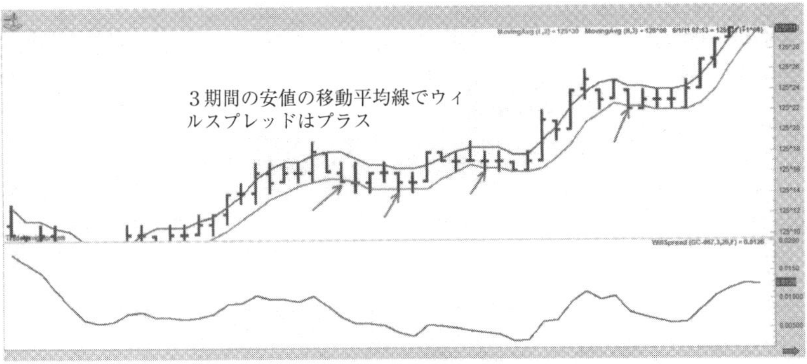
3期間の安値の移動平均線でウィ
ルスプレッドはプラス

図9.10　ウィルスプレッドは今でも健在

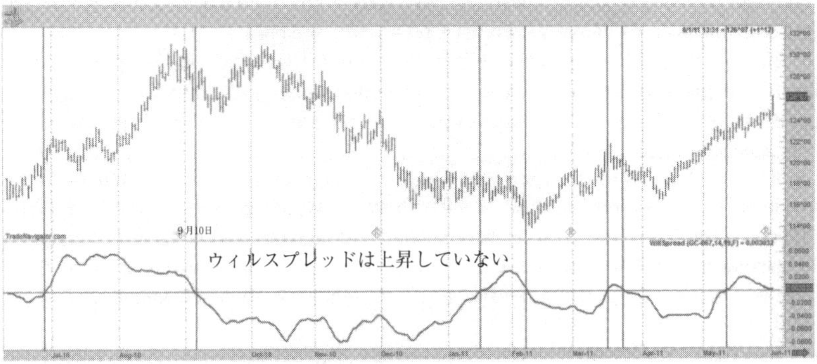
9月10日
ウィルスプレッドは上昇していない

はずだ。**図9.10**を見てみよう。

図9.10のチャートを見ると分かるように、この指標は市場の上昇トレンドのなかで、トレードすべきトレンドとすべきではないトレンドがどれなのかを明確に教えてくれる。最も良い例が2010年９月に付けた高値である。このときのウィルスプレッドを見ると下降しており、この高値は買いシグナルではないことを教えている。実を言うと、

2011年1月にシグナルを発しているが、これはあまり強いものではなかった。ここから得られる教訓――ただ1つのことに依存するな、さらなる洞察を得るにはあらゆるものを見よ。

ウィルスプレッドとS&P500株価指数

この概念はS&P500だけでなく、NYSE（ニューヨーク証券取引所）、ダウ平均、バリューライン、ミニS&Pなどさまざまな株価指数の短期スイングをとらえるのにも使える。

金価格はTボンド価格に大きな影響を及ぼすが、株価にはそれほど大きな影響は及ぼさない。株価に大きな影響を及ぼすものは、ご存知のとおり、金利である。したがって、株価指数のウィルスプレッドにはTビルかTボンドのいずれかを使うことをお勧めする。私の場合、30分足チャートを使って3期間と15期間の指数移動平均の差を取る。これは手動でやるとなると大変な労力を要する作業だが、オメガ社のトレードステーションやジェネシスデータなどの良質なトレーディングソフトには私の指標が標準装備されているので便利だ。

ウィルスプレッドの価値を実証する前に、1987年に発生した史上最大の株価大暴落と、1997年と1998年の株価の崩落を例に取って「大暴落の仕組み」を見ておくことにしよう。この時期を選んだのは、ウィルスプレッドの価値を理解してもらうのに打ってつけだと思ったからだ。

1987年の大暴落

図9.11は株式市場の史上最大の暴落の様子を示したものだ。これは人々の人生と運命を変えた大暴落であり、あまりにも規模が大きかったため、その損害に対する訴訟は5年後もまだ続いていたほどだ。

図9.11　S&P500指数（30分足）

ナビゲーター（ジェネシス・ファイナンシャル・データ・サービス）で作成

今でも大暴落の原因について多くの本が書かれているし、学術研究者たちは、投機によるこうした大暴落を将来的に防ぐための方法を提案してきた。立派な志だが、私に言わせれば、ウィルスプレッドを使えば大暴落は今ではなくその当時でも予測可能だったのだ（**図9.11**）。10月14日のウィルスプレッドを見てもらいたい。S&P500は311.50でゼロラインを下に交差しているのが分かるはずだ。そして暴落の間中ずっとゼロラインを下回っている。これは底はまだ見えないことを知らせるウィルスプレッドからのシグナルだった。金利とTビルの関係を見ても、市場が上昇する気配はまったくなかった。これが確認できるまでは買いは控えなければならない。大底の安値以外では、どこで買っても高いものについたことだろう。

大暴落のあと、ウィルスプレッドが初めてゼロラインを上に交差したのは1987年10月20日である。このとき、S&P500の価格は219.50に

図9.12　S&P500指数（30分足）

ナビゲーター（ジェネシス・ファイナンシャル・データ・サービス）で作成

急上昇した。私はここで手仕舞って１枚当たり４万6000ドルの利益を確保した。そのときの証拠金はわずか2500ドルだった。このほかにもウィルスプレッドの威力を示す実例を見てほしい（**図9.12**と**図9.13**）。

単体での使用も可能だが、ほかのものと併用すればもっと効果的

ウィルスプレッドは単体で使うことも可能だが、市場に関するほかの事実と併用してもよい。例えば、毎月、特に２月、３月、５月、７月、９月、10月、11月の初日に株価は上昇するという大きなバイアスがある。したがって、毎月の初めに採用する短期戦略として考えられるのは、特に前述の各月にウィルスプレッドがプラスに転じたら買い

図9.13　S&P500指数（30分足）

ナビゲーター（ジェネシス・ファイナンシャル・データ・サービス）で作成

シグナルを受け入れる、というものだ。1997年の１月から12月までのそうしたシグナルをまとめてみた。各月にはどういったことが起こったのか。もし実際にトレードしていたら何をすればよかったのか。このあたりを考えながら読んでもらいたい。

1997年１月　ウィルスプレッドは予想どおり1997年１月２日にプラスに転じたので、744.70で買う。そのままプラス領域にとどまり、１月６日にマイナスに転じる。その間、S&Pは752.00まで上昇し、7.30ポイントの利益になる。

1997年２月　１月29日、ウィルスプレッドが774.60でプラスに転じた。これは月初めの上昇を暗示するものだ。２日後、ウィルスプレッドがマイナス領域に移行し始めたので１月31日の引けで手仕舞う。これは２～３日間のバイアスということが分かっているので、ウィルスプレッドが特に強気でないかぎり、自分の時間枠の終了時点で手仕舞うのが賢明。これで13.90ポイントの利益。

1997年３月　３月３日に792.00でようやく仕掛けることができた。これはビッグトレードにはならなかったが、３月４日にウィルスプレッドがマイナスに転じたところで794.00で手仕舞って1.10ポイントの利益。

1997年４月　ウィルスプレッドは何て素晴らしいんだ！　従来のように月末で買ったトレーダーは損失を出しただろう。でもわれわれは違う。われわれはテクニカルや季節性だけではトレードしない。市場間の関係を見て市場で今何が起こっているのかを確認することでより確実なトレードを目指すのが賢明なわれわれのやり方だ。月末のトレードを控えたのはそのためだ。ウィルスプレッドは４月７日まで買いシグナルは出してこなかった。これはわれわれが注目する通常の期間よりかなりずれている。

1997年５月　４月28日に772.40で強気シグナルが出る。これは月末の上昇を示唆するサイン。ここで買って、５月１日に800.50で手仕舞う。これはビッグトレードになった。短期間で28.10ポイントの利益！

1997年６月　初めて負けトレードになった。５月28日、ウィルスプレッドがプラスに転じたので買ったのだが、２～３本の足のあとに851.20で再びマイナスに転じた。同日に849.00で手仕舞っていれば2.30ポイントの損失で済んでいただろう。しかし、まだ月末月初の注目期間中にあったので、５月30日にウィルスプレッドがプラスに転じたところで再び買った。仕掛け値は844.70。そして６月２日に848.00で手仕舞う。これで最初のトレードで出した損失は取り戻すことができた。

1997年７月　またもや厳しい洗礼を受ける。６月30日にウィルスプレッドがプラスに転じたので896で買ったが、同日中に890で手仕舞って6.0ポイントの損失を出してしまった。一瞬のうちにこれほどの損失を出すとは何という不覚。しかし、６月末と同じように、７月１日にウィルスプレッドは再びプラスに転じたので、898で買う。手仕舞い戦略は非常にシンプルだ。ウィルスプレッドがマイナスに転じるのを待つか、２日間待つ。辛抱強く待つ。するとウィルスプレッドは数時間後にマイナスに転じたので、897.80で手仕舞って0.20ポイントの損失。７月１日の遅い時間にウィルスプレッドは再びプラスに転じたので、900.25で買い直し、７月７日まで持ち続けて927.55で手仕舞う。これで７月は21.10ポイントの純利益になった。

1997年８月　月が変わっても、ウィルスプレッドはマイナス領域にとどまったままなのでトレードはなし。強気相場とはほど遠い状態が続く。結局、トレードすることを正当化できるだけのファンダメンタルズは見つからなかった。

1997年９月　またもや不面目な負けを喫する。８月29日、ウィルスプレッドがプラスに転じはっきりと強気の様相を見せてきたので仕掛けたが、結局は同日に902.55で手仕舞って3.20ポイントの損失を出す。これは今年になって最大の損失だ。

しかし、何とか踏ん張り、９月２日に買いシグナルに従って912.50で買う。強い上昇は９月３日まで続く。928.90で手仕舞って、前の損失を取り戻す。かなり際どいトレードだったが、時間の影響と市場の内部構造の影響とを併用することで黒字を維持でき、最終的に15.50ポイントの利益になった。

1997年10月　１日になってウィルスプレッドはようやくプラスに転じ、市場が上昇することを予告してきた。10月２日、ウィルスプレッドは１本の足だけですぐにマイナス領域に入ったが、そのまま下降することはなく965.30ですぐに上昇に転じプラス領域に入ったため、マイナスに転じるまでにもう一度買いの機会があった。968.75で上昇が終わったところで手仕舞って、3.45ポイントの利益。

1997年11月　これはかなり楽なトレードだった。10月31日にウィルスプレッドがプラスに転じたので919.00で買い、マイナスに転じた947で手仕舞って28.0ポイントもの利益を確保。毎月こうだとどんなに素晴らしいだろう。

1997年12月　これもまた絵に描いたようにうまくいった。12月１日にウィルスプレッドがプラスに転じたので962.50で買って、12月２日に973.20で手仕舞う。それはまさにフランク・シナトラの曲の一節にある「とても良い年」そのもので、この年はこの戦略で行った全13回のトレードのうち、10トレードが勝ちトレードだった。もっと注目すべき点は、純利益が99.70ポイント（１枚当たり２万4925ドル）という驚異的な数字が得られたことだ。これはファンダメンタルズと時間の影響との併用が有効であることを証明するものだ。時間の影響は常に存在する。しかし、しっかりとした裏づけ（ファンダメンタルズをベースとするセットアップ）がなければ、私はそのトレードは見合わせる。良いトレード機会はたくさん発生する。そうしたなかで、「機能すると思われる」ただ１つの要素が存在するからといってそのすべてをトレードしなければならない理由はないはずだ。

多々益々弁ず、である。

図9.14　ウィルスプレッド（2011年、日中足）

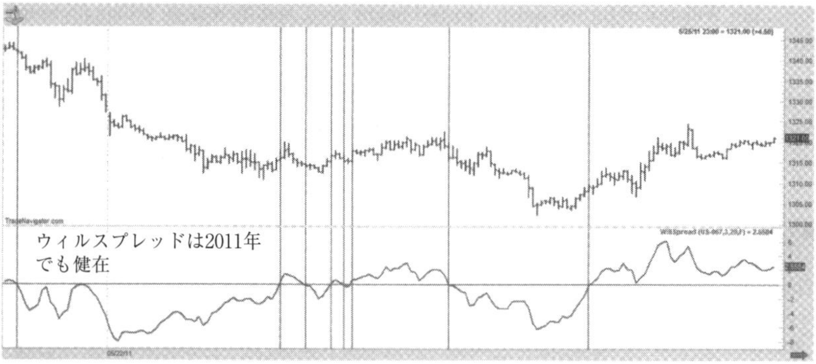

図9.14は2011年のＥミニS&Pの日中足チャートとウィルスプレッドを示したものだ。これはトレイリングストップをどう設定すればよいかを見るのに打ってつけのチャートだ。ウィルスプレッドが完璧でないことは図を見ると明らかだが、ウィルスプレッドに限らずこの世に完璧なものなどない。しかし、価格が上昇しているのにウィルスプレッドがマイナス領域にとどまっているのは少し異常だ。つまり、ウィルスプレッドは現在の短期の上昇の質を教えてくれるものでもあるのだ。

私の1998年以降の研究結果を見ても分かるように、ウィルスプレッドは先行指標である。**図9.15**を見てみると、2011年６月11日に価格が下落し始める前にウィルスプレッドは下降し始めている。価格はレンジ相場にあり上下動を繰り返していたが、ウィルスプレッドが下降しマイナスに転じた直後、市場には大きな売り圧力が発生した。

これは雇用統計が予想よりも悪かったことを受けてのことだった。雇用統計が発表される前でもウィルスプレッドは株式市場がＴボンド市場よりもはるかに弱いことを示していたため、トレーダーたちは雇用統計があまり良くないことは予想できたはずである。

図9.15　先行指標としてのウィルスプレッド

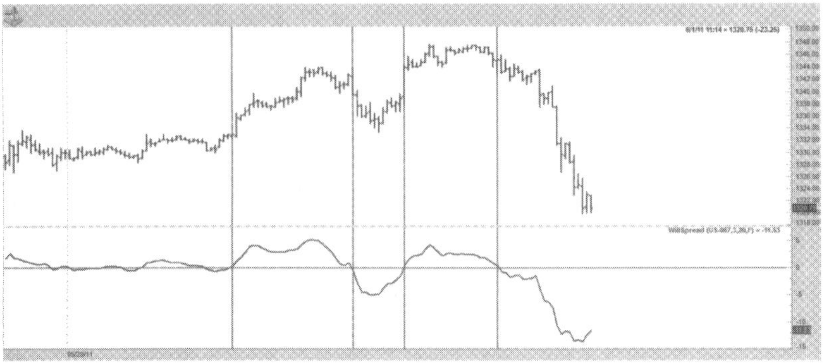

まとめ

本章では短期トレードのまた別の方法を学習した。市場間には関係があり、互いの値動きに影響を及ぼす。市場間の関係はわれわれ短期トレーダーにとっては自分が売買している市場の動きを事前に察知するうえで有効に使える。さらに重要なのは、これは伝統的なテクニカル分析を超えたツールであるだけでなく、ほかのトレーダーが使っていないツールでもあるという点である。

第10章

短期的に発生する特殊な状況

Special Short-Term Situations

歴史は、まったく同じとはいかないまでも、繰り返す。

この第10章ではS&P500市場とTボンド市場で最も機能し、利益の出るトレーディング戦略のひとつを見ていく。本書の第1版が出版された以降も、月別に季節的なバイアスが存在するという事実はいずれの市場でも変わっていない。トレーディング戦略というものは時代が変わっても持ちこたえるものなのだろうかと思っている人にとって、この戦略ほど良い回答を示してくれるものはないだろう。私がこの戦略のことを知ったのは1960年代で、1980年代、1990年代とこの戦略を使ってトレードしてきた。この戦略が今の時代でも十分通用することはこの第10章を読んでもらえば分かるはずだ。

短期のトレーディング機会のなかで、それぞれの月で受け入れるべき機会と無視すべき機会のリストを作成しておくと便利だ。これは、私の研究結果のなかから自分が気に入ったものを選べばよいので簡単だ。その感覚をつかんでもらうために、この第10章ではそれぞれの月でどういったトレードを探せばよいのかを詳しく見ていくことにする。これらのトレードはそれぞれ月における時期と祝祭日を考慮したものだ。

TDMという概念は特に新しい概念ではない。前にも述べたとおり、これは昔からある概念だが、市場の長年にわたる真実――株価は月初めに上昇する傾向がある――に合わせて私はこの概念を少し改良した。前にも述べたように、Ｔボンド価格も月初めに上昇する傾向があることが分かっている。これらの洞察を基に勝てる戦略を構築していくことにしよう。

株価指数の月末トレーディング

投機家がこれらのスイングをとらえられる市場はいくつかある。S&P500株価指数は株式市場の動きを売買する対象として昔から人気があったが、最近になって小口投資家の関心を集めてきたのがより少ない証拠金で取引できるＥミニS&Pである。世界的に有名なダウ工業株30種平均にもミニダウ先物が登場し、人気を集めている。将来的にはこうしたミニの株価指数がより重要な取引対象になるのではないかと思っている。

この第10章で議論する戦略はS&P500に基づくものである。これは単純な理由による。ダウ工業株30種平均が取引されるようになったのは1997年なのに対し、S&P500の取引が開始されたのは1982年とダウよりもずっと早く、そのため豊富なデータが入手できるからである。しかし、この戦略はどの株価指数にも適用可能だ。証拠金、枚数、現在のボラティリティに合わせて損切りを変更するだけでよい。

データを1987年までさかのぼり、毎月の最初の取引日の寄り付きで買い、最初に利益の出た寄り付きで手仕舞う（ベイルアウト戦略）とどうなるか検証してみた。損切りとしては1500ドルを使ったが、仕掛けた日には置かず、仕掛け日の翌日以降に損切り注文を置くようにした。結果は総トレード数129、総損益が７万3437.50ドルだった。１カ月に１回だけのトレードで、１年でおよそ7000ドルの利益ということになる。ほかの統計量を見てもものすごい数字が出た。勝率が85％、

図10.1　S&P500――毎月の最初の取引日で買う（S&P500――1987年9月18日～1998年8月31日）

全トレード

総損益	$73,437.50		
総利益	$103,250.00	総損失	$ −29,812.50
総トレード数	129	勝率	85%
勝ちトレード数	110	負けトレード数	19
最大勝ちトレード	$6,700.00	最大負けトレード	$ −2,437.50
勝ちトレードの平均利益	$938.64	負けトレードの平均損失	$ −1,569.08
平均利益÷平均損失	0.59	1トレードの平均損益	$569.28
最大連勝数	20	最大連敗数	2
勝ちトレードの平均日数	1	負けトレードの平均日数	1
終値で見た最大DD	$ −3,325.00	日中での最大DD	$ −3,950.00
プロフィットファクター	3.46	最大保有枚数	1
必要資金	$6,950.00	運用成績	1,056%

1トレード当たりの平均損益（［総利益－総損失］÷総トレード数）が569.28ドルだ。ドローダウンは3325ドルで、総損益の5％以下である。実に見事な結果だ（**図10.1**）。

しかし、このビジネスで最も重要なのは、「最近はどうなのか」ということであり、これは最もよく聞かれる質問でもある。あなたにとって最も重要なトレードは最後に行ったトレードである。これは早く撃たなければ殺されてしまうビジネスなのである。これを念頭に置いて、毎月の最初の取引日で買うという戦略を1999年以降の期間について見てみることにしよう（**図10.2**）。検証期間以降の13年にもわたって勝率85％を本当に維持できるのだろうかとあなたは思っていることだろう。

コンピューターのスイッチを入れて、さっそく見てみることにしよう。検証結果は前述の結果とまったく同じである。

この検証期間でも利益が出ている、しかもかなり多くの。資産曲線

図10.2　各月の最初の取引日で買う

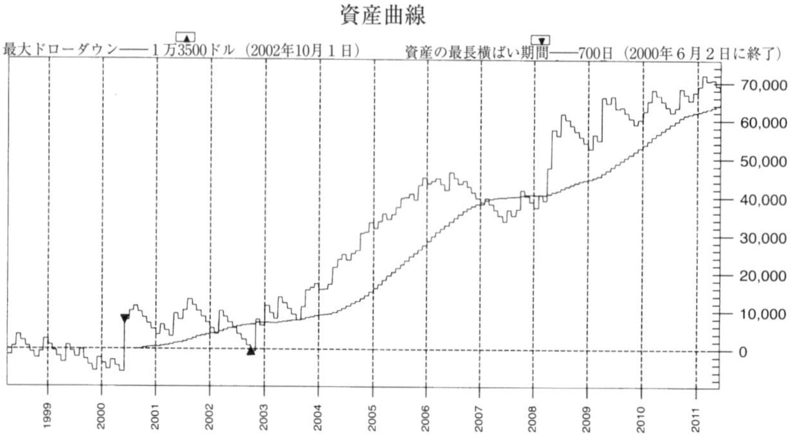

が単純な右肩上がりのパターンを示しているのを見れば分かるはずだ。1998年から2011年６月までの間に、この「秘密のトレード」が稼ぎ出した利益は６万7000ドルを超え、１トレード当たりの平均損益は426ドル、ドローダウンも許容範囲内の１万3000ドルだ。問題は勝率で、これは42％に下がっている。これはなぜなのだろう。それは取引枚数が変わり、ボラティリティが上昇したからである。これに伴って損切りは3500ドルに変更した。

図10.3は同じトレードだが、損切りを3500ドルにしたときの結果を示したものだ。総損益は10万6000ドル、勝率は66％と上昇している。しかし、Ｅミニで同じ損切りを使ったところ、勝率は81％だった。その資産曲線は**図10.4**に示したとおりである。総損益は２万9650ドルで、１トレード当たりの平均損益は426ドルだった。素晴らしい結果だ。資産曲線を見てみよう（**図10.4**）。これは月曜日のトレードを控えることで改善することができる。また、Ｅミニの最良の損切り価格は1600ドルである。

図10.3　損切りを3500ドルに設定

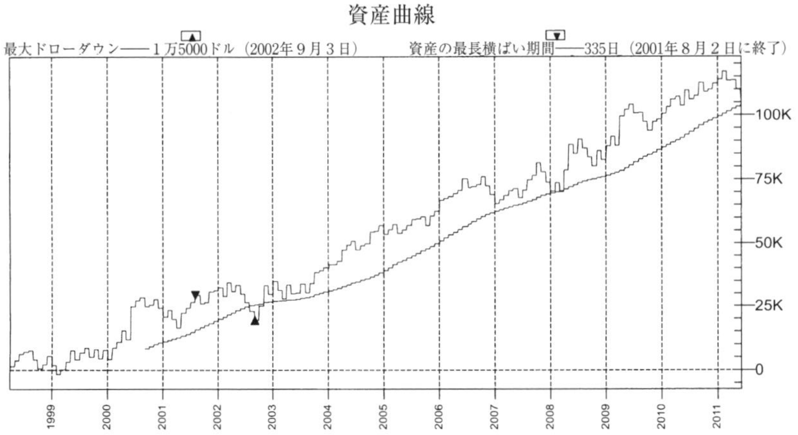

図10.4　Eミニ――損切りを3500ドルに設定

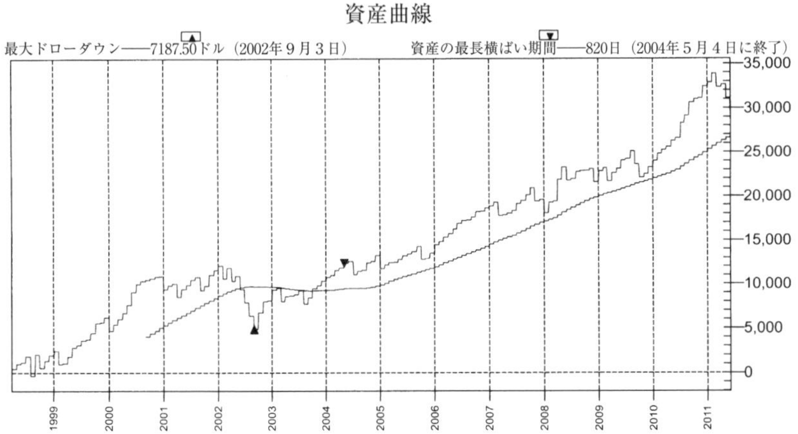

表10.1　S&Pの月ごとの損益比較

月	総損益	勝ちトレード数/全トレード数
1月	2,325	9/11
2月	3,437	8/11
3月	5,650	9/10
4月	5,437	10/11
5月	6,075	9/10
6月	6,500	10/11
7月	5,875	9/11
8月	12,500	9/10
9月	5,557	9/10
10月	1,150	8/11
11月	10,500	11/11
12月	8,150	9/11

トレードを回避すべき月

このゲームのコツが分かってきたとすると、大きな利益が出る月とあまり出ない月があるのではないかと思うはずだ。まったくそのとおりである。これを示したものが**表10.1**である。表を見ると、過去16年間で利益の少なかった月は1月、2月、10月であることが分かる。季節性を利用したトレーディングでトレードを回避すべき月、あるいは注意を要する月はこれらの月である。**表10.1**をじっくり研究してみてもらいたい。

図10.5を見ると分かるように、1998年以降も同じ傾向が続いている。利益の少ない月は1月と3月だが、2月は比較的利益が出ている。1月と3月には何かあることは確かだ。

改善してみよう

1月と3月を除く各月の最初の取引日に買う戦略で、**図10.6**以上

図10.5　1998年以降の結果

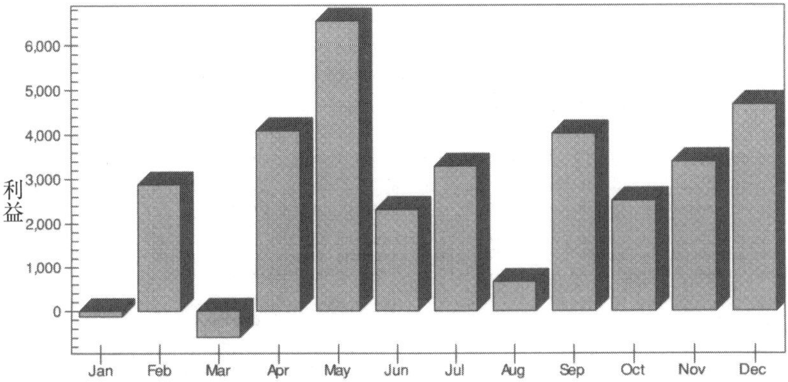

の結果を得ることは難しいだろう。S&P500における総トレード数270のうち、勝率は80％である。損切りは3500ドル、１トレード当たりの平均損益はこれまでで最高の546ドルを記録した。**図10.6**はこの成果をよく表している。

投機家のなかにはこの反復パターンに気づいている人もいるかもしれないが、ほとんどがうまく活用できていない。つまり、収益性の低い月を除くということはやっていない。収益性の低い月を除いてトレードすればよいことに気づいたのは大きな進歩だが、私たちはこれをもっと改善することができる。

どうやって？　Ｔボンド市場が上昇トレンドにあるときだけ、各月の最初の取引日に買うのである。前にも説明したように、Ｔボンド市場が上昇トレンドになれば、株式市場も上昇する。この戦略のルールは簡単で、われわれが仕掛けようと思っている日の前日のＴボンドがその２日前より上げて引けたときのみ、月の最初の取引日で買えばよい。この戦略がうまくいくということは、Ｔボンド市場が株価上昇の牽引役になっていることを示す何よりの証拠である。

図10.6　S&P500――各月の最初の取引日で買う

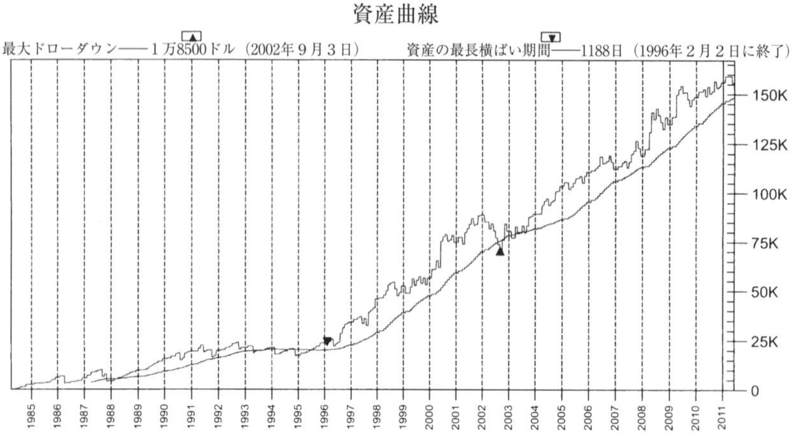

Ｔボンドの月末トレーディング

次は同じ戦略をＴボンドに適用してみよう。損切りは1100ドル、最初に利益の出た日の寄り付きで手仕舞う（ベイルアウト戦略）というルールに従って検証した結果、驚くべきパフォーマンスを示した。勝率は69％、１トレード当たりの平均損益もかなり高い。平均して月１回しかトレードしないことを考えれば大した成果だ（**図10.7**）。

表10.2を見ると分かるように、１月、２月、４月、７月、10月、12月は損失を出すか、利益が少ない。これらの月を外すだけでパフォーマンスははるかに向上する。

前にも述べたように、月末に株価が上昇する傾向は昔から知られている。私は、この期間におけるトレードをどういった条件の下で行えばパフォーマンスが上がるかを見いだしたにすぎない。これまでは、月末には株価だけでなくＴボンド価格も上昇する傾向があることを知っていたのは、私の生徒のうちのわずか数人にすぎない。私は長年にわたる研究と実際のトレーディングとを通じて、この時期はＴボンド

図10.7　Tボンド――毎月の最初の取引日で買う（Tボンド――1986年1月1日～1998年8月28日）

全トレード

総損益	$32,593.75		
総利益	$83,531.25	総損失	$ −50,937.50
総トレード数	149	勝率	69%
勝ちトレード数	104	負けトレード数	45
最大勝ちトレード	$2,593.75	最大負けトレード	$ −1,375.00
勝ちトレードの平均利益	$803.19	負けトレードの平均損失	$ −1,131.94
平均利益÷平均損失	0.70	1トレードの平均損益	$218.75
最大連勝数	8	最大連敗数	6
勝ちトレードの平均日数	2	負けトレードの平均日数	1
終値で見た最大DD	$ −6,812.50	日中での最大DD	$ −7,437.50
プロフィットファクター	1.63	最大保有枚数	1
必要資金	$10,437.50	運用成績	312%

表10.2　Tボンドの月ごとの利益比較

月	総損益	勝ちトレード数/全トレード数
1月	-31	8/13
2月	-1,718	7/13
3月	2,781	9/12
4月	-343	8/13
5月	6,125	9/12
6月	3,125	9/13
7月	1,093	8/13
8月	4,343	9/12
9月	7,187	11/12
10月	-218	7/12
11月	8,150	12/12
12月	1,500	7/12

図10.8　Tボンド――月末に買う（1983年～1996年の日中取引時間帯）

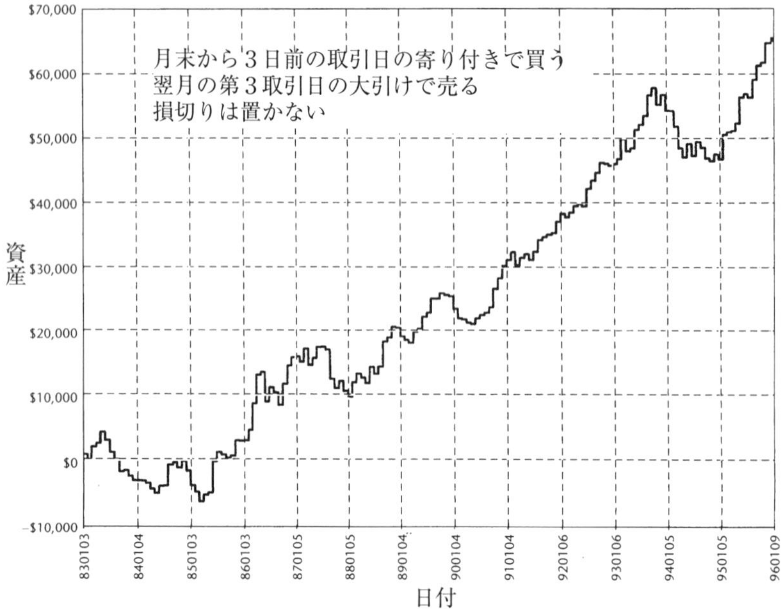

とＴビルの短期スイングをとらえるのにも絶好の時期であることを発見した。

図10.8と**図10.9**を見れば、このテクニックのすごさが分かるはずだ。**図10.8**は毎月、月末から３日前の取引日に買い、６日後に手仕舞うか、1500ドルのプロテクティブストップで損切りしたと仮定した場合の資産曲線の推移を示したものだ。このチャートは私のＴボンド研修コースの優等生のひとりであるマイク・ストックが提供してくれたものだが、この現象を見事に証明している。**図10.9**は同じテクニックをS&P500に適用したものだ。

図10.9　S&P500――月末に買う（1983年～1996年）

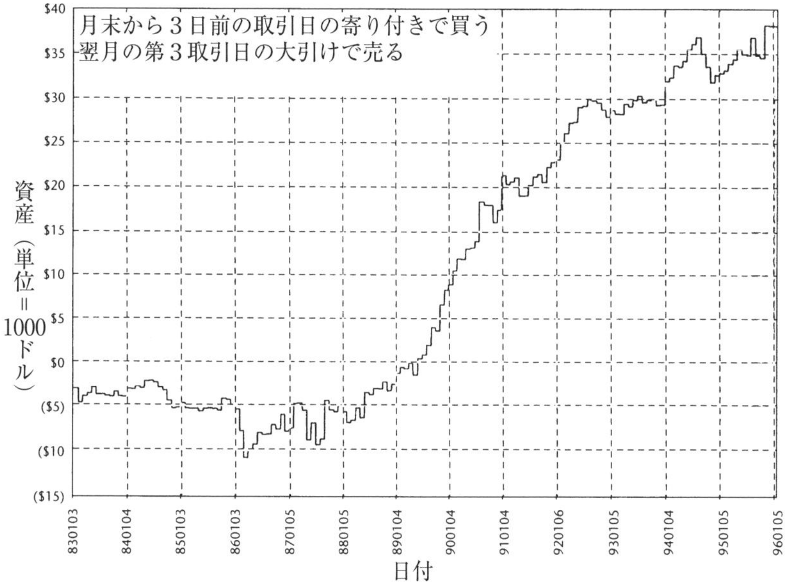

パフォーマンスの詳細

Tボンド価格が上昇し始めるのは月の最初の取引日の前であり、これを証明するものが**図10.10**と**図10.11**である。**図10.10**はTボンドをTDM18の寄り付きで買った場合の結果を示したものだ。ただし、損切りは1500ドル、仕掛け日から3日後の大引けで手仕舞うものとする。1986年から1998年までの期間において、総トレード数139、総損益は3万4875ドル、1トレード当たりの平均損益は250.90ドルである。ドローダウンは8625ドルと少し大きいが、全体的には悪くない。

しかし、金市場のトレンドという要素を加え、悪いトレードや月並みなトレードをなくせばパフォーマンスはもっと上がる。私たちが市場を理解するうえで欠かせないマーティン・ツバイクやジョン・マー

図10.10　Tボンド――TDM18で買う（Tボンド――1986年1月1日～1998年8月28日）

全トレード			
総損益	$34,875.00		
総利益	$95,843.75	総損失	$ -60,968.75
総トレード数	139	勝率	71%
勝ちトレード数	99	負けトレード数	40
最大勝ちトレード	$2,812.50	最大負けトレード	$ -1,906.25
勝ちトレードの平均利益	$968.12	負けトレードの平均損失	$ -1,524.22
平均利益÷平均損失	0.63	1トレードの平均損益	$250.90
最大連勝数	17	最大連敗数	4
勝ちトレードの平均日数	3	負けトレードの平均日数	3
終値で見た最大DD	$ -8,625.00	日中での最大DD	$ -8,656.25
プロフィットファクター	1.57	最大保有枚数	1
必要資金	$11,656.25	運用成績	299%

図10.11　Tボンド――金市場が下降トレンドのときのみTDM18で買う（Tボンド――1986年1月1日～1998年8月28日）

全トレード			
総損益	$32,062.50		
総利益	$65,093.75	総損失	$ -33,031.25
総トレード数	90	勝率	75%
勝ちトレード数	68	負けトレード数	22
最大勝ちトレード	$2,812.50	最大負けトレード	$ -1,531.25
勝ちトレードの平均利益	$957.26	負けトレードの平均損失	$ -1,501.42
平均利益÷平均損失	0.63	1トレードの平均損益	$356.25
最大連勝数	11	最大連敗数	3
勝ちトレードの平均日数	3	負けトレードの平均日数	3
終値で見た最大DD	$ -4,500.00	日中での最大DD	$ -4,500.00
プロフィットファクター	1.97	最大保有枚数	1
必要資金	$7,500.00	運用成績	427%

フィーの本（これらは必読書）にも書いてあるように、金市場はTボンド市場に大きな影響を及ぼす。金市場が上昇トレンドにあるときにはTボンド市場は下落し、逆に金が下降トレンドにあるときにはTボンド市場は上昇する傾向がある。

図10.11を見ると、金市場をフィルターとして使うことの威力が分かるはずだ。トレード期間も損切り・手仕舞いルールも前と同じである。前と異なるのは、金市場が下降トレンド（仕掛け日の前日の金の終値が24日前の終値よりも安い）にあるときだけトレードするという点だけである。総損益は2000ドル減ったが、勝率は少し上がり、われわれにとって「最も重要な」１トレード当たりの平均損益は前よりも100ドル上昇、ドローダウンは前の半分と大幅に改善された。

さらなる改善

仕掛け日をTDM22まで遅らせればパフォーマンスはさらに向上する。**図10.12**を見ると分かるように、総トレード数は50に減少するが、勝率は76％、１トレード当たりの平均損益は496.25ドル、ドローダウンも4500ドルと大幅に改善されている。

金市場が下降トレンドにあるときのみTDM22で買ったらどうなるのか？　あなたはこのときのパフォーマンスを知りたくてうずうずしていることだろう。では、さっそく結果を見てみることにしよう。**図10.13**がその結果を示したものだ。総損益が２万0156.25ドルとかなり良いパフォーマンスだ。金市場が下降トレンドにあるかどうかを判断するときの基準は、24日前の終値よりも下げて引けていれば下降トレンドにあるとみなす。また、損切りと手仕舞い手法は前と同じである。最も改善されたのはドローダウンで、これは1500ドルにまで減少している。しかし勝率は89％と大幅に改善され、１トレード当たりの平均損益も719.87ドルに跳ね上がっている。

図10.12　Tボンド――TDM22で買う（Tボンド――1986年1月1日～1998年8月28日）

全トレード

総損益	$24,812.50		
総利益	$42,812.50	総損失	$ −18,000.00
総トレード数	50	勝率	76%
勝ちトレード数	38	負けトレード数	12
最大勝ちトレード	$2,718.75	最大負けトレード	$ −1,500.00
勝ちトレードの平均利益	$1,126.64	負けトレードの平均損失	$ −1,500.00
平均利益÷平均損失	0.75	1トレードの平均損益	$496.25
最大連勝数	7	最大連敗数	3
勝ちトレードの平均日数	3	負けトレードの平均日数	2
終値で見た最大DD	$ −4,500.00	日中での最大DD	$ −4,593.75
プロフィットファクター	2.37	最大保有枚数	1
必要資金	$7,593.75	運用成績	326%

図10.13　Tボンド――金市場が下降トレンドのときのみTDM22で買う（Tボンド――1986年1月1日～1998年8月28日）

全トレード

総損益	$20,156.25		
総利益	$24,656.25	総損失	$ −4,500.00
総トレード数	28	勝率	89%
勝ちトレード数	25	負けトレード数	3
最大勝ちトレード	$2,468.75	最大負けトレード	$ −1,500.00
勝ちトレードの平均利益	$986.25	負けトレードの平均損失	$ −1,500.00
平均利益÷平均損失	0.65	1トレードの平均損益	$719.87
最大連勝数	17	最大連敗数	1
勝ちトレードの平均日数	2	負けトレードの平均日数	1
終値で見た最大DD	$ −1,500.00	日中での最大DD	$ −2,093.75
プロフィットファクター	5.47	最大保有枚数	1
必要資金	$5,093.75	運用成績	395%

図10.14　システムの全体的なパフォーマンス

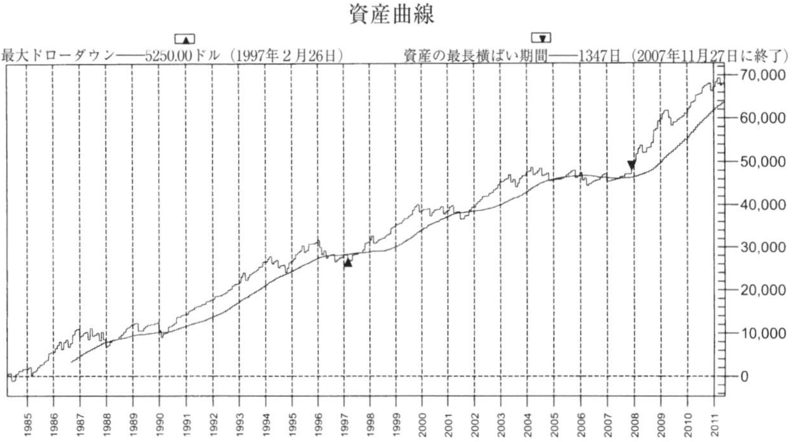

ただし、TDM22でのトレードは異例な機会と考えてもらいたい。というのは、TDM22が存在する月はそれほど多くないからだ。しかし、TDM22が存在するときにはTDM22で買う。金市場をフィルターとして使った場合の連勝数を見てほしい。金市場をフィルターとして使わなかったときの連勝数がわずか７であるのに対して、フィルターを使ったときの連勝数は17と驚異的な数字だ。

Ｔボンド市場の状況に基づくトレーディングの威力が驚くほど長く持続することを示す証拠として、**図10.14**のチャートを見てもらいたい。これは月末から５日前の取引日の寄り付きで買った結果を示したものだ。月末から５日前の取引日はTDM18に相当する。1990年から始まる検証期間で行われた総トレード数は119、総損益は３万2000ドル、１トレード当たりの平均損益は275ドル、そしてドローダウンは何とわずか3700ドルだった。

1980年代から2011年５月までの全体的なパフォーマンスは**図**

10.14に示したとおりである。長期にわたって持続するパターンについて話すとき、Tボンド市場の影響——毎月一定の時期に上昇する傾向がある——を抜きにしては語れない。

売る時期について

Tボンドにはもうひとつ傾向がある——毎月の中ごろに下落する。TDM12の寄り付きで売り、損切りは1400ドル、3日目に買い戻すというルールに従ってトレードした結果を示したものが**図10.15**である。検証期間は1986年から1998年中盤までである。詳細を見てみると、総トレード数152で、勝率は76％、1トレード当たりの平均損益が133.43ドルである。ドローダウンは6093.75ドルと許容範囲内にはあるが、総損益に対する理想的な比率よりは大きい。ドローダウンは総損益2万0281.25ドルの15％を下回るのが理想だが、この場合は30％と理想のほぼ2倍である。それほど悪いパフォーマンスではないが、改善の余地はある。

昔からのアナリストたちはフィルターとしてトレンド、オシレーター、モメンタムといった「ジャンク」を用いることが多いが、私は市場間の基本的な関係——つまり金市場とTボンド市場の関係——のほうが重要だと思う。結局、市場を動かすのはチャートやオシレーターではなく、その根底にある状態が市場を動かすのである。

月の中ごろの下落で売ることに加え、ファンダメンタルズを併用することの威力を見てみることにしよう。これを示したものが**図10.16**である。仕掛けと手仕舞いのルールは前と同じだ。唯一の違い——これが結果に大きな影響を及ぼす——は、金市場が10日前の終値よりも上げて引けたときのみトレードを実行することである。金市場が上昇トレンドにあるということは、売りシグナルがより効果的であることを示している。結果を見てみると、総損益は6000ドルも上昇

図10.15　Tボンド——TDM12に売る（Tボンド——1986年1月1日〜1998年8月28日）

全トレード			
総損益	$20,281.25		
総利益	$73,375.00	総損失	$ −53,093.75
総トレード数	152	勝率	76%
勝ちトレード数	117	負けトレード数	35
最大勝ちトレード	$3,000.00	最大負けトレード	$ −2,000.00
勝ちトレードの平均利益	$627.14	負けトレードの平均損失	$ −1,516.96
平均利益÷平均損失	0.41	1トレードの平均損益	$133.43
最大連勝数	13	最大連敗数	3
勝ちトレードの平均日数	2	負けトレードの平均日数	3
終値で見た最大DD	$ −6,093.75	日中での最大DD	$ −6,250.00
プロフィットファクター	1.38	最大保有枚数	1
必要資金	$9,250.00	運用成績	219%

図10.16　Tボンド——金価格で確認できたときのみTDMで売る（Tボンド——1986年1月1日〜1998年8月28日）

全トレード			
総損益	$26,250.00		
総利益	$50,250.00	総損失	$ −24,000.00
総トレード数	73	勝率	78%
勝ちトレード数	57	負けトレード数	16
最大勝ちトレード	$2,656.25	最大負けトレード	$ −1,500.00
勝ちトレードの平均利益	$881.58	負けトレードの平均損失	$ −1,500.00
平均利益÷平均損失	0.58	1トレードの平均損益	$359.59
最大連勝数	14	最大連敗数	3
勝ちトレードの平均日数	3	負けトレードの平均日数	3
終値で見た最大DD	$ −4,500.00	日中での最大DD	$ −4,593.75
プロフィットファクター	2.09	最大保有枚数	1
必要資金	$7,593.75	運用成績	345%

した。勝率は76％から78％とあまり変わらないが、ドローダウンの総損益に対する比率は30％から17％とほぼ半減している。なかでも最も注目すべき点は、１トレード当たりの平均損益が133.43ドルから359.59ドルと大幅に増加したことである。

われわれがこの素晴らしいトレード機会を手に入れるには、金市場が上昇トレンドに入る月の中ごろまで忍耐強く待つことだけである。このファンダメンタルズによるセットアップが素晴らしいパフォーマンスを生むのである。

まとめ

忍耐力の欠如はトレーダー全員に通じる１つの大きな欠点ではないだろうか。どうか私の言葉を信じてほしい。忍耐力は勝者と敗者を分かつほど重要なものなのだ。私が賭けに打って出る、つまり投機するのは、自分が明らかに有利な状況にあるときだけである。自分が有利な状況にないとき、私がどこにいるかはもうお分かりのはずだ。そう、サイドラインに下がって待つのである。あなたもどうか私と一緒にサイドラインに下がって、辛抱強く待ってもらいたい。

この第10章では、トレーディング戦略に対する理解をより一層深めてもらうとともに、私が使っている確かなトレーディング手法のいくつかを紹介した。月末と月初には疑う余地のない強力なパターンが存在する。そのパターンにどう対応すべきかは、この第10章を読み終えたあなたにはもうお分かりのはずだ。

第11章

手仕舞いのルール

When to Get Out of Your Trades

何かを始めるときにはその結果をまず考えよ。

短期トレードの手仕舞いルールを３つ紹介しよう。

1. トレードを仕掛けたときには必ず金額ベースの損切り（マネーストップ）を置く。何もかもがうまくいかなくなったときにあなたを保護してくれるのが損切りだ。
2. ラルフ・ビンスの手を借りて開発した私の「ベイルアウト」利食いテクニックを使う。最初に利益が出た寄り付きで手仕舞うのが、ベイルアウト利食いテクニックの基本的なルールだ。たとえ利益が１ティックであろうと、利益が出たのなら利食いする。これが最もうまくいくのはS&P500だ。ほかの動きの遅い市場の場合、ベイルアウトを１日か２日遅らせ、利を伸ばしてから利食いすることで１トレード当たりの平均損益を増やす。
3. 反対シグナルが出たらドテンする。例えば、空売りしているときに買いシグナルが出たら、損切りやベイルアウトを待つのではなく、最新のシグナルに従うことが重要。

手仕舞いについてはこれだけである。欲を出してはならない。自分の感情ではなくルールに従って手仕舞うことが大切だ。

もちろん手仕舞いテクニックはほかにもある。買いや手仕舞いにフィボナッチ級数を使う人は多いが、フィボナッチ級数は最適な手法だとは思わないので私は使わない。

仕掛けから一定の日数以内に手仕舞うというルールを設けるのも良い。結局、一定の日数以内に利益が出なければ、仕掛けたときの状態はおそらくは消滅したと思われるからだ。

短期トレーディングには常にジレンマが存在することに私は気づいていた。例えば、市場が買われ過ぎになると利食いしたい衝動に駆られるが、それはせっかく乗ったトレンドから飛び降りることを意味する。しかもたいていは飛び降りる時期が早すぎる。この問題を解決する方法はあるのだろうか。

おそらくはある。短期の時間枠でトレードしているとき（ここでは便宜上４日を想定する）、市場が買われ過ぎになったとしよう。そのとき買っていれば、利食いの絶好のチャンスとあなたは思うかもしれないが、すぐに利食いすればその動きを逃すことになる。これを防ぐためには、買われ過ぎが仕掛けたときの時間枠の２倍の長さ続いたときを手仕舞いのタイミングにするのがよい。

ここでは時間枠として４日を想定しているので、買われ過ぎが８日続いたら下落があるものと予想して、下落する前の買われ過ぎが８日続いた時点で手仕舞うのである。８日続けばその買われ過ぎは本物だ。仕掛けと利食いに異なる時間枠を使うことで、利を伸ばすことができる。

第12章

投機ビジネスについての考察

Thoughts on the Business of Speculation

投機は悪いことではないが、間違った投機は身を滅ぼす。

市場の変化や反転を正しく予測することはひとつの才能ではあるが、それによって長期的な富が形成されるわけではないし、その才能だけではこのビジネスでキャリアを築いていくことはできない。

１回や２回トレードに成功したからといって、仕事としてこのビジネスで成功したことにはならない。１回や２回成功することはだれにだってある。運が良かったり、たまたまよくできたというのは、仕事とは言えない。投機を仕事として見るときに重要なのは、今の負けトレードに意気消沈しているときでも、２連勝して天にも上る気分のときでも、軌道を外れることなくいつも正しいことをすることである。私は投機というこの芸術に仕事として興味を持っているのであって、最近のトレードに勝ったとか負けたとかはどうでもよいことである。だれでも釘の１本や２本を打つことはできるが、それで家が建てられるわけではない。家を建てるには、技術だけでなく、しっかりとした計画、その計画に従い必ずそれをやり遂げるという強い意志、天気に関係なく毎日現場に足を運ぶ能力がなければならないのである。

仕掛けよりも手仕舞いが大事

ケンカを仕掛けるのはバカでもできる……しかし、勝者になれるかどうかはまた別の問題だ。

私はいつも愚か者だった。

子供のころ、ケンカには強くないくせに、ケンカ早さではだれにも負けなかった。そしていつもこてんぱんにやられた。学校から帰ってくるといつもシャツは破れ、鼻血を垂らしていた。そんな私を見て父は首を横に振りながらよく言ったものだ。「ラリーよ、ケンカを仕掛けるのはバカでもできる。そこをぐっとこらえるのが利口者だ」

トレーディングに関する本や講習のほとんどが手仕舞いのテクニックではなくて仕掛けのテクニックから教えており、市場に災いをなしている。

というのも、トレードを仕掛けるのは簡単だ。どんな愚か者にでもできる。しかし、利益を生みだすのは手仕舞いであり、それは仕掛けほどたやすくはない。このあとの章では私の実際の口座報告書をお見せるするが、それを見れば私が実際のトレーディングで何百万ドルも稼いだことが分かるはずだ。私が本書で語ることは、大げさなでっちあげではなく、現実なのである。

1990年代の終盤に私がボクシングのヘビー級チャンピオンのマネジメントをしていたことは、私の長きにわたる支持者なら知っているはずだ。ボクシングが好きな人は、ジミー・サンダー、マイク“ザ・バウンティー”ハンター、レイ・マーサーといった名前には聞き覚えがあるだろう。また、東京で開催されたジョージ・フォアマンの引退試合にもプロモーターのひとりとしてかかわった。

ボクシングとトレーディングはあまり関係がないように思えるかもしれないが、あなたが人生のなかでかかわる戦いのなかで、市場ほど厳しい戦場はないと私ははっきり断言できる。私がこの考えに対するインスピレーションを得たのは、これまでの株式市場関連の本のなかでおそらくはベストセラーと言ってよいジェラルド・ローブの**『投資を生き抜くための戦い――時の試練に耐えた規律とルール』**（パンローリング）からである。市場の厳しさを表す言葉として、彼の「投資を生き抜くことは戦いである」という言葉ほど的を射たものはない。これはあなたと市場との戦いであり、あなたとほかの市場参加者との戦いであり、あなた自身との戦いなのである。

ボクシングを例えに使ったのは、トレーディングで成功するにはどうすればよいかを学ぶうえで、この例えは極めて効果的だと思ったからである。

ヘビー級の次期世界チャンピオンを育てているとき、面白い男に出会った。ボクシングトレーナーのトミー・ピーコックである。彼が話していたことを理解し、彼のトレーニング哲学をトレーディングに応用するまでには数年かかった。

ピーコックがボクサーたちに繰り返し教え込んでいたことが２つある。ひとつは、パンチを食らうな、である。われわれのビジネスでは、このリスク管理のことをマネーマネジメントと呼ぶ。

ピーコックは一風変わった練習をボクサーたちに課した。殴り倒されてフロアに倒れこんだと想定し、そこから起き上がらせるのだ。初心者のボクサーは寝返りを打っていったん座ったあと立ち上がる。これは脳からすべての血液と酸素を奪い去り、立ち上がるとフラフラする。しかし、トレーニングを積んだボクサーは頭部を低く保ちながらうつぶせのまま腕立て伏せのように体を押し上げて立ち上がる。これで意識を取り戻すのだ。

彼が重視していたのはパンチを食らわせたり、相手の顔をジャブで突くことではなかった。彼が最も重視していたのはフットワークだった。肩に対して足をどれくらい広げるか、右足を左足よりも少しだけ下げる、足は絶対に交差しないことを彼はボクサーたちに徹底的に教え込んだ。

私がこれまでに読んだトレーディングの本は、例外なく戦闘の始め方から始まっていた。これこれの移動平均線やテクニック、パターンを使って戦闘を開始せよとは書いてあるが、正しい身構えや手の握り方、そして最も重要な、戦うべきではないときについては何一つ書かれていなかった。

格闘技で勝つにはちょっとした秘密がある。そのひとつが、対戦相手を注意深く選ぶことである。自分が育てたボクサーには負けてほしくない。だから、最初の３戦目から５戦目までの試合では、自分のボクサーが絶対に負けないような対戦相手を選ぶ。もしあなたのボクサーがこれらの対戦相手のひとりにでも負ければ、そのボクサーはそれで終わりだ。絶対に負けないような対戦相手に負けるようなボクサーに用はない。

この話から得られる教訓は、優位な条件の下ではあなたはどんな戦いにも勝つことができるということである。マイク・タイソンに目隠しをして、右手を背中の後ろで縛る。そして、これが最も重要なのだが、両足も縛りつける。こんな状態のマイク・タイソンにならたとえ絶頂期であったとしても私は勝てるだろう。彼のパンチは上半身からではなく、強力なバネのような足から繰り出されていた。相手をノックアウトするパンチ力は足から生まれていたのだ。彼の足こそがパワーの源だったのだ。

ボクサーたちの対戦相手は選ぶ必要があることを学びながら、同じことがトレードにおいても言えることを私は理解した。つまり、行うトレードも選ぶ必要があるということである。これは人間の本質にかかわる問題だ。ケンカを仕掛けるのも、トレードを仕掛けるのも楽しい。だから、われわれは仕掛ける前に立ち止まって考えようとはしない。トレーダーは本質的に行動を起こすことや高ぶることを好む人種だと私は思っている。サイドラインに下がって市場の動きを観察することはゲームに参加していないことを意味し、彼らにとってこれは耐え難いことだ。ダウ平均先物をトレードするトレーダーも、サイドラインに下がってゆったりと椅子に座って傍観していればよいものを、わざわざ参戦して負けトレードを喫してしまうことが時折ある。

手仕舞い戦略については徹底的に議論したいと思っている。殴り倒されたときフロアからどう起き上がればよいのか。トレードを注意深く選ぶにはどうすればよいのか。買いシグナルや売りシグナルだけでは不十分であることを理解してもらいたい。その前に、まず自分を守る方法を学ぶ必要がある。含み益が出ているとき、含み損が出ているとき、それぞれ何をすべきかを知る必要がある。

トレードを仕掛けるのはバカでもできる。トレーディングという芸術について語る前に、トレードの扱いについて私が学んだことを少しばかり話しておきたいと思う。本書の目的は、読者のみなさんにトレーダーとして成功してもらうことである。そのためには、今抱えている負けトレードをどう扱うべきかを学ぶ必要がある。損失はけっして避けることのできない市場の真実だ。したがって、損失から立ち直る方法を学ぶまでは、自分の持てる能力をフルに生かして市場でお金儲けをすることは不可能だと思ったほうがよい。

ファイターがやることにはもうひとつある。これはプロの運動選手たちの多くがやっていることだ。彼らは以前の試合を録画したビデオを見て、自分自身の動きだけではなく、相手の動きも研究する。これはトレーディングでも使える。自分が行ったトレードを見直し、市場の過去の動きを調べることはトレードに大いに役立つ。ところが、ほとんどの人はこれをやりたがらない。おそらくはスリルを感じられない地味な作業だからだろう。私がトレーディングでささやかながら成功を収めることができたのは、市場を研究し、自分の過去のトレードを見直し、自分が犯した失敗を分析したからだと思っている。

これについては推薦したい本が２冊ある。サム・シェリダンの『ファイターズ・ハート――世界の格闘技を旅した男』（白水社）とジョッシュ・ウェイツキンの『ジ・アート・オブ・ラーニング（The Art of Learning : A Journey in the Pursuit of Excellence)』だ。ジョッシュ・ウェイツキンの幼少時代を描いた映画『ボビー・フィッシャーを探して』は見たことがある人が多いと思う。この２冊は読み物としても面白いが、トレーダーが学ぶべき重要なことが書かれている。そのいくつかを紹介しよう。

格闘技だろうがバイオリンやピアノであろうが、成功するかどうかを占うものが１つある。それは何だろうか。推測してみてほしい。それは潜在的な能力ではなく、練習に費やす時間である。練習に費やす時間ほど、将来成功するかどうかを見るための優れた指標となるものはない。格闘技でもこれは明らかだ。なぜなら、体をよく鍛えたファイターが勝者となるからだ。マルコム・グラッドウェルはその著書『天才！　成功する人々の法則』（講談社）で次のように言っている。「心理学者はバイオリン奏者を見て極めてシンプルな相関を発見した……練習をたくさんやった人ほどうまい。クラスでトップになった生徒たちはほかのだれよりも練習量が多かった。世界的な『天才』として認められるようになった巨匠たちは１週間に30時間練習した。これに対して、１週間に８時間しか練習しなかった人は音楽教師になる運命にあった」

われわれはどうだろう。われわれはトレーディングをどう練習すればよいのか。トレーディングの腕を磨くにはどうすればよいのだろうか。

体を鍛えるには毎日ジムに通ったり、１週間にＸマイル走ったりと、少々のことではへこたれないような体力をつけるために繰り返し練習をすればよい。私も昔はマラソンをやっていたのだが、その経験から学んだことは、成功するかどうかは不快さに長時間耐えることができるかどうかということである。この事実を知っておくことはトレーダーにとって極めて重要だ。なぜなら、このビジネスでは手っ取り早く富を築く方法はないからである。

私は毎日市場が引けたあと「トレーダージム」に通っている。そこで私は毎日市場を分析する。気づいたのは、ほかのことよりもこのことに費やす時間が明らかに長いということだった。通常、トレーダーたちは市場が引けたあとこの種の分析はやらない。ほかにやりたいことがある場合もあれば、恐れからやらないこともある。市場の非情さに直面するのが怖いのだ。

「勝者になるには練習が必要なのであれば、どんな練習をすればいいのか」。読者のみなさんはきっとこう思っているはずだ。

その答えはもう出ている。本書で紹介する私のトレーディングスタイルを私がどのようにして確立し、コツやテクニックをどのようにして身につけたか知りたいだろうか？　それは簡単だ。私がやったのは過去の大量のチャートとデータを見てパターンや関係などトレーディングの要素となるものを見つけだしただけである。つまり私は過去のデータを使ってつもり売買を行っていたわけである。これこそがトレーディングの練習なのである。

これはわれわれのだれもがもっとやらなければならないことだと私は思っている。チャートを見て過去を研究する。これをやらずして、トレーダーとして成功するためにできることをすべてやったとは言えない。

私はいまだにバカ者である。負けトレードはなくならないし、愚かなこともやる。しかし、今ではこうしたことに対処できるようになったし、仕掛けよりも手仕舞いのほうが重要であることも分かってきた。ケンカを挑むときは、つまり、トレードを仕掛けるときは、やられる前に脱出する方法を知っておくことが重要だが、その方法も分かるようになった。

戦いに挑む前に読者のみなさんに知っておいてもらいたいことがいくつかある。それをこれから見ていくことにしよう。

投機とは何なのか

投機とは将来的に市場がどの方向に動く可能性が最も高いかを見極めることである。未来は基本的に予測不可能である。しかも、投資予測には３つの要素が伴う――選択、タイミング、管理。これらのうち１つだけを習得するのでは不十分で、３つの要素のすべてを理解し、精通していなければならない。それでは要素を１つずつ見ていくことにしよう。

選択は２つの要素からなる。ひとつは、「今まさに動きだそうとしている市場を選ぶこと」、もうひとつは、「集中力を高めるために少数の市場に絞り込むこと」である。売買している市場だからといって、あなたの好みの商品がいきなり急騰してあなたの銀行口座をリッチにしてくれるようなことはないと思ったほうがよい。どの株や商品でもその過去のチャートを見てみると、驚くべき秘密が明らかになる。それは本物の投機家になろうとする人とわたしやあなたのような平凡な人種とを分かつものだ。チャートを見ると、価格は一定の範囲内でくねくねと上下動を繰り返しながら、若干のトレンドを伴って横ばいで動くのが普通であることが分かってくる。急激に大きく動き、トレーダーに大きなチャンスを与えてくれるような状態は年に３～４回しかない。自分でチャートを見て、大きな値動きが毎日起こるわけではないことを確認してもらいたい。大きな値動きが発生するのはまれで、それは単なる例外にすぎず、法則ではない。

だから、どのトレードを選択するかが重要になってくるのである。方向感やトレンドのない市場でぬかるみにはまりたくはないはずだ。身動きの取れない状態になると身も心も疲れ果てるか、振るい落とされるのがオチである。いずれにしても、たとえお金は失わなくても時間は浪費される。すべての条件が整い、市場が今まさに急騰し始めようとしている時を見極めるのは、投機で成功するために不可欠なことである。

本書ではこれまでTDM（トレーディングデイ・オブ・ザ・マンス）、TDW（トレーディングデイ・オブ・ザ・ウィーク）、市場間の相関など、セットアップに使えるさまざまな要素を紹介してきた。セットアップにはこれら以外にもいろいろある。例えば、大口（したがって、最も賢明な）トレーダーのポジション（ネットロング［買い越し］なのかネットショート［売り越し］なのか）、一般大衆の間違ったポジション、市場の動きに影響を与える大きなニュースなどがそうだ。成功する投機家は辛抱強く待つ。しかし、ほとんどの人は、早ければ早いほど良いと思って賭けに打って出る。プロの投機家は、条件が整うまで辛抱強く待ち続ける。そうすることでより大きな利益を手に入れることができることを彼らは知っているからだ。

トレードで利益を得るうえで最も重要なのが選択である理由はもうひとつある。過去を振り返ると、私が全力を尽くすことができたのは少数（2～3）の銘柄を集中的にトレードしていたときだ。そのほかの銘柄に対する雑念を取り払い、選んだ少数の銘柄に集中することで、その銘柄の仕組み、その銘柄を動かす要因、そしてもっと重要なのは、その銘柄に影響を及ぼさないものがはっきりと見えてきたのだ。どんなビジネスでも集中力、目的意識、行動力がなければ大きな成功を収めることはできない。これはトレーディングにも当てはまる。自分のやっていることに集中して取り組むほど、成功する確率は高まる。

これはビジネス全般に当てはまる。心臓専門医は一般的な開業医よりも高収入である。この複雑な時代にあっては、専門分野を持つことが大きな利益を生むカギとなる。何年も前になるが、株で大儲けした賢いトレーダーの話を聞いたことがある。シエラ山脈に住む彼は年におよそ3回ブローカーに売買注文を出していたが、彼が売買するのはいつも決まって1つの銘柄だった。そのブローカーによれば、彼は1つの銘柄だけに集中することで巨額の富を築いたそうだ。

重要なのはタイミング

あなたの新しいツールやテクニック、そして夢が、もうすぐ大きな動きがあることを知らせてきた商品にあなたは的を絞ることにした。しかし、あわててはならない。これから大きく動きそうなものを選択したら、次に重要なのはタイミングだ。投機の2番目の要素であるタイミングは、「その大きな動きがいつ発生するのかを正確に見極めること」を意味する。タイミングを見極めるのに使えるツールは、簡単なトレンドライン、ボラティリティブレイクアウト、パターンなどだ。その市場があなたが選んだ方向に大きく動く準備ができたことを市場自身があなたに語りかけてくるのを待つこと。それがタイミングである。

どういうことかって？　例えば、あなたは今買いを考えているとする。価格の下落が、急騰の始まる合図となることは絶対にない。実際はまったく逆である。価格の下落はさらなる下落を示す合図である。これはニュートンの運動の第一法則（慣性の法則）を考えるとよく分かると思う。動いている物体は外力が加わらないかぎり動き続けるのである。トレーダーはいつも大きな葛藤との板ばさみのなかにある。買いたいと思うとできるだけ安くなったところで買えという月並みな思考が浮かんでくる。しかし、トレンド分析は下げているものは買うなと言ってくる。私からのアドバイスは、安く買うことは考えるな、上昇が始まったら買え、である。安値をとらえることはできないかもしれないが、安値の更新につかまるよりははるかにマシだ。

トレード管理

投機の３つ目の要素は、トレードそのものと、投資する資金の管理である。トレードには失ってはならないお金は使うべきではないというのが一般通念だ。

おそらくはそうなのだろう。

しかし、人は遊び金だと思ってしまうと、それで遊んでしまうものである。そして、たいていの場合はすってしまう。しかし、大事なお金、つまり、失ってはならないお金だと思えば、集中して必死にやるため、勝つ確率は高まる。必要は発明の母であるばかりでなく、投機を制御するうえで重要なものでもあるのだ。

トレード管理にはポジションの保有期間や利食い額の管理も含まれるため、管理の対象範囲はマネーマネジメントよりも広範囲にわたる。感情の制御もトレード管理に含まれる。つまり、感情に流されないように、オーバートレーディングやアンダートレーディングに陥らないように、正しいことをするように自分を制御し、トレード中の心理状態を制御することもトレード管理に含まれるということである。

トレードの方法を知っていることと、トレーディングで勝つ方法を知っていることとはまったく別物である。トレーディングに必要なものは、選択と仕掛けテクニックとマネーマネジメントだが、優れたトレーダーは利益を最大化するものは総合的な管理（マネジメント）――つまり、これらのテクニックをどう使い、制御するか――であることを理解している。

投機における重要なポイント

金持ちは大きな賭けはしない

金持ちには賢明な人が多く、１回のルーレットや１回の投資やトレードに全財産を賭けてはならないことを知っている。一発当てて大儲けしようと考えるのは本物の投機家ではなく、投機家かぶれにほかならない。無謀な賭けばかりやっていれば、他人のえじきになるだけである。もちろん長い人生においては１回や２回は無謀な賭けをすることもあるだろう。しかし、賭けをするたびに全財産をつぎ込む無謀な賭けばかりしていれば、１回負ければ破産だ。だから金持ちは大きな賭けはしないのだ。

金持ちは賢いので１回の投資に全財産を賭けるようなことはしない。なぜなら投資判断はそのときどきの思いつきによるものであることを彼らは知っているからだ。賢明な彼らは未来は予測できないことを知っている。だから１回の賭けに全財産をつぎ込むようなことはしない。昔、モンタナ州にある小さな銀行の取締役を務めたことがあるが、そのとき多くの融資申請の審査を行った。企業融資の申請書類にはプロフォーマ（企業による「予測」財務諸表）、将来の事業計画、融資の返済計画が必ず含まれていた。

私は必ず計画どおりになるようなプロフォーマにはこれまでお目にかかったことはない。彼らの「予測」は必ずと言ってよいほど実態からずれており、プロフォーマから予測されるほど業績は良くなかった。昔の銀行家が偉大な言葉を残している――「配達証明便で送られてくるものに良い知らせはなく、プロフォーマが正しいことはない」。

金持ちは１つか２つの良い投資対象を見つけ、最適な額を投資することでより多くのお金を稼ぐ。一発当てるというスリルを味わうために破産のリスクを冒す必要などまったくない。こんなことをしても無意味である。

1000ドル稼ぐには1000ドル賭けなければならない

これはラスベガスのカジノのマネジャーが好んで使う言葉で、金持ちは大きな賭けはしないという考えに通じる部分もあるが、これは大きな間違いだ。「1000ドル稼ぐ」正しい方法を教えよう。

ギャンブルと投機にそれほど大きな違いはないが、最大の違いは、ギャンブラーは最初から優位に立つことはないという点だ。ブラックジャックをプレーし、カードカウンティングをしないかぎり、彼らに勝ち目はない。勝ち目のないゲームテーブルになぜ多くの人が集まるのか、私には不思議でならない。

ラスベガスのカジノは24時間営業だ。理由は極めて単純だ。客にプレーを続けさせるためである。自分が少しでも優位に立てるゲームであれば、長くプレーするほど勝つ確率は上がる。だからカジノは営業をやめない。カジノにとって、一般大衆は蛇口を開けばすぐにお金が出てくる銀行口座にほかならないのだ。

カジノのマネジャーの言葉の弱点

ギャンブルの知識にかけてはカジノのマネジャーの右に出る者はいない。ありとあらゆるギャンブルを見てきてそのすべてを知り尽くしているからだ。しかし、「1000ドル稼ぐには1000ドル賭けなければならない」という彼らの言葉は「ハウス側の言葉」であって、これを真に受けるととんでもないことになりかねない。

昨年、私はトレード口座の資産を５万ドルから100万ドルに増やし、娘は１万ドルから11万ドルに増やした。その過程で私たちは「大きな賭け」は１回もしなかった。大きな賭けどころか、私たちの賭け金は非常に少額で、元手の20％を超えるリスクをとったことは１回もない。それでもとったリスクは大きすぎたのではないかと思っている。

投機家はプレーする前に自分が優位に立てることを確認する必要があるが、もしあなたがゲームで優位に立てることが分かったならば、ラスベガスをきらびやかなお金のメッカに仕立て上げた真のルールでプレーすることだ。つまり、小さなリスクで１日中プレーし続けるのである。

1000ドル稼ぐのに1000ドル賭けることの問題点は、賭けた1000ドルをたちまちのうちにすってしまう可能性があることだ。したがって、運・不運によるのではなく、ゲームの自然な進展によって1000ドル稼ぐ戦略を見つけたほうがよい。トレーディングを続ければ大金を稼ぐことができるし、ゲームがすぐに終わることもない。したがって、１回のサイコロ投げで一獲千金を狙うのではなく、長い時間をかけてじっくりと利益を積み上げていけばよいのである。

市場を追い続けたこの36年間に私が見てきたものは、稼ぐ人たちよりも損をする人たちのほうが多いことである。敗者は例外なく勝者と反対のことをしていた。敗者が１～２回のビッグトレードで大儲けしようという大それた考えを持っていたのに対し、勝者は常に正しいことをすることで富を築いていた。１回のビッグトレードで大儲けしようなどと思って市場に繰り出せば、息の根を止められるだけであって生き残ることはできない。

金持ちは大きな賭けはしない

大金持ちで賢い人々は大きな賭けはしない。第一に、彼らの関心事は何かを「証明」することではなく、お金を儲けることである。第二に、投機においてリスクコントロールはほかの２つの要素である「選択」と「タイミング」と同じくらい重要であることを彼らは認識している。商品トレーディングというこのビジネスは、選択、タイミング、リスクコントロールがすべてなのである。

投機とはジェットコースターを愛する人たちのゲーム

ジェットコースターのスリルと激しいアップダウンの動きが好きでない人は、すぐにこの本を本棚に返し、平凡な生活に戻ることをお勧めする。投機家の人生はアップダウンを繰り返すジェットコースターそのものである。高値や安値にヒヤヒヤドキドキする毎日である。安値が徐々に切り上がることを望んでも、安値はさらなる安値を更新するのが現実だ。高値もまたしかりであり、何事も期待どおりにはいかない。

スリルを味わえる投機の世界に魅力を感じる人は多いが、それがいかにアップダウンの多いものであるかまでは考えない。キャンディーをなめながらの快適なロールスロイスのドライブだとしか思い描かない。しかし現実は違う。投機とはときとしてたどり着く場所のない未知の世界であり、自由詩のようなものなのだ。このビジネスでスリルを追い求めれば命取りになりかねない。

このビジネスではスリルを求める気持ちは大事だが、それがトレーディングスタイルに影響を及ぼすようなものであってはならない。スリルを追い求めたい気持ちを封じ込めるか、それを原動力として利用することを学ばなければ、投機家として成功することは不可能だ。このビジネスが難しいのはおそらくはこのためだ。リスクを求める人でなければ投機はできないし、リスク回避的な人でなければ投機で身を立てることはできない。投機で成功するためには、統制力、つまり制御力も必要になる。ジェットコースターはしっかり制御しなければ脱線してしまう。投機というゲームで生き残るための私からのアドバイスは、スリルを求める気持ちは封じ込めよ、である。

辛抱強く待つということを知らなければ、待つものは何もなくなる

これも一種のスリルであり、制御することを学ばなければならないものだ。あなたや私のように（あなたを含めたのは、あなたがまだこの本を放り投げないで読んでいることを想定してのこと）、スリルを求める者はワクワクする気持ちが大好きだ。これまでの経験から気持ちが高まったときのワクワク感を忘れられず、いつもそれを求めている。初心者の投機家がすぐにトレード（賭け）に飛びつくのはそのためだ。わずかなきっかけで彼らはいとも簡単にお金を差し出す。勝とうが負けようが、確実に得られるものがあるからだ。確実に得られるもの――それがワクワク感だ。

新人の商品トレーダーの最も大きな問題は、いわゆる「オーバートレーディング」である。これは市場から利益を得るよりもワクワク感を得たいという気持ちが生みだすものだ。それは次のいずれかの形で現れる――①トレードする回数が多すぎる、②トレードするサイズが大きすぎる。

これはどのくらいトレーダーの気持ちを高ぶらせるか、その強さの問題だ。トレードするサイズが大きいほど、スリル感は高まる。トレードする回数が多いほど、分泌されるアドレナリンの量は増える。多すぎるトレード回数と大きすぎるトレードサイズはあなたにとって不倶戴天の敵である。金持ちは大きな賭けはしないし、そして毎日賭けをやらない。

そこで重要になるのが忍耐力である。忍耐力を身につけることで、はやる気持ちを抑えて理性を持ってトレードできるようになり、われわれが心に抱く投機家のイメージ――やることも考えることも無謀――を払拭することもできる。投機の世界では、トレード回数を増やしてトレードサイズを大きくしても利益が増えることはない。利益を

増やすには、トレードを厳選し、仕掛けるのにベストなタイミングを待つことが重要なのである。このビジネスは下手な鉄砲も数打ちゃ当たるというものではない。茂みに隠れて、獲物を完全に捕らえることのできる1メートルの距離に近づくまで待つハンターのようなものだ。そこで発砲して、獲物を確実に仕留めるのだ。

忍耐力のないトレーダーは感情をむき出しにして意味もなく撃ちまくり、お金を使い果たす。そしていざというときには、弾もお金も残っていない。

システムや戦略に従うことができないのなら、持っていても仕方がない

テクニカルトレーダーたちは市場に打ち勝つためのトレーディングシステムの開発に余念がない。利益を追求するために彼らがシステム開発に費やす時間やお金は半端ではない。これは大変良いことだ。私も市場をより深く理解するためにほぼ毎日同じことをやっている。

彼らと私との違いは、彼らは「優れたシステム」を開発すると、そのシステムを使って1～2回トレードしたらシステムをいじくりまわしたり、システムの指示を無視するようになることだ。昔、私の古くからの友人であるリン・エルドリッジは次のように言った――「システムに従う気がないのなら、なぜ多大な労力を割いて、システムをいじくりまわす必要があるのか」。まったくそのとおりである。

自分に正直になろう。自分の作ったルールに従う気がないのなら、なぜルールを作る必要があるのか。そんな時間があったらほかのことをやったほうがよい。投機では、破産したくなければルール破りは禁物だ。投機のルールはわれわれに仕掛けや手仕舞いの理想的なタイミングを教えてくれるために存在するものだ。しかし、こちらのほうが重要なのだが、投機のルールはわれわれをわれわれ自身から守るため

に存在するものでもある。

そんなことは自分には関係ない、と思っている人がいるかもしれない。システムに従うのはたやすいことだ、と。しかし、現実はそうではない。

昨年（1998年）１年間でアメリカでは５万2000人もの人が交通事故で命を落とした。１週間当たりおよそ1000人の人が亡くなったことになる。これは単純な２つのルールに従わなかったことが主な原因だ。つまり、スピードの出しすぎと飲酒運転である。投機のルールのように感情が絡んでいるわけでもなく、複雑でもない。とても単純なルールだ。単純な交通ルールに従わなかったことが原因であるにもかかわらず、思いがけない不幸に家族は動揺し悲しみに暮れた。もしあなたが投機で無謀な戦いをすれば、同じような経済的結果が待ち受けていることは確実だ。あなたの投機というハイウエーが修羅場と化すことは間違いない。

この地球上に重力の法則が常に働いているように、われわれのビジネスにおいても重力の法則は必ず守られなければならないのである。

クリスマスは12月だとは限らない

商品先物のトレーダーであろうと投機家であろうと、このビジネスに携わる人々にとっての泣き所は、１年のうちのどの時期に儲けが出るのかまったく分からないことである。

宝石店は年間売上高の大部分をクリスマス商戦で売り上げる。宝石店だけでなく、小売店のほとんどがそうである。お金が転がり込んでくる時期が分かっているので、販売計画も立てやすい。

残念ながらわれわれにはそれができない。私が本を書き、ニュースレターを発行するのはこれも１つの理由だ。私は安定した収入源が欲しかった。それを執筆やニュースレターの発行で実現しようと思ったわけである。このビジネスでは12カ月続けて大儲けする年もあれば、最初の６～７カ月間は稼げないばかりか損失まで出してそのあとようやく大当たりする年もあるだろう。このジェットコースターの世界では何が起こるかだれにも分からないのである。

CTA（商品投資顧問業者）が運用資産の一定の比率を管理報酬として徴収するのはこのためだ。こうすれば、成功報酬の20％以外に定期収入が確保できるため、それでかかったコストをカバーできる。ほかのだれもと同じように、彼らにも一定の収入源が必要なのである。

読者のみなさんは今の仕事を辞めてトレーダーになるのはやめたほうがよいと私は思っている。たとえ嫌な仕事であっても、それはあなたの生活を保障してくれる大切な収入源であり、確実にクリスマスを運んできてくれるものである。あなたは自分の仕事が嫌いかもしれないが、私だってこの仕事が嫌だと思う日はある。２～３カ月間立て続けに市場に打ち負かされるのは辛いものだ。ニュースレターの市場予測が続けて外れれば、私の過ちは白日の下にさらされる。これは敵にとっては格好の攻撃材料になり、友人たちにも笑われる。これはあまり気分の良いものではない。

しかし、こんなことは問題ではない。この世界は好きか嫌いかではなく、やるべきことをやるだけである。たとえシステムがドローダウンに陥り損失が出たとしても、システムには従い続けなければならないし、損切りを置きたくなくても置かなければならない。今年はクリスマスが遅れるかもしれないぞと自分に言い聞かせなければならない。そして、それに応じて私生活の資金計画を立てなければならないし、生活のプランも立てなければならない。つまり、クリスマスが遅れたときに備えて十分な現金を確保しておかなければならないということである。そして幸運にも今年のクリスマスがわずかな遅れで１月か２月にやってきたとしても、12月25日まで毎日クリスマスが続くわけではない。天国へと続く真っすぐな道がないように、私の口座資産も右肩上がりに上昇し続けるわけではない。アップダウンを繰り返しながらクネクネと蛇行する曲線を描く。クリスマスがいつ来るか分からないのはこのためだ。私に分かるのは、正しいことをしていれば、サンタクロースは必ずわが家の煙突を見つけてくれるだろうということだけである。

有利なゲームなら、プレーを長く続けるほど勝つ確率は高まる

自分が有利な立場にあるゲームなら、やがてはチップが積み重なり、クリスマスがやってくる。

これは投機家にとって極めて重要な概念であり、信念を構築していくべきものだが、概念そのものは信念のうえに構築されるわけではない。カジノは信念に沿って運営されてはいない。カジノは純粋な数学に基づいて運営されている。つまり、最終的にはルーレットやサイコロの法則が勝つことを彼らは知っているということである。だから彼らはルーレットを回し続けるのだ。待つことをいとわず、ただひたすらルーレットを回し、サイコロを振り続ける。１日24時間、プレーし続ける。理由はひとつ。どのゲームもカジノ側にアドバンテージがあるからだ。相手の期待値が負のゲームなら、長く続けるほど相手のお金を巻き上げられる確率は高まるのである。

ラスベガスに行ってひと儲けしようと考える人は滑稽だ。カジノにとってあなたや私は彼らの銀行口座にせっせとお金を運んでくれるカモでしかないのだ。あの巨大ホテルや株価を見てみるとよい。彼らのバランスシートが大黒字であることは火を見るよりも明らかだ。そして、それに貢献しているのがわれわれなのである。

われわれトレーダーは、時間はわれわれの友だちであることを認識しなければならない。契約書は期限厳守の世界である。だから、期限

をきっちり守ることが強要される。しかし、トレーディングは期限厳守の世界ではない。自分に有利なゲームなら、長くとどまるほど勝つ確率は高まるのである。

カジノが24時間営業する理由はもうひとつある。プレーヤーがプレーをやめないからだ。われわれトレーディングの世界では、これをオーバートレーディングという。

われわれはカジノではないが、彼らから学ぶべきことは多い。われわれにとって重要なのは、自分の手法がそのゲームにおいて統計的に有利なものであるかどうかである。自分の戦略を検証し、統計的に有利なものであるかどうかを確認することが重要だ。自分は賢いから、自分は容姿端麗だからという理由で、自分のシステムが正しいと決め込んではならない。自分のシステムを検証して、それが機能するものであることが分かったら、次はそのシステムを実際に使ってみて本当に機能するものであることを確認する必要がある。

賭けのサイズは勝っているときに増やすべきで、負けているときに増やしてはならない

これは投機において最も重要で基本的なルールである。敗者はこれと逆のことをやる。つまり、負けているときに賭けのサイズを増やし、勝っているときは減らすのである。スロットマシンで有り金のすべてをすった人を見ると、今度は自分が飛びついてその二の舞になる。これが敗者の行動様式だ。

勝者は勝ち続けているときにその有利な立場を利用して利益を伸ばす。昔やっていたニュースレター購読者参加型のトレードで私はS&P500で18連勝した。そのときのことは今でも鮮明に覚えている。３連勝したあとそのままトレードを続けた参加者はわずか25％だった。そして６連勝したあともそのままトレードを続けた参加者は１人もい

なかった。

人間は成功すると心理的に耐えられなくなり、失敗を望む気持ちが出てくるのではないだろうか。人は勝ちが続くと次は負けるのではないかと怖くなるが、負けが続くと次は勝つのではないかという期待が大きくなるようだ。だから、連敗のあとで投資額を増やしてしまうのだ。

しかし実際には、成功は連勝の結果として生みだされるのである。したがって、成功するためには、勝ちトレードが続いてもやめないことである。そのまま続けて連勝数を伸ばすことが勝利につながるのだ。逆に、失敗は連敗の結果として生みだされるものである。連敗数を更新したとき、それはそのシステムが機能していないことを示す最も確かなサインである。一般的な投機家が待ち望んでいるこの状態こそが、システム崩壊を示すサインなのである。短期投資から長期投資への移行は短期投資の失敗が契機となることはあるが、「あまりにもうまくいきすぎた」という理由でトレードをやめるのは愚かなことだ。

勝ち続けているときはドンドン行け！　負けているときは立ち止まろう。

成功は身を滅ぼす――裕福になることの危険性

勝ち続けているときは果敢に攻めることが重要だが、成功に有頂天になってはならない。勝ちが続けば自信過剰になり、成功をもたらしてくれたルールを無視するようになるからだ。

私の手法を使うようになってから成績がぐんと上がり、ときには10万ドルを超える儲けを出したこともあったが、最終的にはすべて市場に戻してしまったというトレーダーの話を私はこれまで数え切れないくらい聞いてきた。詳しく話を聞いてみると、結局はみんな同じなのである。有効なルールに一貫して従ってきたからこそ幸運が舞い込んできたにもかかわらず、それを自分の実力だと勘違いしてしまったわけである。要するに、うぬぼれてしまったのである。

うぬぼれた心は彼らにささやく――「やったじゃないか！　金は十分にある。イチかバチかやってみろ！　もう基本に従う必要なんてない。仕切るのはお前だ」。かくして彼らは「全速力で前進！の戦闘モード」に入ったわけである。彼らの頭からは損切りなどはとうに消え失せてしまっていた。多くのポジションを抱えすぎたり、多くの市場でトレードしすぎれば、やられたときは大きい。そしてついに崩壊のときはやってきた。

どうやって立て直せばよいのか。私が自分に常に言い聞かせていることがある――「ダンスは自分が連れてきた人と踊りなさい」。ほかにどんな美しいシステムや手法があろうと、目移りしてはならない。今使っているルールや論理で儲かっているのなら、それをいじらずに使い続けることである。私がトレーディングで儲けることができたのは自分の実力ではなく、検証と実証されたシステムや手法に従い続けたからこそ儲けることができたのだ。自分の経験とカンで飛行すれば墜落するだけである。自信過剰に陥り、機能している投機のルールを無視すれば、墜落するのは時間の問題であり、華々しく散っていくだけである。

恐怖と強欲の板ばさみ

年初の今こそこの問題に対峙するときだ。恐怖と強欲が心のなかで綱引きをする。この問題は今解決しておかなければ１年中苦しめられることになる。

このジレンマを克服すれば、利益は飛躍的に向上するはずだ。

トレーダーにとってより強い感情は、恐怖よりも強欲のほうである。われわれトレーダーは欲深い集団だ（だから人が通り過ぎるような戦場に足を踏み入れるのだ）。したがって、トレーディングであれ、ほかのビジネスであれ、毎日の生活のなかで自分を最も支配している感情が何なのかを知る必要がある。

強欲はわれわれにやるべきではないことをやるように仕向けるものだと私は思っている。強欲は非常に強い感情だ。目の前のトレードに飛びついたり、長く持ちすぎたり、ポジションサイズを大きくしすぎたりといったことは、すべて強欲の仕業だ。強欲に支配されていると感じたら、それを直視して、それが自分を良い方向に導いているのか悪い方向に導いているのかを見極めることが重要だ。

一方、恐怖は強欲とは異なる。恐怖はわれわれにやるべきことをやらないように仕向けるものである。ルーズベルト大統領は、「……われわれが恐れなければならない唯一のものは恐怖そのものである」と言ったが、これは史上最悪の発言として悪名高い。とはいえ、ウッドロー・ウィルソン大統領のブレーンのカーネル・ハウスと並んでこの国を長期にわたって苦しめ続ける政策を取るような社会主義者に何かを期待せよというほうがムリなのだが……。ちょっと横道にそれすぎたようだ。閑話休題。

恐怖は言ってみればブレーキのようなものであり、何かを制止する働きを持つ。これは生存に深くかかわる感情であるため、防衛本能と言ってもよい。事実、生き続けるためにはある程度の恐怖心を持つことは必要だ。しかし、生命にかかわる恐怖と市場における恐怖は同じではない。なぜだか、われわれは単なるアドレナリンの分泌によって引き起こされる恐怖心のために最高の勝ちトレードや最大の勝ちトレードを見送ってしまうのだ。損切りを恐れて損切り注文も置かない。私からのアドバイスは、あなたのなかの恐怖が何かをやるなと言ってきたら、このビジネスではナイキのキャッチフレーズのように「やるっきゃない（Just Do It.）」という意味にとらえよ、ということである。ちょっとおっかない考えかもしれないが、トップトレーダーが成功しているのは「ジャスト・ドゥ・イット」だからなのである。

恐怖は2つの要素からなる。ひとつは、なぜ恐怖が生まれるのか、そしてもうひとつは、それがあなたに何をやらせるか、である。

恐怖は未知が生みだす産物だ。米海軍特殊部隊にいる私の友人はこれをうまい言葉で表現している。「突撃命令で出動するとき、いつも心臓がドキドキしたが、それは恐怖からではない。おれたちは十分な訓練を積んで武器も持っていた。したがって、どんなことが起こっても問題はなかった。やるべきことは分かっていたし、不測の事態に遭遇しても対処することができたからだ」

トレーダーは準備不足の人が多い。先々のプランも立てず、損切りも置かず、どこでどう利食いするかも考えずにトレードする。だから彼らにとって未来は完全なる未知の世界なのである。ブラックホールのように恐ろしい真っ暗闇の世界なのである。

恐怖をなくすには、未来に対する準備を怠らず、基本をすべて習得してトレードに臨むことだ。十分な準備をすることで、市場で何が起こってもあわてることはなく、適切な行動が取れるのである。

もうひとつのポイントは、恐怖はわれわれにウソをつかせるということだ。トレーダーは勝ち負けに関係なく、自分のトレードについてウソをつく。ウソをつく相手は主として伴侶だ。彼らは否定とウソの悪循環が続く悪夢の世界の住人さながらだ。彼らが現実に向き合うことができないのもうなずける話だ。

これまでのキャリアや自分自身の恐怖や強欲から得たこれらの洞察が、読者のみなさんにとって自分の恐怖や強欲を理解する一助となれば幸いだ。

いつ仕掛け、いつ手仕舞うべきか――トレンドが変化するサイン

トレンドの変化を判断する方法はトレーダーの数に負けず劣らずた

くさんあるに違いない。このコンピューターの時代にあっては、数学の得意な人はその技術を駆使してトレンドの変化を読み取るシステムを構築するまでになった。一般に、トレンドの変化に関しては議論の余地がある。なぜなら、トレンドの変化は何かが起こったことを知らせているだけであり、それがずっと続くかどうかは分からないからだ。

これに関する私の考えは以下のとおりだ。

価格の大きな上昇や下降、つまりトレンドの変化は何らかの条件の下に発生するものである。その条件が存在しなければ、トレンドが本当に変化したとは言えない。トレンドが本当に変化したかどうかはしかるべき条件が存在するかどうかで確認することが大事である。そうすれば、大きな上昇トレンドや下降トレンドをつかむことができる。

これらの条件のいくつかについてはあなたはすでに分かっているはずだ。例えば、コマーシャルズ（当業者）の動向などがそうである。ここではあなたのツールボックスに加えてもらいたいトレンドの変化を確認するためのツールを紹介したいと思う。**図12.1**から**図12.6**は終値の18日単純移動平均線を示したものだ。特に難しいものではない。アミを掛けた丸の部分に注目してもらいたい。これは重要なトレンド転換点を示している。

どのチャートでも、買いシグナルの場合は２日連続して足が完全に移動平均線の上に抜けたところに、一方、売りシグナルの場合は２日連続して足が完全に移動平均線の下に抜けたところに、アミを掛けた丸があることに注目してもらいたい。これがトレンドの変化する条件である。こうした短期の買いシグナルや売りシグナルのうち適切なものを選んで仕掛けに使えばよい。

私のオンライン講座である「Sure Thing Commodity Trading」で

図12.1　重要なトレンド転換点

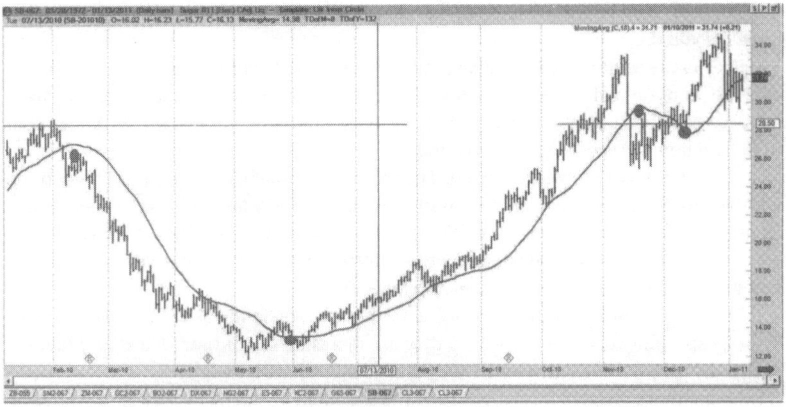

図12.2　18日移動平均線の上か下に2本連続で足が完全に抜ける

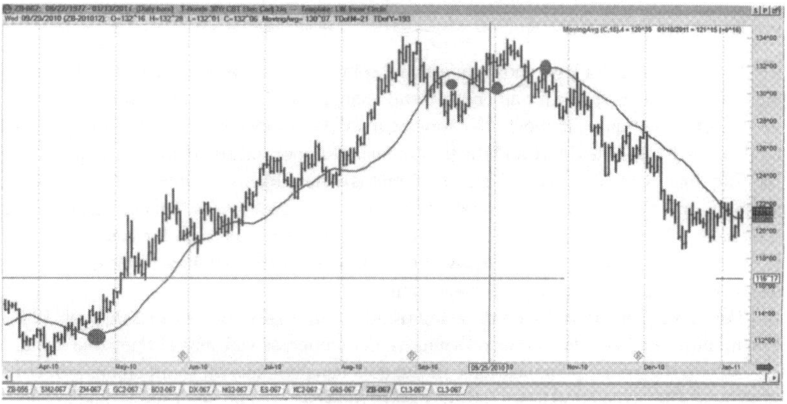

はもっと特殊な仕掛け方法を教えているが、これらのチャート上で見られるトレンド転換点も非常に強力なツールであることが分かるはずだ。

ここでは大きなトレンド相場を３つ取り上げた（**図12.2～図**

図12.3　18日移動平均線の上か下に２本連続で足が完全に抜ける

図12.4　18日移動平均線の上か下に２本連続で足が完全に抜ける

12.4）。

　ここで注目してもらいたいのは、アミを掛けた丸のあとにトレンドが変化していることである。これで晴れてトレンドの変化を読み取れるようになったのだから、これは年初にふさわしい良いニュースだ。

図12.5　18日移動平均線の上か下に２本連続で足が完全に抜ける

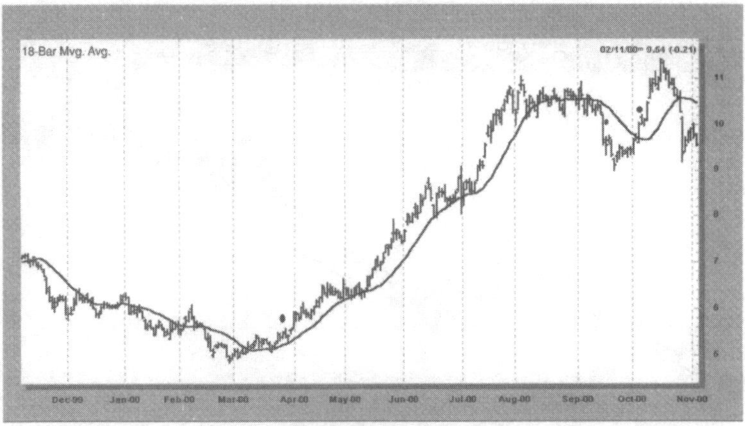

(A)

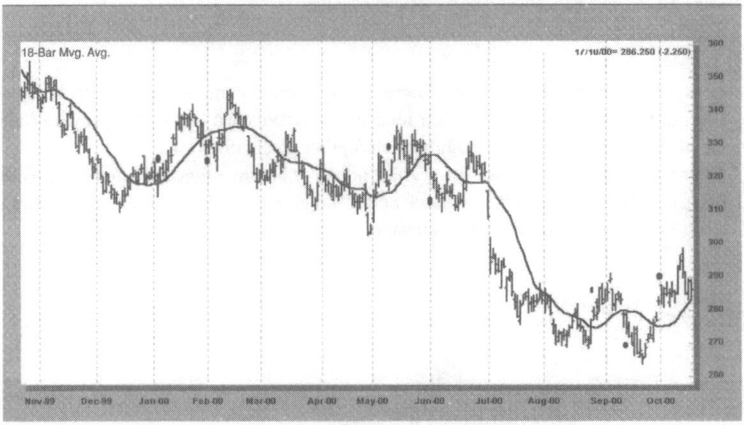

(B)

しかしこれは新しい現象ではない。**図12.5**と**図12.6**の2000年のチャートを見てみよう（最初のチャートを描いたときからソフトは格段に進歩していることに注目）。**図12.5**と**図12.6**にも同様のアミを掛けた丸を加えた。

これらのチャートからはいろいろなことを学ぶことができる。移動平均線を１日だけ上抜いたり、かろうじて接触するだけで上抜いたり下抜いたりしないと、それはトレンド反転の確実なサインにはならないというのは大変重要だ。

チャートを見ると分かるように、移動平均線は抵抗線や支持線の役割を果たしている。トレンドが変化したあと新しいトレンドが長期にわたって続くためには、価格がいったん移動平均線の領域に入ったら、そのあとで短期的な強力な動きが発生しなければならない。

これは改めて言うまでもないことだが、これらのシグナルを単独で使うなと、多くのテクニカルアナリストには言っておくべきだろう。これらのシグナルは単なる兆候にすぎない。上昇トレンドや下降トレンドを誘発する基本条件にすぎないのである。

ここで読者の方に課題を出しておくことにしよう。過去のチャートを見て、この関係（18日移動平均線とトレンド反転との関係）を調べてみてほしい。あるいは何らかのチャートソフトを使ってやってもらってももちろん構わない。移動平均線はどのチャートブックやソフトウエアでも描かれているので、できなかったという言い訳は通用しない。

自信、恐怖心、アグレッシブさ

臆病者は投機家にはなれない。そんな人は親の財産を相続したほうがよい。

投機家が自分自身で管理しなければならない性質が３つある。それは、自信、恐怖心、アグレッシブさである。この順にひとつずつ見ていくことにしよう。

図12.6　18日移動平均線の上か下に２本連続で足が完全に抜ける

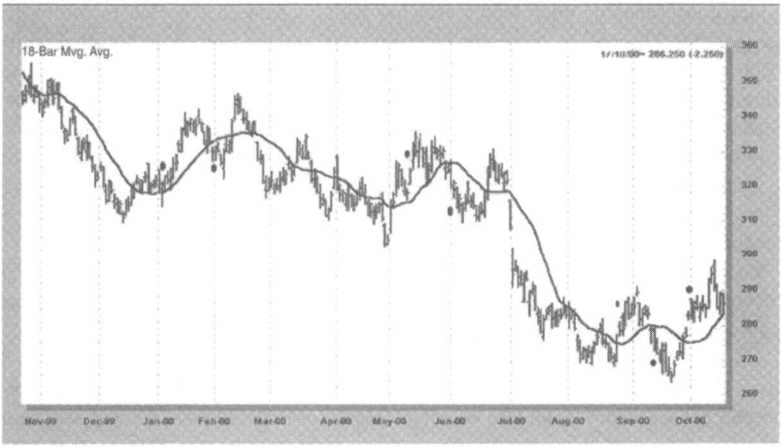

自信

自分にある程度の自信がなければ投機などできないが、自信過剰に陥ってはならない。自信は自分自身に対する感情から生まれるのではなく、市場を研究することで初めて得られるものだ。何の根拠もない子供じみたうぬぼれとはおさらばすることだ。あなたに必要なのは、経験と研究から生まれる自信である。こうした自信を身につければ、いざトレードというときにあれこれ迷わずに正しい行動を取れるようになる。敗者は自信がないため、あれこれと思い悩む。勝者もトレードするときには緊張するが、彼らには自分自身ではなく自分の使っている手法に自信があるため、思い切って仕掛けることができる。

自信がなければ引き金を引くことはできない。特に荒れ相場のときはそうである。こんなときにこそ最良のトレード機会はどこからともなく現れるものなのだ。

臆病者は投機で儲けることは絶対にできない。そんな人は投機のことなどきっぱり忘れて、財産相続でもしたほうがよい。超一流の商品先物トレーダーたちの自信は感動的ですらある。図太さとかうぬぼれではなく、冷静というのでもない。彼らの自信は、すべてがうまくいく、という確信に根ざしたものなのである。

勝つトレーダーは未来を信じている。これは彼らが未来に対して完全なる確信を持っていることを意味する。私は神を信じている。善が勝つことを、物事が自分に有利に運ぶことを信じている。神を失望させなければ、神は必ず私を守ってくれると信じている。神の存在を信じることで未来を信じることができるため、他人がトレードすることを躊躇するときでも自信を持ってトレードできる。自分の人生はきっとうまくいくと私はいつも信じている。疑ったことなどこれっぽっちもない。恐怖心を持ったトレーダーは未来を信じることができない。だから、思い切ったトレードができなくなる。

恐れそのものよりも恐れるべきことがある

前述のとおり、ルーズベルト大統領は恐れに対して間違った発言をした。と言っても、これは特に驚くには当たらない。社会主義的なニューディール政策と福祉政策とによってこの偉大な国を彼ほどめちゃめちゃにした大統領はほかにはいないからだ。しかも、彼はその二大政策がわれわれを大恐慌から救ったのだと大衆とメディアをまんまとだましたのである。あたかも彼なしにはアメリカは復興も成長もしなかったかのように。上院議員の総選挙では私は選挙活動の一環として民主党地盤の地域で戸別訪問を行ったのだが、そのときのことを今でもよく覚えている。ある家を訪問すると顔に深いしわの刻まれた80歳は下らないと思われる老婦人が出てきた。私にぜひ１票をとお願いすると、彼女は投票には行かないと言った。理由を聞くと彼女は次のように言った。「私が投票したのはこれまでの人生でたった１回だけ。しかもルーズベルトによ。彼が大統領としてやったことを見て、私は自分の愚かさを知ったわ。あんなヤツに投票するなんて。そして誓ったの、二度と投票には行かないって」

恐れは絶好調にある投機家の気持ちを抑えさせるのに大きな効果を発揮する。恐れを利用した例で私が最も感心したのはホイス・グレイシーの話だ。彼のことを知らない読者がいるかもしれないので、彼のことを少し話しておこう。

グレイシーは世界レベルのアスリートだ。彼の名を一躍有名にしたのは有料テレビで放映された格闘技イベントのアルティメット・ファイトである。番組を知らない人のために言っておくと、これはグローブもはめず素手で戦う本物の格闘技で、キックから目突きまで何でもありの競技だ。バイオレンスゲームと言ってもよい。グレイシーは100回以上戦って１回も負けたことがない。この記録はいまだかつてだれにも破られていない。ボクサー、キッカー、肘鉄パンチャー、タイのキッカーといった豪腕の挑戦などものともせず、百戦百勝だ。

対戦相手の体重が100～135キロであったのに対し、グレイシーは80キロと小柄で、ファイティングスーツよりもミスター・ロジャースのカーディガンのほうが似合いそうな男であることを考えると、これは奇跡としか言いようがない。彼が巨漢たちを打ち負かすなど、だれが想像しただろう。格闘家と勝者（彼らは投機家と多くの共通点を持つ）をこよなく愛する私は彼に注目し、彼の英知の言葉に注意深く耳を傾けた。

これらの格闘家たちはあるインタビューで試合に出るのが怖いかどうかを聞かれた。やらせは一切ない。重傷を負ったり、失明したり、骨折したり、脳震盪を起こすこともたびたびだ。命を落としたファイターも１人いる。このタフガイたちは男気を出して全員が、だれも怖くないし、恐れるものもない、と機関銃のような速さでまくしたてた。

ただ１人の例外がグレイシーだった。彼は、リングに上がるたびに死ぬほど怖い、と恐怖心を率直に認めた。しかし、その恐怖心を利用するのだ、と彼は続けた。恐れを抱くことで、相手に対する敬意の念が生まれ、無謀な行為は抑え、自分の格闘スタイルから逸脱せずにすむ。これが彼の考え方だ。「恐れを抱かなければ……」と彼はさらに続けた。「勝つことはできない。恐れることで、闘志がわいてくるし、自制心を失わずにすむ。われわれは危険なことをやっているのだ。自分を守ってくれるものは恐れしかない。だから私は自分の持てる技を駆使して自分を守るのだ」

グレイシーと同じく、私もトレーディングがとても怖い。間違った投機で財産のすべてを失った人をこれまでたくさん見てきた。破産した人もいれば、気が触れた人もいるし、自殺した人もいる。彼らには１つの共通点があると私は思う。彼らは市場を恐れなかったのだ。

恐れるべきものは市場だけではない。自分自身に対する恐れも重要だ。

市場は怖い。しかし、われわれがトレーディングに持ち込む感情はそれ以上に怖い。恐怖心がなければ、敬意の念は生まれない。市場を軽んじ、自分自身を恐れなければ、商品市場に散らばる死体の仲間入りをするだけである。

適度な恐れと自信がアグレッシブさを生む

どんなトレーダーも少なくとも一生に１回くらい――実際には週に１回くらいなのだが――、自分を守ることに、あるいは市場を予測することに、アグレッシブにならなければならないときがある。そう、映画『ロッキー１』の主人公が見せたあの気迫だ。殺し屋本能のない人は店じまいして、とっとと家に帰ることだ。トレーディングは、勝とうが負けようが気にならないような人や、先陣を切って何かに挑戦して、そこから新たな道を切り開こうとする積極性を持たない受身の人がかかわるようなビジネスではない。

アグレッシブさと聞くと敵対的なものを想像する人が多いかもしれないが、そういう意味ではない。勝つトレーダーには行動に一定の大胆さがあるが、これは適切な自信、恐れ、アグレッシブさから生まれるものである。投機利益を求めて戦うこの戦いで勝つには、考え抜かれたプランと大胆さが必要なのである。

まとめ

チャートやコンピューターがはじき出す数字から得られる情報のすべては、戦略——どうトレードすべきかを１つにまとめたもの——に取り込んでこそ初めて意味を持つ。

トレーディングではエリート大学で高い教育を受けた数学者が破産することもある。それは彼らが木を見て森を見ないからである。要するに、数字や数式をいじりまわす能力は桁外れに高いが、戦略や概念には疎いということである。トレーディングには感情が付き物だ。こうした自然な感情にうまく対処できる人ほど、トレーディングで成功する可能性は高い。

第13章

マネーマネジメント――王国へのカギ

Money Management--The Keys to the Kingdom

投機家の富は怪しげなシステムや錬金術師の秘術によって創造されるのではなく、資産管理によって創造されるのである。トレーディングで成功すればお金は儲けられるが、そのお金を正しいマネーマネジメントで管理すれば巨額の富を築くことができる。

この第13章は本書のなかで最も重要な章である。この第13章で述べることは、本書のなかで、そして私の人生で、最も重要な概念であり、私からあなたに伝授できる概念でこれ以上に貴重なものはない。これはけっして誇張なんかではない。

これから解説するのは、私が2000ドルを４万ドルに、１万ドルを11万ドルや110万ドルにするのに使ってきた公式である。これはでっち上げなんかではなく、現実に起こったことである。過去の一過性のことではなく、今も起こっていることだ。これは現実の話であり、あなたが欲しいありとあらゆるぜいたく品を買える本物のお金、本物の利益についての話なのだ。

しっかりとした資金管理（マネーマネジメント）を行わないかぎり、少し稼いで、少し損をするだけで大成功とは無縁のつまらない投機家で終わるだけである。少しばかり稼いでは次から次へとトレードを渡り歩いていれば富が築かれることはなく、トレーダーとして成功するという目標にはいつまでたってもたどり着かない。

マネーマネジメントについて驚くべきことは、人々の関心が低く、正しい方法を学ぼうという人がほとんどいないことである。夕食会やカクテルパーティーに行くと、話題は必ずマーケットのことになる。うまい話を聞こうとみんな私の周りに群がってくる。私が「働かずに」どうやって生計を立ててきたのかを聞きたいのだ。私の成功の秘訣を知りたいのだ。そんなもの、あるはずないのに。

一般大衆やちゃんと勉強していない投機家はトレーディングを成功させるための魔法の杖があると思っているようだ。市場の動きを正しく解読してシグナルを出してくる魔法の指輪を持っている人がどこかにいると思っているのである。

しかしそれはまったくの見当違いだ。このビジネスでお金を儲けるには、人よりも優位に立ち、いつもその強みを生かしながらトレードすること、そして各トレードに手持ち資産のどれくらいを投資するのかを一貫した手法で管理することが重要なのである。

行き当たりばったりの方法ではうまくはいかない

自信家で巨額のお金をリスクにさらすトレーダーは、将来を見据える能力にも自信過剰になる傾向が強い。これは２つの問題をはらんでいる。

第一に、勝ちトレードと負けトレードを見分けられると考えてしまうことだ。それほど自分は賢いのだと思っているのだ。だから、ポジションサイズに一貫性がない。

成功するには自分の作成した計画に従うことが重要であることは言うまでもないが、各トレードへの投資額にも一貫性がなければならない。「確実に」ビッグトレードになるぞと思ったら、ルールを無視してサイズを増やす。すると問題が発生する。

一時的には大きな含み益になるかもしれないが、サイズを増やしたそのポジションはやがては大きな含み損になる。損失もさることながら、あなたはマネーマネジメントルールを無視したわけだからすでに理性はなく、再び上向くことを期待してそのポジションをいつまでも持ち続ける。こうして事態はますます悪化する。

ここでまた例のカジノの話に戻ろう。世界中のカジノは自分たちの損失を限定するために、プレーヤーが１回に賭けられる金額に上限を設けている。トレーダーも彼らを見習って損失を限定しなければならない。あるゲームで大金を賭ける客がいたとする。ピットのボスはその客が次のゲームでは負けると「感じた」からという理由で、その客に対して賭け金の上限を突然引き上げるだろうか。もちろんそんなことをするはずがない。そんなことをすればそのピットのボスはマネーマネジメントの鉄則を破ったかどで、その場で解雇されること間違いなしだ。リスクをとりすぎてはならない――これがトレーディングにおけるマネーマネジメントの鉄則だ。

大きすぎるポジションサイズ、大きすぎる賭けは、下手な市場予測よりもはるかに大きな被害をあなたに及ぼすのである。

自分に合ったマネーマネジメント

マネーマネジメントの方法はいろいろで、計算式もさまざまだ。しかし、優れたマネーマネジメントシステムには１つの共通点がある。それは、勝っているときはポジションサイズを増やし、負けているときは減らすという点である。これこそがあなたの資産を正しく管理するうえでの要となる部分である。資産を管理する方法にはいくつかある。

そのうちの主だったものをこれから紹介していくことにしよう。あなたに合うものを見つけてもらいたい。マネーマネジメントと言えばラルフ・ビンスを抜きには語れない。1986年、私はブラックジャックに用いる資産管理の公式を偶然見つけた。この公式は1956年に書かれた「A New Interpretation of Information Rate」と題する情報の流れに関する論文のなかで初めて発表されたもので、今ではトレーダーたちの間ではケリーの公式と呼ばれている。

私の数学の知識などたかが知れているが、「数学は役に立つもの」であることは知っているので、商品先物トレーディングにさっそくケリーの公式を使ってみることにした。各トレードへの投資額Ｆは次の公式で算出することができる。

$$F = [(R + 1) \times P - 1] \div R$$

ただし、
Ｐ＝システムの勝率
Ｒ＝ペイオフレシオ（勝ちトレードでの平均利益÷負けトレードでの平均損失）

例えばあるシステムの勝率が65％で、ペイオフレシオが1.3だとすると、Ｆは次のように計算できる。

$$[(1.3 + 1) \times 0.65 - 1] \div 1.3 = [(2.3 \times 0.65) - 1] \div 1.3 = (1.495 - 1) \div 1.3 = 0.495 \div 1.3 = 0.38$$

したがって、各トレードへの投資額は口座資産の38％ということになる。例えば、口座資産が10万ドルだとすると、その38％は３万8000ドルなので、それを１枚の証拠金で割ればトレードすべき枚数が算出できる。したがって証拠金が2000ドルだとすると、トレード枚数は19枚ということになる。

マネーマネジメントの長所と短所と厄介な部分

この公式の成果は驚くべきものだった。少額の資金が何倍にもなって戻ってきたのだ。そして私はあっという間に伝説的人物になった。私が使ったのは、ケリーの公式を使って1トレード当たりの投資額を口座資産の比率として算出し、得られた値を証拠金で割って売買枚数を割り出すという方法だった。あまりにもパフォーマンスが高かったため、あるトレーディングコンテストでは何かいかさまでもやらないかぎりそんな結果が出るはずがないとして追放されたほどだ。私が勝ちトレード用と負けトレード用に2つの口座を用意していたのではないかと、インターネット上では今でも私を批判する人がいる。そして、口座を2つ用意していただけじゃなくて、すべてのトレードは仕掛ける前にどちらの口座に割り振られるかがすでに決まっていたに違いないと言うのである。どのトレードが勝ちトレードになるかなど、ブローカーや私がどうして事前に知ることができたのだろうか。

しかし、私の知るかぎり、私のようなパフォーマンスを上げたトレーダーはトレーディング史上いないのだから、これも無理からぬことだろう。さらに「悪い」ことに、私がこれほどのパフォーマンスを上げたのは一度だけではなかった。まぐれか、たまたま運が良かっただけ、そうでなければいんちきに決まってる、とでも言わなければ、敗者としてはいたたまれない気持ちになるのも当然だ。

私がやっていたことは革命だったのだ。正義の革命には流血が付き物だ。私の場合も例外ではなかった。向けられた疑惑に私は血の凍る思いがした。最初はNFA（全米先物協会）、次はCFTC（商品先物取引委員会）が私の全口座記録を没収し、不正行為がなかったかどうか調査に乗り出したのだ。

CFTCは私のブローカーの記録をしらみつぶしに調べたあと、私の記録を没収した。返却されるまで1年以上かかった。そして返却からおよそ１年後、彼らは再び記録を提出させたのだ。いやはや、成功とはこれほど辛いものなのか。

すべては前代未聞のパフォーマンスのおかげだった。私が運用していた口座の１つはこの革命的なマネーマネジメントのおかげでおよそ18カ月で６万ドルから50万ドルにまで増大した。そして次なる試練がやってきた。その口座の顧客が訴訟を起こしたのだ。彼女の弁護士によれば、たった50万ドルではなく5400万ドルになっていなければならないというのである。今や私の支持者でさえ、金になるとあれば私を平気で偶像化する始末だった。私の革命はもはやだれの手にも負えなくなっていた。

何ということだ！

しかし、マネーマネジメントという武器は諸刃の剣でもある。

私の革命的なパフォーマンスは巨額のクライアントマネーを引き寄せた。あまりにも巨額のお金……それが武器のもうひとつの顔を引き出した。あまり得意とは言えない会社経営（資産運用会社の経営）に何のスキルも持たずに乗り出そうとしていた矢先、私のシステムのパフォーマンスが悪化し、資産は瞬く間に枯渇した。儲かるときのスピードも驚異的なら、失うときのスピードもそれに負けず劣らず驚異的だった。またもや血の凍る思いだった。

ブローカーも顧客も悲鳴をあげ、ほとんどは資金を引き上げた。彼らは口座残高の大きな変動に耐えられなかったのである。私自身の口座も１万ドルからスタートして210万ドルにまで達したが、ほかの口座同様、渦に巻き込まれ、あれよあれよという間に70万ドルにまで目減りした。

みんなは沈み行く船から脱出したが、私はそうはしなかった。曲がりなりにも私は商品トレーダーだ。ジェットコースターが大好きだ。ほかにどんな人生があるというのだ？　私にはこれ以外にはないのだ。だから私は踏ん張った。そして、1987年末には110万ドルにまで戻した。

素晴らしい年だった。

システムとマネーマネジメントの研究に一緒に取り組みながら、この一部始終を毎日私の肩越しから見ていたのがラルフ・ビンスだった。ビンスは私よりもずっと前にケリーの公式の致命的な誤りに気づいていた。私がそれに気づかずに公式を使い続けている間、数学の天才であるビンスはマネーマネジメントの本格的な研究を始めていたのだ。その集大成とも言えるのが彼が書いた３冊の本である。出版された順に紹介すると、『ザ・マセマティクス・オブ・マネー・マネジメント（The Mathematics of Money Management）』、**『投資家のためのマネーマネジメント』**（パンローリング）、そして私の好きな『ザ・ニュー・マネー・マネジメント（The New Money Management）』の３冊だ（その他に**『ラルフ・ビンスの資金管理大全』**［パンローリング］がある）。これらはすべてトレーディングに真剣に取り組みたい人やマネーマネジャーにとっての必読書だ。

ケリーの公式は元々は１本の電話線による情報伝達について書かれた論文だが、のちにブラックジャックに応用されるようになった。問題は、商品トレーディングや株式トレーディングがブラックジャックとは違うという点である。ブラックジャックでは、得られる利益は賭けたチップの数に比例して大きくなるが、それぞれの賭けにおける損失は積み上げたチップに限定される。ビンスはこれに気づいたのだ。

投機はそれほど単純ではない。利益も損失もランダムで、大きく儲かったかと思えば、あまり儲からなかったりする。損失も同じだ。

これに気づいたビンスは、私の資産の乱高下をわけもなく説明してみせた。要するに私たちは間違った公式を使っていたのである。こんなことは新世紀を前にした1998年には当たり前のように思えるかもしれないが、マネーマネジメント革命の真っただ中にいた当時はこの間違いになかなか気づかなかった。何せ私のやっていることは、私の知るかぎり、まだだれも手をつけたことのない革新的なことだったのだから。驚異的なトレーディング結果に満足して、それ以上追究しようという気持ちもなかった。

ビンスが考案したのがオプティマルｆという概念だった。これはケリーの公式に似ているが、ケリーの公式とは違ってトレーディングに応用することができるものだった。各トレードへの最適な投資額を口座資産の固定比率で算出するのがオプティマルｆである。それでは実際にこの方法を使うとどうなるか、見てみることにしよう。

崖っぷちに立たされたら削ぎ落とせ

オプティマルｆ、すなわち口座資産の一定の比率を用いるアプローチの問題点は、一定の方向に転がり始めると、一気に転がっていくという点だ。例えば、１トレード当たりの損益が200ドルで１カ月に10回のトレードを行うとする。累積利益１万ドルごとに枚数を１枚増やすとすると、１枚から２枚に増やすには50回のトレード、つまり５カ月を要するが、２枚から３枚に増やすのに要する時間はその半分の２カ月半、３枚から４枚に増やすにはおよそ７週間、４枚から５枚に増やすには５週間、５枚から６枚に増やすには１カ月、６枚から７枚に増やすには25日、７枚から８枚に増やすには21日、８枚から９枚に増やすには18日、９枚から10枚に増やすには16.5日と、枚数が増えるにつれて、次に枚数が増えるまでに要する時間はだんだん少なくなる。

そこで悲劇が襲ってくる。必ずそうなる。勢いよく走ってきたあなたは今、崖の縁にいる。しかも大きなポジションを抱えた状態で。崖の縁が崩壊して大きな負けトレード（損失額は平均損益200ドルの３倍＝600ドルと仮定。10枚持っているので損失の総額は6000ドル）を出しても、まだ１万ドルには満たない。それであなたは次のトレードで10枚トレードし、再び6000ドルの損失を出す。この２回のトレードで、10万ドルあった資産は１万2000ドル減少した。

その次のトレードも負けトレードになる。これで３連敗だ。３回目の負けトレードで出した損失は1800ドル（平均損益200ドル×９枚）で、これをおよそ2000ドルとすると、３回のトレードによる損失の総額は１万4000ドルになる。

一方、「賢明」なトレーダーはサイズを減らす速度が速い。5000ドル損をするたびに２枚減らすのだ。したがって、最初に6000ドル損をした時点で枚数は８枚に減らすので、次の負けトレードでの損失は前の6000ドルより小さくてすむ（損失額は4800ドル。600ドル×８枚＝4800ドル）。

事態はさらに悪化することも

勝率の良いシステムを例にとって考えてみることにしよう。そのシステムは勝率が55％で、１回のトレードには全資産の25％を投じるものとする。最初の手持ち資産は２万5000ドルである。また、１回当たりの平均利益と平均損失は同額の1000ドルとする。**表13.1**はトレード結果を示したものだ。

結果を見ると分かるように、資産管理をしたにもかかわらず2000ドル以上の損失を出している。おまけにドローダウンも70％と大きい。一方、何も考えずに１枚ずつトレードしたとすると、ドローダウンはわずか16％で、1000ドルの利益が得られただろう。

次の例を見てみよう。このケースではいきなり連勝から始まり、総トレード数８のうち勝ちトレードは５だった（**表13.2**）。勝率としても悪くない。

しかし、損失になっている点に注意してもらいたい。なぜこうなるのか。これには２つの要素が絡んでいる。ひとつはマネーマネジメントの問題で、資産を一時５万8000ドルまで増大させたマネーマネジメントが資産の減少にも貢献しているという点だ。もうひとつは、最後

表13.1　勝率55%のシステム

	当初資金	25,000
1.	−6,250	18,750
2.	−4,687	14,063
3.	−3,515	10,548
4.	+2,637	13,185
5.	−3,296	9,889
6.	−2,472	7,417
7.	+1,854	9,271
8.	+2,317	11,588
9.	+2,897	14,485
10.	+3,621	18,106
11.	+4,526	22,632
		−2,368

のトレード（平均損失の２倍の損失）はシステムの真の姿を反映するものであるという点だ。最後のトレードが平均損失程度の損失であったならば、口座資産は２万6000ドルになっていたはずだ。また、最初に損失を出した段階で枚数を２枚減らした例の賢明なトレーダーならば、７番目のトレードの損失は5000ドルに抑えることができたはずであり、したがって７番目のトレードが終わった時点での資産は３万9000ドル、そして最後のトレードの損失も8000ドルに抑えることができたはずだから、口座資産は３万1000ドルになっていたはずである。

新たな視点――ドローダウンを資産と考える

市場の非情さに対する改善策を模索している間も、私のトレーディングは大きなアップダウンを繰り返した。私たちはこの研究から、次のトレードにおける枚数を算出できるような公式が必要であるという基本的な考えにたどりついた。

そのひとつの方法として浮かび上がったのは、口座残高を「証拠金

表13.2　勝率は上昇するが……

	当初資金	20,000
1．	＋5,000	25,000
2．	＋6,000	31,000
3．	＋7,000	38,000
4．	＋9,000	47,000
5．	＋11,000	58,000（すごい！）
6．	－14,000	44,000
7．	－11,000	33,000
8．	－16,000	17,000（あれっ？）

＋過去の最大ドローダウン」で割って１枚当たりの必要資金を算出するというものだった。これは、将来的にも過去の最大ドローダウンと同程度のドローダウンが必ず発生するはずという考えが根底にある。したがって、将来そういった大きなドローダウンが発生したときに備えて、口座には１枚当たり、「証拠金＋最大ドローダウン」に相当するだけの残高がなければならない。より安全を期すならば、「証拠金＋最大ドローダウンの1.5倍」の資金を用意するのがよい。

したがって、証拠金が3000ドルでそのシステムの過去の最大ドローダウンが5000ドルだとすると、１枚トレードするのに必要な資金は１万0500ドル（3000ドル＋5000ドル×1.5）ということになる。公式としては悪くないが、問題がいくつかある。

同じシステムで何種類かのマネーマネジメント手法を試してみた。このシステムは私のシステムのなかで最良のもののひとつなので、結果はちょっと出来すぎのように感じられるかもしれない。もうひとつ注目してもらいたいのは、このシステムが生みだす信じられないほどの大きな利益である。このシステムは何百万ドルもの利益を生みだす潜在能力を秘めている。しかし、実際には将来的にもこれとまったく同じ結果になる保証はない。この検証ではトレードできる最大枚数は5000枚だが、もし5000枚トレードしたとすると、１ティック（価格の最小変動単位）逆行すれば16万2500ドルの損失になる。さらに言えば、Ｔボンドはいきなり10ティック逆行して寄り付くことも珍しいことではなく、その場合の損失はこのケースだと162万5000ドルにもなってしまう。したがって、利益にばかり気を取られてはならない。最も重視しなければならないのは、マネーマネジメントが結果に与える影響である。

注目してもらいたいのは、異なるマネーマネジメントごとのパフォーマンスの違いである。トレード対象はＴボンドで、証拠金は3000ドルであるものとする。**図13.1**はマネーマネジメントを使わなかった場合の結果を示したものだ。検証期間は1990年１月から1998年７月までで、最初の口座資産は２万ドルである。

次に、同じシステムにさまざまなマネーマネジメント手法を適用したときの結果を順次見ていくことにしよう。どのマネーマネジメント手法が自分に合っているだろうか。まず最初の７年分のデータを使ってパラメーター（ドローダウン、勝率、ペイオフレシオなど）を設定し、未使用のデータでマネーマネジメントを使ってシステムを検証した。トレードできる最大枚数は5000枚に設定した。

ライアン・ジョーンズと固定比率トレーディング

もうひとりの友人であるライアン・ジョーンズはまるで取りつかれたようにマネーマネジメントの問題に取り組んでいた。彼は私のセミナーの元受講者で、のちには私が彼のマネーマネジメントセミナーに出席するようになった。彼はマネーマネジメントの研究に多大な時間と金を投じ、ついには固定比率トレーディングという手法を開発した。

ビンスや私と同じように、ジョーンズもケリーの公式が破産を招く公式であるという問題点に注目していた。この問題を解決するために彼が考えだしたのは、口座資産Ｙドルごとに X 枚トレードするという

図13.1　マネーマネジメントを適用しないＴボンドトレーディングシステム（1990年1月1日～1998年7月16日）

要約

トレード回数	310	期初資産額	$ 20,000
利益／損失比	1.4	期末資産額	$251,813
ドローダウン（金額）	($3,988)	最大資産額	$251,813
ドローダウン（比率）	−18.3%	運用成績	1159.1%

勝ちトレード		負けトレード	
勝ち	230	負け	80
勝率	74.2%	負率	25.8%
勝ちトレードの平均利益	$1,350.68	負けトレードの平均損失	$985.55
最大の勝ちトレード	$10,137.50	最大の負けトレード	($1,956.25)
最大連続勝ちトレード	31	最大連続負けトレード	6
平均連続勝ちトレード	4.11	平均連続負けトレード	1.45
最大ユニットに達するまでのトレード数			43
最大ユニットに達するまでの日数			370

注＝どのトレードでも１枚のみで売買

固定比率の考えから離れることだった。

この考え方の根底には、枚数を性急に増やしすぎることを是としないという彼の基本的な考え方がある。例えば、10万ドルの口座があったとする。口座資産１万ドルごとに１枚トレードするとすると、最初のトレード枚数は10枚である。１トレード当たりの平均損益が250ドルだとすると、最初のトレードが勝ちトレードになると2500ドルの利益になる。この調子で行ったとすると、５回目でようやくトレード枚数を１枚増やして11枚にすることができる。すべてがうまくいき、利益が５万ドルになったとすると、口座残高は15万ドルになるので、トレード枚数は15枚に増える。１トレード当たりの平均損益は250ドルなので、これが勝ちトレードになれば3750ドルの利益になる。ここから枚数を１枚増やすには３回トレードすればよい。さらに利益を積み上げて、口座残高が20万ドルになればトレード枚数は20枚になるので、１回のトレードで得られる利益は5000ドルになり、枚数を１枚増やすには２回のトレードで済む。

ジョーンズの改善策は、一定の比率の利益が出たら１枚増やすというものだ。したがって、枚数を１枚から２枚に増やすには5000ドルの利益を出さなければならないとすると、10万ドルの口座で枚数を10枚から11枚に増やすには５万ドルの利益を出さなければならないということになる。この一定の比率アプローチでは、枚数を１枚増やすのに平均で15回トレードを行う必要があるとすれば、枚数を１枚増やすときには平均で常に15回のトレードが必要になる。ここが、枚数を１枚増やすのに必要なトレード数が徐々に減少していくビンスの固定比率アプローチと異なる点だ。

ドローダウンの倍率を可変にしたのがジョーンズのアプローチの特徴だ。したがって、各トレーダーは自分に合った倍率を用いることができる。彼は最大ドローダウンの２倍を用いるのが好みのようだ。それでは同じＴボンド用システムにジョーンズの公式を適用してみることにしよう。

図13.2がその結果を示したものだ。このアプローチも口座資産を指数関数的に増大させることができるという意味で、「巨額の富を創造」するアプローチである。このケースでは口座資産は1810万7546ドルにまで増大している。ほかの公式でこれと同じ成長を達成するには、１回の賭けに投じる資金の口座資産に対する比率はもっと大きくしなければならない。しかし、口座資産に対する比率を大きくすれば破産の可能性は高まる。といって比率を小さくすれば急速な成長は望めない。

図13.2　マネーマネジメントを適用したＴボンドトレーディングシステム
（1990年1月1日～1998年7月16日）

要約

トレード回数	310	期初資産額	$ 30,000
利益／損失比	1.4	期末資産額	$18,107,546
ドローダウン（金額）	($3,988)	最大資産額	$18,107,546
ドローダウン（比率）	–61.3%	運用成績	60258.5%

勝ちトレード		負けトレード	
勝ち	230	負け	80
勝率	74.2%	負率	25.8%
勝ちトレードの平均利益	$1,350.68	負けトレードの平均損失	$985.55
最大の勝ちトレード	$10,137.50	最大の負けトレード	($1,956.25)
最大連続勝ちトレード	31	最大連続負けトレード	6
平均連続勝ちトレード	4.11	平均連続負けトレード	1.45

最大ユニットに達するまでのトレード数	310
最大ユニットに達するまでの日数	0

注＝枚数の計算方法
基本枚数＝口座残高÷（ドローダウン×２）

口座残高が一定額だけ増えたら、次のトレードでは枚数を１枚増やす
口座残高が一定額だけ減ったら、次のトレードでは枚数を１枚減らす

そして……私の解決法

ビンスやジョーンズと議論を重ねるうちに、資産が大きく変動するのはシステムの勝率のせいではなく、ペイオフレシオ（勝ちトレードの平均利益÷負けトレードの平均損失）やドローダウンでもないことに私は気づいた。それは最大負けトレードに起因するものであり、これは非常に重要なことを示唆している。

システム開発では勝率に気を取られることが多い。勝率90％のシステムを作れば大儲けできると勘違いしてしまうのだ。しかし、そんなシステムは結局は命取りになるだけである。例えば、勝率90％のシステムは勝ちトレードのたびに1000ドルの利益を出す。そのシステムが９連勝する。幸先の良いスタートだ。次は2000ドルの負けトレードに

なって、純利益は7000ドルに減る。悪くはない。次に再び９連勝し、純利益は１万6000ドルになる。そして次にまた負けトレードになる。だが今回は大きな負けトレードで１万ドルの損失を出す。これはシステムの許容最大損失だ。かくして純利益はまた6000ドルに逆戻りだ。

しかし、このシステムでは勝つたびに枚数を増やしてきた。そして大きな負けトレードを喫したときの枚数は２枚だったので損失は１万ドルではなく２万ドルだった。勝率90％のシステムで、結局は4000ドルのマイナスになってしまったわけである。マネーマネジメントを考えるときに最大損失を考慮することが重要なのはこのためである。

われわれの足を引っ張ったのはあの大きな負けトレードだった。われわれが身を守らなければならないのはこの悪魔からであり、マネーマネジメントできっちりと退治しなければならないのである。

では具体的なやり方を見ていこう。私はまず最初に１トレードにつき全資産のどれくらいをリスクにさらすかを決める。私のリスク指向は高いので、１トレードにつき全資産の40％をリスクにさらすと仮定しよう。

口座残高が10万ドルだとすると、その40％は４万ドルなので、１トレードにつきリスクにさらす金額は４万ドルということになる。また１枚当たりの最大リスク額は5000ドルに設定しているので、４万ドルを5000ドルで割る。したがって、トレードできる最大枚数は８枚である。問題は、もし大きな損失を２回続けて出して全資産が80％減少した場合、40％のリスクでは大きすぎるという点である。

一般に、１トレード当たりのリスク量は口座残高の10％から15％に設定するのがよい。それをシステムの最大損失や、自分が許容できる最大損失で割って得られた数字が１トレード当たりの最大枚数である。リスク指向の人のなかには１トレード当たりのリスク量を口座残高の20％にする人もいるが、大きな損失を３回続けて出せば、全資産の60％を失うことになることを忘れてはならない。

図13.3　マネーマネジメントを適用したＴボンドトレーディングシステム（1990年１月１日～1998年７月16日）

要約

トレード回数	310	期初資産額	$ 30,000
利益／損失比	1.4	期末資産額	$582,930,624
ドローダウン（金額）	($3,988)	最大資産額	$582,930,624
ドローダウン（比率）	−29.7%	運用成績	1943002.1%

勝ちトレード		負けトレード	
勝ち	230	負け	80
勝率	74.2%	負率	25.8%
勝ちトレードの平均利益	$1,350.68	負けトレードの平均損失	$985.55
最大の勝ちトレード	$10,137.50	最大の負けトレード	($1,956.25)
最大連続勝ちトレード	31	最大連続負けトレード	6
平均連続勝ちトレード	4.11	平均連続負けトレード	1.45
最大ユニットに達するまでのトレード数			223
最大ユニットに達するまでの日数			2152

注＝枚数の計算方法
基本枚数＝（口座残高×0.15）÷最大損失額

図13.3はこのマネーマネジメント手法の結果を示したものである。５億8293万624ドルという「利益」は、リスクイクスポージャーを15％に設定し、その「利益」の15％を最大損失額で割って算出した枚数でつもり売買して得られた数字である。

口座資産が増えれば枚数を増やし、減れば枚数を減らす。私はこうやっているし、これが一般的なリスク管理の方法である。この例ではリスクイクスポージャーは15％にしたが、数字はそれほど問題ではない。もっと低く、したがってより安全な10％にしても何百万ドルもの利益が得られる。

トレード枚数が１枚だけのトレーダーの利益が25万1813ドル、ライアン・ジョーンズのアプローチはかなりの好成績だったが「利益」はわずか1810万7546ドル、そして私のアプローチは驚異的な５億8293万

624ドルという結果が出た。もちろんこれらはすべてシミュレーション上の数字だが、ジョーンズのアプローチによる利益が私のよりもかなり低いことには驚いた。結果を大きく左右するのはどのようにプレーするかであることは改めて言うまでもないだろう。

表13.3は同じシステムでリスクイクスポージャーをいろいろに変えてシミュレートした結果を示したものだ。**図13.4**の棒グラフはドローダウン（比率）の増加に伴い口座利益も増加する様子を示したものだ。グラフを見ると分かるように、ドローダウンの増加速度よりも口座利益の増加速度のほうが大きくなっている部分が存在する。そしてリスクイクスポージャーの増加に伴って、ドローダウンの増加速度のほうが口座利益の増加速度よりも大きくなる。ドローダウンの増加速度よりも口座利益の増加速度のほうが大きくなるのは、通常リスクイクスポージャーが14％から21％のときである。ほとんどのシステムでは、リスクイクスポージャーが25％より大きいときに利益も大きくなるが、ドローダウンはそれ以上に大きくなる。

これから導き出した私のマネーマネジメントの公式は以下のとおりだ。

（口座残高×リスクイクスポージャー）÷最大損失
＝売買枚数や取引株数

おそらくはもっと高度で優れた手法があるとは思うが、われわれのように数学があまり得意ではないごく普通のトレーダーにとっては、私の知るかぎり、これが最良の公式ではないかと思う。この公式の利点は各トレーダーが自分のリスク・リワード指向に応じてリスクイクスポージャーを調整できる点である。気弱な人はリスクイクスポージャーを５％にすればよいし、普通の人は10％から12％、借入金を使っている人は15％から18％にすればよい。危険を顧みない無謀な者は20

表13.3　最適化の結果――ベスト10

システム
当初資産　0ドル

最終資産	最大ドローダウン	リスク量（%）	最大枚数	再スタート比率	最小利益	トレードスタイル	損失の回収	証拠金
$845,429,594	-66.9%	40%	5000	100%	$0.00	全トレード	なし	$3,000.00
844,881,388	-77.1	50	5000	100	$0.00	全トレード	なし	3,000.00
842,428,863	-72.2	45	5000	100	$0.00	全トレード	なし	3,000.00
835,954,544	-61.5	35	5000	100	$0.00	全トレード	なし	3,000.00
802,829,038	-54.4	30	5000	100	$0.00	全トレード	なし	3,000.00
759,721,131	-46.6	25	5000	100	$0.00	全トレード	なし	3,000.00
686,869,688	-38.2	20	5000	100	$0.00	全トレード	なし	3,000.00
560,344,731	-28.4	15	5000	100	$0.00	全トレード	なし	3,000.00
18,606	-7.0	10	5000	100	$0.00	全トレード	なし	3,000.00

図13.4　砂糖の売買

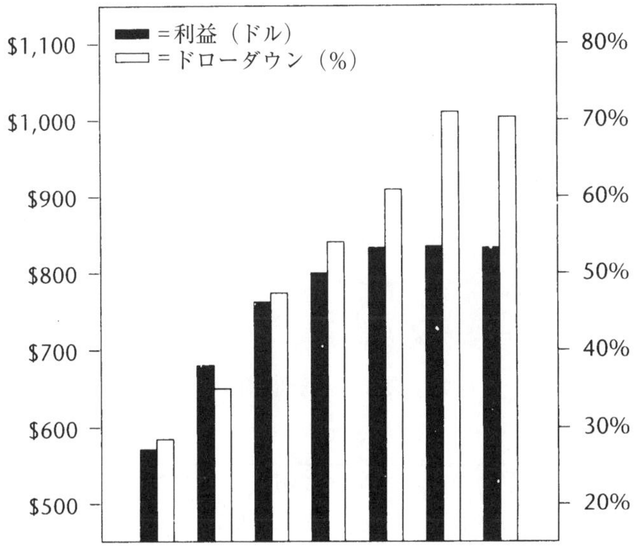

%以上にすればよい。ただし、そんな人は神様へのお祈りを忘れないように。

私はこの手法で何百万ドルも稼いできた。投機による巨大な富という王国への扉を開けるカギを与えたのだから、私からはこれ以上伝授することはもう何もない。

2011年、画期的なマネーマネジメントアプローチを引っさげてビンスが帰ってきた

商品をトレードしたことがある人なら、ほとんどの人が口座が破産した経験をお持ちのはずだ。幾ばくかの手持ち資金でトレードを始める。気がつけば、すべてとまでは言わないまでも、その大半を失っている。口座が破産した経験のない商品トレーダーはひとりもいないのではないだろうか。

これをいかにして乗り越えるか。

まず最初に、用いるトレーディングシステムが重要なのは明らかだ。しかし、システムでお金を儲けることがいかに難しいか、そしてその難しさはあなたのトレーディング能力や市場とは関係なく、数学に関係があることが分かるときっと驚くはずだ。

もしだれかが、「勝つ確率と負ける確率が半々で、平均利益は平均損失に等しく、勝ちトレードと負けトレードが交互に発生するシステムを持ってるけど、使ってみる？」と言ったとしよう。あなたはこのシステムで儲けることができると思うか、損をすると思うか、それともブレイクイーブンになると思うか。

損をする、というのが正解だ。長期間にわたってトレードすれば、全財産を失う。

それはどうしてなのだろうか。理由はこうだ。例えば、1000ドルでトレードを始め、最初が負けで、次から勝ちと負けが交互に発生するとしよう。勝てば口座資産の10％の利益が出て、負ければ口座資産の10％の損失が出る。最初のトレードは負けトレードなので、口座残高は900ドルになる。次は勝ちトレードだ。さて、ここが問題なのだが、この勝ちトレードで得られる利益はわずか90ドルである。したがって、今の口座残高は990ドルである。リスク・リワード・レシオが１で勝率が50％であるにもかかわらず、この次のトレードからは苦境に立た

される。次は負けトレードなので口座残高は891になる。次は勝ちトレードなのだが、口座残高は980ドルだ。これは永久に変わることはない……勝率が50％でリスク・リワード・レシオが１であるにもかかわらず……手数料差し引き前であるにもかかわらず、あなたは損をする。

次に示すのはインターネットで見つけたFXトレーディングの広告だ。カッコ内は私のコメントだ。500倍のレバレッジで常に勝者になれる確率はどれくらいだと思うか。

トレーダーたちがFXproを選ぶわけ

●0.5ピップスからの低スプレッド（そのとおり）
●手数料がガラス張り。余分な料金は一切かからない（コメントするに及ばない）
●レバレッジは500倍を上限として自由に選べる（コメントの必要なし）
●口座資産500ドルから取引可能（よく考えたほうがよい）
●140を超える通貨が取引可能（必要なのは１つだけ）
●ユーザー限定の詳細なマーケットニュース配信（これは役立つ）

それでは考えてみることにしよう。最初のトレードでは損切りを口座残高の５％に設定する。口座残高が5000ドルなので金額で言えば250ドルである。でもあなたは賢明なので、250倍のレバレッジを使うことにする。要するにあなたは保守的なのだ。しかし、これで負ければ６万2500ドルの損失になる。これではまずいとあなたは思う。そこであなたは損切りをもっと市場に近い位置――例えば、２～３ティック離れた位置――に置き直す。

私は最高のトレーダーではないが、それほどひどいトレーダーだとも思わない。仕掛け値から２～３ティック程度の逆行ならどんなトレードにもあって当たり前だ。

あなたの問題を500倍に増幅させる「FXのウソツキ」連中よりもクラックコカインの売人のほうがよほど正直で信用できるわけがお分かりになっただろうか。

ケリーの公式の幻想

ケリーの公式は1987年のロビンズカップで優勝したときに使った。今にして思えば冷や汗ものだが、幸いにも幸運に恵まれた。私が優勝できたのは高い勝率のおかげだ。しかし、今ではケリーの公式やそれに類するものは、全財産とまでは言わないまでも財産のほとんどを奪い去るものだと思っている。それは単なる幻想の数学にすぎないのだ。

私は今ではケリーの公式は使っていないし、人に勧めることもない。しかし、私がこの事実に気づくのにどれだけ高い授業料を払ったかをほとんどの人は理解していない。この第13章でこのケリーの公式について徹底的に議論するのはそのためだ。一時はケリーの公式の熱心な信奉者だった私がケリーの公式を使わなくなったいきさつをこれから説明したいと思う。

ケリーの公式はシステムの勝率とペイオフレシオを使って全資産の何％を各トレードに投資すればよいかを算出する。問題は、これが理論上のものにすぎず、実際のトレーディングを反映していないという点である。この世には、いつも一定の結果を出すシステムもトレーダーも存在しない。しかし、ケリーの公式はどのトレードにも全資産の一定の比率を投じることを前提にしている。つまり、われわれの住むこの世界に存在しないものを前提にしていることになる。

現実世界では、リスク・リワード・レシオが良くて、勝率の高いシステムでも３～４回連敗することは珍しいことではない。こういったシステムをケリーの公式に当てはめると、各トレードに全資産の25％程度を充当するのが普通だ。

このケリーの公式を使ってトレードして４連敗すれば、1000ドルの口座資産は105ドルに激減する。３～４回の連敗が当たり前のこのビジネスではこれではあまり良いとは言えない。私が開発したあるシステムは勝率が86％だったが、少なくとも４連敗が５回あった。そのうち４回は破産した。高勝率という幻想にはくれぐれも注意が必要だ。

こんなときは弱気になって、もう少しリスクを減らそうという気になるのは当然だ。各トレードに全資産の25％を当てる代わりに10％にしたいのなら、それでやってみるとよい。４連敗すれば口座資産は34％減少する。これはほとんどのトレーダーや顧客がもうやめろと言ってくる水準だ。

今年開かれたあるセミナーでラルフ・ビンスは、彼のオプティマルｆにはそれが最も機能するスイートスポットがあると口調を強めて言った。ケリーもオプティマルｆもきれいなベルカーブを描く。ピークの左側の数字を使っても右側の数字を使っても結果は同じになるが、右側の数字を使ったときのほうが破産する確率は高い。つまり、結果は同じでもあまり効果的ではない数字があるということである。

彼のセミナーを聞きながら思い至ったのは、トレーダーとして生きていくうえで最も重要なのは次のトレードである、ということである。重要なのはシステムの勝率が90％だとか、リスク・リワード・レシオが６対１といったことではないのである。重要なのは次にどんなトレードをするかだけである。将来起こることも、過去に起こったことも、今行っているトレードには何の関係もない。「そのときそのときにとっているリスク管理に集中」が私の新しいモットーだ。

こうして、私のマネーマネジメントは今行っているトレードリスクについて考えるべきだ、という考えに至った。

これだけではない。前にも言ったように、３～４回続けて負けるのは珍しいことではない。そこで思い至ったのが次のことだ。

マネーマネジメント戦略の構築において最も重要なのは、４連敗することを前提に構築することである。

前にも述べたように、ケリーの公式ではわずか４連敗で口座を破産させてしまう。

今行っているトレードは勝つ確率と負ける確率はフィフティーフィフティーだ。したがって、システムの勝率はこのトレードとは一切関係ない。なぜなら、１回だけ大きな負けトレードを出すか、小さな負けトレードが４回続くだけで口座は破産してしまうからである。

したがって、私のマネーマネジメント戦略では、勝率を50％に想定する（勝率はできればもっと高いほうが理想的だが、必ずしも理想どおりになるとは限らない）。

次に問題になるのがリスク・リワード・レシオだ。これについては１日中話しても議論は尽きないが、私の50年の経験によれば、平均的なリスク・リワード・レシオは1.5から2.0程度である。ケリーの公式では各トレードへのリスク額は口座資産の25％だが、これではうまくいかないことが分かっている。リスク・リワード・レシオを1.5としてケリーの公式に当てはめると、各トレードへのリスク額は口座資産の16.6％になる。これでもまだ商品トレーダーにとっては高すぎる。1000ドルの口座で負けトレードからスタートしたとすると、最初のトレードで口座資産は834ドルになり、次に勝ちトレードになると口座資産は972ドルになり……これが深刻な問題になることは前述のとおりである。

そして４回続けて負けトレードになったとしたら？　４連敗がどこで起こっても、資産の48％を失うことになる。つまり、４連敗するだけで窮地に陥るわけである。

私は数学は得意ではないが、４連敗してもまだゲームにとどまるにはリスクイクスポージャーとしてどういった値を使うのが最も良いのかを調べてみた。調査結果は以下のとおりだ。

リスクイクスポージャー（１トレード当たり）	４連敗のあとの資産の減少率
10％	34％
５％	19％
４％	15％
３％	11.5％
２％	8.0％

現実問題として、34％という数字はあまりにも大きすぎる。あなたがマネーマネジャーなら、34％も資産を失えば顧客は離れていくだろう。５連敗だとどうなるかって？　友だちからも見捨てられるだろう（これらはすべて１回に１つのトレードを行うことを想定しているが、これも実際とは異なる。一般には１回に複数のトレード［平均で最低３つのトレード］を行うのが普通だ。ケリーの公式を使えば、１つのトレードが負けトレードになれば全資産の25％を失う。したがって、１回に３つのトレードを行った場合、負ければ全資産の75％を失うことになる。12.5％のハーフケリーを使うことを提案する人もいるが、それでも全資産の37.5％を失う。それが１日で起こるのだ。しかし、リスクイクスポージャーを３％にすれば、３つのトレードが同時に負けトレードになったとしても、失う資産はわずか９％で済む）。

したがって、10％のリスクイクスポージャーは高すぎることが分かる。それでは最も低い２％の場合はどうか。この場合、４連敗しても資産の減少率はわずか８％なので悪くない。しかし、この場合も問題がある。「そんな少ない投資額でトレードして利益は出るのか」ということである。

数学者に聞けば答えてくれると思うが、私の実際の経験からの回答を聞いてもらいたい。私がオーストラリアに口座を開設してトレーディングを始めたのは2007年のことで、当初の口座サイズは10万ドルだった。その口座が最大資産である120万ドルに達したのは2010年だ。何と口座は11倍に成長したわけである。これはパーセンテージで言えば１万2000％で、年率換算すればおよそ400％である。わずか２％のリスクでも巨額な利益が得られることはこれで分かったと思う。

賭け金の平均は２％で、ときには３％のときもあったがほとんどは１％未満だった。私は各トレードのトレード枚数は厳しく制限した。勝ったトレードでも大きな賭けはしていない。賭け金を２％にしたときは必ず負けた、まるで仕組まれたかのように。

にもかかわらず、口座は一定のペースで成長し続けた。もちろん上下動はあったし、４連敗することもあった。ときには４連勝することもあったが。でも口座が窮地に立たされるような深刻な事態には一度も陥ったことはない。

私がどんな取引をしたのか興味があることだろう。オーストラリアではブローカーのミスで生牛の受け渡しを行うはめになった。また、金の現物も同じく受け渡しを行った。これはすべて私が使っていた「素晴らしい」電子トレーディングプラットフォームのおかげだ。何せ受け渡しが今日であることを教えてくれるときもあれば教えてくれないときもあるのだから。

発注はすべてトレーディングプラットフォームから行った。発注したあとはその場を離れ、市場は一切見なかった。それでもまずまずの運用成績を上げたのだから、２％のリスクイクスポージャーはうまくいったと結論づけざるを得ない。安全で口座を脅かすことのないリスクイクスポージャーが理想的だが、もっとアグレッシブにやりたいのであれば、４％でもよいだろう。ただし、リスクイクスポージャーを４％にした場合、４連敗すれば口座資産の減少率は15％になる。

私は２％のリスクイクスポージャーを維持するつもりだ。２％だと口座の減少率が低いだけでなく、増加率も高いからだ。勝てば1000ドルの口座は1169ドルになる。17％の増加だ（４連敗の損失よりも４連勝の利益のほうが大きい）。平均的なトレーダーの場合、３％で十分なはずだ。３％だと、口座の増加速度も速いし、口座残高が大幅に減少してサイドラインに立たされる心配もない。

ただしこの３％という数字は、私と同じように過去に４連敗したことがあり、将来的にもそれが再び発生することを想定している。これが自分にとって現実味がないというのであれば、ここで話したことはすべて忘れ、ケリーの公式を使えばよい。ただし、お祈りは忘れないように。

３％のリスクイクスポージャーについては理解した。では実際のトレーディングではそれをどう使えばよいのか。これは当然の疑問だ。それをこれから説明することにしよう。

リスクイクスポージャーは１回当たりの売買枚数を提示してくれるものだ。３％のリスクイクスポージャーを使うとして、10万ドル口座の場合、その３％は3000ドルだ。したがって、提示された枚数でトレードすれば１回のトレードでこれ以上の損失を出すことはない。ただそれだけのことだ。

重要なのは損切りをどこに置くかである。具体的には、まずチャート上で損切りの位置を決める。その位置から仕掛けを予定している水準までの差額がリスクにさらされることになる。これがリスク量だ。つまり、損切り注文を置くということは、そのトレードで１枚当たり許容できる損失額（リスク量）を決めるということである。

例を見てみよう。例えば、そのトレードのリスク量を3000ドルにしたとする。これはかなり大きなリスク量だ。３％のリスクイクスポージャーを使っているので、トレードできるのは１枚だけだ。もし２枚トレードしてそれが負けトレードになったとすると、損失額は6000ドルになる。これは使っているリスクイクスポージャーで規定される損失額を大幅に上回る。損切りを仕掛け値から1000ドルの位置に置くのであれば、３枚トレードできる。さらに近くにおけばトレードできる枚数はさらに増える。１トレード当たりの許容損失額を決め、次に設定したリスクイクスポージャーによるリスク量をその許容損失額で割り、得られた値がトレード枚数だ。

例えば、60万ドルの口座でトレードしているとする。損切りを仕掛け値から2000ドルの位置に置き、３％のリスクイクスポージャーを使うとすると、１回のトレードで最大１万8000ドルの損失を許容したことになる。そして１万8000ドルを2000ドルで割ると９という数値を得る。したがって、このトレードでトレードできる枚数は９枚ということになる。

ビンスは次のように言っている。

> **重要なのは数学的な期待値ではなく、自分の決めた範囲内でプレーし、プレーを中止することで儲けが期待できるかどうかと、最悪の事態が発生したらそれに対処できるかどうか、である。賭けをする者はこれら２つの基準で判断すべきである。期待値が正の場合、つまり自分の決めた範囲内でプレーしたときに儲かる確率がたとえ50％以上であったとしても、もうひとつの基準――最悪のシナリオが発生したときにそれに対処できるかどうか――をクリアしなければ、その賭けには手を出すべきではない。**

ビンスの言葉は的を射ている。つまり、重要なのは、それぞれのトレードでのトレード量を最も安全に最も現実的に決めることのできるアプローチなのである。この第13章では最悪のケースを想定して、それに対処できる堅牢な要塞を構築した。それはFXのようにワラでできた要塞ではなく、ブロックでできた強力な要塞である。

まとめ

この第13章では、トレーディングの成否のカギを握るものは、どうトレードするかよりも、資産をどう管理するかであることを学んだ。いかに優れたトレーダーといえども、マネーマネジメントを怠ればいずれは破産する。

最後まで生き残れるのは、トレーディングの腕はあまり良くないが、しっかりとしたマネーマネジメントを行うことのできるトレーダーなのである。

第14章

ケネディからオバマまで――50年のトレード経験から得た教訓

From Kennedy to Obama, Thoughts from 50 Years of Trading

トレーディングで成功するためには、市場と自分自身をよく知ることである。

もしこれが正しいのであれば、50年間トレーディングを続けてきた私はかなりの成功を収めているはずだ。事実、そうであるし、それを誇りにも思っている。トレーディングで何百万ドルも儲けたことをわれながら誇りに思う。しかし、実を言えば、私はいまだに損を出し続けている。自分のトレーディングに幻滅することもいまだにある。連敗すれば自分は何ひとつ正しいことをしていないのではないかと気分が沈み、連勝すれば自分に限って間違いを犯すはずがないと強気になったりする。

これまでの50年間、私は毎日ただひたすら市場を追ってきた。ときには１時間単位で追ったこともある。この間、大統領は９人代わり、FRB（連邦準備制度理事会）議長は６人代わった。もちろん市場は大統領やFRB議長が代わるたびにその影響を受けてきた。

大統領やFRB議長の市場や経済に対する考え方はそれぞれに異なる。FRBは不景気になるとマネーサプライを増大させ、好景気になると金利を上げる。これはどのFRB議長でも同じだが、それ以外は大統領やFRB議長の間に共通点はほとんどない。

では、トレーダーや投資家はどうすればよいのだろうか。

今、われわれには従うことのできる基本的なことがいくつかある。これは50年前と変わらず、これから先50年たっても変わることはないだろう。商品や株を買い集めたり売り抜けたりする人々の動向に注目する戦略は100年前にも機能したし、これから先100年たっても変わることはないだろう。バリュー戦略は昔も機能したし、将来的にも機能し続けるだろう。価値あるものには必ず報酬が与えられる……ただ少しのタイムラグがあるだけである。

トレーディングの世界に新たに入ってくる者は、今から未来永劫にわたって使えるような公式や指標を欲しがっているように思える。極めて価値の高い指標や市場情報は確かに存在する。しかし正直言って、私はそんなものには興味はない。私にとっては経験に裏打ちされた知恵を持つことのほうがはるかに重要だ。

知恵はどんな指標にも勝るものだ。他人が失敗しているときにあなたをゲームにとどめてくれるものは知恵だ。知恵を持つためには知性が必要だ。ときには無法者の大胆不敵さと危険なものに近づかない賢さも必要だが、成功をもたらすものは本物の知恵だけである。

知恵はあらゆるものを見通す力を与えてくれる。各パーツや各プレーヤーの全体における位置を理解していないわれわれの隣にいるトレーダーは物事を局部的にしか見ることができない。しかし、知恵を持つ者は全体像を俯瞰することができる。

知恵の問題点は、それを得るための公式がないことだ。知恵は経験を通してしか手に入れることができない。長年の経験を持つ私ですら、知恵が十分に身についているかどうかは定かではない。しかし、知恵は人から人へと受け継ぐことができる。私は父から多くの知恵を授かった。モンタナ州はリューイスタウンのスプリングクリークで釣りをしているときに授かったものもあれば、同じくモンタナ州ビリングスのコノコ石油精製所で一緒に働いているときに授かったものもある。

父から授かった教訓とも言うべき知恵はほとんどの場合、やってはならないことをやってしまったときに厳しく説教されるという形で伝授された。そのときは分からなかったが、随分あとになってようやくそれを理解でき、そこで初めて私は父から知恵を「受け継いだ」のである。

父が私に授けてくれたのと同じ方法で、今度は私が長年のトレーディングから学んだわずかばかりの知恵をあなたに授けたいと思う。これから行う「レクチャー」は、私のニュースレター『コモディティー・タイミング（Commodity Timing）』のバックナンバーから、私が最も役立つと思うものを厳選したものだ。これらが私自身にとって役立ったように、あなたもこのレクチャーを生かして、自分自身を制御しながら安定したトレーディングが行えるようになればと願っている。

私がこれまで観察してきたものや哲学をより分かりやすく説明するために、この第２版では最近書いたものも追加した。

トレーディングと蜂蜜の採集

私が子供のころ、父は副業で養蜂をやっており、採れた蜂蜜を地元（モンタナ州リューイスタウン）の小売店に売って生活費の足しにしていた。蜂蜜を採集するときの防護服や防護ネットは見たことがあると思うが、蜜ろうフィルターや花粉フィルター、分離器などは知らないのではないだろうか。養蜂はとにかく大変な仕事だった。

蜂蜜を入れるビンは母が洗い、私たちがそれに蜂蜜を詰めた。わが家の蜂蜜は通常の市販の蜂蜜とは違って加熱はしなかった。加熱した蜂蜜はさらさらとした液体状態で、低温になっても結晶化することはない。見た目には良いが、加熱すると蜂蜜に含まれる栄養素は破壊され、良い香りを放つ不活性ブドウ糖に転化する。

それはともかく、私はハチが怖くてたまらなかった。これには理由があった。何度か刺されたことがあったからだ。ハチにさされるのは気分の良いものではない。父も何度か刺されたことがあったが、特に気にしている様子はなかった。

ある日、巣板から蜂蜜を採集しているときに、ハチに刺されることについて父に聞いてみた。すると父は言った。「お父さんはハチに刺されないようにできるかぎりのことはしている。防護服を着て、防護ネットを付け、タバコを吸って煙も出している……だけどそれでも時にはお前と同じように刺されることはある。蜂蜜の採集はハードな仕事だし、ハチに刺されることもある。蜂蜜の採集とはそんなものなんだよ」

それから続けて次のように言った。「それからもうひとつ言っておこう。刺し傷はお父さんよりお前のほうが痛いはずだ。お前はあまり刺されたことがないから刺されるとショックを受ける。でもそのうちに慣れてくるさ。成長するということは痛みに耐えることを学ぶことでもあるんだ」

父はさらに続けた。「もうひとつある。刺されるたびに、蜂蜜を売って稼げるお金のことを考える。お金のことを考えると不思議と痛みを感じなくなるんだ」

蜂蜜の採集とトレーディングは共通点が多いのだ。

頭を垂れた果実

良い日と悪い日があるように、トレードにも良いトレードと悪いトレードがある。ほとんどのトレーダーはホームラン、つまりビッグトレードを狙う。

みんなが知っているように、ホームランバッターといえどもホームランを打つよりも三振することのほうが多い。これは野球では問題にはならない。ホームランを打っても三振しても、ゲームにとどまることができるからだ。しかし、トレーディングではそうはいかない。たった１回の大きな負けがそれまでの利益をすべて吹き飛ばすこともあるのだ。バリー・ボンズやベーブ・ルースでも１回や２回は三振を食らったことがあるはずだ。もしかすると10回くらいあるかもしれない。でも、ゲームにとどまることはできる。しかし、トレーディングではそうはいかない。

そこで提案したいのが、簡単なトレードをしてはどうか、ということである。

トレーダーたちはものすごいことをやりたがる。まるで投資界の空中ブランコ曲芸師やスタントマンのエベル・ニーベル気取りだ。彼らは天井を予測し、底で買おうとする。それが大儲けの秘訣だと思っているかのようだ。確かに、チャートを見ればそれは理想的なゲームには見える。

私にとって、真っ直ぐな上昇トレンドのときのトレードほど難しいものはない。そんなとき、あなたは天井を予測しようとする。もちろん、市場はいつかは天井を付けるだろうが、今がそのときとは限らないし、上昇の勢いがいつ終わるかを正しく予測できる人などいない。

実際にトレードしているときにそれを予測するのは大変難しい。なぜなら、パーティーがいつ終わるかは、実際に終わるまで分からないからだ。

パーティーが終わるまで、あるいは終わる兆候が見えるまで、待ってはどうだろうか。終わったら、そこで売ればよいのだ。フルスピードで走っている貨物列車の前に、なぜそうも飛び出たがるのか。そんなものに勝てるわけがないじゃないか。

上昇トレンドにあるときに売るよりも下降トレンドにあるときに売ったほうがよいとは思わないだろうか？　私はそう思う。それに私の経験からしてみても、それが最良の選択であることははっきりしている。古いことわざに「トレンドはあなたのフレンド（友だち）」という言葉があるが、まさにそのとおりである。

これこそが頭を低く垂れた果実であり、収穫されるのを待っている果実なのである。こんな果実は収穫するのに力は要らず、しかも甘い。か弱い枝にしがみついて生長途中の果実を採るよりも、太い幹から採るほうが確実だ。

トレンドを見つけてそれに従ったほうがはるかに簡単だ。

私は頭を低く垂れた果実を採るほうが好きだし、馬に乗るときも馬の行く方向に従ったほうが楽だ。

飛ぶ前に見よ（慎重に行動せよ）

子供のときに教えられる最初の言葉のひとつが、「慎重に行動しなさい」である。トレーダーにもまず最初にこの言葉を教えるべきである。

私のこれまでのトレードで利益よりも損失のほうが多かったり、勝ちトレードよりも負けトレードのほうが多かったのは、決まって遅く仕掛けすぎたときよりも早く仕掛けすぎたときであった。慎重さが足りなかったわけである。

これは深刻な問題だった。まだ経験したことのない人は、将来必ず経験すると思う。われわれのような人間にとっては、潜在的リスクよりも、お金儲けのほうが魅力的に映る。要するに、恐れよりも強欲が先に立つわけである。

市場が何をしようとしているのかが気になって仕方がないため、物事を予測するようになる。つまり、前方だけを見ようとするわけである。ポケットのなかにあるお金を失うことよりも、「実際には稼いでいないが稼げたかもしれない」お金を失うことのほうを恐れるのはこのためだ。これはトレーダーの精神面における致命的な欠点である。成功するためにはこれを克服しなければならない。

でも、どうやって、この問題を解決するには何をすればよいのか。

私がこれまでにやって最も役立ったのは、勝ちトレードを構成する要素のリストを作り、これから行おうとしているトレードがそれらの要素の少なくても３つか４つを満たすかどうかを確認することである。そういった要素がそろっていないトレードはどうすればよいのか。見送るだけである。カミカゼ特攻隊のように命をみすみす捨てるようなトレードをしないためのチェックリストというわけだ。このチェックリストは感情を抑え、戦略的にトレードさせる効果を持つ。

トレーディングはハンティングに似ている。獲物を見つけたら、射止めるまでには３つのステップがある。まず大きく深呼吸する。次に狙いを定めて、引き金を引く。いきなり引き金を引くようなことはしない。トレーディングもまったく同じである。

私はこれまでの経験から、待つことの重要さと計画的に行動することの重要さを学んだ。これまで私が仕掛けたトレードのほとんど――およそ98％――は失敗だった。つまり、もっと良い仕掛け時があったということである。仕掛けるとき、感情的になればなるほどタイミングを外した。正しい行動の道筋をたどるのはたやすいことではない。

われわれを性急な行動に駆り立てるのは、慎重を欠いた行動に駆り立てるのは、お金を失うことに対する恐怖心である。あわてなくてもお金は逃げない。良いトレード機会はすぐそこまで来ているのだ。良いトレードはあなたを破滅させることはない。あなたを破滅に追いやるのはあわてて仕掛けた悪いトレードなのである。大金を稼ぎたいのなら、待つことを学ぶことだ。

スティック崩しという遊び

子供のころ、スティック崩しというゲームが大好きだった（将棋崩しに似たゲーム。ゲーム用のスティックを１つに束ねたものを立て、ひねったあとで手を離してスティックの山を作る。そのあと、ほかのスティックを動かさないように１本ずつスティックを取っていく。スティックを一番多く取った者が勝ち)。モノポリーやダイヤモンドゲームも含めほとんどのゲームはしばらくすると飽きてくるのが普通だったが、スティック崩しだけは楽しくてやめられなかった。

上手だったからというわけではない。兄のボブにもほかの仲間にも徹底的にやられたが、それでも最初から楽しめた。ボブはこのゲームでは無敵だった。私は打ち負かされるたびに、自分がどんな間違いをして、ボブがどんな正しいことをしているのかを学ぼうと必死になった。

ゲームをやるときはいつも、ボブのゲームのやり方を注意深く観察した。彼が私とは違う戦略を持っていることに気づいたのは随分たってからのことだった。私はその１本を取ったらそのあとスティックを一番たくさん取れるようなスティックを最初に取ろうとした。でもボブは違った。彼は最も簡単に取れるものを最初に選び、取るのが難しいスティックを取りやすくした。つまり自分の陣地を拡大させていったわけである。ボブは頭を垂れた果実を採ることの意味をほかのだれもが気づく前に知っていたのである。

ボブのもうひとつのテクニックは、自分の番が来たときにけっして急がないことだった。じっくりと時間をかけて、あらゆる角度からスティックの山を見て作戦を練った。そして、作戦が決まったらやっと行動に出るのだ。

彼がほかの子供たちと違っていた点はもうひとつある。自分自身と真剣勝負していたことだ。

それは私には退屈に見えた。倒す相手もいないのに、何が面白いのだろうと私は不思議で仕方なかった。それである日私は兄に聞いてみた。自分自身に勝つことのどこが面白いのだと。

「自分自身に勝つためにプレーしているわけじゃない。お前に勝つためにプレーしているんだ」。彼のこの言葉は今でも忘れない。

そしてゆっくりと、じっくりと、ものすごい集中力で戦闘を開始するのだった。私を含めほかのプレーヤーはおしゃべりしながら、冗談を言いながらスティックを取ったが、ボブだけは違っていた。ボブは目の前の作業に全神経を集中させて取り組んでいた。つまり、彼はビジネスをやっていたわけである。

このことを知った私はついにほかの子供たちを打ち負かすことができるようになった。姉のパムにも勝てるようになったが、兄にだけは勝てなかった。しかし、私はトレードにとって何が重要かを、兄のボブから、そしてこの単純なゲームから学んだ。

そして、さらに悪化することもある

何に賭けるかと同じくらい重要なのが、どのように賭けるかである。実例を見ていくことにしよう。勝率が高くても損をすることがあると聞けばショックを受ける人は多いだろう。例えば、あなたは10万ドルの口座を持っていて、アグレッシブなトレーダーなので各トレードに全資産の25％を投じることにしたとする。

ただしここでは、１回勝てば1000ドル儲かり、１回負ければ1000ドル損をするものとする。そして勝率は50％と仮定する。10万ドルの25％は２万5000ドルなので、最初にトレードできる枚数は25枚である。勝てば枚数を増やせるが、負ければ枚数は減らす。どうなるか見てみよう。

最初は負けトレードだった。１枚当たり1000ドルの損失を出したので、総損失は２万5000ドルである。

次も負けトレードだった。しかし口座残高は７万5000ドルに減っていたので、２回目のトレードでは18枚しかトレードできなかった。したがって損失は１万8000ドルで、２回目のトレードが終わったあとの口座残高は５万7000ドルだ。だから３回目のトレード枚数は14枚になる。

そして３回目のトレードも負けトレードになってしまい、１万4000ドルの損失を出したので、口座残高は４万3000ドルになる。

４回目のトレードでやっと勝ちトレードになったが、口座残高が４万3000ドルだったので、４回目のトレードでは10枚しかトレードできず、利益はわずか１万ドルだ。したがって、今の口座残高は５万3000ドルだ。

５回目のトレードは口座残高が５万3000ドルなので、トレードできる枚数は13枚だ。これは勝ちトレードだったので１万3000ドルの利益が出て、口座残高は６万6000ドルに増える。

６回目のトレードではトレードできる枚数は16枚だ。しかし、負けトレードになったので１万6000ドルの損失を出し、口座残高はまた５万ドルに減少する。

次からは３連勝した。まず７回目のトレードでは口座残高が５万ドルなので12枚トレードし、１万2000ドルの利益を得て口座残高は６万2000ドル、８回目のトレードでは15枚トレードして、１万5000ドルの利益を得て口座残高は７万7000ドル、９回目のトレードでは19枚トレードして、１万9000ドルの利益を得て口座残高は９万6000ドルにまで戻る。問題は、負けトレード数と勝ちトレード数が同じであったにもかかわらず口座残高が当初の10万ドルより減っている点だ。どのトレードでも同じ枚数だけトレードしていれば、イーブンになっていただろう。

マネーマネジメントがいかに重要かがお分かりになっただろうか。

思考が停止するとき

1995年10月（第32巻10号）

トレーダーの脳がフリーズして「思考停止状態」に陥ると、引き金を引けなくなったり、もっと悪いことに、勝てるトレードを無視して、確実に負けると分かっているようなトレードをわざわざしてしまう。これはなぜなのだろうか。

やるべきことは分かっているのだが、どうしても引き金を引けないと言って私に電話をかけてくる人が週に少なくとも１人はいる。彼らは恐れるあまり何もできないのである。不思議なのは、資金の少ないトレーダーほどこの傾向が強いことだ。特に１万ドル以下のトレーダーに多い。

そもそも恐れとは何なのか

われわれが恐怖を感じるものは２つしかない。ひとつは、理解できないためどう対処してよいか分からないものに対して、もうひとつは、過去に傷つけられた経験のあるものに対して、あるいはそれに似たものに対して。

したがって、われわれが市場に恐れを感じたとしても何の不思議もない。市場を完全に理解している人などいないのだから。しかも、われわれは市場にはいつも打ち負かされてばかりいる。では、自らが招いた市場に対するこの恐怖感にはどう対処すべきなのだろうか。

恐れは感情によるところが大きいため、市場に対する恐れを払拭するためには統計学的事実を使って自らを再構築する必要がある。そういった事実のいくつかを紹介しよう。

第一に、もし損切り注文を必ず置いているのなら、それほどこっぴどくやられることはない。たとえ負けトレードになったとしても、口座が破産するような事態に陥ることはない、絶対に。第二に、１回のトレードでとるリスクを30％としているのであれば、負けても口座が破産するようなことはない、絶対に。トレーディングにおける最も手っ取り早い精神安定剤は、損切り注文を置くことと、トレードリスクを全資産の一定の範囲内に限定することである。

こうすることで大きな安心感が得られるだけでなく、制御不可能に思えるゲームを制御しているわけだから、生き残ることができる。

もう少し視点を広げれば、自分の人生において配られたカード（手）をチェックしてみる。それは破産、破綻、成功と失敗の繰り返しのいずれかに該当するものなのだろうか。ほとんどの場合、そうではない。損切り注文を置き、トレードリスクを全資産の一定の範囲内に限定すれば、絶対に破産しないし、破産は神の意思でもないという安心感の下でトレードすることができる。メンタルな話をすれば、私は神はわれわれを失望させることはないと心から信じている。これが私に引き金を引く勇気――時には勢い余ることもあるが――を与えてくれるのである。

強欲についてはもう十分に議論した。次は恐れについて考えてみよう

1995年６月（第32巻６号）

強欲が最も支配的で最も扱いにくい感情であることについてはも

う十分に議論した。次は、恐れにどう対峙するかについて議論することにしよう。

勝者と敗者を分かつものはいくつかある。おそらく最も語られることの少ないものは、私が「思考停止」と呼ぶものだろう。これまで思考停止状態に陥ったトレーダーは多く見てきたし、私自身何度も経験したことがある。

思考停止はトレーダーに多くの影響を及ぼす。そのすべてが悪い影響だ。思考停止状態に陥ったトレーダーは勝ちトレードでも負けトレードでも手仕舞うことができなくなる。脳がフリーズして動けなくなるのだ。あるいは逆に、引き金を引けなくなる。つまり、仕掛けることができなくなるわけである。これは最悪の問題だ。トレーダーがトレードできなければ、もはやトレーダーとは呼べないではないか。思考停止に陥ったとき、その原因は恐れであることを認識しなければならない。でも心配はいらない。あなたの心を支配している恐怖心を払拭する方法はいくつかある。

恐れそのものよりも恐れるべきことはほかにたくさんある

ルーズベルトは感情を理解する能力においては、大統領としての能力と同じくらい貧相だった。時として何かを行うことが困難に思えることがある。行動を起こす、ブレーキを踏む、危険から身をかわすといったことができなくなるといった経験があなたにもあるのではないだろうか。そんなとき、おそらくあなたは恐怖で思考停止状態に陥り、恐怖そのものに気を取られるあまり正しい行動ができなくなっている状態だ。人を動けなくする最大の要因が恐怖なのである。

それを証明しろって？　いいだろう。例えば、本当に恐ろしい人を最後に見たときのことを思い出してもらいたい。醜くて、でっかくて、危険であることからすれば、殺人者に違いないと「直感」したような人物だ。では次に、そのときあなたが何をしたかを思い出してもらいたい。おそらくあなたは目を背けたはずだ。人は恐怖の対象をまじまじと見つめることはない。そしてその場に凍りついたはずだ。それは実際に危害を加えられたからではなく、危害を加えられようとしたからでもない。ただ恐怖で動けなくなっただけである。

恐怖に直面したとき、あなたがやるべきことは、恐怖が遠のく前にその醜い顔を直視することである。われわれトレーダーが見ている市場は、われわれの心にもしかしたら傷つけられるかもしれないという恐怖を抱かせる悪党のようなものである。市場という悪党を見ると、損失を被るかもしれない、自尊心をズタズタにされるかもしれないという恐怖に駆られて身動きができなくなってしまうのは、凶悪な人物を見ると凍りついて動けなくなるのと同じである。市場とはわれわれにとってはそんな存在なのである。このビジネスでは自尊心の喪失と損失を被ること以外われわれを傷つけるものはない。市場で失うものは自尊心とお金だけである。あなたの場合、どちらを失うのが怖いのか。

失敗に対してよく準備をしておくほど、パフォーマンスは向上する。勝者はトレードがうまくいかないときにどうするかを考えたうえでトレードする。しかし、敗者は失敗したときのことはまったく考えないでトレードする。だから失敗すると何をすればよいのか分からず、恐怖に心を支配されてしまうのだ。

しかし、何をどれくらい失うかを制御する絶対的な力を持っているのはあなたであることを忘れてはならない。何枚トレードするかを決めるのはあなたであり、損切りやリスク（自分の恐怖レベルに合わせて設定する）を決めるのもほかならぬあなたなのである。だったら、何が怖いというのだろうか。また負けたらどうしよう、という恐怖だろうか。

忠実なる読者諸君の方々よ、聞いてほしい。私にとって負けトレードを喫することは50年たった今でも日常茶飯事だ。数年前などは20連敗したことさえある。負けトレードはこのビジネスには付き物なのである。われわれが呼吸するのとまったく同じである。このビジネスでは負けトレードはいつも起こり、絶対に避けては通れない。この事実を心の底から理解し、自分の「恐怖レベル」に見合った投資額でトレードすれば、恐怖に心を支配されることはなくなるはずだ。

マラソンとトレーディングと負けトレード

1996年５月（第33巻５号）

勝っているときは何の問題もない。問題は、何もかもうまくいかなくなったときにどうするかである。

負けることに関しては私も少しは知っている。まあ、ほかの人よりは詳しいと思う。というのは、大勝ちと「同じくらい」の大損もしたからだ。実はこの１カ月ばかりは負けが続いている。勝ちトレードを見つけるのはマイク・タイソンの情状証人を見つけるよりも難しくなっている。

私の場合、ほかの人よりも悲惨だ。一応プロとして名が通っている以上、こんなことがあってはならないわけである。それに私がヘマをやる機会を見つけようと虎視眈々と狙っている輩も大勢いる。ニュースレターの発行なんてやめてしまいたいと思わせるに十分なプレッシャーだ。

では、こうした絶望的に思える連敗にはどう対処すべきなのだろうか。

そんなときに役立ったのが私のマラソン経験だった。マラソンに参加したのはかれこれ17回以上にはなると思うが、どのマラソンでも予想以上にうまく、そして速く走れるスポットがあると同時に、利益はなく回復も見込めない「資産の落ち込み」のようなスポットもあった。これは冗談でも何でもないが、あるマラソンでは37キロ地点で５分間道路の上に寝そべった。その間、私が調子よく走っていたときに追い抜いたランナーたちに次々と追い越された。

マラソンで学んだのは、落ち込みポイントを乗り切る唯一の方法は、速度を落とし、少し歩きを入れ、必要なら道路に寝そべることであるということだった。つまり、ペースを落として自分を立て直すことで、ペースを取り戻してレースを再開することができたわけである。連敗したときも同じである。連敗は必ず起こる。連敗したときには、少しだけ手を緩め、ペースを落とす。必要であればトレードを一時中断してもよいが、レースは棄権することなく続ける。マラソンと同じことがトレーディングにも当てはまるのである。

間違ったことをする――これほど簡単なことはない

1995年11月（第33巻11号）

商品先物トレーディングはまことに愉快な商売だ。

それと同時に、ずさんなビジネスでもある。トレーダーは議論好きだ。これは彼らの最大の欠点でもある。

われわれトレーダーは自分たちのことを知的集団だと思っているようだ。「何でも知っている」し、政治や宗教についても語る。ここまでならまだよいが、最悪なのは、市場にまで議論をふっかけることだ。だから、市場が明らかに下降トレンドにあると見るや、市場を打ち負かそうとして底を拾いに行く。

自分たちを全知全能だと信じるわれわれは、持てる力を駆使して動かぬ現実に逆らおうとする。

しかし、われわれは肝心なことを分かっていない。つまり、システムや大衆を「出し抜きたい」と考えることが最大の問題を生みだしていることに気づいていないのだ。われわれは合図が出るよりも前に飛び出してシステムや大衆を出し抜こうとする。市場のことも、インディケーターなどの明日のシグナルを与えてくれるものならどんなものについてもよく「分かっている」と思い込み、人よりも先に仕掛けるわけである。一番乗りして、みんなを出し抜いたことを証明したいのである。

はやる気持ちを抑えるためには

われわれトレーダーはまったくのお笑い種だ。勝つことよりも自分を証明することにばかり躍起になるのだから。しかし、これではこのビジネスで成功することはできない。早まったことをしたり、市場に議論をふっかけたり（つまり、自分がすべきことをやっていない）するのは、自分の優秀さを証明しようとする稚拙な試みにすぎない。自分の優秀さを証明するもっと安価で良い方法はほかにもある。トレーディングは速さを競うものではない。早まったことをしても何の得にもならない。スピードだけ出して、正しい方向に進まなければ、レースに勝つことはできないのだ。

問題の根源は、おそらくはわれわれが知性というものを間違って定義しているからだ。われわれ「うぬぼれ屋」は知性を「われわれ対彼ら」のゲームと考え、彼らよりも「優れた」知性を使って、①自分たちがいかにビッグか、②彼らがいかに小さいか――を証明しようとする。

知性とはそんなものではなく、IQとも関係はない。「知性とは問題を解決する能力」のことを言うのである。成功するトレーディングとは、市場の方向性を読み取ることにほかならない。何かを証明することに躍起になる代わりに、市場の方向性を読み取ることに意識を集中させるほど、その年の稼ぎは増える。行動は、それが正しいから起こすものであって、人よりも早く仕掛けられるからとか、自分が偉大なトレーダーであることを証明できるから起こすものではない。正しく行動する。それがこのビジネスで富を築く方法なのである。

それはトレードではなく、戦いなのだ

1996年７月（第33巻７号）

勝ちと負けに関する備忘録。

トレーダーはガンマンに似ている。つまり、自分の実力を示すのは今このトレードというわけだ。あるいは自分にそう言い聞かせる。これがこのゲームにおける最も致命的な間違いを引き起こす要因になる。実際には、直近のトレードとそのトレーダーの全体的なパフォーマンスとの間にはまったくとは言わないまでも関係はほとんどない。これについてジャック・シュワッガーは次のように言っている――複数のファンド間で資産を管理する最良の方法は、資産を大きく減らしたファンドマネジャーに幾ばくかのお金を渡すことである。

われわれトレーダーもまったく同じである。

それなのに、われわれは１つの戦い（つまり、直近のトレード）が戦いのすべてだと勘違いしている。たった１つのトレードに一喜一憂するあまり、トレーディングが永遠に続く戦いであるという事実を見落としてしまうのだ。トレーディングに終わりはない。私は死ぬまさにその日までトレードを続けているだろう。だったら、直近のトレードの結果を気にする必要などあるだろうか。

「有頂天の子馬と衰弱した老馬」症候群

直近のトレードの結果を気にする必要はある程度はあるかもしれないが、私のキャリアを左右するものは直近のトレードではない。ところがわれわれはあたかもそうであるかのように振る舞う。大得意になって子馬のように飛び跳ねてみたり、意気消沈して老馬のように死んだふりをしたり……。私が１つのトレードに全財産を賭けないのはそのためでもある。私のキャリアにとっては、次のルーレットの結果がどうなるかよりももっと大事なことがある。私が短期でトレードするのは、長期的な視点を持たないからだ（これは本当の話）。トレーディングが終わることのない――できればそうあってほしい――ゲームであるということに対する認識不足は私にとって最大の敵である。それゆえ、われわれにとって重要なのは、自分の才能をあの小さなチャートの世界に閉じ込めないようにエネルギーと資産をしっかりと管理することなのである。

重要なのは１つひとつの戦いではない。全体的にどう戦うかという戦術的思考が重要なのである。

フライフィッシングについての再考

1996年８月（第33巻８号）

フライフィッシングと今日の商品トレーダーには多くの共通点があり、そこから学ぶべきことは多い。

釣りファンでにぎわう東部にある米国屈指の渓流沿いでモーテルを営むニュースレター購読者と話をしているとき、釣りとトレーディングの意外な共通点を発見した。フライフィッシングがはやり始めるずっと以前、父は私にマス釣りのテクニックを教えてくれた。父はフライキャスティングはあまり得意ではなかったが、ダブルホールをやる分には十分の腕前だった。ダブルホールをやるとき、彼はティペットを注意深く選んだ。ウエートフォワードとダブルテーパーの違いがよく分かっていたからだ。

しかし、彼がこうしたものを実際に使うことはあまりなかった。実は彼はLLビーンに載っている「派手な格好をした釣り人」たちが、釣りのエサになる父の大好きなミミズや地虫やバッタが大嫌いなように、父は彼らが大嫌いだった。だから、トラウトアンリミテッドの集まりで父を見かけることはないが、暗くなってから懐中電灯の明かりを頼りに裏庭でミミズを探す父の姿はよく見かけるはずだ。

一度父に聞いたことがある。どうしてもっとフライフィッシングに出かけないのかと。すると父は言った。「私が釣りをするのは今晩のおかずを釣るためだ。ミミズやバッタは釣りの最高のエサになる。もし上品ななりをして釣りに来ている嬢ちゃんや坊ちゃんらがエサになるんだったら、使いたいところだよ……私はあんな派手なベストや高価な長靴はご免だね。このスポーツはきれいに着飾ることじゃなくて、魚を釣ることが目的なんだ」

私のオフィスにはリアルタイムの気配値スクリーンはない。私はコンピューターはさっぱり分からず、ウォール・ストリート・ジャーナル紙も読まないし、ブルックスブラザーズのスーツでめかし込んで先物の会議に出かけたりもしない。これはおそらくは父のあのときの言葉が原因だ。成功したトレーダーは口をそろえて言う。自分たちが成功したのは、無数のインディケーターを使うのをやめ、何台ものモニターを見るのをやめ、ホットな５銘柄を毎晩追いかけるのをやめてからだと。「シンプルこそが成功の秘訣」なのである。

めかし込んでトレードするのも悪いとは言わないが、フライを使うよりも従来のＪ字状の釣り針にミミズやバッタを付けたほうが魚はたくさん釣れる。

恐れと強欲についてもう一度じっくり考えてみよう

1996年11月（第33巻11号）

恐れと強欲はトレーダーたちの心をかき乱す最も強力な感情だ。この悪魔たちを退治するのにどれだけ多くの時間をかけたとしても、かけすぎるということはない。

恐れそのものよりも恐れるべきことはほかにたくさんある

ルーズベルトは資本主義者ではなかったが、トレーダーでもなかったことは明らかだ。恐れそのものについて恐れるべきことはたくさんある。しかし、恐れとは詰まるところ、われわれが何かやろうとすると、そんなことをすると大変なことになるぞ、とわれわれの行動を妨害する装置であり、トラブルに巻き込まれないようにするための保身装置なのである。

夜中に暗い路地に行くことをためらわせるような恐れは善玉だが、トレードするのを怖がらせるような恐れは悪玉だ。

私の経験と多くのトレーダーとの会話からすれば、最高のトレードはわれわれが最も恐れるトレードである。恐れる気持ちが強いほど、そのトレードは勝ちトレードになる可能性が高くなるのである。

逆に言えば、最も恐れのないトレードは最も危険なトレードということになる。これはなぜだろう。投機の世界では、投資の世界におけるルールが逆転するからだ。投機の世界では、良く見えるものは悪く、悪く見えるものは良い。「確実」と思えるものが確実であることはほとんどないのだ。だからトレーディングは難しいのである。

要するに、夜中に恐怖を感じさせるようなトレードをしなければならないということである。そんなことは怖くてできるわけがないと思うかもしれないが、そんなことはない。どのトレードにおけるリスク——つまり、損切り額——も同じであることを認識すれば、できるようになる。スティーブン・キングが設計したように思えるトレードも、ミスター・ロジャースが設計したように思えるトレードも、リスクは同じなのである。価格による一定額の損切りを使っているかぎり、リスクが高いように思えるトレードの潜在的リスクは払拭される。つまり、賢いトレーダーは損切り注文を置くことで、ほかのだれもが見送ってしまうようなトレードを物にするのである。

強欲に心を支配される

強欲は恐れとはまた違った感情だ。強欲はわれわれに動機を与えたり、優秀でありたいと思わせたり、完璧を求めさせたりする。しかし、トレーディングは完璧なゲームでもなければ完璧なビジネスでもない。したがって、強欲に駆られた者は負けトレードであれ、勝ちトレードであれ、必要以上に長く保持してしまうことになる。

さらに、私が身をもって知ったのは、強欲のほうが恐れよりも強い感情であるということだ。お金を失うことを恐れて早く手仕舞いしすぎることよりも、ポジションを長く持ちすぎる（強欲）ことのほうが損失を増大させる。制御不能に陥ってもなおかつスピードを落とさなければ命を落とすのと同じように、強欲も命取りになる。

解決法？　手仕舞う位置を決めておくことである。

システムを用いる目的は恐れや強欲といった感情を制御することにある。それを無理なく行うために、われわれはシステムを使うのである。利食いする場所が分かっているのだから、そのシステムのルールに従うかぎり、あなたの心に強欲が忍び込む余地はもはやない。損切りを置くことで恐れと、手仕舞う位置を知ることで、つまり手仕舞いルールを設けることで強欲をしっかりコントロールすれば、感情に支配されることなくトレードできるのだ。

いつも負けてばかりのトレーダーが多いのはなぜ？

1997年４月（第34巻４号）

どうしてもっとうまくいかないのかと長年考えてきたが、ようやくその答えにたどり着いたような気がする……。

つまりはこうだ――市場は急に方向転換できるが、トレーダーにはそれができない。

たやすいと思えるゲームに負ける人が多いのはこういうわけである。

詳しく見ていくことにしよう。例えば、買いシグナルが出たとする。それを見たあなたは、市場はきっと上昇する、いや上昇しなければならない、と思い込んでしまうのだ。これは人間の性と言ってもよいだろう。そして、魚雷のように全速力で攻撃を仕掛ける。

ところがおかしなことが起こる。気まぐれな市場は急に南に舵を切り替えるのだ。すると、テクニカル分析の技がいっぱい詰まったあなたのバッグは、売れとは言わないまでも、警告を発してくる。まあ、テクニカル分析も使い方次第では「役に立つ」。

問題は、強欲に支配されたあなたの心が感情的になって正しい反応をしないことである。買いシグナルを何が何でも肯定したい心はポジションを持ち続けよと言ってくる。確かに、市場が進路を変えるまではそれでよかったかもしれないが、進路を変えた今、それが正しいかどうかは分からない。一方、現実は、それは過去のことだと言ってくる。しかし、イメージトレーニングやプラス思考トレーニングの講習を受けたことがあったり、高校時代のコーチから「あきらめないで頑張る」ことの重要性を教わったあなたは、自分が描いたセルフイメージに従って事を進める。これが問題をさらに複雑にする。

われわれは正しくあることにこだわるあまり、いったんこうと思い込んだら（つまり、市場は必ず上昇すると思い込む）、現実に対応することができなくなるのだ。

例を使って説明しよう。銀行強盗がいたとする。人のものを盗みたいという願望はトレーダーと同じくらいある。時間はたっぷりあると見張り番に言われた彼は、金庫をこじあけ、夢見ていた現金を袋に詰め込み始める。そのとき、見張り番が「サツだ！」と言う。銀行強盗なら計画を変更してとっさに逃げ出すだろう。ここがトレーダーと銀行強盗との違いだ。トレーダーは見張り番からの合図が間違いであることを願いつつ、そのまま現金を袋に詰め込む作業を続けるのである。

あなたが従うべきシグナルは最新のシグナルであって、あなたが有効であることを願うそのひとつ前のシグナルではない。このビジネスでは期待は通用しない。市場のやっていることに従う。つまり、現実に沿ってトレードすることが重要なのだ。期待ではなく現実に沿ってトレードすることの重要性を認識したときに初めて、防火壁を打ち破ってトレーダーとして成功への道を歩き始めることができるのだ。これを目指して、ぜひ頑張ってもらいたい。

負けトレードを見直すことで先が見えてくる

1997年５月（第34巻５号）

ニュースレターの購読者たちが送ってきたトレードサマリーを見

て、全員が同じことをやっていることに気づいた。

トレーディング初心者の共通点

今年は負けトレードについての話に多くの時間を割いているが、これは私たちが負けトレードの経験がないからではなく、負けトレードをなくせばパフォーマンスがもっと向上することに気づいたからだ。

何人かの購読者のトレードサマリーを細かくチェックした結果、いくつかのことに気づいた。今月はこれについて話をすることにしよう。

トレーディングでは証拠を重視しすぎてもダメ

まず最初に気づいたのは、ほとんどの場合（われわれも含めて）彼らが動きが終わった地点で買っているという点だ。これはなぜなのか。おそらくは初心者はすべての証拠が出そろうまで待ってそこでようやく仕掛けるからではないかと思う。そのために高値買いや安値売りになってしまうのだ。

そこで思い至ったのは、問題は早く買いすぎる（動きを逃したくない）か、遅く買いすぎる（その動きが本物であるという証拠が欲しい）ことにあるということである。

要するに、下落が終わるまでは買えないし、強い上昇基調にあるときも買えない、というわけである。市場の上昇を示す何らかの証拠は必要だが、証拠を求めすぎてならない。すべての信号が青になるまで待つべきではない。市場はいつもあなたを脅して近づけないようにするし、ヘトヘトになるまで疲れさせようとする。あなたが避けなければならないのは、早すぎたり遅すぎたりという両極端な行動である。動きに取り残されるのではないかということを恐れて感情にかまけて仕掛けようとしているときは、そのトレードは見送ることである。そのときに仕掛けてももう遅すぎるからだ。

また、いったん仕掛けたら、市場に動く余地を与えてあげなければならない。これは早すぎたり遅すぎたりという問題に次いでトレーダーたちがよく犯す過ちだ。自分のトレード結果を見て、損切りを置かなければうまくいったのに、と彼らは思った。いやいや、損切りは必要だ。ただ、損切りを置く位置が現在価格に近すぎたのだ。大金を失いたくないと思って、現在価格に近い位置に損切りを置いた……しかし、結果的には予想以上のお金を失った。市場に対する正確なタイミングの取り方を知っている人は、私の知るかぎりいない。トレーディングで成功したければ、それが解明されるまでは、損切りは現在価格から十分に離れた位置に置いたほうがよい。

損失を出す最大の理由

1997年８月（第34巻８号）

どれだけ稼いだかを自慢したい人には自慢させておけばよい。私はいかにして損失を出さないようにするかを考える。

大きな損失を出す方法はトレーダーの人数と同じだけある。しかし、私が出した損失を含め、すべての損失には大きな共通点が１つある。それは、損失を防ぐことができれば、このビジネスに付き物の痛みを軽減できるということである。

われわれが大きな損失を出す最大の理由――それは、

大きな損失は、現実を無視して信念に基づいてトレードしたときにやってくる。

これはどういう意味かというと、実際に何が起こっているのかよりも、助言者の言葉や偏見、期待、願望をより重視するということである。負けトレードにいつまでもしがみつくのはまさにこのためだ。このビジネスで成功する秘訣は、負けトレードはただちに手仕舞い、勝ちトレードは保持することである。

私にはトレーディングでお金を稼げるという強い信念がある一方、仕掛けるとき、もしかするとこのトレードが口座を破産させるかもしれないという強い危機感も同じくらいある。

かつては、どのトレードもきっとうまくいくと信じていたが、資産が大きく落ち込むことが何度かあった。手放すべきポジションにしがみつき、その一方で保持すべきポジションを手放していたのである。人生ではいつも前向きに取り組まなければならないという信念を教えられていたので、自ら墓穴を掘っていたのである。岩は固く、水は触れば濡れ、悪いことは起こるものであり、商品先物トレードはリスクを伴うという現実の声に耳を傾けることを私は忘れていたのである。現実に目を向けることで、苦労して得たお金は何が何でも守ろうとする気持ちが出てくるはずだ。私は自分のシステムとトレーディング技術を信じているが、だからといってこれらが次のトレードでも必ず機能すると思ったことは一瞬たりともない。これこそが健全な姿勢であり、利益を生みだす姿勢なのである。

これは不変の真理でもある。もっと早くに「関係を絶つ」べきだったと思うような人がいる人は、読者のなかにもいるのではないだろうか。付き合っていて精神的に疲れるような友だちとは縁を切り、人生の喜びを高めてくれるような友だちとともにいるとき、私の人生は輝きを増す。人生でうまくいくこの法則は、トレーディングにも当てはまるのである。

トレーディングにおける最も重要な信念

1997年９月（第34巻９号）

このビジネスでは積極姿勢と断定は命取りになる。その代わりにぜひお勧めしたいのがこれだ。

信念体系

人間の強さは信念の強さによって決まるというのは事実だが、信念体系がもたらす真のメリットは、強い信念を持っていれば確信を持って行動することができる点である。

確信を持てないことで、トレーダーは正しい行動を取れないことがある。したがって、このビジネスで成功するためには、信念についての研究が不可欠である。

自分の成功を信じて疑わないとき、それは将来的に起こることを肯定的に考えすぎていることになる。そのため、負けトレードを正しく管理することができなくなる。結局、今のトレードが勝ちトレードになることを信じて疑わなければ、それが実際には負けトレードになったとしても、その信念によってあなたはその負けトレードを持ち続けることになる。これは成功するトレーダーなら絶対にやらないことである。自分のトレーダーとしてのキャリアではなく、目先の１つか２つのトレードの成功をあまりにも信じすぎれば、天使さえ怖がって手を出さないようなトレードに飛びつくことになる。

ちょっと奇妙かもしれないが、私は今のトレードは必ず負けトレードになると信じている……しかも、大きな負けトレードになると。

否定的に聞こえるかもしれないが、これほど肯定的なものはない。こう信じていれば、私はそのトレードを仕掛けるときに細心の注意を払い、「ルールに従って」管理するはずである。ルールに従うとは、トレードを仕掛けるときには必ず損切りを置き、気まぐれな気持ちや妻やブローカーに言われたからではなく、自分の戦略が手仕舞えと言ったら必ず手仕舞うことを意味する。これまでのトレーディングで必要以上に大きな損失を出したトレードは、そのトレードがビッグトレードになると信じて仕掛けたトレードである。だから、ゲームのルールに従わなかった。

私と同じように、このトレードは負けトレードになる確率が高いと信じて仕掛ければ、きっと自分を守ろうとするはずである。ぜひ試してみてもらいたい。

恐れと強欲についての覚書

何年か前、強欲のほうが恐れよりも強い動機づけになるという仮説を立てた。つい先ごろ、心理学者である教え子のひとりが、ほとんどの人は（失敗や失うことに対する）恐れによって行動を起こせないことで失敗することが多いのではないかと、説得力のある証拠を持って私の仮説に疑問を呈してきた。

これに対して私は次のように答えた。「トレーダーである私たちは“ほとんどの人”とは違う。私たちトレーダーはすでに恐れという呪縛から解放されている。トレーディングをしていることがその何よりの証拠だ」。その後、彼は博士課程に進み、私の仮説が正しいことを動物実験で確認した。腹をすかせたネズミは（「強欲」のために）、普段ではとらないリスクの高い行動を取ることが分かったのである。われわれトレーダーは腹をすかせたネズミと同じだ。われわれを行動に駆りたてるものは強欲なのである。

ダメ犬ほど金のかかるものはない

1998年５月（第35巻５号）

あれほど短気で攻撃的で手に負えないダメ犬は、おそらくはどこを探してもいないだろう。今の形の犬になるのに何百年にもわたって品種改良を重ねてきたわけだから、大変なコストがかかったはずだ。それだけの手間とお金をかけてできた犬がこれなのだから、最悪としか言いようがない。

商品トレーディングシステムはこのダメ犬によく似ている。いじって改良するほど、最適化してシステムを向上させるほど、パフォーマンスは悪くなる。

私は今年に入ってから低調な状態が続いている。パフォーマンスがプラス30％とマイナス30％を行き来し、今のところはプラス10％に落ち着いているが、とったリスクと費やした労力を考えれば満足のいく数字ではない。なぜなのか。そう思うのは当然だろう。

原因は意外と早く解明した。昨年は口座残高が５万ドルから100万ドルに大幅アップし、最高の年となった。ところがそれに飽きたらず、私ときたら、システムをあれこれと改良し続けたのだ。自分では改良しているつもりだった。とんだ修理屋だ。商品トレーディングに完璧などあり得ない。にもかかわらず、われわれはそれを追い求める。私の場合、追い求めすぎたようだ。

物事はシンプルが一番だ。そして、このビジネスでは完璧やそれに近いものは存在しないことを理解することも重要だ。一言で言えば、ショードッグのようなあり得ない完璧さを追求するのはやめよう。雑種でもよく面倒をみてあげれば答えてくれるものだ。

そのほかにうまくいくもの

つい先ごろ『コモディティー・トレーダーズ・コンシューマー・レポート（CTCR）』の最新号が発行されたが、これは商品トレーディングでお金を儲ける方法についてわれわれにさまざまな洞察を与えてくれるものだ。これは最も人気のある26のマーケットレターの実際のパフォーマンスを追跡したもので、ブルース・バブコックが立ち上げ、のちにコートニー・スミス（商品先物に詳しく、自分でもトレードしている）に引き継がれ、先物業界屈指の情報サービスを提供し続けている。われわれニュースレターの発行者が繰り出した3590のトレードを１つひとつ過去12カ月にわたって追跡するわけだから、控えめに言ってもかなり忍耐のいる仕事だ。

CTCRで発表された儲けを出しているニュースレターを見て気づいたのは、トレード回数が多いニュースレターほど一貫して負けているということだ。オーバートレーディングについての先人たちの考えは正しかったわけである。同様に、トレード回数の少ないニュースレターは一貫して勝っているようだ。しかし、最も多く勝ちトレードを出しているニュースレターは12カ月間で200～300回トレードを行うニュースレターである。これ以上の頻度でトレードするニュースレターはパフォーマンスが悪い。現時点で最もパフォーマンスの高いニュースレターはフューチャーズ・ファクターズ（過去12カ月で252回のトレード。総損益は９万2761ドル）、トーラス（355回のトレード。総損益は９万4307ドル）、コモディティー・タイミング（290回のトレード。総損益は11万9716ドル）である。トレード回数の最も多かったニュースレターは655回のトレードで、総損益はマイナス５万ドルだった。

ニュースレターはトレーディング手法によっても分類できる。彼らの手法は大きく、シーズナル（季節性を利用したトレーディング）、トレンドフォロー、テクニカル分析、ギャン・エリオット手法に分類される。その違いを見てみよう。

パフォーマンスの数字を見れば違いは一目瞭然だ。過去３年分のパフォーマンスを調べてみると、1995年、1996年、1997年にパフォーマンスが最悪だったのはギャン・エリオット手法を使っているニュースレターだった。グループ全体で年間100％近い損失を出していた。将来を予測できる、だから底で買って天井で売ることができると主張する彼らにしては悲惨なパフォーマンスだ。

もうひとつ興味深いのは、購読料の最も高い（年間5000ドル）ニュースレターがこの３年間で損失を出し、最も安い（年間45ドル）ニュースレターが利益を出している点だ。

シーズナル型のニュースレターは数年前は好調だったが、過去12～18カ月は不調だった。コモディティー・リサーチ・ビューローやコモディティー・トレンド・サービスに代表される長期トレンドフォロー型のニュースレターは一貫して利益を出していた。過去３年で毎年上位５位に入っているニュースレターはなかったが、コモディティー・トレンド・サービス、コモディティー・タイミング、フューチャーズ・ファクターズは過去３年のうち２年でトップパフォーマーグループに入っていた。ニュースレターのパフォーマンス比較がこのビジネスをより深く理解するうえで役立ったのなら幸いだ。

トレーディングはスポーツに似ている

1998年６月（第35巻６号）

「運動選手にとって最も重要なのは、遅れをとっても巻き戻しを図れる能力を持つことである」――ハーモン・キルブルーこれが昔スポーツをやっていた私のことかと言われれば、けっしてそうではない。私はこれまで長年にわたって、テニスや陸上などの競技スポーツとシカゴの立ち会いとの類似性について書いてきた。トレーディング史上でこれまで最も成功した債券トレーダーが高校時代にアメリカンフットボールの全米代表チームの花形選手だったり、ポール・チューダー・ジョーンズのように優秀なボクサーだったり、フランキー・ジョーのようにプロ野球のスター選手だったりするのは偶然とは思えない。

だから冒頭のハーモン・キルブルーの言葉を知ったときには本当に驚いた。キルブルー、マントル、ジョーダン、ネーマス、アリらは素晴らしい運動能力を持って生まれただけでなく、その能力をさらに鍛えたからこそスーパースターになれたのだ。しかし、才能を持って生まれても、スーパースターになれない人もいる。

私はその訳をずっと考えてきた。スーパースターになれる人となれない人の違いはどこにあるのか。最初はマスコミに大きく取り上げられたからだと思っていたが、ブライアン・ボスワースやディオン・サンダース、ボー・ジャクソンのように、スーパースターになる要素はすべてそろっていたにもかかわらず、スーパースターの地位を手に入れることができなかった人々がいることに気づいた。

トレーディングの世界にも、市場レクチャーの達人や素晴らしい著者、アナリスト、トレーダーが大勢いるが、本当に優れた人はウィルト・チェンバレンと同じ独特の能力を持っている。チームが負け始めてもイライラすることなく、そういったときにこそ得点能力を発揮する。この力がチャンピオンを生むのである。

生まれつきの能力、生後習得した能力、あるいは幸運によって何度かはゲームに勝つことができるが、それらが伝説的なチャンピオンを生むことはない。幸運に恵まれることはそうたびたびあるわけではなく、幸運による勝利はいとも簡単に見破られる。

つまり、われわれトレーダーにとって重要なのは、「遅れを取ったとき」どう自分を立て直し、どういった反応をすべきかをじっくりと考えなければならないということである。あきらめるのか、途中でゲームを降りるのか、かんしゃくを起こすのか。それとも、そのときの感情をしっかりと把握し、怒りやイライラを得点能力に転化させ、ゲームの勝者になるのか。じっくりと考えてもらいたい。

このゲームに勝ちたいのなら、負けているときに得点できるような能力を身につけなければならない。これこそがゲームを物にするために鍛えなければならない精神力なのである。

株式市場や商品市場にトレンドを生みだすもの

1991年６月（第28巻６号）

貨物列車理論の解説

市場の研究をし始めてからの最初の17年間は、トレンドはいつ始まろうとしていたのか、いつ始まってしまったのか、いつ反転しようとしていたのかの研究に没頭した。

数学の本を読みまくり、ギャンからＺチャートまであらゆるチャートシステムを勉強した。角度なんてちんぷんかんぷんで、指数関数にも困惑した。学者連中の仮説は正しかったようだ。株式市場や商品市場のトレンドを予測することなど不可能なのである。

ロケットと船との違い

市場はロケットなどとは違って一定のエネルギーを持った実体ではない点が問題だ、とよく言われる。ロケットは一定の推進力で打ち上げられ、空気抵抗のなかを飛行する。そのため、スピードや目的地、そこに至るまでの時間を予測（計算）することができる。

一方、市場は海に浮かぶ船のようなものだ。動いたあとには航跡が残る。この航跡が、チャートブックに出てくる価格パターンである。われわれはその航跡から目的地を予測しようとする。コースからそれなければ問題はない。

しかし、船はコースどおりに進むことはまずない。外部エネルギー（その船の舵取りをする新たな船長）によっていつも向きが変えられるからだ。

したがって、航跡を測定することはできるが、それから分かるのはそれまでに通ってきた経路だけである。新たな船長だけでなくその前の船長でさえ自由自在にコースを変えることができるのだ。しかも、何の警告もなしに。

船から列車へ

私の研究が大きく前進したのは1983年で、そのあと1985年にも躍進した。それは私が「貨物列車理論」と呼んでいるものを発見したときである。これは、一定のスピードで走っている列車は急に止めることはできないことを述べたものだ。

たとえ急ブレーキをかけたとしても、動きが止まるまでにはある程度の時間がかかる。ポークベリー、Ｔボンド、S&P500、大豆も同じである。どんな市場でもいったんモメンタムを得れば、そのまま動き続ける。その過程でトレンドが形成されるのだ。

トレンド形成の分岐点

上記の最後のパラグラフがすべてを物語っている。

トレンドは傾き、角度、傾斜などの関数だと私は（そして、学者連中も）ずっと思ってきた。しかし、そうではないのだ。

トレンドは価格の爆発によって始まる。そしてその結果、形成される新しいトレンドは価格の反対方向への新たな爆発が起こるまで続く。

価格の爆発と爆発との間で形成されるものがトレンドであって、トレンドは創造されるものではない。トレンドは大きな反転で始まり、新たな反転が発生するまで続く。

つまり、われわれにとって重要なのは、これらの爆発を素早くとらえ、それに続いて発生するトレンドに乗ることなのである。

一般大衆とプロとの違い

1991年10月（第28巻10号）

「一般大衆」と「プロ」との間には心理に大きな違いがある。その違いを知るには、彼らがよく使う仕掛けと手仕舞いのスタイルを見ればよい。

プロとアマチュアトレーダーの姿勢には大きな違いがあるが、上記のテクニックはその違いを知るための有効な手段である。それでは詳しく見ていくことにしよう。

まずはじめに

まずは典型的な「一般大衆」トレーダーを知ることから始めよう。彼らは一般に資金に乏しい。あるいは潤沢な資金があったとしても大きなポジションを抱え込むことが多いため、気がつくと資金不足に陥っている。

資金不足というプレッシャーによってトレーダーは感情的になり、ブローカーやウォール・ストリート・ジャーナル紙、占星術など、親切そうな顔をして何でも教えてあげますよというもの、あるいはローソクのように見えるチャートにさえも影響される。

お金に窮したとき、自分はどんな反応をするか考えてみよう。ビクビクして、あわてて損切りし、その損を取り戻そうと良さそうに見えるトレードに飛びつくのではないだろうか？

私の場合はそうだった。おそらくあなたも同じだろう。

これはどういうことなのか

つまり、「一般大衆」トレーダーは感情的になり、理性のないことをやってしまうということである。事実、プレッシャーはスタイル（流儀や手法）を破壊する。だから、自分のスタイルやシステムに従えなくなる。損失を取り戻そうと場当たり的な行動を取るようになる。たとえそれがそよ風のような小さな風であっても、今の風の流れに乗ろうとするわけである。

一般大衆、つまりほとんどいつも間違っているトレーダーは寄り付き価格に必要以上に影響されるようだ。この傾向は昔から変わることがないため、1969年以降、私は市場を読むのに寄り付き価格を使うことを提唱してきた。最近になってアナリストたちはようやくこのことに気づいたようだ。株式市場であれ商品市場であれ、この戦略は22年にわたってあらゆる市場を打ち負かしてきた。

重要なポイント

前日の終値と今日の始値との差を取れば、それで一般大衆の動向を見ることができることを理解しておくことは重要だ。

反対に、プロの動き、つまり価格の真の方向性を見るには、その日の始値と終値の差を取らなければならない。

それは不可能なのだ

1992年８月（第29巻８号）

実は前号のマーケットレターでは市場の天井を予測し、「８月14日から17日の間に市場は高値を付けるはずだ」と忠告した。そしてご存知のとおり、８月17日から市場は弱気相場に突入した。

私のニュースレターがほかのニュースレターと同じなら、インベスターズ・ビジネス・デイリー紙で自分たちの素晴らしさを大々的に宣伝したことだろう。

しかし、27年間に及ぶ私の経験から言えば、価格も政治も人間の寿命も、予測することはまったく不可能とは言わないまでも非常に難しいことなのである。これからこれを説明していきたいと思う。トレーダーとして成功するためには、まずはこの事実を理解しなければならない。

オモチャ箱をひっくりかえしたような引き出し

この18カ月、私は机の一番右上の引き出しを、いろいろなニュースレターの（株式市場や商品市場に対する）予測を含むさまざまな未来予測の資料を保存するのに使っている。

昨晩、この引き出しを開けて昨日のニュースや予測資料を探しているとき、私は実に感動的でためになる重大な事実を発見した。

私がこれまでせっせと集めてきたこれらの未来予測資料ははっきりと私に告げたのである――それ（将来を予測すること）は不可能であるということを。これをどう証明すればよいだろうか。コンピューター分析を売りにしたニュースレターが、ニューラルネットを使った予測でＴボンド市場が２月に強い回復を見せることを示したチャートを見せればよいだろうか。それとも、インベスターズ・ビジネス・デイリーの３月のインタビューでマーケットのグルであるエレイン・ギャザレリが「株式市場は今後６カ月から12カ月で20％上昇する」と予測したことを挙げればよいだろうか。それとも占い師の言葉を示せばよいだろうか。率直に言って、彼らはファンダメンタリストたちに比べれば悪くない仕事をしている。といってもこれは、彼らの予測はペンシルベニア大学ウォートン校やハーバード出身の高学歴のアナリストたちの予測ほどひどくないという意味なので誤解のないように。

Ｔボンド市場はこのまま下落を続け、12月に底を付けることを示したアメリカ随一のアナリストの予測を取り上げれば、私の主張をもっとよく理解してもらえるだろうか。これでもまだダメなら、私と同じことをやってもらいたい。机の上に散らばっている未来予測資料を集めて、それを１年間とっておく。そうすれば私の主張の正しさが分かるはずだ。

若いころ、自分の未来は何らかの心霊力で予言できるとバカなことを考えていた。だから、手相占いや星占い、タロット占いといった占いのたぐいはすべて試してみた。手段なんて何でもよかった。私はただ自分の未来を知りたかっただけなのだ。占いからは多くのことを学んだ。その収穫は、「お金を使うならもっと別のところに使ったほうがよい」である。

大学に入学した当初の専攻はリベラルアーツだったが、のちにジャーナリズムに転向し、今では数学を使ってトレーディングしている。つまるところ、占いの予言はことごとく外れたわけである。

政治もしかり

最近ダウ平均が下落したのはブッシュの大統領選への指名受諾演説を受けてのことだと「スリック・ウィリー」(ビル・クリントンのあだ名)が言ったのはご存知だろうか。これはまるで、8月に高値を付けるという私たちの予測がブッシュの下手な演説を予言したと言うようなものである。ブッシュが下手な演説を行えば、当然ながらダウは下落する。政治と言えば、ブッシュが絶対的有利と言っていたあの政治評論家たちは一体どこへ行ってしまったのだろう。

それでは話をまとめよう

これらの話は次のように集約できる。要するに、27年間トレードしてきて、どういったことであれ、未来をいつも正しく予測できる人にはいまだにお目にかかったことはないということである。グランビル、プレクター、インガー、ウィリアムズなど市場の予測師たちが数年ごとに現れるが、一時的なブームにすぎない。

この27年間、われわれのだれ一人として未来を長期にわたって正しく予言した人はいないのである。今月の教訓――未来を予言できると言う人には「ノー」を突きつけよ。神はわれわれにそういった能力は授けてはくれなかったようだが、物事をよりよく理解する能力だけは与えてくれたようだ。車の運転をしたり、飛行機を操縦したり、生きていくための体系的な方法を、そして商品をトレードするための体系的な方法さえも開発できるのはそのおかげである。

最後のまとめ

トレーディングでお金を稼ぐのに世界の未来を知る必要などない（いずれにしても世界の未来を知ることなどできないのだが……）。トレーディングでお金を稼ぐのに必要なのは、アドバンテージを持つこと（常に優位な立場にいること）である。ただそれだけである。そこで登場するのが商品トレーディングシステムである。あなたにアドバンテージを与えてくれるものがシステム、つまりいつも一貫したアプローチであって、あなたに必要なものはこれだけである。

トレーディングがもたらす高揚感

1992年９月（第29巻９号）

ロシアの文豪でギャンブル依存症でもあったドストエフスキーは、人生最大のスリルは投機で金儲けをすることであると言った。

そして、人生２番目のスリルは投機で損をすることであるとも言った。彼の中編小説『地下室の手記』のタイトルはおそらくはこの事実に由来するのだろう。実にうまくポイントを突いた言葉だ。お金を儲けることは大きな快感だ。そしておかしな話だが、損失から抜け出すこともまた快感なのである。損失という痛みや苦悩から脱出することほど快感を感じるものはない。

ジレンマ

これは心理的な葛藤を生む。損失を出すという負の行為が「快感」、つまり高揚感を生みだすため、心が動揺するのだ。われわれがそういった快感、スリル、興奮を楽しめるのは、あくまでその経験に対して追証という形で喜んでお金を出せる範囲内ということだろう。

冗談だろって？　では、次の話を聞いてもらいたい。およそ600人のトレーダーに質問状を送りトレーディングを行う主な理由を３つ挙げさせたところ、お金儲けを第一の理由に挙げたトレーダーはだれ一人としていなかった。彼らが理由として挙げたのはスリル、チャレンジ、興奮などで、「お金儲け」を第一の理由に挙げた人はいなかったのである。

また、システムを学びたいとか、ニュースレターを購読したいと電話してくる人で、お金が儲かるかどうかを聞く人はまずいない。よく聞かれる質問は、われわれが推奨するトレードの数（１週間当たり）と、自分の好きな銘柄がトレード対象になっているかどうかである。自分の好みの銘柄がトレード対象になっていないことを知るとほとんどの人が興味を失う。彼らがトレードしたいのはその銘柄だからである。たとえ今までそれをトレードして損失を出していたとしてもである。

それが私をサイコセミナーに走らせた

この数年、お金を儲けるためにしなければならないことは、「心を解放して」自分と市場について一定の心理的解釈を得ることであるという心理面を強調する本やセミナーが人気を集めている。人々はこの「教え」を得るために大金を使ってきた。実はこれについては私はちょっとばかり詳しい。

まず、私がこれから述べることが信用できるものであることを証明しておきたい。大学時代の副専攻は心理学だった。スキナー箱を見ているときの私はチャートブックを見ているときと同じくらい心地良い。そして、この主題については今話題の心理学以外の視点からも理解している。

しかしもっと重要なのは、これまでの人生において、われわれを失敗に追いやり、市場が提供してくれる無限の富からわれわれを遠ざけるのはわれわれ自身の心ではないかと真剣に考えた時期があったことである。この考えをいつも念頭に置きながら、私は市場にかかわってきた。これは50歳を超えた今だからこそ正直に話せることである。

サイエントロジー、リバーシング、アリカ、エスト、ロルフィング、ライチャンなどの心理療法も試した。また、ビッグ・サーの座禅センターで何時間も座禅を組み、サブリミナルテープを聞いて心のメッセージに耳を傾け、呪文を唱え、祈り、スーフィー教徒たちと踊った。すべてはマーケットの現金箱から現金を取り出せるように「心を解放」するためだった。一言で言えば、コールスローがフードプロセッサーのなかで体験する処理以上の心理的処理を体験したわけである。

なかなか面白い体験だったし、自分自身のこと、自分の肉体のこと、自分以外の人のことについても多くを学んだ。ところがだ。どのひとつをとってみてもトレーディングでのお金儲けにはこれっぽちも役に立たなかったのである。

それまでは、ドカンと大儲けしたら、そのうちの少しだけ市場に戻し、それからまた何回かゲームをし、また大儲けする……といった具合だった。結構うまくいっていたようには思えるが、安定性はなかった。

ありのままの事実

そしてついにそのときはやってきた。これまでやってきたことがすべて時間と金のムダであったことに気づいたのだ。

私のトレーディングでの成功は心理状態とはまったく関係がなかった。母にキスするよりも酢を飲んだほうが良いと思っていることなど、市場は気にかけてはくれない。母のことをどう思っていようと、ロールシャッハテストでしみがどう見えようと、小学校１年生のときの担任の先生をどう思っていようと、神をどう思っていようと、それによって何かが変わるわけではない。

私が損をしたのは、私がそう願ったからではなく、記憶力が良いわけでも、独占欲が強いからでもなかった。私が損をしたのは間違ったことをしたからにほかならず、そのことが私を弱気にさせ、サイコセラピーに走らせただけなのである。

だから、最近流行の心霊療法などに依存するのはやめたほうがよい。浮揚タンクに６時間も閉じこもる必要などないし、向精神薬も催眠術もいらない。あなたに必要なのは……。

勝てるシステムと忍耐力

正直言って、勝てるシステムと忍耐力のどちらが重要なのかは分からない。おそらくはどちらも同じくらい重要だ。なぜなら、どんなに優れたシステムがあったとしても毎日お金を稼げるわけではないからだ。種をまいたら、毎週掘り起こして成長具合を確かめるわけにはいかない。システム、ニュースレター、専門家の指導も同じである。お金を稼ぐには時間がかかるものなのだ。お金を稼ぐには時間がかかる。つまり、忍耐力が必要ということである。ここからの教訓は――フロイトは忘れよ、プライマルスクリーム療法もいらない、反応する心を呼び起こせ。要するに、信頼できるアプローチを探し、見つけたらそれを使い続けるのである。念のために言っておくと、『コモディティー・トレーダーズ・コンシューマー・レポート』が追跡している26のニュースレターのなかで1991年に利益を出したニュースレターは少ないが、私たちはトップ５に入っている。

先手を打つ

1992年12月（第29巻12号）

あと何日かすれば、賢人たちが1993年の見通しを立ててくるだろう。彼らはまるで神の言葉でも伝えるかのように自分の意見を主張し、さも偉そうに未来を予測する。これらの予測は少しは役に立つものなのだろうか。

過去から未来を予測できることもある

よく聞いてもらいたい。アナリストたちは過去の出来事から将来が予測できるといつも言う。これは間違いではないが、予測が当たるのは思った以上に少ない。予測がいつも当たるのであれば、われわれ市場を占う者は全員が大金持ちになれるはずだ。CNBCで過去を基に好き勝手なことをしゃべっている連中は、テレビ局までのタクシー代程度の稼ぎしか上げていないのが実情だ。

でも……過去の実績を基に判断できることもないわけではない。例えば、過去になされた予測がそうだ。昨年なされた今年に対する予測をその年が終わるまで待って集計してみると、予言者たちの未来を予測する能力はあなたと同じか、それよりも悪いことは明白であると分かる。

それは何百万ドルにも値する

ゴシップ雑誌は数百万ドルのビジネスであり、未来を得意げに語る権利があるとでも言わんばかりに有名人のスキャンダルを面白おかしく書き立てる。その代表格がナショナル・エンクワイアラー紙だ。毎年お抱え霊媒師による予言の特集記事が掲載される。予言が正しければ、同誌はそれを声高にアピールしもっと荒稼ぎできるだろう。ニュースレターもまったく同じである。こっそり取っておいた1992年のナショナル・エンクワイアラー紙の予言記事とニュースレターの予測を見てみることにしよう。

ナショナル・エンクワイアラー　最も人気のある10人の霊媒師による予言を1992年の１月号で特集した。41の予言のうち、当たっているものは皆無だった。当たらずとも遠からずと言えるものは、「エイズ、リゾート地にまん延」くらいか。確かに、HIV感染が判明したマジック・ジョンソンは引退に追い込まれたが、まん延はしなかった。シカゴ在住の霊媒師のイレーネ・ヒューズ（市場予測に高額な料金を請求することで有名。彼女の予測が大はずれだったことは何度もある）は、人気クイズ番組の司会者のバナ・ホワイトがルーレットを回しているときにショックで「死にそうになる」こと、女優のアンジー・ディッキンソンがプレイボーイ誌で60歳のヌードを披露すること、シビル・シェパードは貧しい人々のための診療所を開業するために女優業に復帰することを見事に言い当てたが、10人の霊媒師のなかでビル・クリントンの勝利を予言した者はだれ一人としていなかった。

ニュースレターの予測もしかり　ナショナル・エンクワイアラー紙の予言記事を読むと現実離れしたことばかりだ。ドナルド・トランプは破産するが深夜のトークショーの司会者として大成功する、マイケル・ジャクソンが声を失う、エリザベス・テーラーが出産する……これなら市場予想師のほうがまだマシだと思うかもしれない。

だが、そうではない。業界で評判の良いアナリストのなかには1992年12月（現時点）にダウ平均が1000ポイント下落すると予測した者が何人かいたし、ジョージ・ブッシュの新世界秩序軍が12月19日にアメリカを制圧し、この日が祝日に制定されると予言したアナリストもいた。

1992年は超強気相場になると予測したアナリストもいれば、弱気相場になると予測したアナリストもいた。1992年は大恐慌になると予言してベストセラーになった著者はどこに行ってしまったのか。彼の予言した大恐慌とやらはどうなってしまったのか。10月19日のニュースレターには、「大暴落は間違いなし……大儲けする絶好のチャンス……2000ドルが２万ドルになる……下落はもう始まっている」とある。もちろんこの記事の更新版は金を出せば手に入る。しかし、重要なのは、大暴落は起こらなかった、ということなのである。

ナショナル・エンクワイアラー紙の霊媒師たちの予言だけでなく、市場の賢人たちの予測も完璧に外れている。彼らによって「予測された大きな転換点」はお金には結びつかなかった。３月に大天井を付け、10月に安値を更新すると予測したアナリストたちもいたが、（毎年そうであるように）10月は買い場だった。

ここから得られる教訓

何人の未来予測にも耳を貸してはならない。一定の法則が働いて、未来がたまたま予言どおりになることもある。しかし、予言よりも頼りになるのは自分自身の明晰な思考と推論のほうである。毎日正しく生き、正しくトレーディング（投資）していれば、必ず成功する。グルたちの予測を追いかけるのは正しい行動とは言えない。今30分時間を取って、良識に従って来年の自分なりの予測を立ててみよう。それを１年後に見直す。するとグルたちの予測よりもあなたの予測のほうが正確であることに気づくはずであり、私の言っていることが本当のことだと分かるはずだ。思考と正しい行動は霊媒師連中の予言に常に打ち勝つことができるのだ。もちろん、常に考え正しい行動を取ることはたやすくはないが、それこそが成功の秘訣である。

この30年間、「魔法」の予測や予言に頼ったことは私にもある。私もかつてはそれを信じていた。しかし、現実は私に重要な教訓を与えてくれた。それをあなたにも伝えたい——予測や予言に頼るのはやめよ。自分のやるべきことをやれ。

ちっとも理解できない

私だってそうだ……。

先週、相次いで電話や手紙をもらった。そこからあなたや私のような連中や市場について今まで見えなかった部分が見えてきた。

電話や手紙はおおよそ次のように始まる。「ラリー、商品のトレーディングってものは本当に難しくて、私の頭ではちっとも理解できませんよ。購読料を返してもらえますか？」

もちろんお返ししますよ。

でも、本当は返したくない。胸ぐらをつかんで、これは簡単なビジネスではない、だれに聞いたか知らないが、そいつらが間違ってる、と言いたいところだ。トレーディングを始めて30年、私だってまだ市場のことはすべて分かっているわけではない。月並みな言い方かもしれないが、私だっていまだにヘマをやらかすし、自分がいかに分かっていないかを思い知らされる毎日だ……どんなに勉強しても市場は永遠の謎のように思えるし、学び直さなければならないこともたくさんあると思っている。勉強、そしてまた勉強の繰り返しだ。

にもかかわらず、私はこれまでトレーディングで何百万ドルもの大金を稼いできた……これはほとんどの人がやれないことだ。もし私が

「とても理解できない、お手上げだ」という意識を持っていたら、これほどの大金を稼ぐことはできなかっただろう。彼らの話を聞いて最初に思ったのはこれだ。しかし、彼らの話をもう一度思い起こしてみると、次のように言うべきかもしれない。

「トレーディングであれ、ほかのビジネスであれ、お金儲けが簡単だなんて、だれに聞いたのですか？　今やっている仕事で楽にお金を稼げますか？　もしそうなら、トレーディングなんてやる必要はありません。今の仕事を続けなさい」

「どんな仕事でも、お金を稼ぐということは、あるものをリスクにさらして価値のある別のものを得ることではありませんか？　トレーディングの世界では、勝てるトレーダーは情報収集や知識の習得に多大なお金と時間を使い、その見返りとして利益を得ているのです。つまり、彼らは何時間も何百時間もの時間を犠牲にして勉強したからこそ、お金を稼げるようになったのです」

「この世界は、マーケットのグルたちのアドバイスに従えば、毎日、毎年、楽々とお金を稼げるなんて甘い世界ではないのです。いつかは気づくはずです、自分でやるしかないということに。そのときは私がお手伝いします。でも、忘れないでください。このビジネスはけっして甘いものではないということを。そして、お金を稼ぐには多大なエネルギーを必要とすることを。この世界は天国のような楽しい世界ではないのです」

父が私によく言い聞かせた言葉で、今では私が子供たちに言い聞かせている言葉がある――「タダ飯なんて存在しない。タダで飯を食おうなんて思うな。自分の手で稼ぐのだ」。

恐れと強欲を真正面から見据える

そして、私が見いだしたものは……。

トレーダーにとって最大の敵は自分の感情であることは周知の事実だ。恐れと強欲が絡み合った感情はトレーダーにとって命取りになると言う人もいる。

だから何なんだ、と思う人もいるだろう。この事実を知っていればトレーダーは救われるのか、と。問題は認識しさえすれば対処できる、と意味不明なことを言う連中もいる。

だが、そんなことはない。私はこの双子の感情についてはずっと前から認識しているが、トレーダーに悪影響を及ぼすこうした感情を排除するにはどうすればよいかを完全に理解した（と私は思っているのだが）のはつい最近になってからのことである。

まず最初にはっきりと言っておきたい。これら２つの感情のうち、強力なのは強欲のほうである。

確かに、強欲は性的衝動に次いで最も強い動機づけとなるものであり、われわれのだれもが持っている感情だ。

私はこれをどうやって知ったのか。それは、自分のトレーディングを見ていて、そして損失を取り戻そうとするあなたのような人々を見ていて分かったことだ。損を出すと人はあらゆる手を使って損失を取り戻そうとする。なぜ損切りを置かないのか。それこそが強欲のなせる業である。大金を稼ぎたいあまりにポジションを長く持とうとする。これを最もよく言い当てているのはアレクサンダー・ポープによる次のことわざだ――「希望は人の胸に絶えることなくわいてくる」。お金を儲けたい、追証から逃れたい、失敗した結婚に終止符を打ちたい……われわれの胸のなかには願望が次から次へとわきでる。金欲しさに人をだましたり、盗みを働いたり、ウソをついたり、地元のコンビニに強盗に入ったりする人もいる。強欲がもっと、もっとと人を突き動かすのだ。

トレーダーとして成功するための秘訣は多くの人が考えているより

も単純だ。負けることができる人は、もっと正確に言えば、損失をコントロールできる人は、おそらくは勝者になれる。

損失を生みだす要因は強欲である。われわれはあまりにも欲深く、利益をあまりにも強く求めすぎるため、①マネーマネジメントをしっかりと行わない、②どのトレードもいつかは利益になるはずという高望みをして損切りをしない――といった行動に出る。利益をあまりにも求めすぎれば、それは命取りになる。つい先週、私もこの愚を犯したばかりだ。もっと上昇するはずだと信じ、含み益の出ていた買いポジションを手仕舞わなかった。もっと稼ぎたいという欲が出て、システムを無視してしまったのだ。私を失敗に導くのは恐れではなく、強欲なのである。これら2つの感情を見据えたとき、私にシステムを無視させる（正しい行動を行わせないようにする）のは強欲であることに気づいたのである。

これが分かった今、お金がもっと「欲しい」と思ったとき、それは要注意のサインであることが分かった。私は自分の敵を知っている。その顔をじっくりと観察した。それは恐れではなく、強欲である。自分のことを考えてみてほしい。あなたもおそらくは私と同じはずだ。

何があっても途中でゲームを降りてはならない

1993年10月（第30巻10号）

損失を出しても自慢にはならない。正しい反応をしてこそ誇れるのだ。

これまで厚かましくも市場に関する本を何冊か出して、ニュースレターも発行している。こんな私を見て、ニュースレターの購読者のなかには私がみんなと同じような問題に遭遇したことはないと思う人もいるようだ。

でも、それは大きな間違いだ。私もみんなと同じように恐れを感じたり、強欲に駆られることがある。こういった感情は今ではかなりうまくコントロールできるようにはなったものの、今でもこうした感情がわき起こらない日はない。

１カ月ほど前、私は大きなヘマをやらかした。昔だったらすってんてんになっていたところだが、口座が破産するほどの大事には至らなかったのは幸運だった。しかし、この失敗はけっして見逃すことのできないものだった。自分の怒りを喚起するのに十分なほどひどいもので、何年も前に克服したはずの自信喪失に再び陥った。

おそらく、トレーダーとして成功するための第一歩は、自信喪失に陥らないようにすることだろう。「自信」を持てたとき、あなたは精神的にも肉体的にも成功するトレーダーの軌道に乗ったと考えてよいだろう。そのときに初めてプロになれるのだ。あなたはもはや市場の奴隷ではない。あなたは自分の行動を自分自身でしっかりコントロールしている状態にある。

ほかのトレーダーよりも著しく優位な立場に立つうえで、これは極めて重要だ。私の失敗を何かに例えるならば、いつの間にかオフィスに入り込んだ巨大なネズミに体をかじられた、と言えばよいだろうか。それから何度か負けトレードが続くと自信をさらになくし、ついにはその年最大の失敗がやってきた。

自分のやったことが恥ずかしくてたまらなかった。何てバカなことをしてしまったのだ。もうトレードなんてやめてしまいたい。自分をさいなむこの声は「永遠に」消えることはなかった。市場やトレーディングについての知識が限定される一方で、確信をもって言えるのは、敗者などいない、途中で投げ出す者がいるだけ、ということだけである。「うまくいかない日」はプロにもある。ジョー・モンタナは不調だからと言って途中であきらめただろうか。彼が史上最高のクオーターバックの称号を手にしたのは、大きな不調に見舞われた直後だった。偉大なプレーヤーたちのなかで、不調によってキャリアに終止符を打った者はだれ一人としていない。

もちろん私は偉大な彼らとは違う。でも彼らから学ぶことはできる。そう思って決意を新たにしたのだ。

大失敗した日の翌朝５時10分、私はS&P500の買い注文を入れた。これでゲームは続いていく。これは勝ちトレードになった。ビッグトレードではなかったものの、1993年最大の勝利だった。

折れた鼻、つぶれた耳、そして最悪のトレード

1997年10月（第34巻10号）

トレーディングはボクシングのようなもの。リスクが高いだけではなく、非常に難しくて危険なビジネスなのだ。

私は今憤りを感じながら、これを書いている。この数日というもの、購読者に推奨できるトレードが１つも見つけられないのだ。数日前はほかのニュースレターを寄せ付けない破竹の勢いがあったというのに、今は風前の灯だ。

私は市場に対して怒りを感じる。自分自身に対して怒りを感じる。そして、商品トレーディングで簡単に無限の富を手にできるといった宣伝がまかり通るこのビジネスにも怒りを感じる。私の短いボクサー時代を思い起こすと、私はよく負けた、本当によく負けた。でも、ボクシングそのものは楽しかった。なぜ？　そしてそれがトレーディングとどんな関係があるのかって？　そもそも私がたとえ話をするときに、なぜいつもスポーツの話を持ち出すのだろうか。

格闘技はマーケットと同じく無限の広がりを持つ。八百長ではなく

真剣勝負の世界だ。生身の人間がリング上で本当に打ち合うのだ。流血もある。目が腫れると何日も腫れが引かない。顔の傷は何週間かたつと傷跡になって残る。真のチャンピオンとチャンピオンになりたいけどなれない人との違いは、チャンピオンは倒れても起き上がり、戦い続けるという点だ。そして、負けたあとでもその職業技術を磨き続ける（そう、これは特殊な技術を要するひとつの職業なのだ。残酷な職業と思うかもしれないが、残酷さにかけてはトレーディングだって負けてはいない）。常にコンディションを整え、戦略を練り直す。しかし、最も重要なことは、ボクシングをやめないことである。彼らをそういう気にさせるのは怒りである。若いとき、腹が立つことがあると酒を飲んで怒りを和らげたものだ。やがて、怒りは良い方向に導けば強力な力になることを知った。今ではなるべく怒りを感じるようにしている。怒りを感じたら、それを利用して自分を鼓舞するのである。

格闘家になぜそれを続けることができるのか聞いてみたことがある。すると、次のような返事が返ってきた。「これは自分が好きなことだし、自分にはこれしかできないからだ。打ちのめされるのは、それがこのゲームの特徴だから仕方ない」。鼻血が出たり耳がつぶれたりするのを受け入れられない者は頂点を極めることはできない。顔に傷跡のないチャンピオンなんて見たことがない。あのアリでさえ近くで見ると傷だらけだ。

チャンピオンだって、トレーダーと同じように打ちのめされる。それは当たり前のことであり、この事実を早く受け入れ、負けたあとの怒りを建設的な方向に導くことが、チャンピオンの座を手に入れる早道なのだ。

お金の正しい失い方を学ぶ

1995年５月（第32巻５号）

トレーディングで苦労して稼いだお金を失う方法を学ぶための手助けなどいらないと、あなたは思うに違いない。でも、あなたはお金の正しい失い方を知らない。だから苦労して稼いだお金をドブに捨ててしまうのだ。

勝つことはだれにだってできる。商品トレーディングで勝つのに妙技などいらない。正しいタイミングで仕掛け、手仕舞えばいいだけである。勝つのはまことに気分の良いものだ。だから、その気持ちをコントロールするのは簡単だし、自分の方法でやればよい。世界は勝者を愛し、勝者は世界を愛する。人生は上々だ。信号はすべて青、空はどこまでも青い。

しかし、負けるということになると話はまったく違ってくる。資産の30％から40％を失うと、人生の厳しさを味わうことになる。80％から90％も失えば、厳しさはさらに身にしみる。こんな経験を私は何度も味わった。若いころ味わったあの苦い経験は二度とご免だ。しかし、こうした苦い経験から学ぶこともいくつかあった。その教訓をあなたにもお伝えしたい。

利益は自分で自分を管理することができるため放っておいても構わないが、損失はそうはいかない。つまり、損失はきちんと管理してあげなければならないということである。事実、このビジネスでは利益を追求することよりも、損失を最小限に抑えることのほうがはるかに重要だ。損失を抑えること――これが勝利への早道なのだ。

では、損失を抑えるにはどうすればよいのか。正しい答えはひとつしかない。準備はよいだろうか？　本当に知りたいか？　必ずそれに従うことができるか？　すべてにイエスと答えたとしても、本気でそう思っているかどうかはあやしいところだ。

正解はこれだ。いつも損切り注文を置くこと。いつも、だ。

読み進める前に、辞書で「いつも」の意味を調べてみよう。「ときどき」ではないことが分かるはずだ。損切りを置かないことが「ときどき」あれば、そのときに限って大きな損失を出し、口座は破産する。若いとき、自分は破産することなどあり得ないと信じて、損切りを置かずにトレードしていた。その結果、どうなったかというと、口座は赤字に陥った。ブローカーに念書を書かされたことも何度かある。厳しいが、これが現実だ。ブローカーの弁護士に追いまくられるのは、あまり楽しいものではない（ああ、何と平和な60年代だったことか）。

残る問題は１つだけ。損切り注文をどこに置くか、である。これには回答が２つある。ひとつは、「メンタル」ストップではなく、物理的ストップを置くということ。つまり、ブローカーにきちんと損切り注文を出すということである。これも、トレードを行うごとに毎回そうする。もうひとつは、損切りの目的が損失を最小限に抑えることであることを踏まえ、自分のリスク許容値を基に置く位置を決めること（マネーストップ）。私の経験から言えば、仕掛け値から800～1200ドル離した位置に置くのがベストだ。ただし、S&P500の場合は1750～2500ドルにしている。

時には、市場の重大な転換点になりそうな位置、つまり反対シグナルが出そうな位置に損切りを置くこともあれば、その日の取引終了時にすべてのポジションを手仕舞うこともある（これをタイムストップと言う）。タイムストップはマネーストップと併用してもよい。ただし、ひとつだけ注意すべき点は、損切りを置く位置が現在価格に近すぎれば、損切りに遭う頻度が高くなるという点だ。

自分をいじめるのが趣味の人は、現在価格に近い位置に損切りを置けばよい。どこが高値になるのか、安値になるのか、転換点になるのかを明確に言い当てられる人などいない。おおよその見当しかつかない。だから損切りを置く位置にはある程度の余裕を持たせなければならないのだ。ただし、余裕を持たせすぎてはならない。

ヒラリーの大きな期待と心痛

1994年４月（第31巻４号）

この２週間、ニューヨーク・ポストの依頼を受けて、ヒラリー・クリントンの商品先物取引の実態を調査した。実に興味深い内容だった。マスコミは彼女の売買の実態を正しく報道していないので、私の調査結果をお知らせしたいと思う。あなたはきっと興味があるはずだ。

ヒラリー（彼女は口座名義にクリントンではなくミドルネームのローダムを使っていた）はトレーディングでは順風満帆のスタートを切った。最初のトレードで１万ドルの利益を上げたのだ。異例だったのは、このトレードで8000ドル近い証拠金を要求されたにもかかわらず、彼女が差し入れたのはわずか1000ドルの小切手だったことだ。しかも、最初のトレードで利益が出たあと差し入れたのだ。

彼女のトレーディングの特徴を言うならば、勝ちトレードはその日のうちに手仕舞い、負けトレードは持ち越し……加えて、野性味のあるアプローチ、といったところか。例えば、1980年２月12日に彼女は小麦を10枚買い、２月21日に手仕舞っている。そのときの証拠金は１枚当たり1000ドルだった。しかし口座残高は3911.20ドルしかなかった。マスコミは彼女の生牛取引にしか注目しなかったが、私が渡された記録によれば、銅、小麦、木材、砂糖、Ｔボンドも大量に取引していた。彼女が支払った手数料は砂糖が41ドルで、そのほかは50ドルだった。ちょっと高めだが、彼女の受けたサービスを見ればそれほど高いものではない。何せ、ほとんどの場合、口座残高が１万ドルにも満たないにもかかわらず、４万5000ドルの証拠金に相当するポジションを持っていたのだから。

あなたや私と同じように、彼女にも追証がかかった。彼女と私たちとの違いは、彼女が追証に応じる必要がなかったことだ。例えば、1979年３月13日、口座残高が２万6000ドルしかないのに彼女は５万3478ドル相当のポジションを抱えていた。１～２枚のポジションでも利益を出したものはたくさんあるが、利益の大部分はデイトレードによる大きなポジションや追証に応じなかった大きなポジションから得ていた。彼女のトレーディングで困惑させられる例はほかにもある。1979年６月初旬、45枚という生牛の巨大ポジションを抱えていた……わずか3765ドルという口座残高で。

彼女のトレーディングで注目すべき点は、利益が確定するとすぐに口座から現金を引き出していたことだ。1978年10月11日にわずか1000ドルの手持ち資金で行った最初のトレードで大儲けしたことは有名だが、翌日に6300ドルの利益が出ると、別のトレードを行う前に口座から5000ドルを引き出した。要するに、ローダム夫人にはうまくやってくれるやり手のブローカーが付いていたということである。これはわれわれが学ぶべき重大な教訓ではないだろうか。

心配性の臆病者――良い行いをして天国を目指せ

1995年２月（第32巻２号）

持ち続けるだけでお金が儲かるのなら、どう持ち続けるかを学んだほうがよい。

商品トレーディングでお金を儲けることほど簡単なことはない。そんなことは朝飯前だ。動きをとらえて、価格が上昇して雲間に隠れている投機の天使たちと交わるまで持ち続ければよいのだから。

「そりゃあ、あとで言うのは簡単さ」と思っているのではないだろうか。まったくそのとおりだ。もちろん結果論にはなるが、これから学べることはいろいろある。今月はこれについて考えてみよう。

例えば、今のトレードがすこぶるうまくいっているとしよう。持っているのはカナダドルの買いポジション、銅と綿花の売りポジションだ。もしこれらが長期プレーなら、価格が底や天井を付けるか、主要な支持線に達するまで持ち続ければよい。それがこのゲームのプランなのだから。実に簡単だ。

ところが実際にはそうはいかない。実は、人はゲームプランになかなか従うことができないのだ。だから勝者が少ないのは当然だろう。辛抱強くポジションを持ち続けて、利益を最大化させることのできる人はほとんどいないのが実情だ。

余談だが最も重要なことは、大きな勝ちトレードを生みだすものは時間であることをけっして忘れてはならない。システムの時間枠が長いほど、大きな利益を得られる可能性は高まるのだ。スギの木だって成長するのには時間がかかる。たった一晩で大きな利益を得ることは不可能だ。短期トレーダーが小利を積み重ねるしかない運命にあるのはこのためだ。短期トレーダーたちは非常に短い時間間隔でトレードを繰り返すため、利が「伸びる」余地がないのだ。

問題はこれだけではない。価格が修正局面を抜けて最終的な水準に達するまで辛抱強く待ち続けるという習慣を身につけなければならないことは、すでに述べたとおりである。もうひとつの問題は、われわれの心理状態とは関係なく、利食いすべきときを的確に教えてくれるインディケーターやシステムを開発する必要があるという点だ。森一番の背高のっぽの木だって天まで伸びるわけではないのである。

将来に対する「心構え」

もっと若いときに出会っていればと思う考えがある。それは、将来はこうなるという信念を自分のなかに事前に確立しておくことで、将来に対してもっとスムーズに対応できるようになるということである。これは私がこれまでに試した心理学的概念のなかで最も有効に機能したもののひとつだ。

毎年、年が明けると私は、その年のどこかの時点で必ず損をすることになる、と自分に言い聞かせることで、資産の減少、それもかなり大きな減少に対する心構えをすることにしている。そしてより具体的に、それは１カ月以上続くかもしれない、それを乗り越えるには、ただ乗り越えるしかないのだ、と言い聞かせる。

ポジションを持ち続けることについても同じだ。トレンドが始まる直前に、われわれはわれわれを地獄に突き落とそうとする不滅の炎によって振り落とされるというのが常であった。

しかし、トレンドのなかには本物のトレンドが存在するのだという認識を事前に持っていれば、地獄の業火にあれほど苦しむことはなかっただろう。

システム開発とトレーディングの秘訣

1991年３月（第28巻３号）

20年以上前、私はささやかではあるが驚くべきある秘密を発見した。それ以来、私はその秘密の誤りを立証しようとやっきになってきた。

その「秘密」とは、商品トレーディングシステムは、ドテンシステムでないかぎり、プロテクティブストップを組み込むよりも組み込まないほうがうまくいく、というものだ。

おかしな話だが、これは事実である。常にポジションを保有するようなシステムを持っていて、それがそこそこのパフォーマンスを挙げているのであれば、それをいじってマネーマネジメントストップを組み込んでもパフォーマンスを向上させることはできないのである。

もう一度繰り返す。あなたのシステムがそこそこのパフォーマンスを挙げているのであれば、金額ベースでのプロテクティブストップを組み込んで「改善」しようなどとは考えないほうがよい。私が繰り返し言うのにはわけがある。それは、私自身、20年たった今でも、システムにプロテクティブストップを組み込んで改善しようとしているからである。プロテクティブストップを組み込んでも大した違いはなく、むしろ有害に働くというのにである。

われわれの推奨する戦略の損切り幅が「大きすぎる」ため、電話やメールでの問い合わせが相次ぎ、ニュースレターの購読を中止する人もいた。彼らの反応は間違っているわけではない。われわれが推奨する損切りやドテンポイントは現在価格から離れている。離れているからこそうまくいく。ここを理解してもらいたい。

おかしな話に聞こえるかもしれないが、この20年間、良いシステムをマネーマネジメントストップを使って改善し続けたが、パフォーマンスは大して変わらない。プロテクティブストップで損失は減らすことはできても、勝率と1トレード当たりの利益は減少するのである。一般に、マネーストップは勝ちトレードの利益を10％から15％減少させるため、1トレード当たりの平均損益は3分の1に減る。得るものよりも失うもののほうが多いわけである。

表14.1を見てもらいたい。これはこの1週間、私がコーヒーの短期トレードに使ってきたシステムの結果を示したものだ。これを見てもらえば、私の言っていることが理解できるはずだ。損切り幅が大きくなるにつれて、勝率（総損益と総利益）は上昇している。また、1000ドルのマネーストップのときのドローダウンが1万2553ドルであ

表14.1　コーヒーのトレーディングシステム――損切り額を変えると結果も変わる

総損益	勝率	平均利益	最大損失	ドローダウン	損切り額
63,391	71	196	3,987	12,553	1,000
71,250	74	188	3,987	13,875	1,500
69,356	77	228	3,987	12,792	1,500
69,407	80	226	3,987	11,802	1,750
73,761	81	232	3,987	12,755	2,000
82,091	83	252	3,987	14,202	2,250
76,042	85	288	3,987	15,751	2,500
80,417	85	266	4,175	19,651	2,750
78,345	87	287	4,175	14,752	3,000
77,536	88	283	4,700	16,217	3,250
81,785	89	285	6,987	19,362	3,500
81,506	89	308	6,987	21,997	3,750
90,391	90	345	6,987	17,330	4,000
83,721	90	333	6,987	17,858	4,250
91,775	91	352	6,987	14,855	4,500

るのに対して、4500ドルのマネーストップを使うとドローダウンは1万4855ドルに増えているが、利益はおよそ3万ドル増えている点にも注目してもらいたい。

2番目の秘密

これは前の秘密よりもっと刺激的だ――良いシステムは目標価格を使っても目に見えるほど大きく改善されることはない。

今書いたことをもう一度読み直してもらいたい。トレンドフォローシステムの特徴は、大きなトレンドを見つけて大きく稼ぐことである。その大きな稼ぎで、小さな損失はすべて帳消しされるのだ。

利を伸ばせ、というルールはだれでも知っている。このルールが正しいことは、目標価格を追加（つまり、利益を縮小するということ）しようとしたときに分かる。これは新人トレーダーを迷わすルールでもある。彼らとしては、価格が何らかのマジックナンバー（ギャンライン、サイクルウィンドウ、支持線・抵抗線など）に達したらすぐに利食いしたいのが本音だからである。

私はこれを20年間研究してきたが、答えはいつも同じだった――目標価格を置けばシステムの効率性は低下する。私のニュースレターの購読者のなかで、私が推奨するビッグトレードに乗って大きな利益を手にする人は、いたとしてもほんのわずかではないかと思っている。最近推奨した通貨のホームラントレードが良い例である。

大勝利を報告する電話が鳴り止まなかったことだろうと思っているかもしれないが、実際はその逆だ。「大きな波に今から乗るにはどうすればいいか」という電話がほとんどだった。

勝者と敗者との違い

1993年２月（第30巻２号）

20人の勝ちトレーダーと30人の負けトレーダーのモデリング結果。

これまでの人生で何かがうまくできるようになったとするならば、そのほとんどはそれをうまくできる人から教わったからである。私がアメリカンフットボールをうまく投げられるようになったのは、ラス・パワーズという少年の投げ方を見てそれをマネたからであり、ハンドボールをうまく投げられるようになったのはポール・ハーバーという少年の投げ方を見てそれをマネたからだ。

科学技術用語ではこれをモデリングという。つまり、何かがうまくできるだれかを見つけて、１つひとつの動きと考え方を細かく観察・分析し、彼らがそれをうまくできるようになった理由を解明する。そして、彼らの勝利法を自分の心と体に刷り込む。これがモデリングだ。

今日、この分野の第一人者と目されているのがトニー・ロビンズで、人間のモデリングに費やした時間はおそらくはだれよりも多いはずだ。ロビンズはモデリングを、だれかが何かを達成するときの一連の内部表現（意識的または無意識的に自分の脳や心が認識しているもの）と振る舞いを発見するプロセスと定義している。この戦略は、信念、振る舞い、言語の３つの要素からなる。

勝者と敗者の違いを生む最も大きな要素は信念である。例えば、最近ガン患者を対象にあるテストが行われた。それは化学療法を施して患者たちの反応を調べるというものだ。60％を超える患者がこの「治療法」で見られる典型的な症状――嘔吐、吐き気、抜け毛、脱力感――を見せた。

しかし、彼らに投与されたのは偽薬（プラセボ）だった。

つまり、信念が現実を作りだしたわけである。私たちも同じことを行った。この２～３年間、私は勝者と敗者の会話を記録してきた。これは彼らのトレーディングスタイルだけでなく、彼らがどういった信念を持っているかを探るためだ。私がモデリングしたトレーダーたちのことを本や雑誌で読んだことがある人もいるだろう。勝者のなかには多くを語りたがらない人もいたが、勝者と敗者の間にはゲームのやり方に大きな違いのあることが分かった。これは大きな発見だ。

最も興味深い発見は両者には共通点もあるという点である。それでは共通点のほうから見ていくことにしよう。

勝者と敗者の共通点

トレーディングのとりこになっている点は勝者と敗者も同じである。トレーディングは彼らにとって人生そのものであり、トレーディングに対する熱い思いは両者とも変わらない。両者とも極端主義者と言ってよいだろう。私の知る最大の敗者はどの勝者にも引けを取らないくらいの集中力とエネルギーでトレーデングに取り組んでいる。したがって、願望や動機は両者の違いを生む要素からは消去しよう。

同性の友人が少ないのも両者の共通点だ。男女とも、親友と呼べる同性の友人はせいぜい１人しかいなかった。勝者にしろ敗者にしろ、情熱的な商品トレーダーは人付き合いはあまりよいほうではないようだ。

彼らが極端主義者であることは前に述べたが、これは彼らの人生全体に通じる大きな特徴でもあるようだ。どちらのグループも、ライフスタイルだけでなく信念も極端である。彼らにとってこの世界は黒か白かの世界であり、その中間はないのである。彼らのこういった世界観は特に敗者にとって多くのトラブルに巻き込まれる要因のように思える。彼らは一生懸命にトレーディングしているのだが、彼らのやることなすことは間違いだらけで、そのため大きな損失を出し、それが定常化してしまっているのである。

勝者と敗者の相違点

まず、敗者のほうから見ていくことにしよう。私が発見した敗者の共通点は以下のとおりである。

彼らのほとんどが１万ドルを100万ドルにしようという考えに走る傾向がある。しかも早急に。大きな利益を素早く手に入れることが彼らの目標なのだ。そして全員がこれから行うトレードについて、仕掛ける前から手仕舞った数日後まで、自分の内なる声と「会話」をしていた。

不安が彼らをトレードに走らせるのだと敗者たちのだれもが口をそろえて言う。ポジションを持たないでサイドラインにいることは不安で耐えられない、だからトレードに走ってしまうのだと彼らは言う。勝ち負けとは関係なく、ポジションを持っていれば安心なのである。トレードすることで興奮が体中の血管を伝わって流れる感覚に病みつきになっているように思えてならない。

敗者の共通点はあと２つある。これはトレーディングの意思決定とマネーマネジメントにかかわることだ。敗者はマネーマネジメントをほとんど気にしない。ある者は大胆不敵にも次のように言った。「このゲームは正しいか間違っているかが問題なのであって、マネーマネジメントとは関係ない」。敗者には自分の資産状況、つまり口座残高をしっかりと直視できない人が多い。彼らにとっては毎日自分の口座残高を見る人がいることのほうが驚きだったようであり、それが勝ちトレードに結びつくことが彼らには分かっていなかった。

最後に彼ら全員に聞かれたことは、トレーディングで生計を立てている人がいるのかという質問だった。トレーディングで生計など立てられるはずがないと彼らは思っていたようだ。一貫して利益を出し続けている多くのファンドマネジャーが存在しているにもかかわらず、トレーディングで生計を立てることが可能であることが彼らには信じられなかったのである。

さて、勝ちトレーダーのほうは……

さて、どこから始めればよいだろうか。驚いたのは、勝ちトレーダーたちは私に負けず劣らず多くの質問をしてきたことだ。それに対して、負けトレーダーたちからの質問はほとんどなかった。また、勝ちトレーダーはだれ一人としてオプションをトレードしている人はいなかった。彼らは何らかのマネーマネジメントを行っており、全員がテクニカルトレーダーだった。男性も女性も、二度と同じ過ちはしないと心に刻み込んだ大きな負けトレードのことを詳しく話すことができた。だから、彼らは必ず損切り注文を置き、何の仕事もしていないトレードはただちに「つまみ出す」。したがって、彼らはトレードについて内なる声と「会話」することはほとんどない。

勝者と敗者との大きな違いは、勝者はカギとなる少数の「好みの」銘柄に集中的に取り組む点だ。1956年から大豆しかトレードしていない人も１人いた。敗者は私のトレードにスリッページが生じるのと同じくらいの頻度で、あちこちの市場、グル、ニュースレターを渡り歩いている人が多いようだ。勝者が調査に多大な時間を割いたり、多大なお金を支払って情報を買うのに対し、敗者は助けてくれる人や儲けさせてくれる人を探すのに懸命だ。

勝者は、自分たちはお金を儲けることができることを信じ、悪いことが起こるといったことは考えない。彼らは自分を守るためのオーラに包まれている。だから、彼らは市場で愚かなことをすることはない。彼らがやっていることをほかの人がやらないことを彼らは不思議に思っている。彼らもほかの人と同じように強いプレッシャーは感じている。しかし、それなりの知性を持った人であれば彼らと同じようにやれるはずだと彼らは信じているのである。

まとめ

知恵を授けること――それがこの第14章の目的だ。どんなシステムも数字もチャートも、知恵に勝るものはない。なぜなら、システムや数字やチャートなどはそれ自体「つまらない」ものだからである。知恵は物事の正しい見方を教えてくれるものだ。手元のツールを正しく使うことも、知恵が教えてくれる重要なことだ。この第14章を読んだ読者に少しでも知恵を授けることができたのなら幸いだ。

第15章

何が株式市場を上昇させるのか

Just What Does Make the Stock Market Rally

チャートが市場を動かすのではなく、市場がチャートを動かすのだ。

何が株式市場を上昇させるのか。これについてはのちほどお答えするとして、まず最初に言っておきたいことは、市場がなぜ今のような動きをしているのか、その理由がいつも分かるわけではないということである。規則正しいリズムで刻まれる生活や仕事とは違って、市場は毎日毎日不規則なデータをわれわれに突きつけてくる。

価格を動かしているのは占星術だと言う人もいる。それもあり得るかもしれない。先週、日本円以外の商品はすべて下落した。なぜそうなるのか。金とTボンド、そして畜産と穀物が同時に値を下げることなど常識ではあり得ない。しかし、実際には起こるのだ。この現象を私はこれまで何度も見てきた。

トレンドラインやスピードレジスタンスが市場を動かすと言う人もいる。ギャン信奉者は独自の角度や原点などから市場の動きを予測する。私自身はギャン理論の信奉者ではないが、ギャンのテクニカルツールが予測した地点で市場が天井や底を付けた例は何度も見てきた。

そして、もちろんファンダメンタルズ説もある。強気のニュースが市場を上昇「させる」ことも時折あるが、明るいニュースが発表された直後に下落することもあれば、暗いニュースが発表された直後に上昇することもある。

こうしたことを考えると、私の33年にわたるトレーディングキャリアのなかで、私の知るかぎり、市場の動きをいつも正しく予測し得た人がいないのは当然と言えば当然だろう。いかに優れた手法であっても、必ず無効になるときがくる。これは「やつら」にやられるということではなく、不規則なデータを扱っているがゆえのことなのである。

しかし幸いなことに、お金儲けにつながる指標やパターン、テクニックも少数ではあるが存在するため、われわれはそれらを使ってお金を儲けることができる。いつもというわけではないが、十中八九は成功する。

そういった役立つツールのひとつが、金利が株価に及ぼす影響である。これは非常に強力なツールだ。これは新しい概念ではなく、拙著『ザ・シークレット・オブ・セレクティング・ストック（The Secret of Selecting Stocks)』のなかでウィルゴー（Will Go）としてすでに紹介している。ウィルゴーは利回りを基に株価の将来のトレンドを予測するための私が開発した指標である（利回りは金利の影響を受ける）。

金利が株価に及ぼす影響を見るもっと簡単な方法は、TボンドとS&P500との関係を見てみることである。コンピューターが発達したおかげで、この関係は昔に比べるとはるかに追跡しやすくなった。

論理学入門

オレゴン大学のオルベリー・キャステル教授は著名な論理学教授だった。読者のなかにも、論理学や倫理学の授業で彼の本を教科書として使った人が多いのではないだろうか。４年間の大学生活で、主専攻の授業以外では、彼の授業ほど刺激を受けたものはない。今にして思えば、大学卒業後の人生において最も役立ったのは彼の授業だった。

今までどれほど多くの役に立たないことを子供たちに教え、われわれ自身も教えられてきたことだろう。数学なんて、われわれの多くにとって役立つのはそのわずか10％程度である。円の面積と同じ面積を持つ正方形の一辺の長さを最後に求めたのがいつだったか覚えているだろうか。「ベオウルフ」の叙事詩を胸に抱きしめて最後に寝たのがいつだったか覚えているだろうか。文法なんて忘れて、文を前置詞で終わらせたりはしていないだろうか。われわれが「生きていくための知恵」が身につかず、見かけ倒しの誤った議論に惑わされ、マーケットのグルたちにだまされるのは、こうした教育を受けてきたことが原因ではないかと私は思っている。

武士に二言なし

論理学入門に戻ろう。論理学の第一法則のひとつは、ＡをもってＡを予測することはできない、ということである。ところがわれわれ市場分析者は、来る日も来る日も、価格を使って価格を予測する。実際にはオシレーターや移動平均線、トレンドラインなどを使って価格を予測するわけだが、価格をベースとするツールを使って価格を予測するわけだから、価格で価格を予測するのと同じことである。キャステル教授の授業ではテクニカルアナリストの90％は落第だ。

ここでものすごく素晴らしい例を見てみよう。**図15.1**はS&P500のトレード結果を示したものだ。S&P500の価格を使わずに14万1792.50ドルという総損益を上げているのは驚異的だ。このシステムではデータＡで条件Ａが発生したときに買いシグナルが出され、そのときにのみデータＢ、つまりS&P500を買う。１トレード当たりの平均損益は1750.52ドル、平均利益は平均損失の2.2倍、ドローダウンは総損益の13％以下である。これらの結果から、データＡはデータＢに対して高い予測能力を持つと言ってよいだろう。

図15.1　Tボンド価格に基づくS&P500の買いシグナル（S&P500——1982年8月9日～1998年3月1日）

全トレード

総損益	$141,792.50		
総利益	$236,952.50	総損失	$-95,160.00
総トレード数	81	勝率	53%
勝ちトレード数	43	負けトレード数	38
最大勝ちトレード	$24,980.00	最大負けトレード	$-14,107.50
勝ちトレードの平均利益	$5,510.52	負けトレードの平均損失	$-2,504.21
平均利益÷平均損失	2.20	1トレードの平均損益	$1,750.52
最大連勝数	5	最大連敗数	4
勝ちトレードの平均日数	46	負けトレードの平均日数	12
終値で見た最大DD	$-18,722.50	日中での最大DD	$-19,880.00
プロフィットファクター	2.49	最大保有枚数	1
必要資金	$22,880.00	運用成績	619%

注目点（全トレード）

	日付	時間	金額
最大勝ちトレード	02/25/98	-	$ 24,980.00
最大負けトレード	10/22/87	-	$ -14,107.50
最大連勝数	08/15/89	-	5
最大連敗数	06/24/94	-	4
仕切り時で見た最大ドローダウン	10/26/87	-	$ -18,722.50
日中での最大ドローダウン	01/08/88	-	$ -19,880.00

データAとデータB

図15.1の結果は、Tボンド価格が過去14日間の高値を上回って引ければ、その日の大引けでS&P500を買うという戦略で達成されたものだ。

手仕舞いルールとしては次のいずれかを使った——①トレイリングストップがTボンドの過去17日間の安値を更新したとき、②仕掛け値から3000ドルの位置に置いたマネーストップに引っかかったとき。

つまり、Tボンドが14日間チャネルを上にブレイクアウトしたらS&P500を買い、Tボンドが17日間チャネルを下にブレイクアウトするか一定額の損失が出たら手仕舞う——というわけである。もっと重要なのは、S&P500のチャネルブレイクアウトは信頼の置けるシグナルにはならないが、Tボンドのチャネルブレイクアウトは株価に強力な影響を及ぼすという点である。

ここからが面白いところだ。S&P500の14日間ブレイクアウトでS&P500をトレードしたところ、悲惨な結果となった。S&P500のチャネルブレイクアウトはほとんど役に立たないのが実態だった。「最良」のパラメーターは15日～20日だが、このパラメーター値を使っても、利益は出たものの、ドローダウンが異常に大きく、利益のほとんどは１つの最大勝ちトレードに依存していた。

一方、Ｔボンドのチャネルブレイクアウトはパラメーターに依存しない。つまり、どんなパラメーターを使っても利益は出る、しかもかなり大きな利益が出る。

一例として**図15.2**の上を見てみよう。これはＴボンドの14日間ブレイクアウトで仕掛け、S&P500の過去12日間の安値更新で手仕舞った結果を示したものだ。つまり、仕掛けにはＴボンドを使い、手仕舞いにはS&P500そのものを使うということである。

次に**図15.2**の下を見てみよう。私のセミナーに出席したことがある人は、超短期のチャネルブレイクアウト（私たちが「ワンハーフ・ベイルアウト」と呼んでいる手仕舞い手法を併用）が極めて有効であることを再確認できたはずである。この手法によるここ最近１年間の結果を見てみると、総トレード数49のうち勝ちトレードが42で、１トレード当たりの平均損益は527ドルであった。検証期間全体を通して見ると、**図15.2**の下は**図15.2**の上と比べて、総損益は８万8055ドルと少なくなっているが、勝率は82％と大きく上昇している。

悪習を断ち切ろう

商品トレーダーを破滅に導くものは３つある――「悪いシステム」「マネーマネジメントの欠如」……そして、「悪い習慣」。

バッド・ハビッツ（悪習）。これはあなたのお子さんが聞いている

図15.2　上は「Ｔボンド価格を基にS&P500を買い、S&P500の価格で手仕舞う」、下は「Ｔボンド価格を基にS&P500を買い、1～2日間保有」（S&P500――1982年8月9日～1998年3月1日）

全トレード

総損益	$123,355.00		
総利益	$205,865.00	総損失	$-82,510.00
総トレード数	106	勝率	45%
勝ちトレード数	48	負けトレード数	58
最大勝ちトレード	$37,892.50	最大負けトレード	$-5,857.50
勝ちトレードの平均利益	$4,288.85	負けトレードの平均損失	$-1,422.59
平均利益÷平均損失	3.01	1トレードの平均損益	$1,163.73
最大連勝数	5	最大連敗数	5
勝ちトレードの平均日数	35	負けトレードの平均日数	9
終値で見た最大DD	$-15,017.50	日中での最大DD	$-17,280.00
プロフィットファクター	2.49	最大保有枚数	1
必要資金	$20,280.00	運用成績	608%

注目点（全トレード）

	日付	時間	金額
最大勝ちトレード	08/08/97	-	$ 37,892.50
最大負けトレード	11/20/87	-	$ -5,857.50
最大連勝数	08/31/87	-	5
最大連敗数	07/06/93	-	5
仕切り時で見た最大ドローダウン	10/11/90	-	$ -15,017.50
日中での最大ドローダウン	10/29/90	-	$ -17,280.00

全トレード

総損益	$88,055.00		
総利益	$178,002.50	総損失	$-89,947.50
総トレード数	480	勝率	82%
勝ちトレード数	398	負けトレード数	82
最大勝ちトレード	$6,392.50	最大負けトレード	$-4,170.00
勝ちトレードの平均利益	$447.24	負けトレードの平均損失	$-1,096.92
平均利益÷平均損失	0.40	1トレードの平均損益	$183.45
最大連勝数	22	最大連敗数	2
勝ちトレードの平均日数	2	負けトレードの平均日数	3
終値で見た最大DD	$-11,752.50	日中での最大DD	$-13,580.00
プロフィットファクター	1.97	最大保有枚数	1
必要資金	$16,580.00	運用成績	531%

注目点（全トレード）

	日付	時間	金額
最大勝ちトレード	10/21/87	-	$ 6,392.50
最大負けトレード	07/05/96	-	$ -4,170.00
最大連勝数	08/25/88	-	22
最大連敗数	10/30/97	-	2
仕切り時で見た最大ドローダウン	11/22/94	-	$ -11,752.50
日中での最大ドローダウン	12/08/94	-	$ -13,580.00

ロックグループではないのでご注意を（名前的にはCDはかなり売れそうだが……）。私の言う悪習を分析してみたところ２つのジャンルに分けられる。

ひとつは、自分ですでに分かっている悪習である。西海岸では、やる気のなさは毎晩夜更かしし、朝５時10分に起きられないことを意味するが、東海岸では、オープニングベルが鳴るまで仕事はしない、という意味になるのかもしれない。

もっと悪いのは、健康でなかったり、家族や友人たちとの生活とトレーディングとのバランスがうまく取れないことだ。しかし、こうした悪習は自分ですでに気づいているものであり、日々の生活のなかで何とかしようと努力しているはずだ。

問題はもうひとつのジャンルに含まれる本当の悪習だ。これは、トレーディングの世界で身についた悪い癖で、本当は正しくない（良い習慣ではない）にもかかわらず、良いと思って身につけてしまったものだ。

こういった形で身についた悪習は仕事上のルールとなり、これこそが成功を構成する基本的要素だと自分で信じ込んでしまうため、大変厄介だ。しかし、根本的に間違っているため、利益を出すことはできない。小説家アイン・ランドの言葉は正しかった――「自分の前提を常にチェックせよ」。

勝ちトレーダーや負けトレーダーにかかわらず、トレーダーたちに最もよく見られる悪習は、市場の動きに正しく反応できないことである。しっかりと見るべきものは市場の動き以外には何もない。しかし、彼らは市場の動きの原因をそれ以外の何かに求めようとする。それこそが問題なのだ。市場の動きに何かほかのものを「付加」すれば、あなたは市場の声に耳を傾ける代わりに、市場にあなたの声を聞けと命じていることになる。

この悪習はストップ高を付けるほどの強気相場で売るという形で現

れる。あるいは、強気相場を見ると、あなたの内なる声は、そんな動きを追ってはダメだ、価格は必ず下落するから下がるのを待て、と言ってくる。

要するに、この悪習にどっぷりつかっているので、高値の更新で買ったり、安値の更新で売ったりすることが怖くてできなくなるのである。

悪習を断ち切るには

悪習を断ち切る方法で私の知っている方法は２つしかない。ひとつは、正しい行動を繰り返し行うことで、条件反射的に正しい行動が取れるようにすること。

そして、もうひとつは、悪習が間違っていることをまず理解し、それまでの「知識」を正しいデータ、つまり真実と置き換えることだ。市場には２つの真実がある。

真実その１

高値やその近くで引けたときには買い、安値やその近くで引けたときには売れ（ストップ高やストップ安は、その勢いが継続することを示している）。

ストップ高で買ったり、ストップ安で売ったりすることは、理論的に感情的にもかなり難しいことは、私ももちろん知っている。しかし、これをやれば大金を儲けることができる。その実例を示そう。私はシステムライターに次の質問をしてみた――「今日、１日の値幅の上65％以上で引けたとする。その大引けで買って、５日後、10日後、15日後、20日後に手仕舞ったらどうなるか？」。システムライターからの

表15.1　１日の値幅の上65%以上で引けたらS&P500を買う

何日後に手仕舞うか	利益	勝率	総トレード数	平均利益
5	$95,745	53	533	$179
10	86,507	53	334	259
15	133,745	56	537	537
20	152,115	54	199	764
25	118,390	51	178	665

回答は**表15.1**に示したとおりである。仕掛けと同時にプロテクティブストップを置けばより一層効果的だ。表を見ると分かるように、この戦略は検証したどの市場でもうまくいった。

１年前、私はフューチャーズ誌にローソク足チャートについて記事を書いた。そこで説明したように、私は「最も強気の」ローソク足のパターンで仕掛け、先ほど説明した方法で手仕舞った。すべての市場でローソク足の強気のパターンと言われているものを検証してみたが、うまく機能するパターンはなかった。ところが、驚くべきことに、上で述べたようなシンプルなパターンはどんな市場でも利益を生みだすのだ。これで、強力な強気相場で買うことが良い習慣であることが分かるはずだ。

奇妙なことに、われわれはどうも強い日に売り、弱い日に買うという癖があるようだ。本能と言ったほうがよいかもしれない。要するに、目先の小利に惑わされるわけである。しかし、トレーディングというビジネスでは、目先の小利にとらわれれば破産が待っているだけである。

プロと一般大衆とを分ける基準があるとするならば、強気相場で買おうという積極的な意志を持つ習慣があるかどうかである。随分前、押しで買うという私の悪い癖をビル・ミーハンによって直されたが、悪い癖を断ち切るのに他人の力は必要ではなく、時間もそれほどかからないと今でははっきり言える。強さは力なり。市場はトレンドを持続するのに力を必要とする。これを脳裏に刻み込んでほしい。

とはいえ、これはなかなかすぐには理解できるものではない。そこでもう一言付け加えておきたい。私の知るかぎり、「チャーチスト」の最良の買いシグナルは、価格が文字どおりチャートからはみ出るくらい上昇したときである。これが究極の買い時なのである。

真実その２

新高値で買い、新安値で売れ。

これまでトレーダーたちにもたらされた利益は、ほかのどのテクニックよりも、新高値での買いや新安値での売りによるものがはるかに多かったのではないかと思う。この逆もまた真なりであり、トレーダーたちが被った損失は、新高値での売りや新安値での買いによるものが多かったのではないだろうか。

通常、新高値を見て買わない場合は、トレードをひとまず見合わせるか押しを待つことが多い。しかし、次に示す検証結果を見ると分かるように、これは大きな間違いである。この検証では、過去X日の新高値で買っただけである。要するにコンピューターに一般大衆や間違った「教育」を受けたトレーダーが絶対にやらないことをやらせたわけである。そして、コンピューターはこの戦略の威力を見事に証明してくれた。

表15.2は、今日の高値は過去X日間の高値を下回っているが、明日過去X日間の高値を更新したときに買った場合の結果を示したものだ。

前と同じく、数日後に手仕舞った。また、3500ドルのマネーストッ

表15.2　新高値の更新で買ったときの結果

何日後に手仕舞うか	利益	勝率	総トレード数	平均利益
1	$106,945	58	209	$511
5	67,197	51	187	359
10	58,270	50	169	344
15	75,325	56	145	519
20	55,342	53	136	406

プを使った。強気を追いかけ、高値の更新で買うのが成功する戦略なのである。これはシステムと言うよりも、強気相場に寄り添うことの重要性を示した実例と言ったほうがよいかもしれない。ほとんどのトレーダーは市場があまりにも強気になると怖くなる。だから、買えないのだ。買えないならまだしも、売ってしまうのだから始末が悪い。

昔からよく言われるように、陸上競技でもボクシングでも、体の大きな者、足の速い者、あるいはタフな者が必ずしも勝つとは限らない。しかし、市場ではそうなのだ。

損切りの設定について――損失額と予測不可能性

このビジネスで確実なことは2つしかない――①しっかりとした損失管理が必要、②価格を予測することは不可能。システム開発の目的は、石油がわき出る油井のように、絶えることなく利益を生みだし続ける究極のマシンを作りだすことである。もちろんこんなマシンを作ることは不可能かもしれないが、システム開発を通じて正しいトレーディングについて驚くほど多くのことを学ぶことができる。

損切りの目的

システム開発を通じて学んだことの一例が、損切りの正しい置き方である。われわれが損切りを置くとき、目的は１つしかない――システムが機能しなかったときに自分を守る手段として使う。システムがうまくいかないことなど日常茶飯事だ。もしシステムが絶対に失敗しないのなら、損切りなど不要だろう。損切りはいわば保護壁のようなもので、われわれを、システムの予測不可能性と市場の予測不可能性から守ってくれるものである。

トレーディングというゲームには予測不可能な値動きが多く含まれているため、損切りを置くのが現在価格に近すぎれば、逆効果になることもある。事実、損切りを置くのが現在価格に近すぎれば、それに「撃ち殺される」、つまり損切りになる回数が増えて、損切り注文を置くのを躊躇してしまうだろう。私がこれまで出会ったトレーダーで、価格を最小単位の精度で予測できる人はいなかった（価格はランダムな動きをするため）。したがって、損切りは価格のランダム変動の外側に置かなければならないのである。損切りは、価格がランダム性を超えて本当の動きをしたときにのみ達するように、市場から十分に離した位置に置くことが重要である。これが教訓その１である。

それでは現実を見てみよう

損切りについて次に重要なことは、損切りの目的は破産から身を守ることであるわけだから、マネーマネジメントの原理に基づいて置く必要があるということである。前と同じS&P500のデイトレードシステムを使った実例を見てみよう。ただし、今回の場合は３つの異なる損切り注文を置いた。

図15.3、**図15.4**、**図15.5**はそれぞれ500ドル、1500ドル、6000

図15.3　損切りを500ドルにした前と同じS&Pシステム（S&P500——1986年1月1日～1998年1月1日）

全トレード

総損益	$-41,750.00		
総利益	$165,665.00	総損失	$-207,415.00
総トレード数	510	勝率	26%
勝ちトレード数	133	負けトレード数	377
最大勝ちトレード	$11,955.00	最大負けトレード	$-2,045.00
勝ちトレードの平均利益	$1,245.60	負けトレードの平均損失	$-550.17
平均利益÷平均損失	2.26	1トレードの平均損益	$-81.86
最大連勝数	4	最大連敗数	14
勝ちトレードの平均日数	0	負けトレードの平均日数	0
終値で見た最大DD	$-77,725.00	日中での最大DD	$-77,725.00
プロフィットファクター	0.79	最大保有枚数	1
必要資金	$80,725.00	運用成績	-51%

注目点（全トレード）

	日付	時間	金額
最大勝ちトレード	03/27/97	-	$ 11,955.00
最大負けトレード	03/17/97	-	$ -2,045.00
最大連勝数	12/15/97	-	4
最大連敗数	11/07/94	-	14
仕切り時で見た最大ドローダウン	04/08/96	-	$ -77,725.00
日中での最大ドローダウン	04/08/96	-	$ -77,725.00

ドルの金額による損切り注文（マネーストップ）を置いたときの結果を示したものだ。いくつか大きな違いが見られるが、どれも同じシステムを使い、唯一の違いは許容リスク量（金額による損切り注文の位置）のみであることに注意してもらいたい。

図15.3の500ドルの位置に損切り注文を置いた場合では4万1750ドルの損失を出している。また、総トレード数510で、勝率はわずか26%であることからしても、これはあまり良いシステムではないことが分かるが、本当にそうだろうか。

次に**図15.4**を見てみよう。同じシステム（つまり、買いや売りの仕掛けルールが同じであるということ）だが、1500ドルの位置に損切り注文を置いた点が異なっている。損切り注文の位置によって結果がこれほど違ってくるとは驚きだ。勝率は56%と大幅にアップし、総損

図15.4　損切りを1500ドルにした前と同じS&Pシステム（S&P500——1986年1月1日～1998年1月1日）

全トレード

総損益	$116,880.00		
総利益	$393,560.00	総損失	$-276,680.00
総トレード数	506	勝率	56%
勝ちトレード数	287	負けトレード数	219
最大勝ちトレード	$14,205.00	最大負けトレード	$-2,045.00
勝ちトレードの平均利益	$1,371.29	負けトレードの平均損失	$-1,263.38
平均利益÷平均損失	1.08	1トレードの平均損益	$230.99
最大連勝数	11	最大連敗数	7
勝ちトレードの平均日数	0	負けトレードの平均日数	0
終値で見た最大DD	$-20,970.00	日中での最大DD	$-20,970.00
プロフィットファクター	1.42	最大保有枚数	1
必要資金	$23,970.00	運用成績	487%

注目点（全トレード）

	日付	時間	金額
最大勝ちトレード	10/13/89	-	$ 14,205.00
最大負けトレード	03/17/97	-	$ -2,045.00
最大連勝数	05/25/93	-	11
最大連敗数	03/07/86	-	7
仕切り時で見た最大ドローダウン	01/08/88	-	$ -20,970.00
日中での最大ドローダウン	01/08/88	-	$ -20,970.00

益はマイナス4万1750ドルからプラス11万6880ドルと大きく上昇している（差はおよそ16万ドル）。つまり、損切り注文の位置を変えるだけで、負けるシステムが勝つシステムになったわけである。この損切りの位置に何か秘密が隠されているのだろうか。

次に6000ドルの位置に損切り注文を置いた例を見てみよう（**図15.5**）。パフォーマンスはさらにアップしたのだろうか。イエスとも言えるし、ノーとも言える。総損益は26万9525ドルと驚くほど高く、勝率も70％に上昇しているが、その代償も大きい。1500ドルの位置に置いた損切り注文を使ったときには2045ドルだった最大負けトレードが5920ドルとかなり大きくなっている。さらに悪いことに、1500ドルの位置に置いた損切り注文を使ったときには1263.38ドルだった平均負けトレードが、リスク量が増えると1661.15ドルに上昇している。

図15.5　損切りを6000ドルにした前と同じS&Pシステム（S&P500 ――1986年1月1日～1998年1月1日）

全トレード

総損益	$269,525.00		
総利益	$508,730.00	総損失	$-239,205.00
総トレード数	490	勝率	70%
勝ちトレード数	346	負けトレード数	144
最大勝ちトレード	$14,205.00	最大負けトレード	$-5,920.00
勝ちトレードの平均利益	$1,470.32	負けトレードの平均損失	$-1,661.15
平均利益÷平均損失	0.88	1トレードの平均損益	$550.05
最大連勝数	16	最大連敗数	4
勝ちトレードの平均日数	1	負けトレードの平均日数	0
終値で見た最大DD	$-19,825.00	日中での最大DD	$-19,825.00
プロフィットファクター	2.12	最大保有枚数	1
必要資金	$22,825.00	運用成績	1,180%

注目点（全トレード）

	日付	時間	金額
最大勝ちトレード	10/13/89	-	$ 14,205.00
最大負けトレード	10/10/95	-	$ -5,920.00
最大連勝数	09/14/88	-	16
最大連敗数	07/27/95	-	4
仕切り時で見た最大ドローダウン	01/15/87	-	$ -19,825.00
日中での最大ドローダウン	01/15/87	-	$ -19,825.00

一方、平均勝ちトレードは1371.29ドルから、1470.32ドルに上昇している。

問題は、金額で見た損切りの位置を遠くに離すほど、最大損失額が大きくなる点である（最大損失額は5920ドル）。これは深刻な問題だ。例えば、10万ドル口座で、1トレード当たりのリスク量が口座資産の5％程度にするためには、6000ドルという金額に基づいた損切りを使用する場合は1回にトレードできる枚数は1枚だけだが、1500ドルに損切りを置いた場合は3枚トレードできるので利益も3倍になる。これは大したことではないように思えるかもしれないが、私のマネーマネジメントの公式を使えば、結果は大きく違ってくる。

これから得られる教訓は、謎めいたテクニカル分析よりも金額に基づいた損切りを置くほうがはるかに効果的だということである。

私のトレーディング手法の総まとめ

市場が短期的にどんな策略を巡らしているのかも十分に分かったし、いつでも便利に使えるテクニックも身につけた。しかし、こうした知識やテクニックは正しい使い方をしなければその効果は十分には得られない。

そういったことを踏まえて、この第２版では私が実際にどのようにトレードしているのか簡単にまとめておきたいと思う。ひととおり目を通してもらえれば、私が毎日何をしているのかが分かるはずである。

まずは、市場の動きを見るための最も強力な指標のひとつを紹介しよう。私の教え子の多くはこの指標だけでトレードしている。その指標とは、市場を動かし、われわれよりも知識の豊富な大口トレーダーたちの何兆ドルという投下資金の動きを示すものである。

こうした大口トレーダーたちの動向はどのようにして追跡すればよいのだろうか。その方法を見てみることにしよう。

全米先物取引委員会（CFTC）は、市場のさまざまな「プレーヤー」たちによる買い玉と売り玉がその週にどれくらいあったのかを示すCOTレポート（建玉明細レポート）を翌週に発行している。このレポートのなかで特に注目しなければならないのが、コマーシャルズ、大口投機筋、小口投機筋の３つのグループだ。レポートの数字自体は、火曜日の時点における建玉状況がその週の金曜日に発表される。COTレポートは、http://www.cftc.gov/marketreports/commitmentsoftraders/index.htm から入手可能だ。

私がこれらのグループの動向を観察し始めたのは、だれもこのレポートの存在すら知らなかった1970年のことだ。正直言って、このレポートに対する経験が私ほど豊か人はいないと思う。私の生徒のなかにはこの情報のみでトレードしてキャリアを築いてきた人もいる。私の自慢の生徒だ。何らかの情報を得たいと思ったら、その情報源を当たるのが一番だと私は思っている。このケースでは、情報源は私で、読者のみなさんは情報を得る側の人たちだ。なぜなら、私はこのデータを使ってきた40年の実績があるだけでなく、COTレポートの最新の使い方はいつも私が発見してきたからだ。

まずはこれら３つのグループのトレーダーや投資家たちについて理解しておく必要がある。小口投機筋はあなたのような人々で構成されているグループだ。つまり、安値で買って、高値で売ることを目指し、１ドルか２ドルの小利を狙って売買を頻繁に繰り返す人々だ。しかし、全体的に見ると、彼らはその思惑とは裏腹に、安値で売って高値で買うことが多い。つまり、彼らはほとんどの場合で間違ったことをしているわけである。

大口投機筋は時代とともに変化してきた。昔は、私のように大きなサイズでトレードする人々で構成されていたが、今では商品ファンドがほとんどだ。昔は存在しなかった商品ファンドが今では何十億ドルもの取引をする市場のビッグプレーヤーに成長した。彼らは基本的にトレンドフォロワーだ。つまり、彼らの買いも売りも、ファンドへの投資家からの資金の流出入に対応してやっているだけなのだ。したがって、このグループの動向から市場の動きを予測するのは大変難しい。

最後のグループであるコマーシャルズは業界の動向を示すものだ。このグループは生産者とその商品の当業者によって構成される。例えば、大豆を作っている人や金を採掘している人は生産者だ。一方、大豆を使ってさまざまな製品に加工している人、金を現物で受け取りそれを宝石に加工したりコンピューターチップに使う人は当業者に当たる。言うなれば、このグループは産業界を表していると言える。彼らは最も情報通の投資家で、トレンドフォロワーではない。また、底で買って天井で売る投機家でもない。

彼らにとって市場は、自分たちが扱う商品の価格が将来的に上下することによるリスクを回避したり小さくするための手段にほかならな

図15.6　金価格とコマーシャルズ

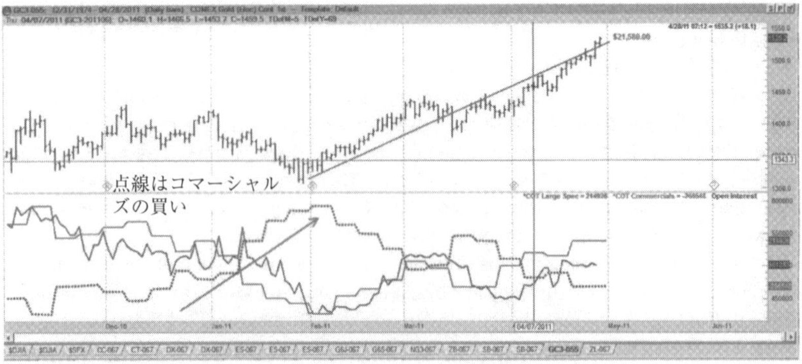

い。つまりヘッジャーということである。ヘッジャーについても私の講座で詳しく説明している。とりあえずは彼らの取引実績を見てみることにしよう。

図15.6は金のチャートを示したものだ。上のチャートが金の日足チャートで、下のチャート（点線）がコマーシャルズの買い越しポジションを示している。このラインが上昇していれば、彼らが買っていることを意味し、下落していれば売っていることを意味する。さらに、薄い実線は大口投機家の動向を示し、濃い実線は取組高を示している。

チャートを見ると分かるように、2011年２月初旬はコマーシャルズによる金の大量買いが行われていたことは明らかだ。彼らの買い越し高は週ごとに上昇している。これは金価格上昇の予兆となるもので、金は結局１枚当たり２万2000ドルの上昇を見せた。これによって、金価格を動かしているものはコマーシャルズであることが分かるはずだ。これはチャートフォーメーションや波動、占星術、あるいはそのほかの秘術的なアプローチとはまったく関係ない。

市場は条件が満たされたときに動く――コマーシャルズが大量買

図15.7　大豆価格とコマーシャルズ

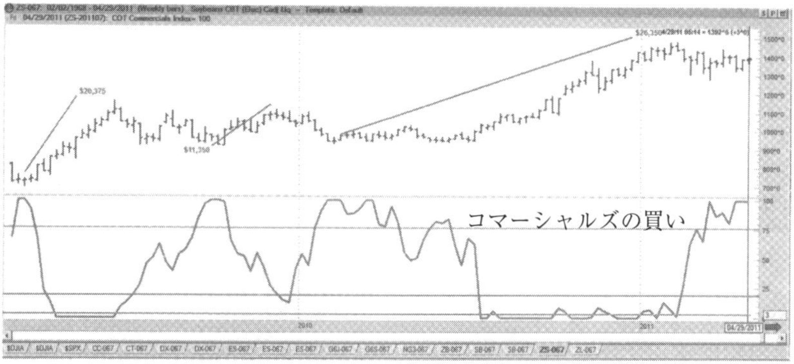

いすれば価格は上昇し、大量売りすれば下落する。こんな簡単なことはない。

コマーシャルズの動向をもっと簡単に把握できるように、私はウィリアムズCOT指数なるものを開発した。この指数は小口投機家、大口投機家、コマーシャルズ別に作成する。この指数は私が独自に開発したものなので、ほかの指標とは異なる。この指数はコマーシャルズのネットポジションとは別物である。この指数の使い方を別の市場で見てみることにしよう。

図15.7は大豆の週足チャートを示したものだ。ルールは簡単だ。指数が75%を上回るとき、市場が上昇トレンドにあれば買いシグナルとみなし、逆に指数が25%を下回るとき、市場が下降トレンドにあれば売りシグナルとみなす。

簡単だ。COT指数が市場の上昇の先行指数になっているのが分かるはずだ。上昇の大きさは状況によって異なり、大きく上昇することもあれば、１万ドル程度の利益しか生まない場合もある。しかし、重要なのは、COTによって市場を動かすコマーシャルズの動向を見る

図15.8　価格チャートを隠したCOT指数のみのチャート

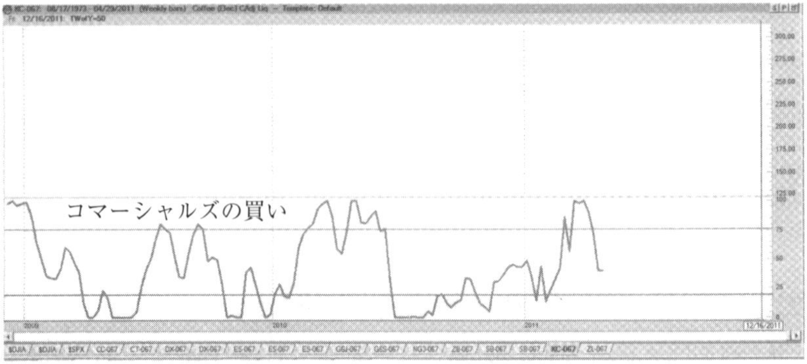

ことができる点である。

テクニカルアナリストたちの話すいろいろな価格パターンを私があまり信用しない理由はもうお分かりのはずだ。ウエッジやヘッド・アンド・ショルダーズなどのパターンやテクニカル指標は価格の過去の動きを示しているにすぎず、価格が将来的にどうなるのかについてはこれらのパターンや指標からは分からない。なぜならこれらは市場の原理に基づくものではないからである。

あなたの理解度をチェックしよう

図15.8を見てもらいたい。これはCOT指数のみを示したチャートだ。価格チャートは隠してある。どこで買われるかを予測してみよう。COT指数で注目すべき箇所は75％水準である。COT指数がこの水準を超え、そのときに市場が上昇していれば、買いシグナルとみなす。ここまではオーケーだろうか？

では実際に**図15.8**を見て、私だったらここで買ったはず、という点を決めてもらいたい。

図15.9　価格とCOT指数

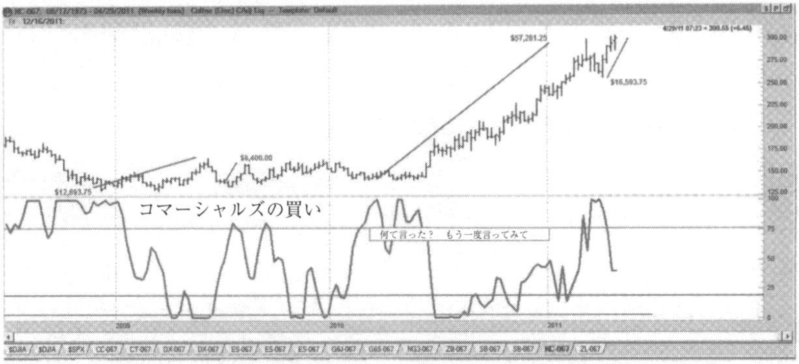

図15.8はコーヒーの週足チャートである。価格チャートが隠されているので、実際にはどういった値動きだったかは分からないが、COT指数からコーヒーがどの辺りで買われたのかは予測できるはずだ。指数の値が75％を超えている箇所がそれに当たる。一方、指数が25％を下回り、市場が下降トレンドにあるときには売りシグナルとみなすことについてもすでに分かっているはずだ。

図15.9は隠しておいた価格チャートを表示したものだ。自分の予測と比べてみよう。価格が上昇する箇所や下落する箇所をうまく予測できただろうか。

何の銘柄かも分からず、価格チャートも隠された状態で、価格の大きな上昇や下落を予測できたあなたは、この指標の威力が分かったはずだ。これは特に価格を予測しやすい例を選んだわけではない。この指標の使い方が分かれば、どの銘柄でも応用が可能だ。

最後に２つ言い添えて本節を締めくくることにする。まず、私のCOT指数はほかの人が開発した指標とは違うということである。また私はこの指標以外のものも見る。私の講座では、これら３つのグループ間の相互関係の見方や、この指標を取組高と組み合わせて使う方法についても教えている。トレーダーたちが相互に作用し合っているという事実に、生徒たちはみんな目を丸くする。COT指数は市場の上昇や下落を予測するツールとして極めて有効なものだ。

市場が上昇するとき、それを誘導する要素が存在する。これは理解してもらえたのではないかと思っている。といっても、特に複雑な要素ではなく、だれにでも分かるものだ。あなただってこの数分間でそれが分かったのではないだろうか？　良いトレーダーになりたいのであれば、市場のことを知らなければならない、市場のことを学ばなければならない。私が講座を開いているのはそのためだ。講座のことをご存知ない方は、私のホームページを見てもらいたい。講座の詳しい内容を見ることができる。この講座はおよそ50年前に開講したもので、多くの生徒たちが市場について学んできた。この講座を受講して、あてのない放浪の旅に終止符を打ってはどうだろうか。

私のトレーディング戦略とその実績

トレーディング戦略を立てずにトレードすることは、グルグル回りながら自分のお尻を追っかけるようなものだ。トレーダーの90％はこうした無駄な努力ばかりしている。あなたが損をしたのは、計画を立てなかったからである。私の生徒たちはしっかりとした計画を立てるため、計画を立てなかったがために損をするというようなことはない。

ここから学ぶべき教訓は単純だが極めて重要だ。トレーダーとの会話でどういった戦略を使っているのかと聞くと、彼らは質問の意味が分からずとまどうことが多い。揚げ句の果て、安値で買って高値で売る、と答えてくる。では、どんなアプローチ、つまり戦略的手法でそれを達成するのかと聞くと、もうお手上げだ。彼らは市場を深く理解することもなく、ただ買うことしか視野にないのだ。要するに、運任せなのである。

私たちの戦略は３つのステップからなる――①取引対象となる市場の選定、②仕掛けポイントの選定、③手仕舞い手法の選定。手仕舞いには次のうちのいずれかを使う――①損切り、②トレイリングストップ、③目標価格。あなたもぜひこれを参考にしてもらいたい。それではそれぞれのステップを詳しく見てみることにしよう。

市場の選定

まずは、上昇したり、下落したりする可能性が高い市場を探す。これには前述のとおり、COTレポートを使う。これにインディケーターも併用する。インディケーターはわれわれの注意を成功率の高い少数の厳選した市場に向けさせるうえで極めて有用なツールだ。

仕掛け

市場を選ぶだけではダメで、いつ仕掛ければよいのかを決めなければならない。市場はいつも同じように天井を付けたり底を付けたりはしないため、私の講座では５つの異なる仕掛けテクニックを使う。

ほとんどのトレーダーは一芸しかできないポニーだ。つまり、仕掛けテクニックを１つしか持たないということである。しかし、実際には市場はいろいろな方法で天井や底を付ける（トレンドの反転）。私が講座で複数の仕掛けテクニックを教えるのはこのためだ。もし市場がいつも同じように天井や底を付けるのであれば、これほど簡単なビジネスはないだろう。もちろん、天井や底の付け方には共通点もいくつかあるが、いつもそうとは限らない。だから、反転をとらえる方法は１つだけでは不十分なのだ。

手仕舞い

面白くなるのは仕掛けてからである。最終的には次のうちのひとつに帰着する――損をするか、利益を出すか。簡単に聞こえるかもしれないが、そんなことはない。そこで、私の手仕舞いテクニックのひとつを紹介しよう。今のところは、手仕舞いのテクニックだけを考えることにしよう。

まず最初に、仕掛けたら損失を限定するために損切りを置く。買いの場合、損切りは現在価格の下に置く。ただし、現在価格から離れすぎると損失額が大きくなり、現在価格に近づきすぎると頻繁に損切りに引っかかるので、近すぎず遠すぎず適切な位置に置くことが重要だ。私は損切りを置くベストな位置が存在すると思っている。これも講座で教えている。

損切り注文を置くことで損失は限定できるが、市場が上昇し始めたときでものんびり構えてはいられない。今度はどこで手仕舞えばよいかという問題が発生するからだ。

私の場合、価格に伸び代（できるだけ長く伸び続けてほしい）を与えるために市場の下にトレイリングストップを置くことにしている。すでにご存知のように、私は小さなポジションを持ち、大きな動きをとらえるのが好きだ。大きな動きをとらえる一番の方法は、市場に動く余地を与えることである。このときに必要なのが、市場は逆行しすぎたので手仕舞ったほうがよいと教えてくれるもの、つまりトレンドが終わったことを教えてくれるものである。ここが利食い時である。

私の最後の手仕舞いテクニックは事前に決めておいた目標価格で売るというものだ。私の目標価格の決め方はほかの人とは異なる。ほとんどのトレーダーは１日の値幅の一定のパーセンテージやフィボナッチ級数で目標価格を決める。これらの方法は私も一応は勉強したが、それほど効果的だとは思わなかった。私は「ターゲットシュータ

図15.10　実際にラリーTVで行ったトレード

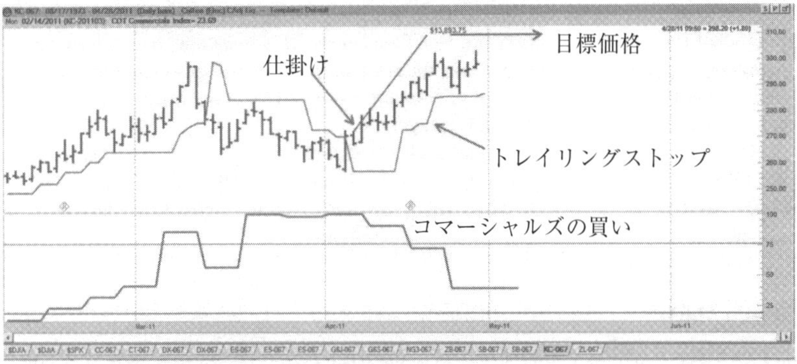

ー」という独自のツールを使って利食いする。これは1966年から使っているツールで、高値や安値に非常に近い位置で手仕舞うことができる。百パーセント完璧とは言えないが、かなり高い確率で市場が反転する前に手仕舞いすることができる。これは最近の価格スイングを基にしたもので、価格がこれからどこに向かおうとしているのかを教えてくれるものだ。その位置に目標価格を設定し、そこで手仕舞うのである。

図15.10は2011年 4 月 に ラ リ ーTV（http://www.Ireallytrade.com/ を参照のこと）で行ったトレード例を示したものだ。コマーシャルズが買っていることから、価格は上昇のセットアップが整っていた。買いシグナルはさまざまなテクニックから読みとれるが、日々の値動きに伴ってトレイリングストップの位置も変化し、大幅な上昇日に日足と交差していることに注目しよう。この交差も買いシグナルになっている。その大幅な上昇日の安値の下にトレイリングストップを設定し、そこから徐々に切り上げていったことが見てとれる。

目標価格にも注意しよう。価格が上昇してトレイリングストップに引っかかる前に目標価格に達したら、そこで利食いする。

仕掛けたら、まずは最初の損切り注文、トレイリングストップ、目標価格を設定するのだが、ここで注目すべきことは、これらのテクニックはすべてメカニカルなものであるという点だ。これらをどこに設定するかについては個人の判断は不要だ。私の教え子のどの２人を取って見ても、仕掛け、損切り、目標価格の設定値はまったく同じになる。

私の戦略を整理すると次のようになる。まず、セットアップの整っている市場を見つけ、トレンドの転換点で仕掛ける。仕掛けたら、損切り注文を置き、価格が目標価格に達することを願いながら、価格が順行すれば損切り注文を有利な方向へ移動させていく（トレイリングストップ）。仕掛けの方法としては、ウップスなど本書で議論したほかのテクニックを使ってももちろん構わない。

まとめ

この第15章は、仕掛けたらすぐにやるべきことについて議論してきた。迷うことは何もない。最初に置く損切り注文、トレイリングストップ、目標価格を設定するだけである。仕掛けるタイミングも分かっている。ときには間違えることもあるが、自分が何をやっているのかは完璧に把握している。私は意味もなくトレードすることはないし、私の教え子も意味もなくトレードする者はだれ一人いない。

あなたもその１人になってもらいたい。

第16章

トレーディングはハードなゲーム――その厳しい現実

Hard Facts about a Very Hard Game to Win

チャートなどを見てお金儲けをするのがこのビジネスだが、それは見た目ほど簡単なものではない。最近になってトレーディングシステムをインターネット上で売る者たちが増え、お金儲けがいとも簡単に思えるような幻想を抱かせるため、人々の誤解はひどくなるばかりだ。彼らは自分たちのシステムでトレーディングをしてお金を儲けているわけではない。儲けのほとんどはうまい話で客を釣り、システムを売ることで得たものだ。一般大衆は短期トレーディングやデイトレードなどについて書かれた記事を読んで、トレーディングは手っ取り早くお金儲けのできる簡単なビジネスだと思ってしまうのだ。

しかし、それはまったくのウソである。

このビジネスは高度な集中力を要するものであり、長期にわたって高い集中力を維持することは時として困難な場合もある。また、市場の仕組みに対する深い理解も必要だ。本書でその一部でも伝えられたのなら幸いだ。トレーディングは高度な知識と知性を要するゲームなのである。

スポーツの世界では、体が最も大きく、タフで強い者が勝つが、トレーディングの世界では、最も多くの情報を持ち、それゆえに最も聡明な者が勝者となる。しかし、知性以外にも、自分の感情をコントロールし、市場の動きに過剰反応しない能力も必要だ。頭脳明晰で高い知性を持ち、高学歴の人々がトレーディングで有り金のすべてを失うのを私はこれまで何度も見てきた。つまり、知性と教育だけでは十分ではないのである。偉大なトレーダーになるには別の要素も必要になるのだ。

自分でコントロールしなければならないのは知性だけではない。感情もコントロールしなければならないのがこのビジネスの難しいところだ。感情はわれわれに間違ったことをさせる。間違いだと分かっていながら、賭けすぎたり、賭け足りなかったり、頻繁にトレードしすぎたり、引き金をまったく引けなかったりする。これらはすべて感情のなせる業である。感情をコントロールし、感情に支配されないようにならないかぎり、トレーディングで成功することはない。

前にも言ったように、トレーディングはけっしてたやすいビジネスではない。絶え間ない変化に常にさらされている。これがこのビジネスをやる者の宿命だ。しかも、絶えず変化するのは市場だけではない（ポークベリーが上場廃止された日は私にとって本当に悲しい日だった。ポークベリーは私の好みの銘柄のひとつだった。初恋の銘柄と言ってもよいかもしれない。しかし、時代の波には勝てないということか）。

ビジネスの背景や政治も絶えず変化している。金や権力が絡むところには、腐敗した人間が必ず存在する。巨額の金が動くこの世界では、権力や金は瞬時にして手に入れることができる。このビジネスに魅せられる人がどういう人々なのかは容易に想像できるはずだ。だから、このビジネスではほかのプレーヤーに対する警戒が常に必要なのである。ほとんどの人は正直で礼儀正しい。しかし、邪悪な者が１人でもいれば、このビジネスはいとも簡単に崩壊する。

2011年から2012年にかけて私にとって最も不愉快だったことは、知性を欠いた政治問題が世界中に蔓延したことだ。強くて安定した経済の基本が強くて安定した通貨であることを認識できない人はいないはずだ。赤字国債発行による財政赤字が市場を不安定にし、貧富を問わずだれもが同様に増税されることになることが分からないのだろうか。富める者にとっても貧しい者にとってもこれほど最悪なことはない。

ところが愚か者たちはまだ訳の分からないことを主張している。財政赤字が増えるのなら、予算を削減すればよいだけの話だろう。しかし、増税すればより多くの政策を打ち出せるので、自分たちに対する支持は高まるはずだと彼らは思っている。こんな愚か者たちが闊歩する世界は目を覆いたくなるばかりだ。

しかし、これが現実なのだ。より多くの政策を打ち出して票を買う。彼らには自分の再選のことしか頭になく、その結果どうなるかなど脳裏をかすめもしない。しかし、一般大衆が目を覚ませば、おそらくはこの間違いは正されるだろう。しかし、それまでは市場は地に堕ちた政治に振り回されて乱高下し続けるだろう。長期的観点に立った私見を述べさせてもらうならば、市場はニュースや政治的イベントとは関係なく、自分のやりたいようにやり続けるだけである。

私の市場サイクルの研究によれば、例えば、2015年は非常に強力な強気相場になることが予想される。私はそれを今から楽しみにしている。2015年の強気相場は政治権力とは関係なく起こるが、そのときの政治状況によってより一層強められるだろう。

これもまた前述の市場サイクルの研究から導かれたものだが、2017年中盤には株式市場の大暴落が発生することが予想される。その度合いはそのときの経済的状況や政治的状況によってより一層強まる場合もあれば、弱まる場合もある。

われわれの周囲で起こっていることに常に注意する必要があるのはこのためだ。それと同時に、経済の長期的サイクルにも注意が必要だ。

2008年の株価大暴落とそれに続く経済的不安を目の当たりにした投資家や市場の予言者たちは、偉大なアメリカ、そして偉大な世界は過去のものになりつつあると考えるようになった。

しかし、これはまったくの見当外れだ。アメリカ、そして世界の前途は依然として明るい。2011年、過去数年の経済危機は今後数十年の経済を一変させるほど影響力のあるものだったのか、それとも長期的な上向き傾向における一時的な落ち込みにすぎなかったのかについて経済的議論が繰り広げられた。

しかし、そのどちらでもなかった。

それは、市場も経済も大きな上昇スイングと下降スイングを繰り返すことをわれわれに再認識させたにすぎない。これは過去から未来永劫へと続く不変の真理なのだ。将来的にもこれと同じようなことがあるのだろうか、と聞かれれば、私は間違いなく確実に起こると答える。われわれが過去から何かを学んだとするならば、それこそがまさにこれである。つまり、経済的な激変は将来必ず発生するということである。

もちろん、同じく過去から学ぶにしても、将来的には経済成長が期待でき、大きな財産を構築することができると信じる人もいる。経済が再び上向きになれば、市場は均衡状態を保つために大暴落する。それまでは彼らの思いどおりに事は進むだろう。

私の経済サイクルの研究によれば、2014年までには世界の経済と市場はこの数年の問題をすべて消化し、再び安定した経済環境に戻るはずだ。

将来的に経済成長はなく、良き時代もやってこないと考えるのは悲観論を世に広める凶事の予言者のみだろう。経済成長も良き時代も必ずやってくるのだ。

この数年、経済にとって日の当たらない冬の時代が続いた。しかし、日は必ず上るように、経済も再び盛り返してくるだろう。要するに、世界経済は今再構築の最中にあり、勢力地図が刷新されようとしているということである。だからどうしたというのだろう。これはこれまでも繰り返し行われてきたことにほかならないのである。

こう考えてはどうだろう――今は15年前に比べれば状況は良くなっ

ていて、15年前もその15年前に比べれば状況は良くなっていた。経済など進化するものはすべて、時間とともにだんだん良くなっていくということである。

前述ののんきな楽観主義者たちも、われわれが過去に経験してきた激変を必ず目の当たりにするはずだ。経済における手痛い教訓と、これが再び起こる――近い将来ではないかもしれないが、必ず起こる――という警告。どの国の政府もFRB（連邦準備制度理事会）のような独占的銀行も、長期的な周期で発生する変動に打ち勝つことはできないことを忘れてはならない。こうした変動がなぜ起こるのかはだれにも分からないが、これまでこうした変動の将来における発生をコントロールできた者がいないことは確かだ。これは確実なことであり、これが過ぎれば、再び良い時代がやってくることも確実なことである。

アメリカを見くびってはならない。また、自分自身を見くびってもならない。

本書では私の人生をみなさんとともに振り返り、私が市場について知り得たすべてのことをお伝えしてきた。本書は私にとってはトレーディングの福音書だが、あなたにとってはそうではないかもしれない。私が書いたことをそのまま実行する必要はなく、自分に合うように変えてもらって構わない。その過程でもっと良いアイデアや新しいアプローチが発見できるかもしれない。しかし、本書で書いた基本は場所や時代が変わっても変わらない堅牢な原理であり、トレーディングに実際に使えるものばかりだ。この第16章では、本書で提供してきた私やほかの人のツールテクニックの使い方について少しばかりコメントしておきたい。

まず、トレーディングは白黒をはっきり区別できるようなビジネスではないことを認識することが重要だ。

「でも、あなたは言ったじゃないですか……」

「63ページにはこう書いています……」
「このラインがあのラインを交差した……」
「それは第11月の取引日、だからトレードすべきではない？……」

読者からは毎日こんな意見が寄せられる。勝つトレーダーになるためにはこのようにいろいろな疑問を持ち、質問することが重要なのである。

それは人生と同じ

人生でもすべてのことが白と黒ではっきり区別できるわけではないように、トレーディングでもすべてを白と黒で割り切ることはできない。これはだれでも知っている（と私は思っている）ことだが、トレーダーは絶対を求めるあまり、この事実を忘れている。例えば、数学は絶対的真理だが、それを株式や商品といった不完全な世界に適用するとき、それは不完全さに多少なりとも明瞭さをもたらすツールにほかならない。投機は思考を必要とするビジネスであることをどうか忘れないでもらいたい。考えることが不得意な人、少なくとも正しい答えを求めようとする気持ちがない人は、この世界からは足を洗ったほうがよい。

考えようとしない、正しい答えを求めようと努力しない。この問題は、トレーディングには自動的アプローチ、つまりシステマティックなアプローチが存在するという期待感に端を発するものだ。それはアドバイザーや私のようにトレーディングに関する本を書く著者たちに責任があると思っている。アドバイザーや著者は無知な人々に投機の悲観論を唱え、それと同時にどこかに完璧なシステムが存在する（市場には厳然たるリズム、秩序、構造が存在する）と信じ込ませる。投機の世界ではこれら２つの神話が人々を惑わせるのだ。

確かに、株価や経済に対して本当に弱気にならざるを得ないときもあるが、明日から1929年のような大暴落が始まるといった悲観的な情報を流して人々を恐れさせ、それにつけこんで金儲けをするニュースレターの発行者たちがいることを忘れてはならない。私はこうしたニュースレター発行者たちを知っているし、同じシンポジウムに出席したこともあるが、彼らは常に悲観論を唱えている。1962年からずっと悲観的な人もいる。こうした臆病者のひとりと話をしたことがあるが、彼は次のように言った。将来に不安を持ち、株価はいつ暴落してもおかしくないと信じている投資家たちの不安をあおるのが自分のビジネスであり、これは巨大市場だ、と。「やつらはちょっと脅せば簡単にニュースレターの購読者になる。格好のカモさ。推奨する銘柄が間違っていても、そんなことは問題じゃない。パフォーマンスなんて関係ないんだ。これがやつらの聞きたいことなんだから、自分の信じていたことは本当なんだと確信して安心するだけさ」と彼は付け加えた。

こうしたニュースレターなどにだまされるこうした人たちは善人なのだが、何でも分析しすぎる傾向があり、アメリカの栄光は、そして世界の栄光はもう過去のものだと決めつけてしまうのである。しかし、歴史をざっと振り返っただけでも１つの事実が浮き彫りになる――われわれを取り巻く状況もわれわれの生活も一貫して良くなっている。もちろん、後戻りすることも時にはあるが、いつも良い向きに前進しているのである。

彼らの対極にあるのが「この世のものはすべて前もって説明可能」と信じるコズミックトレーダーたちで、彼らは市場の高値と安値は必ず説明がつき、アップティックやダウンティックも必ず説明可能だと信じて疑わない。こうした確信を得るのに、彼らは高額の情報料を事前に支払うのだ。私がまだ若く市場の仕組みを知らなかったころ、同僚のトレーダーたちのこうした言葉にまんまとだまされた。結局、彼らは過去に成功した実績があり、過去に起こった市場の動きについてはすべて説明できるだけのことだった。

こうした考え方の基礎になっているのが伝説のトレーダーであるW・D・ギャンである。この「伝説的人物」についてはすでに書いたが、彼は少ない勝ちトレードをうまく演出する興行師で、傲慢で宣伝活動に余念のない人物だった。これは私の意見ではなく、彼の「興行」の準備係だったF・B・サッチャーが私に話してくれた事実である。

彼らとの付き合いが増えるにつれ、私の負けトレードも増えていった。彼らは過去に関してはほぼ完璧に説明できるが、将来の予測については当たる確率は20分の１にすぎない。当然ながら、彼らは過去を完璧に説明できることを自慢する。過去に行った将来の予測がまったく間違っていたにもかかわらず、彼らは性懲りもなく将来を予測しようとする。現実性がまったくないのである。正確さやお金を儲けることは彼らの生活には関係ないのだ。彼らの関心事は、彼らがやっている意味不明なことを「証明」することだけなのである。彼らとは話す機会がよくあったが、やがて彼らに対する敬意の念は消えていった。いくつかの例外を除いて。

すべては事前に説明可能という理論を信奉する何千人というトレーダーのなかで、成功しているトレーダーが２人いた。アーチ・クロフォードとジェリー・フェイバーズだ。何千人のうちの２人だから、成功率はそれほど高くはない。クロフォードとフェイバーズはずば抜けて聡明なだけでなく、十分な訓練を受けた経験豊富なトレーダーで、複数のアプローチを採用していた。

「すべては事前に説明可能」という理論の問題点は、恐れという概念をなくし、実際に市場で起こっていることを信じてそれに資金を投下するのではなく、理論を信じてそれに資金を投下するようになることである。株価や商品価格はこうなるに違いないという信念ではなく、市場、つまり今起こっていることに意識を集中させれば、成功する確率は飛躍的に高まるだろう。

完璧なシステムやアプローチなど存在しない。それは過去から未来永劫変わることはない。

このビジネスにもし完璧なものが存在したとすれば、市場に外部からランダムな要素が入ってくることはなく、だれかがすでに魔法の解法を見つけ、自由世界を欲しいままにしていることだろう。しかし実際には、市場は絶えず変化するニュースや天候やトレーダーたちの将来的展望といったランダムな影響を大きく受け、どんなに優れたトレーダーやファンドといえども太刀打ちできない。したがって、百パーセント機械的なアプローチではトレードすることはできないことを認識しなければならない。物事は絶えず変化するのだ。

人生の大半をシステマティックなアプローチの開発に費やしてきた私自身がこんな話をするのは奇妙に聞こえるだろうか。おそらくそうだろう。だからと言って、私がこれまで行ってきたことやシステムや講座が役に立たないという意味には取らないでもらいたい。

人生とは判断を下すことである。しかし、人生をより良いものにするようなデータとシステムを持ってこそ初めて正しい判断が下せるのである。トレーディングも同じである。仕掛けや手仕舞いにはシステマティックなアプローチが必要であり、損切りも置かなければならない。さらにタイミングよく仕掛けるためのルールも必要だ。

しかし、最も重要なのは、こうした「ツール」を使うべきときを判断することである。われわれの実生活からの例を見てみよう。

車で道路を走っていたら、トラックがあなたの車線を真正面から向かってくる。あなたはそのまま同じ車線を走り続けるか、それとも車の走っていない反対車線に急ハンドルを切るだろうか。交通ルールを守ろうとするならば、反対車線には入ってはならない。システムでは反対車線には入ってはならないのだ。しかし、現実には18輪の大型トラックがあなたの車線に真正面から向かってきているのだ。安全運転のルールは絶対に守るべきなのか、それとも目の前の状況に応じた行動を取るべきなのだろうか。生き残れるかどうかは適応能力次第なのだ。

道路でも、市場でも、今起こっていることこそがルールなのである。

人生における第一のルールは生き残ること、第二のルールは、ルールを破ることが第一のルールを守ることになるのであれば、ほかのルールはすべて破っても構わない。

投機にも生活上のルールとまったく同じルールが当てはまる。知識（システム）を使うべきときに使う――それがトレーディングを成功へと導くカギである。もっと分かりやすく言えば、システムやルールを使うときには、18輪の大型トラックが真正面から向かってきていないかどうかをチェックせよ、ということである。これが考えるということである。生活するうえではシステムが必要で、トレーディングするのにもシステムが必要だが、いつもすべてのシステムに従う必要はない。なぜなら、システムはいつも新たな現実に順応するわけではないからである。したがって、われわれは変化を常に観察し、記録し、注意を払い、その変化に合わせてシステムの最適な使用法を考えなければならないのである。

トレーディングの最中に何をすればよいのか分からなくなったときにはルールに従うべきである。そうすることで生き延びることができる。市場が自分にとって都合の良い状態にあり、自分のルールが提示するものに合致していれば、トレードを仕掛ける絶好のチャンスだ。

しかし、ルールと市場状態が合致しないときには、トレードは見合わせる。毎日、トレードしなければならないわけではない。システムとルールを持つ目的は、それらを自分にとって最も有利になるように使うためであり、それらに支配されるためではないことを忘れてはならない。

あなたはもしかするとトレーディングには向かないかもしれない

だれもが医者になれるわけではないし、パン屋やトレーダーになれるわけでもない。あなたは本当にトレーディングに向いているのだろうか。

それをこれから考えてみよう。

私の目標は勝てるトレーダーを育てることである。最近の記憶では、私はおそらくはほかのだれよりもトレーダー教育に力を注いできたのではないかと思う。私たちの教え子は世界各国にいる。だから、どんな生徒でもよいというわけではない。私たちが本当に生徒になってもらいたいのは、成功する確率の高い人である。

そこで、腹を割って話をしようではないか。私たちが知りたいのは、あなたが本当にトレーディングに向いているかどうかである。もし向いていないのであれば、あなたにとってけっして良い結果にはならないので、すぐにやめたほうがよい。これ以上続けることは、私にとってもあなたにとっても、そしてあなたの家族にとっても何の得にもならない。それほど高額ではないにしろ、トレーディングに向かない人から授業料を取るようなことはしたくはないというのが私の本音だ。

良いトレーダーになるために必要であると私が考える資質について話しておきたい。あなたはそれをチェックして自分がトレーディングに向いているのかどうかを自分自身で判断してもらいたい。

トレーダーとして大成功を収めた人々を見てきて思うのは、トレーダーにとって最も重要なことは、市場は不完全であるという事実と、われわれはトレーダーとして常に正しくあることはできないという事実を受け入れることができるということである。勝ちトレードになったときに限ってポジションサイズが小さすぎたり、負けトレードになったときに限ってポジションサイズが大きすぎたりすることが常である。つまり、買ったあとで、もっと良い仕掛け場所があったのにとか、手仕舞ったあとでももっと良い手仕舞い場所があったのにという後悔の念にいつも付きまとわれているということである。トレーディングは「常に正しくなければならない」と思うような人には向かないのである。

完全さが何よりも重要だと思っている人はすぐにこの場から去ったほうがよい。これは完全性を求められるようなビジネスではないからだ。このビジネスでは数学を使う。数学は完全なものである。しかし、数学を使っても市場のように不完全なものを完全にすることはできない。市場では不合理なことが往々にして発生する。その最たるものが市場を揺るがすニュースということになるだろうか。

このビジネスは2つの重要な要素を含む。ひとつは知識である。つまり、トレーディングでうまくいくことを学習・研究しなければならないということである。もうひとつは感情である。市場を相手にするこの仕事はけっしてヤワな仕事ではないが、理由はそれだけではない。逆行するポジションを持っていればイライラさせられるものだ。手仕舞いが早すぎたり遅すぎたりしてもイライラし、自分に腹を立てることもしょっちゅうだ。成功するためには、自分の感情を制御し、抑えることを学ばなければならない。

私の息子のジェイソン・ウィリアムズは精神科医で、ジョンズ・ホプキンス大学とジョージ・ワシントン大学で学んだ。彼は最近、成功している商品トレーダーを対象にジョンズ・ホプキンス大学が開発したテストを始めた。そのテスト結果から、あなたがトレーダーに向くかどうかをチェックするのに役立つと思われる事柄がいくつか判明したので紹介したいと思う。

このビジネスには不可欠な要素が２つあるようだ。ひとつは、集中力を維持し、やるべきことをやれる能力である。あなたはひとつの仕事を最後までやり遂げることができるだろうか。細かい基本的なことに、集中して取り組むことができるだろうか。これらの質問にイエスと答えたあなたは、市場での日々の売買をうまくこなすことができるだろう。

ただし……過度に感情的にならず、神経質にならなければ、の話だが。あなたは感情の起伏が激しくはないか。感情的になりやすくはないか。すぐに自制心を失うことはないか。もしそうなら、あるいは抑うつ剤や精神安定剤を飲んでいるのなら、トレーディングはすべきではない。

良いトレーダーは世界で最も精緻な人物である必要はないが、こまごましたことを処理する能力がなければならない。加えて、自分の感情をうまく処理する能力も必要だ。トレードが感情に支配されるようでは、大失敗は目に見えている。

そして最後に、自分のやっていることを楽しめるような人物であることも重要だ。トレーディングが楽しくて仕方のない人。そういう人はトレーディングに向いている。本を１冊読んだだけで１万ドルを100万ドルにすることができるといった非現実的な期待を抱くような人はこのビジネスには向かない。このビジネスは高みに登れば見晴らしは良いが、奈落の底に落ちることもあることを忘れてはならない。世界中のお金を手に入れたとしても、精神を病んでしまっては元も子もなくなる。

私がこのビジネスで最も気に入っているのは、上限がなく、上を目指そうとすればどこまでも上を目指すことができるところだ。私の父は、どれだけ働いても収入には限界があることを知りながら、生涯を製油所の作業員として過ごした。父がどんな思いで働き続けたのか、私には知るよしもない。しかし、父がやり通したことを完全に理解したとき、私は父に対する称賛の気持ちでいっぱいになった。フルタイムであろうとパートタイムであろうと、トレーディングはその気になればいくらでも稼げる。収入に限界はないのだ。従業員もいらないし、上司もいない。顧客さえいらない。私がこのビジネスに魅力を感じたのはこのためだ。これらの要素はおそらくあなたにも魅力的に映るはずだ。

市場で成功するためのカギは事実を受け入れ、それに歩調を合わせることである。成功を手にするには、自分に合った道をたどることである。

解決すべき問題

トレーディングの目的は人それぞれだ。どうすればトレーダーとして成功できるのか。私のように夢のバージン諸島暮らしができるだけのお金を稼ぐにはどうすればよいのか。こう思っている人もいれば、少しばかり収入を増やしたいだけの人もいるだろう。しかし、そのためには解決しなければならない問題がある。

まずはリスクの問題である。リスクをうまく扱えない人もいれば、危機感を楽しむ人もいる。まずは、自分にどれだけリスクに対する許容力があるかをチェックする必要がある。あなたは自分の感情をきちんと制御できるだろうか。私があなたに理解してもらいたいのは、トレーディングを習得するにはリスクに対する恐怖を克服しなければならないということである。私の場合、リスクは常にある、ということを理解することでこれを克服した。つまり、リスクに真正面から向き合い、それを受け入れ、逃げないことである。そして損切りテクニックでリスクをコントロールすることを学んだ。

次は、どのアプローチを用いるべきかという問題だ。大勢の人がそれぞれの理論を繰り広げているようだが、あなたが従うべき人は、あなたが最も共感を持てるアイデアを持つ人であると私は思っている。自分が共感を持てるアイデアであれば納得がいくはずであり、その人とあなたは考え方も似ているはずだ。その人の言っていることがあなたの頭にすんなりと入ってくる。これが重要なのだ。もしかすると私はあなたにピッタリのコーチではないかもしれないが、それはそれでよいと思う。あなたの性格に合ったコーチを見つけてもらいたい。

あと少しお付き合いを

最後に「歩調を合わせる」ことについて話しておきたい。このビジネスは、ただ単に勤勉であったり賢明であればよいというわけではない。好きなだけ懸命に走ることはできるが、方向を間違えれば目的地にはたどりつけない。家を建てるには正しい設計図が必要だ。設計図が間違っていれば、悲惨なことになる。このビジネスでは正しい行動が何なのかを知り、正しい行動を取ることが重要なのだ。でなければあなたを待っているのは破滅しかない。市場の真実に合わせて行動することが、トレーディングで成功するための真の秘訣である。自分が正しい行動をしているかどうかはどうやって知ることができるのだろうか。それは簡単だ。利益が出れば、正しい行動をしていることになる。

自分の望むことと真実を混同するな。

このビジネスで「良い」のは利益を生むトレードであり、「悪い」のは損失を生むトレードである。これがトレーダーにとっての真実である。あらゆることをこのリトマステストにかけてみる。そうすればうまくいく。

あなたがコーチとして選んだ人はトレーディングで成功した実績を持っているだろうか。私はあなたに向くコーチではないかもしれない。コーチとして選んだ人が口先だけの人ではなく、本当にトレーディングで成功しているかどうかを見極めることが重要だ。勝者と手を組むことが重要なのだ。

私は求められればいつでも自分のトレードをあなたにお見せすることができる。口座記録も包み隠さずお見せするので、私がトレーディングで本当に成功していることを、毎月何千枚もの売買をしていることを、自分の目で確かめてほしい。人にトレードを教えようとする人が自分のトレードを見せようとしないのであれば、それはその人が実際にトレードしていないか、トレーディングで成功していないかのいずれかだ。もしあなたがコーチなら、自分のトレードを見せるのではないだろうか。リアルタイムのトレード記録を見せようとしないのは危険信号だ。

私たちのホームページをのぞいたことがない人は、ぜひのぞいてみてもらいたい。そして、私の教え子たちの活躍ぶりを示す「殿堂」(http://www.ireallytrade.com/halloffame.html)を見てもらいたい。私の教え子たちはトレードチャンピオンに輝き、巨額の金を運用し、それまでの仕事を辞めてフルタイムのトレーダーとして活躍している。いつも正しい軌道を歩み続けることができるのは私のおかげだと彼らは思ってくれている。あなたが正しい軌道から外れないようにお手伝いさせていただければ光栄だ。

本書では私が開発した指標や戦略を紹介するとともに、私の市場に対する考え方とアプローチについても紹介させていただいた。私のことを少しでも理解してくれたなら幸いだ。そして何よりも、私のトレーダー教育とトレーディングに対する情熱を理解してくれたならそれ以上の喜びはない。グラフや表、データ、チャートを重視する人が多いが、これらは単なる結果であって、そこに知恵は含まれていない。少ないながらも私の知恵を伝授する最良の手段は、これまでの経験から得た教訓を示すことだと思っている。そのために、これからも市場についていろいろな本を書いていきたいと思っている。

成功は絶えず学習し実行することによって成しえるものであり、生まれながらの本能から生まれるものではない。

私の言っていることが問題なく理解できるのであれば、どうか私をあなたのコーチにしてもらいたい。そしていつの日かあなたにチャンピオントレーダーの殿堂でお目にかかれれば、私にとってそれ以上光栄なことはない。

あなたに贈る最後の言葉

読者の健闘を祈って本書を締めくくりたいと思う。あなたがトレーダーとして成功することを心から祈っている。あなたが私たちの仲間になってくれることを心待ちにしている（http://www.ireallytrade.com/）。そして最後に次の言葉をあなたに贈りたい。

必ず、損切りを、置こう。

■著者紹介

ラリー・R・ウィリアムズ（Larry R. Williams）

50年のトレード経験を持ち、世界で最も高い評価を受ける短期トレーダー。トレーダー教育の第一人者としても有名で、これまで何千人というトレーダーを育ててきた。ロビンスワールドカップをはじめ、トレーディングの腕を競う大会で何度も優勝経験を持つ。1970年以降は執筆活動にも熱心に取り組み始め、なかでも、1966年に独自開発し、今でも主要な経済紙や金融・投資サイトで毎日データが公表されているテクニカルインディケーターであるウィリアムズ%Rを基にした著書はベストセラーになった。トレーディング、リサーチ、トレーディングツールの開発と多忙を極めるなか、上院議員選挙に２回出馬し、全米先物協会（NFA)の理事も務めた。また、フューチャーズ誌の「ドクター・オブ・フューチャーズ賞」の最初の受賞者で、「オメガリサーチ・ライフタイム・アチーブメント賞」とトレーダーズ・インターナショナルの2005年の「トレーダー・オブ・ザ・イヤー賞」も受賞。さらに2002年、サンディエゴ市は10月６日を「ラリー・ウィリアムズ・デー」に制定した。CNBCやフォックスニュースをはじめ、各種メディアで取り上げられることも多い。

■監修者紹介

長尾慎太郎（ながお・しんたろう）

東京大学工学部原子力工学科卒。日米の銀行、投資顧問会社、ヘッジファンドなどを経て、現在は大手運用会社勤務。訳書に『魔術師リンダ・ラリーの短期売買入門』『タートルズの秘密』『新マーケットの魔術師』『マーケットの魔術師【株式編】』（いずれもパンローリング、共訳)、監修に『バーンスタインのデイトレード入門』『高勝率トレード学のススメ』『フルタイムトレーダー完全マニュアル』『新版　魔術師たちの心理学』『ロジカルトレーダー』『タープ博士のトレード学校　ポジションサイジング入門』『コナーズの短期売買実践』『トレードの教典』『システムトレード 基本と原則』『脳とトレード』『ザFX』『一芸を極めた裁量トレーダーの売買譜』『FXメタトレーダー4 MQLプログラミング』『相場の黄金ルール』『裁量トレーダーの心得 初心者編』『内なる声を聞け』など、多数。

■訳者紹介

山下恵美子（やました・えみこ）

電気通信大学・電子工学科卒。エレクトロニクス専門商社で社内翻訳スタッフとして勤務したあと、現在はフリーランスで特許翻訳、ノンフィクションを中心に翻訳活動を展開中。主な訳書に『EXCELとVBAで学ぶ先端ファイナンスの世界』『リスクバジェッティングのためのVaR』『ロケット工学投資法』『投資家のためのマネーマネジメント』『高勝率トレード学のススメ』『勝利の売買システム』『フルタイムトレーダー完全マニュアル』『新版　魔術師たちの心理学』『資産価値測定総論１、２、３』『テイラーの場帳トレーダー入門』『ラルフ・ビンスの資金管理大全』『テクニカル分析の迷信』『タープ博士のトレード学校　ポジションサイジング入門』『アルゴリズムトレーディング入門』『クオンツトレーディング入門』『スイングトレード大学』『コナーズの短期売買実践』『ワン・グッド・トレード』『FXメタトレーダー4 MQLプログラミング』（以上、パンローリング)、『FORBEGINNERSシリーズ90　数学』（現代書館)、『ゲーム開発のための数学・物理学入門』（ソフトバンク・パブリッシング）がある。

2012年８月２日　初版第１刷発行
2013年５月２日　　　第２刷発行
2015年12月１日　　　第３刷発行
2016年12月１日　　　第４刷発行
2018年３月１日　　　第５刷発行
2019年４月１日　　　第６刷発行
2021年１月１日　　　第７刷発行

ウィザードブックシリーズ⑲⑥

ラリー・ウィリアムズの短期売買法【第２版】
——投資で生き残るための普遍の真理

著　者　ラリー・ウィリアムズ
監修者　長尾慎太郎
訳　者　山下恵美子
発行者　後藤康徳
発行所　パンローリング株式会社
〒160-0023　東京都新宿区西新宿7-9-18-6F
TEL 03-5386-7391　FAX 03-5386-7393
http://www.panrolling.com/
E-mail　info@panrolling.com
編　集　エフ・ジー・アイ（Factory of Gnomic Three Monkeys Investment）合資会社
装　丁　パンローリング装丁室
組　版　パンローリング制作室
印刷·製本　株式会社シナノ

ISBN978-4-7759-7160-4

ラルフ・ビンス

トレーディング業界へは歩合制外務員として入り、のちには大口の先物トレーダーやファンドマネジャーのコンサルタント兼プログラマーを務める。著書には『投資家のためのマネーマネジメント』（パンローリング）、DVD に『世界最高峰のマネーマネジメント』（パンローリング）などがある。ケリーの公式を相場用に改良したオプティマル f によって黄金の扉が開かれた。

オプティマルfの生みの親

ウィザードブックシリーズ 151

ラルフ・ビンスの資金管理大全

定価 本体12,800円+税　ISBN:9784775971185

どんな手法にも
最適なマネーマネジメントが存在する

最適なポジションサイズとリスクでリターンを最大化する方法。リスクとリターンの絶妙なさじ加減で、トントンの手法を儲かる戦略に変身させる!!!
資金管理のすべてを網羅した画期的なバイブル!
基本的な数学法則とコントロール不可能なリスクを伴う一連の結果を扱うときに、これらの数学法則がわれわれにどのような影響を及ぼすのか。

DVD 資産を最大限に増やす ラルフ・ビンスの マネーマネジメントセミナー

定価 本体100,000円+税　ISBN:9784775962442

中長期トレンドフォローシステムの公開

スペース・レバレッジモデル（資金管理モデル）の公開
↓
オリジナルソフト提供

オプティマルfで定期性リスク率を一般に公表したラルフが次に開発した資金管理モデル。本セミナー参加者だけに公表される数学やプログラムの知識がなくても活用できる資金管理プログラム。

ローレンス・A・コナーズ

TradingMarkets.comの創設者兼CEO（最高経営責任者）。
1982年、メリル・リンチからウォール街での経歴をスタートさせた。
著書には、リンダ・ブラッドフォード・ラシュキとの共著『魔術師リンダ・ラリーの短期売買入門（ラリーはローレンスの愛称）』（パンローリング）などがある。

ウィザードブックシリーズ221

コナーズRSI入門

定価 本体7,800円+税　ISBN:9784775971895

勝率が80%に迫るオシレーター！

日本のトレーダーたちに圧倒的な支持を得続けている『魔術師リンダ・ラリーの短期売買入門』（パンローリング）の共著者であるローレンス・コナーズは、今なお新しい戦略やシステムやオシレーターを編み出すのに余念がない。また、それらをすぐに公開するトレーダーにとっての「救世主」である。

ウィザードブックシリーズ1

魔術師リンダ・ラリーの短期売買入門

定価 本体28,000円+税　ISBN:9784939103032

ウィザードが語る必勝テクニック

日本のトレーディング業界に衝撃をもたらした一冊。リンダ・ラシュキとローレンス・コナーズによるこの本は、当時進行していたネット環境の発展と相まって、日本の多くの個人投資家とホームトレーダーたちに経済的な自由をもたらした。裁量で売買することがすべてだった時代に終わりを告げ、システムトレードという概念を日本にもたらしたのも、この本とこの著者2人による大きな功績だった。

ウィザードブックシリーズ216

高勝率システムの考え方と作り方と検証

定価 本体7,800円+税　ISBN:9784775971833

あふれ出る新トレード戦略と新オシレーターとシステム開発の世界的権威！

新しいオシレーターであるコナーズRSIに基づくトレードなど、初心者のホームトレーダーにも理解しやすい戦略が満載されている。

デーブ・ランドリー

TradingMaekets.com の共同設立者兼定期寄稿者。ルイジアナ大学でコンピューターサイエンスの理学士、南ミシシッピ大学で MBA を修得。コナーズに才能を見出され、独自に考案したトレーディング法で成功を収める。公認CTAのセンシティブ・トレーディングやヘッジファンドのハーベスト・キャピタル・マネジメントの代表で、2/20EMAブレイクアウトシステムなど多くのトレーディングシステムを開発。

ウィザードブックシリーズ 190

裁量トレーダーの心得 初心者編

システムトレードを捨てた コンピューター博士の株式順張り戦略

定価 本体4,800円+税　ISBN:9784775971574

PC全盛時代に勝つ方法!
PCの魔術師だからこそ分かった
「裁量トレード時代の到来」!

相場が本当はどのように動いているのか、そして、思いもよらないほど冷酷なマーケットで成功するために何が必要か。

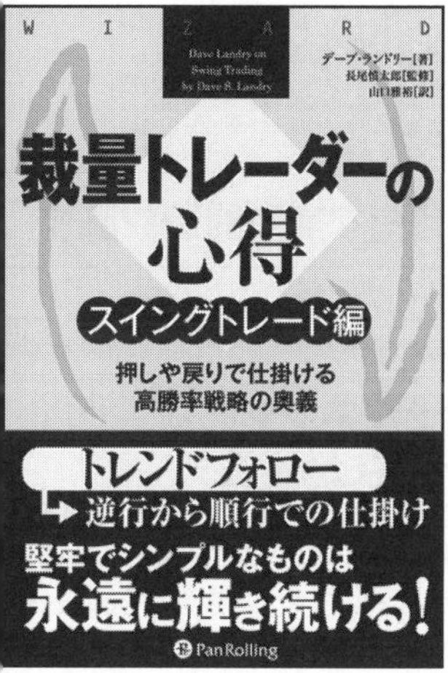

ウィザードブックシリーズ 193

裁量トレーダーの心得 スイングトレード編

押しや戻りで仕掛ける高勝率戦略の奥義

定価 本体4,800円+税　ISBN:9784775971611

高勝率パターン満載!
思いがけないことはトレンドの方向に起こる!

トレンドの確定方法を伝授し、正しい銘柄選択と資金管理を実行すれば、スイングトレードの神様が降臨してくれる!?

ジェイク・バーンスタイン

国際的に有名なトレーダー、作家、研究家。MBH ウイークリー・コモディティ・レターの発行者で、トレードや先物取引に関する約 30 もの書籍や研究を発表している。ウォールストリート・ウイーク、そして世界中の数々のラジオやテレビ番組に出演し、また、投資やトレードに関するセミナーでも講演している。トレードとタイミングに関するあくなき追及は、トレーダーに新たなツールを提供している。

ウィザードブックシリーズ51

バーンスタインのデイトレード入門・実践

入門編　定価 本体7,800円+税　ISBN:9784775970126

実践編　定価 本体7,800円+税　ISBN:9784775970133

デイトレーディングの奥義と優位性がここにある!

あなたも「完全無欠のデイトレーダー」になれる!
トレーディングシステム、戦略、タイミング指標、そして分析手法を徹底解明。テンポの速いデイトレーディングの世界について、実践で役立つ案内をしてくれる。
初心者でもベテランでも、一読の価値があるこの本を読めば、新たな境地が見えてくるだろう。

ウィザードブックシリーズ130

バーンスタインのトレーダー入門

30日間で経済的自立を目指す実践的速成講座

定価 本体5,800円+税　ISBN:9784775970966

ヘッジファンドマネジャー、プロのトレーダー、マネーマネジャーが公表してほしくなかった秘訣が満載!

トレーディングによる経済的自立を手にするうえで、経済学やファイナンスなどの専門知識や学位は不要である。必要なものは正しい決定を下す意思力、それを順守する規律と行動力である。

マーセル・リンク

http://www.marcellink.com/

1988 年からトレードに従事。始めたばかりのころ S&P 株価指数オプションで当時の彼としては巨額の600ドルを失った。それ以後、成績は向上した。過去 20 年間ニューヨーク金融取引所やニューヨーク綿花取引所のフロアで先物をトレードし、商品先物ブローカー会社（リンク・フューチャーズ）を創始者であり、コモディティ・プール・オペレーターを務め、大手デイトレード会社数社で株式のデイトレードを担当した。現在は独立のトレーダーとして大半の株価指数先物を手掛けている。コンサルティングにも応じ、2008 年からセミナーにも力を入れている。

ウィザードブックシリーズ 108

高勝率トレード学のススメ

小さく張って着実に儲ける

定価 本体5,800円+税　ISBN:9784775970744

あなたも利益を上げ続ける
少数のベストトレーダーになれる！

高確率な押し・戻り売買と正しくオシレーターを使って、運やツキでなく、将来も勝てるトレーダーになる！　夢と希望を胸にトレーディングの世界に入ってくるトレーダーのほとんどは、6カ月もしないうちに無一文になり、そのキャリアを終わらせる。この世でこれほど高い「授業料」を払う場があるだろうか。過酷なトレーディングの世界で勝つためのプログラムを詳しく解説。

ウィザードブックシリーズ205

続高勝率トレード学のススメ

自分に合ったプランを作り上げることこそが成功への第一歩

定価 本体5,800円+税　ISBN:9784775971727

トレードはギャンブルではない！

万人向けの出来合いのトレードプランなどあり得ない
自分流のスタイルを見つけよう！ トレーダーは成功のチャンスをものにしたいと思ったら、十分に練り上げられ、自分にあったプランが必要になる。そこには、仕掛けや手仕舞いの時期、資金管理の原則、プレッシャーを受けても一貫して決めたとおりに実行する規律が必要である。

ウィザードブックシリーズ 237

システマティックトレード
独自のシステムを開発するための完全ガイド

ロバート・カーバー【著】

定価 本体7,800円+税　ISBN:9784775972069

これからのシステム設計の予言書！ ロケット工学者が相場を席巻する時代は終わった！

本書はあなた独自のシステムを開発するための完全なるガイドであり、トレードや投資の意思決定をスムーズに行ううえで役立つものだ。金融の意思決定を部分的にあるいは全面的にシステム化したい人にとっては必読の書である。本書では、金融理論を駆使し、システマティックなヘッジファンド戦略の豊富な運用経験を生かし、また掘り下げたリサーチを使って、なぜシステマティックなトレードでなければならないのかを説明する。そしてシステマティックなトレードを安全かつ利益が出るように行うにはどうすればよいのかを示していく。

ウィザードブックシリーズ 183

システムトレード基本と原則
トレーディングで勝者と敗者を分けるもの

ブレント・ペンフォールド【著】

定価 本体4,800円+税　ISBN:9784775971505

あなたは勝者になるか敗者になるか？

勝者と敗者を分かつトレーディング原則を明確に述べる。トレーディングは異なるマーケット、異なる時間枠、異なるテクニックに基づく異なる銘柄で行われることがある。だが、成功しているすべてのトレーダーをつなぐ共通項がある。トレーディングで成功するための普遍的な原則だ。マーケットや時間枠、テクニックにかかわりなく、一貫して利益を生み出すトレーダーはすべて、それらの原則を固く守っている。彼らは目標に向かうのに役立つ強力な一言アドバイスを気前よく提供することに賛成してくれた。それぞれのアドバイスは普遍的な原則の重要な要素を強調している。

ウィザードブックシリーズ 231

Rとトレード

確率と統計のガイドブック

ハリー・ゲオルガコプロス【著】

定価 本体7,800円+税　ISBN:9784775972007

クオンツトレード分野の最高の基本書！

金融データ分析を行ったり、モデル駆動のトレード戦略を構築するクオンツやトレーダーたちは、毎日どういったことをやっているのだろうか。本書では、クオンツ、講演家、高頻度トレーダーとしての著者の経験に基づき、プロのクオンツやトレーダーたちが日々遭遇するさまざまな問題を明らかにし、それを解決するための分かりやすいRコードを紹介する。プログラミング、数学、金融概念を使って簡単なトレード戦略の構築と分析を行うことに興味のある学生、研究者、実践家たちにとって、本書は素晴らしい入門書になるはずだ。分かりやすく包括的に書かれた本書は、データの調査や戦略の開発を行うにあたり、人気のR言語を使えるようにすることを主眼としたものだ。

ウィザードブックシリーズ 232

ボリンジャーバンドとMACDによるデイトレード　世界一シンプルな売買戦略

マルクス・ヘイトコッター【著】

定価 本体2,800円+税　ISBN:9784775972014

「オシレーターマニア」からの卒業！
超短期順張り法、トレードをシンプルにしよう！

「シンプル戦略」とは、だれでもできる非常に強力なトレンドフォローによるデイトレード戦略である。この「シンプル戦略」で必要なのは、日中に現れる超短期のトレンドだけである。ただ、トレンドは市場全体の20%くらいしか形成されない。その1日に数回しか現れないトレード機会を、ボリンジャーバンドとMACDで確実にとらえようとするものだ。

シンプル戦略の特長

- 裁量が一切入る余地のない明確な仕掛けルール
- 裁量が一切入る余地のない明確な手仕舞いルール
- 日中に形成される超短期のトレンドの利用
- 高級なトレードソフトは一切不要

ウィザードブックシリーズ 300

ワイコフメソッドの奥義
需要と供給が目で見てわかるチャート分析法

デビッド・H・ウェイス【著】

定価 本体3,800円+税　ISBN:9784775972687

チャートリーディングというグレーな世界に光をもたらす目からウロコのチャートの読み方・見方

トレードのための「鍛えられた判断力」はどうすれば身につくのかについてリチャード・ワイコフが調査を始めたのは何十年も前のことで、彼のメソッドは市場の状況の変化に応じて改良が重ねられてきたが、本質的な内容は初期のものと何一つ変わっておらず、今でも世界中のトレーダーの関心を集め続けている。本書の著者であるデビッド・ウェイスはリチャード・ワイコフのトレードメソッドの権威としても知られ、この分野で40年以上の経験を持つトレーダーであり、マーケットアナリストでもある。本書は、今日のボラティリティの高い市場で優位に立つためにワイコフのテクニックをどのように応用すればよいかを詳細に分かりやすく示したものだ。

ウィザードブックシリーズ 301

出来高・価格分析の実践チャート入門

アナ・クーリング【著】

定価 本体3,800円+税　ISBN:9784775972694

ロングセラー『出来高・価格分析の完全ガイド』の実践編

アナ・クーリングのロングセラーである『出来高・価格分析の完全ガイド』が理論編だとすると、本書は実践編と言えるものだ。本書を完璧にマスターすれば、5分足であろうが、1時間足であろうが、日足や週足や月足であろうが、いろんな時間枠に対応できるようになるので、長期トレーダーや長期投資家だけでなく、短期トレーダーにも本書の刊行は朗報となるだろう。出来高・価格分析は、伝説的トレーダーであるジェシー・リバモアやリチャード・ワイコフが使用し、莫大な資産を築いてきたテクニックである。この1世紀以上にわたって欧米で培われてきた手法と日本のローソク足パターンの合体は、日本の読者がまさに求めていたもので、日本だけで前著がロングセラーになっていることからでも明らかである。

ウィザードブックシリーズ 257

マーケットのテクニカル分析
トレード手法と売買指標の完全総合ガイド

ジョン・J・マーフィー【著】

定価 本体5,800円+税　ISBN:9784775972267

世界的権威が著したテクニカル分析の決定版！

1980年代後半に世に出された『テクニカル・アナリシス・オブ・ザ・フューチャーズ・マーケット（Technical Analysis of the Futures Markets）』は大反響を呼んだ。そして、先物市場のテクニカル分析の考え方とその応用を記した前著は瞬く間に古典となり、今日ではテクニカル分析の「バイブル」とみなされている。そのベストセラーの古典的名著の内容を全面改定し、増補・更新したのが本書である。本書は各要点を分かりやすくするために400もの生きたチャートを付け、解説をより明快にしている。本書を読むことで、チャートの基本的な初級から上級までの応用から最新のコンピューター技術と分析システムの最前線までを一気に知ることができるだろう。

ウィザードブックシリーズ 301

ルール
トレードや人生や恋愛を成功に導くカギは「トレンドフォロー」

ラリー・ハイト【著】

定価 本体2,800円+税　ISBN:9784775972700

伝説的ウィザード ラリー・ハイトが教える相場版『バビロンの大富豪の教え』

本書は人生の困難から学ぶという勇気づけられる話であり、間違いなく投資において不可欠な洞察と教訓にあふれている。
ラリー・ハイトはミント・インベストメント・マネジメント社の創立者兼社長だった。彼が在職していた13年間に、運用資金の複利でのリターンは手数料込みで年率30%を超えた。彼は「元本確保型」という概念を初めて作り上げた。これによって、このファンドは10億ドル以上を運用した最初の投資会社となった。
ヘッジファンド界のトップに上り詰めたラリー・ハイトの力強い物語から、読者は間違いなく重要な洞察と教訓を得ることができるだろう。